머리말

수험생 여러분께

스포츠는 미래 사회에서 가장 중요한 요소라고 할 수 있습니다. 앞으로 100세 시대가 도래하고 과학 산업이 눈부시게 발전하면서 스포츠의 역할과 중요성은 더욱 커지게 될 것이고 스포츠지도사의 존재가치도 점점 더 높아질 것입니다.

본 스파르타 스포츠지도사 2급 필기 기본서는 지금까지의 기출문제를 바탕으로 필수 이론만 선별하여 만든 핵심요약 교재입니다. 방대한 이론에서 불필요한 내용은 과감하게 잘라내고 꼭 필요한 핵심이론만 표로 압축하여 수록하였으니 꼼꼼하고 확실하게 꾸준히 학습하시기 바랍니다.

스포츠지도사의 길을 가기 위해 여러분이 이 책을 선택하셨다면 스포츠 전문가가 되기 위한 준비가 완료되었다는 것입니다.

성공은 결국 꿈꾸고 도전하는 사람에게 찾아옵니다.

여러분들의 합격과 성공을 진심으로 응원합니다.
감사합니다.

편저자 유동균 · 윤동현

시험안내

1 스포츠지도사 자격증의 정의와 종류

"스포츠지도사"란 학교·직장·지역사회 또는 체육단체 등에서 체육을 지도할 수 있도록 국민체육진흥법에 따라 해당 자격을 취득한 사람을 말한다.

전문/생활 스포츠지도사	자격 종목에 대하여 전문 체육이나 생활 체육을 지도하는 사람
장애인 스포츠지도사	장애 유형에 따른 운동 방법 등에 대한 지식을 갖추고, 자격 종목에 대하여 장애인을 대상으로 전문 체육이나 생활 체육을 지도하는 사람
유소년 스포츠지도사	유소년(만 3세부터 중학교 취학 전)의 행동 양식, 신체 발달 등에 대한 지식을 갖추고 자격 종목에 대하여 유소년을 대상으로 체육을 지도하는 사람
노인 스포츠지도사	노인의 신체적·정신적 변화 등에 대한 지식을 갖추고 자격 종목에 대하여 노인을 대상으로 생활 체육을 지도하는 사람

2 스포츠지도사 2급 자격취득 과정

필기시험	실기 및 구술	연수
필기시험접수	실기 및 구술검정기관	연수기관
체육지도자연수원	각 종목별 실기 및 구술시험 주관	각 자격기관별 연수기관

3 자격 취득 시 유의사항

- 동일 자격 등급에 한하여 **연간 1인 1종목**만 취득 가능(동·하계 중복 응시 불가)
- 하계 필기시험 또는 동계 실기구술시험에 합격한 사람은 다음 해에 실시하는 **해당 자격검정 1회 면제**
- 필기시험에 합격한 해의 12월 31일부터 **3년 이내**에 연수과정을 이수해야 함(병역 복무를 위해 군에 입대한 경우 의무복무 기간은 포함하지 않음)

4 자격검정 합격 및 연수 이수기준

필기시험	과목마다 만점의 40% 이상 득점하고 전 과목 총점 60% 이상 득점
실기·구술시험	실기시험과 구술시험 각각 만점의 70% 이상 득점
연수	연수과정의 100분의 90 이상을 참여하고, 연수태도·체육 지도·현장실습에 대한 평가점수 각각 만점의 100분의 60 이상

5 필기시험 과목(7과목 중 5과목 선택)

| 스포츠
교육학 | 스포츠
사회학 | 스포츠
심리학 | 스포츠
윤리 | 운동
생리학 | 운동
역학 | 한국
체육사 |

6 필기시험 개요

[시험 방법]

객관식 4지 선다형, 100문항 (5과목, 과목당 20문항)

[시험 시간]

구분	시간	주요 내용	비고
입실 완료	08:30~09:30	시험장 입실	시험 종료 후, 답안지 전량 회수
시험 안내	09:30~10:00	유의 사항 안내, 문제지 배부	
시험	10:00~11:40	시험 진행	

[시험 과목]

시험 과목	전문 스포츠지도사		생활 스포츠지도사		장애인 스포츠지도사		노인 스포츠지도사	유소년 스포츠지도사
	1급 (필수 4과목)	2급 (선택 5과목)	1급 (필수 4과목)	2급 (선택 5과목)	1급 (필수 4과목)	2급 (선택 4과목 +필수 1과목)	(선택 4과목 +필수 1과목)	(선택 4과목 +필수 1과목)
스포츠교육학		●		●		●	●	●
스포츠사회학		●		●		●	●	●
스포츠심리학		●		●		●	●	●
스포츠윤리		●		●		●	●	●
운동생리학		●		●		●	●	●
운동역학		●		●		●	●	●
한국체육사		●		●		●	●	●
특수체육론						★		
노인체육론							★	
유아체육론								★

구성과 특징

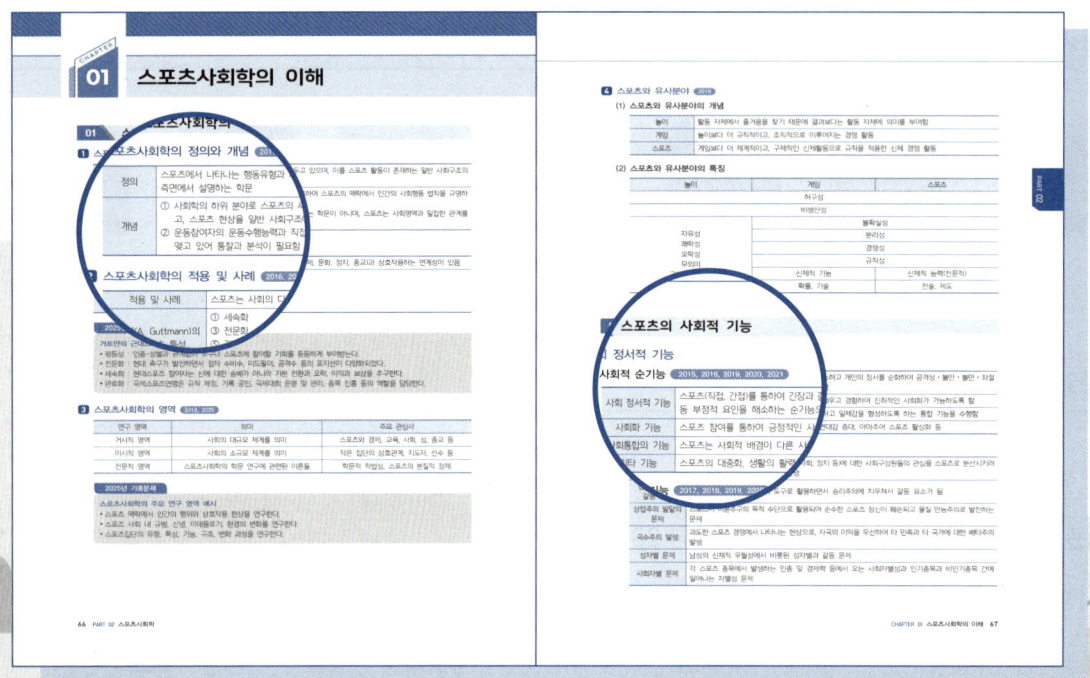

1 중요한 핵심이론을 간단하고 깔끔하게 표로 정리하여 이해와 암기가 동시에 가능합니다.

2 기출연도를 모두 표시하여 자주 출제된 내용만 중점적으로 학습할 수 있습니다.

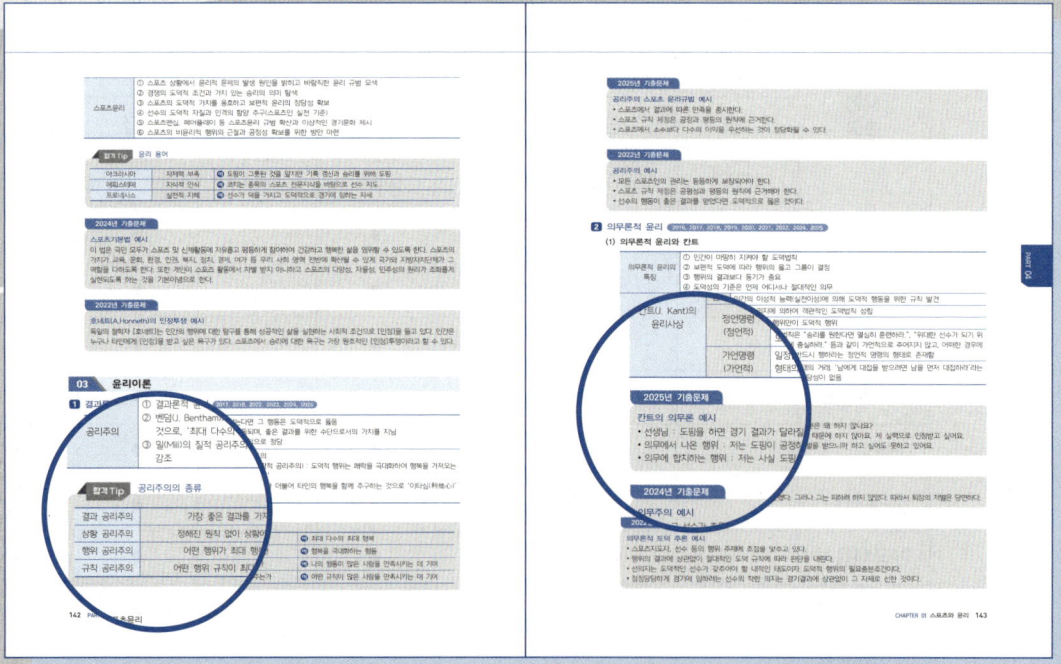

1 합격 Tip에서 출제 포인트를 다시 확인 하고 핵심내용의 점검이 가능합니다.

2 기출문제를 예시로 제시하여 실제 출제 방식과 출제경향도 파악할 수 있습니다.

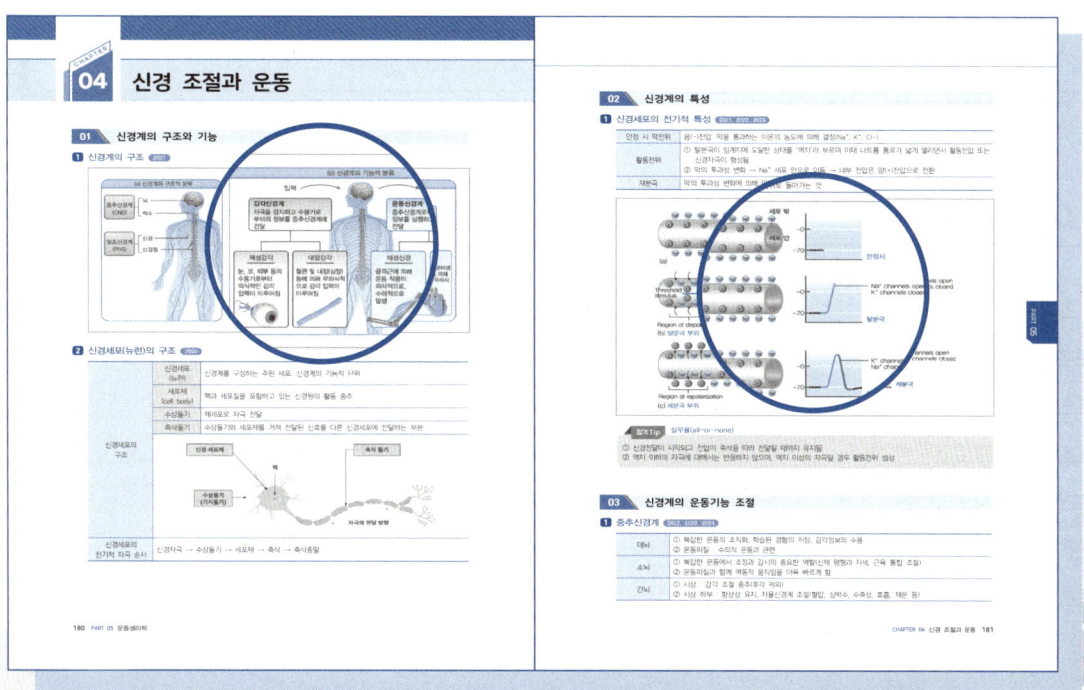

1 학습 내용에 대한 이해를 돕기 위해 관련 그림을 풍부하게 수록하였습니다.

2 도표를 다양하게 첨부하여 핵심 내용의 이해와 암기에 도움이 됩니다.

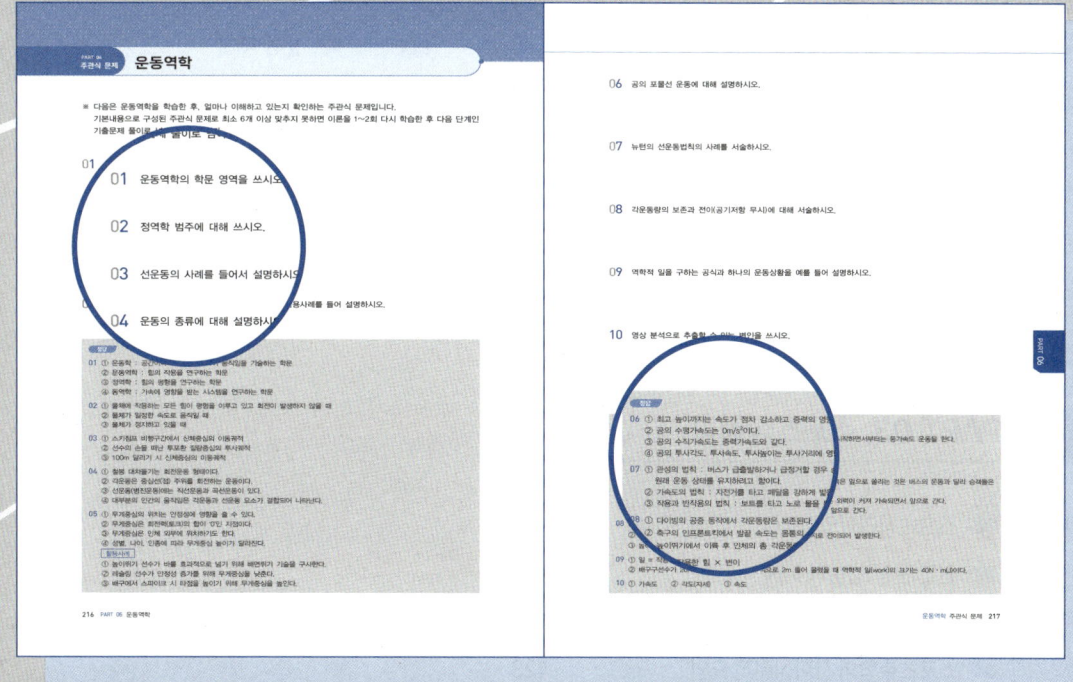

1 필수 핵심내용으로 구성된 주관식 문제로 최종 마무리를 할 수 있습니다.

2 최종점검을 통해 학습이해도 확인 및 부족한 부분의 점검과 보충학습이 가능합니다.

차례

선택과목

PART 01 스포츠교육학

CHAPTER 01 스포츠교육의 배경과 개념 ... 10
CHAPTER 02 스포츠교육의 정책과 제도 ... 11
CHAPTER 03 스포츠교육의 참여자 이해론 ... 26
CHAPTER 04 스포츠교육의 프로그램론 ... 28
CHAPTER 05 스포츠교육의 지도방법론 ... 33
CHAPTER 06 스포츠교육의 평가론 ... 55
CHAPTER 07 스포츠교육자의 전문적 성장 ... 59

PART 02 스포츠사회학

CHAPTER 01 스포츠사회학의 이해 ... 66
CHAPTER 02 스포츠와 정치 ... 69
CHAPTER 03 스포츠와 경제 ... 73
CHAPTER 04 스포츠와 교육 ... 76
CHAPTER 05 스포츠와 미디어 ... 78
CHAPTER 06 스포츠와 사회계층 ... 81
CHAPTER 07 스포츠와 사회화 ... 85
CHAPTER 08 스포츠와 일탈 ... 88
CHAPTER 09 미래사회의 스포츠 ... 93

PART 03 스포츠심리학

CHAPTER 01 스포츠심리학의 개관 ... 100
CHAPTER 02 인간 운동 행동의 이해 ... 101
CHAPTER 03 스포츠수행의 심리적 요인 ... 109
CHAPTER 04 스포츠수행의 사회심리적 요인 ... 123
CHAPTER 05 건강 운동 심리학 ... 129
CHAPTER 06 스포츠심리 상담 ... 132

PART 04 스포츠윤리

CHAPTER 01 스포츠와 윤리 ... 140
CHAPTER 02 경쟁과 페어플레이 ... 147
CHAPTER 03 스포츠와 불평등 ... 150
CHAPTER 04 스포츠에서 환경과 동물윤리 ... 153
CHAPTER 05 스포츠와 폭력 ... 156
CHAPTER 06 경기력 향상과 공정성 ... 159
CHAPTER 07 스포츠와 인권 ... 161
CHAPTER 08 스포츠조직과 윤리 ... 163

PART 05 운동생리학

CHAPTER 01 운동생리학의 개관 ... 172
CHAPTER 02 생체에너지학 ... 174
CHAPTER 03 운동 대사 ... 178
CHAPTER 04 신경 조절과 운동 ... 180
CHAPTER 05 골격근과 운동 ... 183
CHAPTER 06 내분비계와 운동 ... 186
CHAPTER 07 호흡 · 순환계와 운동 ... 188
CHAPTER 08 환경과 운동 ... 193

필수과목

PART 06 운동역학

CHAPTER 01 운동역학 개요 — 200
CHAPTER 02 운동역학의 이해 — 201
CHAPTER 03 인체역학 — 204
CHAPTER 04 운동학의 스포츠 적용 — 207
CHAPTER 05 운동역학의 스포츠 적용 — 209
CHAPTER 06 일과 에너지 — 213
CHAPTER 07 다양한 운동 기술의 분석 — 214

PART 07 한국체육사

CHAPTER 01 체육사의 의미 — 220
CHAPTER 02 선사 및 삼국시대의 체육 — 222
CHAPTER 03 고려 및 조선시대의 체육 — 225
CHAPTER 04 개화기의 체육 — 229
CHAPTER 05 일제강점기 및 광복 이후의 체육 및 스포츠 — 232

PART 08 특수체육론

CHAPTER 01 특수체육의 의미 — 242
CHAPTER 02 특수체육에서 사용하는 사정과 측정 도구 — 244
CHAPTER 03 특수체육의 지도 전략 — 246
CHAPTER 04 장애 유형별 체육 지도 전략 I — 250
CHAPTER 05 장애 유형별 체육 지도 전략 II — 254
CHAPTER 06 장애 유형별 체육 지도 전략 III — 257

PART 09 유아체육론

CHAPTER 01 유아체육의 이해 — 264
CHAPTER 02 유아기 운동 발달 프로그램의 구성 — 272
CHAPTER 03 유아체육 프로그램 교수-학습법 — 276

PART 10 노인체육론

CHAPTER 01 노화의 특성 — 286
CHAPTER 02 노인의 운동 효과 — 289
CHAPTER 03 노인 운동 프로그램 설계 — 290
CHAPTER 04 질환별 운동 프로그램 설계 — 292
CHAPTER 05 지도자의 효과적인 지도 — 295

PART

01

선택과목

스포츠교육학

CHAPTER 01 스포츠교육의 배경과 개념

CHAPTER 02 스포츠교육의 정책과 제도

CHAPTER 03 스포츠교육의 참여자 이해론

CHAPTER 04 스포츠교육의 프로그램론

CHAPTER 05 스포츠교육의 지도방법론

CHAPTER 06 스포츠교육의 평가론

CHAPTER 07 스포츠교육자의 전문적 성장

01 스포츠교육의 배경과 개념

01 스포츠교육의 역사

1 스포츠교육에 대한 역사적 관심 2016, 2018, 2021

(1) 스포츠교육의 발전 과정

시기		내용	
19세기 초·중	체조 중심 체육	체조 중심의 체육이 이루어진 시기	
		미국식	건강에 좋은 체조로 여러 가지 프로그램을 혼합한 방식의 시스템
		유럽식	민족주의적 방식으로 독일은 기구를 주로 사용하는 프로그램, 스웨덴은 정확한 동작으로 아름다움을 추구하는 운동 등으로 체조 중심의 프로그램
19세기 말과 20세기 초	신 체육	① '진보주의 교육이론'에 근거하여 '체조 중심의 체육'에서 '신체를 통한 교육'으로서의 체육으로 전환 ② 미국 진보주의 교육 운동의 대표 학자 존 듀이(John Dewey)는 교육이 지적, 도덕적, 신체적 결과를 제공한다고 주장 ③ 듀이는 체육의 강력한 지지자로 우드, 해더링턴과 함께 '신체를 통한 교육'을 전파	
20세기 중반 이후	휴먼 무브먼트와 움직임 교육 (1950년대 이후)	① 휴먼 무브먼트(Human Movement) 철학은 대학, 초·중·고 체육 교과의 개선을 위한 기초 역할 ② 움직임 교육의 교육과정은 교육 체조, 교육 무용, 교육 게임으로 구분 ③ 1960년대 중반 미국을 중심으로 전개된 체육 학문화 운동은 스포츠교육학이 체육학의 하위학문 분야로 성장하는 데 촉매제 역할을 함. 결국 신체활동을 지도할 때 학문을 기반으로 한 이론적 지식을 스포츠 참여자에게 가르쳐야 한다는 주장이 본격적으로 제기되기 시작함	
	인간주의 스포츠와 인간주의 체육교육 (1960년대 이후)	① 인간주의적 교육의 철학은 열린 교육, 정서 교육, 가치관 확립 등을 강조 ② 인성발달, 자기 표현력 함양, 대인관계의 향상 등을 학교체육의 일차적 목표로 강조	
	놀이 교육과 스포츠교육 (1970년대 이후)	① 놀이 교육의 목적은 아이들이 운동기술을 습득하고, 신체활동에 애정을 갖도록 돕는 것 ② 스포츠교육의 목적은 아이들 스스로 스포츠를 즐기고 참여하여 건전한 스포츠문화에 공헌하도록 돕는 것	
	신체운동학 (1990년대 이후)	① 오늘날의 스포츠교육은 신체활동을 교육내용으로 하고 있으며, 스포츠교육의 목적과 내용을 보다 확장시킴 ② 골격근에 의한 신체의 움직임으로 일상생활에서 이루어지는 활동 및 스포츠, 운동, 게임, 무용 등을 포함함	

02 스포츠교육의 정책과 제도

01 스포츠교육의 개념과 의미

1 스포츠교육의 개념 2016, 2019

광의의 스포츠교육	① 운동, 스포츠 그리고 인간의 움직임을 포함한 상호관계 ② 신체적, 정신적, 사회적 측면에서 전인교육(whole person education) 추구 ③ 유아, 청소년, 성인, 노인, 장애인 등 다양한 학습자 대상 ④ 교육 목표와 내용, 방법에 있어 통합화와 다양화 추진
협의의 스포츠교육	구체적인 규칙 속에서 선의의 신체 경쟁활동에서 목표를 달성하는 데 초점을 두고 인간의 긍정적인 면을 이끌어내는 교육

2 스포츠교육의 의미 2015, 2018, 2019

스포츠교육학의 연구 영역	① 체육 교사(지도자) 교육 ② 체육 교수(수업) 방법 ③ 체육 교육과정(프로그램)	
스포츠교육학이 추구하는 가치 영역	신체적 가치	건강 및 체력, 스포츠 기능 등
	인지적 가치	학업 성적, 지적기능, 문해력과 수리력 등
	정의적 가치	심리적 건강, 사회적 기술, 도덕적 인격 등
스포츠교육의 실천 영역	① 학교체육 ② 생활체육 ③ 전문체육	

02 학교체육

1 국가체육 교육과정 및 학교체육 진흥법 2016, 2017, 2018, 2019, 2020, 2021, 2022, 2023, 2024, 2025

(1) 학교체육 진흥법

정의	학생의 체육활동 강화 및 학교운동부 육성 등 학교체육 활성화에 필요한 사항을 정함으로써 학생들이 건강하고 균형 잡힌 신체와 정신을 가질 수 있도록 하는 데 기여하는 것이 목적

> ※ 전체적인 내용을 정독하세요!
>
> **제1조(목적)**
>
> 이 법은 학생의 체육활동 강화 및 학교운동부 육성 등 학교체육 활성화에 필요한 사항을 정함으로써 학생들이 건강하고 균형 잡힌 신체와 정신을 가질 수 있도록 하는 데 기여함을 목적으로 한다.
>
> **제2조(정의)**
>
> 이 법에서 사용하는 용어의 뜻은 다음과 같다.
>
> 1. "학교체육"이란 학교에서 학생을 대상으로 이루어지는 체육활동을 말한다.
> 2. "학교"란 「유아교육법」 제2조 제2호에 따른 유치원 및 「초·중등교육법」 제2조에 따른 학교를 말한다.
> 3. "학교운동부"란 학생선수로 구성된 학교 내 운동부를 말한다.
> 4. "학생선수"란 학교운동부에 소속되어 운동하는 학생이나 「국민체육진흥법」 제33조와 제34조에 따른 체육

단체에 등록되어 선수로 활동하는 학생을 말한다.

5. "학교스포츠클럽"이란 체육활동에 취미를 가진 같은 학교의 학생으로 구성되어 학교가 운영하는 스포츠클럽을 말한다.

6. "학교운동부지도자"란 학교에 소속되어 학교운동부를 지도·감독하는 사람을 말한다.

7. "스포츠강사"란 「초·중등교육법」 제2조 제2호에 따른 초등학교에서 정규 체육수업 보조 및 학교스포츠클럽을 지도하는 체육전문강사를 말한다.

8. "학교체육진흥원"이란 학교체육 진흥을 위한 연구, 정책개발, 연수 등을 실시하는 조직을 말한다.

제3조(학교체육 진흥 시책과 권장)
국가 및 지방자치단체(교육감을 포함한다)는 학교체육 진흥에 필요한 시책을 마련하고 학생의 자발적인 체육활동을 권장·보호 및 육성하여야 한다.

제4조(기본 시책의 수립 등)
① 교육부장관은 문화체육관광부장관과 협의하여 학교체육 진흥에 관한 기본 시책을 5년마다 수립·시행한다. 〈개정 2013.3.23.〉

② 특별시·광역시·특별자치시·도 및 특별자치도 교육감(이하 "교육감"이라 한다)은 제1항의 기본 시책에 따라 해당 지방자치단체의 학교체육 진흥 계획을 수립·시행하여야 한다.

제5조(협조)
교육부장관과 문화체육관광부장관은 제4조에 따른 시책을 수립·시행하기 위하여 필요한 경우 지방자치단체의 장, 교육감 및 관계 기관 또는 단체의 장에게 협조를 요청할 수 있다. 이 경우 지방자치단체의 장, 교육감 및 관계 기관 또는 단체의 장은 특별한 사유가 없으면 이에 따라야 한다. 〈개정 2013.3.23., 2021.3.23.〉

제6조(학교체육 진흥의 조치 등)
① 학교의 장은 학생의 체력증진과 체육활동 활성화를 위하여 다음 각 호의 조치를 취하여야 한다.
　　1. 체육교육과정 운영 충실 및 체육수업의 질 제고
　　2. 제8조에 따른 학생건강체력평가 및 제9조에 따라 비만 판정을 받은 학생에 대한 대책
　　3. 제10조에 따른 학교스포츠클럽 및 제11조에 따른 학교운동부 운영
　　4. 학생선수의 학습권 보장 및 인권보호
　　5. 여학생 체육활동 활성화
　　6. 유아 및 장애학생의 체육활동 활성화
　　7. 학교체육행사의 정기적 개최
　　8. 학교 간 경기대회 등 체육 교류활동 활성화
　　9. 교원의 체육 관련 직무연수 강화 및 장려
　　10. 그 밖에 학교체육 활성화를 위하여 필요한 사항
② 학교의 장은 제1항에 따른 조치를 시행하기 위하여 필요한 경비를 학교 예산의 범위에서 확보하여야 한다.
③ 교육부장관과 교육감은 제1항에 따른 조치가 적절하게 취하여지고 있는지를 대통령령으로 정하는 바에 따라 주기적으로 감독하여야 한다. 〈신설 2020.10.20.〉

제7조(학교 체육시설 설치 등)
① 국가 및 지방자치단체는 학생의 체육활동에 필요한 운동장, 체육관 등 기반시설을 확충하여야 한다.
② 학교의 장은 교육부장관이 정하는 바에 따라 학생의 체육활동 진흥에 필요한 체육 교재 및 기자재, 용품 등을 확보하여야 한다. 〈개정 2013.3.23.〉
③ 학교의 장은 대통령령으로 정하는 바에 따라 학생에 대한 폭력, 성폭력 등 인권침해의 우려가 있는 학교 체육시설 관련 주요 지점에 「개인정보 보호법」 제2조 제7호에 따른 고정형 영상정보처리기기를 설치·관리할 수 있다. 〈신설 2020.10.20., 2023.3.14.〉
④ 이 법에서 정한 사항 외에 고정형 영상정보처리기기의 설치·관리 등에 관한 사항은 「개인정보 보호법」에 따른다. 〈신설 2020.10.20., 2023.3.14.〉
⑤ 제1항에 따른 체육활동 기반시설 확충과 제2항에 따른 체육 교재 및 기자재, 용품 등의 확보에 필요한 사항은 교육부령으로 정한다. 〈개정 2013.3.23., 2020.10.20.〉

제8조(학생건강체력평가 실시계획의 수립 및 실시)

① 국가는 학생의 건강체력 상태를 측정하기 위하여 매년 3월 31일까지 학생건강체력평가 실시계획을 수립하고 학교의 장은 실시계획에 따라 학생건강체력평가를 실시하여야 한다. 〈개정 2021.3.23.〉

② 제1항에 따라 학생건강체력평가를 실시한 학교의 장은 평가결과를 교육정보시스템에 등록하여야 하며, 해당 학생과 학부모에게 알려야 한다.

③ 제1항에 따른 학생건강체력평가는 「고등교육법」에 따른 대학이나 전문기관·단체 등에 위탁할 수 있다.

④ 제1항부터 제3항까지의 규정에 따라 학생건강체력평가를 실시한 경우에는 「학교보건법」 제7조에 따른 건강검사 중 신체능력검사를 실시한 것으로 본다.

⑤ 제1항부터 제3항까지의 규정에 따른 학생건강체력평가의 시기, 방법, 평가항목, 평가결과 등록 및 학생건강체력평가를 위탁받을 수 있는 대학이나 전문기관·단체 등의 자격요건 등에 필요한 사항은 교육부령으로 정한다. 〈개정 2013.3.23.〉

제9조(건강체력교실 등 운영)

① 학교의 장은 제8조에 따른 학생건강체력평가에서 저체력 또는 비만 판정을 받은 학생을 대상으로 건강체력 증진을 위하여 정규 또는 비정규 프로그램(이하 "건강체력교실"이라 한다)을 운영하여야 한다.

② 건강체력교실 등의 설치 및 운영 등에 관하여 필요한 사항은 교육부령으로 정한다. 〈개정 2013.3.23.〉

제10조(학교스포츠클럽 운영)

① 학교의 장은 학생들이 신체활동 프로그램에 참여할 수 있도록 학교스포츠클럽을 운영하여 학생들의 체육활동 참여기회를 확대하여야 한다.

② 학교의 장은 제1항에 따라 학교스포츠클럽을 운영하는 경우 학교스포츠클럽 전담교사를 지정하여야 한다.

③ 제2항에 따른 학교스포츠클럽 전담교사에게는 학교 예산의 범위에서 소정의 지도수당을 지급한다.

④ 학교의 장은 학교스포츠클럽 활동내용을 학교생활기록부에 기록하여 상급학교 진학자료로 활용할 수 있도록 하여야 한다.

⑤ 학교의 장은 교육부령으로 정하는 바에 따라 일정 비율 이상의 학교스포츠클럽을 해당 학교의 여학생들이 선호하는 종목의 학교스포츠클럽으로 운영하여야 한다. 〈신설 2016.2.3.〉

제11조(학교운동부 운영 등)

① 학교의 장은 학생선수가 일정 수준의 학력기준(이하 "최저학력"이라 한다)에 도달하지 못한 경우에는 교육부령으로 정하는 경기대회의 참가를 허용하여서는 아니 된다. 다만, 학생선수가 제2항에 따른 기초학력보장 프로그램을 이수한 경우에는 그 참가를 허용하여야 한다. 〈개정 2021.3.23., 2024.12.20〉

② 학교의 장은 최저학력에 도달하지 못한 학생선수에게 별도의 기초학력보장 프로그램을 제공하여야 한다. 〈신설 2021.3.23.〉

③ 최저학력의 기준 및 실시 시기에 필요한 사항과 기초학력보장 프로그램의 운영 등에 필요한 사항은 교육부령으로 정한다. 〈개정 2013.3.23., 2021.3.23.〉

④ 학교의 장은 학생선수의 학습권 보장 및 신체적·정서적 발달을 위하여 학기 중의 상시 합숙훈련이 근절될 수 있도록 노력하여야 한다. 다만, 경기대회 참가 등을 위하여 불가피하게 합숙훈련을 실시하는 경우에는 학생선수의 안전 및 인권보호를 위하여 필요한 조치를 하여야 한다. 〈개정 2021.3.23.〉

⑤ 학교의 장은 원거리에서 통학하는 학생선수를 위하여 기숙사를 운영할 수 있다. 이 경우 필요한 사항은 교육부령으로 정한다. 〈개정 2013.3.23., 2021.3.23.〉

⑥ 학교의 장은 학교운동부 관련 후원금을 「초·중등교육법」 제30조의2에 따라 설치된 학교회계에 편입시켜 운영하여야 한다. 〈개정 2021.3.23.〉

⑦ 국가 및 지방자치단체는 예산의 범위에서 학교운동부 운영과 관련된 경비를 지원할 수 있다. 〈개정 2021.3.23.〉

제12조(학교운동부지도자)

① 학교의 장은 학생선수의 훈련과 지도를 위하여 학교운동부에 지도자(이하 "학교운동부지도자"라 한다)를 둘 수 있다.

② 국가는 학교운동부지도자의 자질 향상 및 전문성 강화를 위하여 연수교육 계획을 수립하고, 이를 실시하여야 한다. 이 경우 연수교육을 관련 단체에 위탁할 수 있다.

③ 국가 및 지방자치단체는 학교운동부지도자의 급여에 필요한 경비를 지원하도록 노력하여야 하며, 학교의 장은 학교운동부지도자 임용에 필요한 경비를 「초·중등교육법」 제30조의2에 따라 설치된 학교회계에 반영하여 집행하여야 한다.

④ 학교의 장은 학교운동부지도자가 학생선수의 학습권을 박탈하거나 폭력, 금품·향응 수수(授受) 등의 부적절한 행위를 하였을 경우 학교운영위원회의 심의를 거쳐 계약을 해지할 수 있다. 〈개정 2021.3.23.〉

⑤ 교육감은 학교운동부지도자의 지도 등을 위하여 학교운동부지도자관리위원회를 설치한다.

⑥ 교육감은 제4항의 사유 이외에 학교의 장이 부당하게 학교운동부지도자를 계약 해지하였을 경우 학교운동부지도자관리위원회의 심의를 거쳐 관련 계약 해지를 철회할 수 있다.

⑦ 그 밖에 학교운동부지도자의 자격기준, 임용, 급여, 신분, 직무 등에 필요한 사항은 대통령령으로 정한다.

제12조의2(도핑 방지 교육)

① 국가와 지방자치단체는 도핑(「국민체육진흥법」 제2조 제10호의 도핑을 말한다. 이하 같다)을 방지하기 위하여 학생선수와 학교운동부지도자를 대상으로 도핑 방지 교육을 실시하여야 한다.

② 제1항에 따른 도핑 방지 교육의 방법 및 절차 등에 필요한 사항은 대통령령으로 정한다.
[본조신설 2017.4.18.]

제12조의3(스포츠 분야 인권교육 등)

① 국가와 지방자치단체는 학생선수의 인권보호를 위하여 학생선수와 학교운동부지도자를 대상으로 스포츠 분야 인권교육을 실시하여야 한다.

② 국가와 지방자치단체는 학생선수에 대한 폭력, 성폭력 등 인권침해가 발생한 때에는 학생선수와 학교운동부지도자를 대상으로 심리치료 및 안전조치를 하여야 한다.

③ 제1항 및 제2항에 따른 스포츠 분야 인권교육, 심리치료 및 안전조치에 관하여 필요한 사항은 대통령령으로 정한다.
[본조신설 2020.10.20.]

제13조(스포츠강사의 배치)

① 국가 및 지방자치단체는 학생의 체육수업 흥미 제고 및 체육활동 활성화를 위하여 「초·중등교육법」 제2조 제2호에 따른 초등학교에 스포츠강사를 배치할 수 있다.

② 제1항에 따른 스포츠강사의 자격기준, 임용 등에 필요한 사항은 대통령령으로 정한다.

제13조의2(여학생 체육활동 활성화 지원)

① 교육부장관은 여학생의 체육활동 활성화에 필요한 기본지침을 수립하여 교육감 및 학교의 장에게 통보하여야 하고, 학교의 장은 기본지침에 따라 매년 여학생 체육활동 활성화 계획을 수립·시행하여야 한다.

② 교육부장관은 제1항에 따른 계획의 수립·시행에 대하여 평가하고 그 평가결과를 반영하여 「지방교육재정교부금법」에 따른 교부금을 대통령령으로 정하는 바에 따라 특별지원할 수 있다.

③ 국가 및 지방자치단체는 여학생의 체육활동 활성화 지원에 필요한 시설을 갖추어야 한다.

④ 교육부장관은 여학생의 체육활동 활성화를 지원하기 위한 체육 교재, 기자재, 용품 등의 확보기준을 따로 정하여야 한다.

⑤ 제2항에 따른 평가 방법 및 항목, 그 밖에 필요한 사항은 교육부령으로 정한다.
[본조신설 2016.2.3.]

제14조(유아 및 장애학생 체육활동 지원)

① 국가 및 지방자치단체는 「유아교육법」 제8조에 따라 설립된 유치원에 재원 중인 유아 및 「장애인 등에 대한 특수교육법」 제17조에 따라 일반학교 또는 특수학교에 배치된 특수교육대상자에 대하여 적절한 체육활동 프로그램을 운영하여야 한다.

② 유치원의 장 및 학교의 장은 제1항에 따른 체육활동 프로그램의 운영을 대통령령으로 정하는 관련 단체 및 「고등교육법」 제2조 제1호에 따른 대학의 체육계열학과 등에 위탁할 수 있다.

제15조(경비의 지원 및 보조)

국가 및 지방자치단체는 학교체육 진흥에 필요한 경비를 예산의 범위에서 지원할 수 있다.

제16조(학교체육진흥위원회 등)

① 학교체육 진흥에 관한 중요 사항을 심의하기 위하여 교육부장관과 문화체육관광부장관 소속으로 학교체육
진흥중앙위원회를, 시·도 및 시·도교육청과 시·군·구 및 교육지원청 소속으로 학교체육진흥지역위원
회를 설치하여 운영한다. 〈개정 2013.3.23.〉

② 학교체육진흥중앙위원회 및 학교체육진흥지역위원회는 직무수행을 위하여 필요한 경우 관계 공무원 또는
전문적인 지식이나 경험이 있는 관계 전문가를 참석하게 하여 의견을 듣거나 관련 기관·단체 등에 자료
또는 의견 제출 등 협조를 요청할 수 있다.

③ 학교체육진흥중앙위원회 및 학교체육진흥지역위원회 위원의 일정 비율 이상은 여성으로 한다. 〈신설
2016.2.3.〉

④ 학교체육진흥중앙위원회의 구성 및 운영 등에 필요한 사항은 대통령령으로, 학교체육진흥지역위원회의 구
성 및 운영 등에 필요한 사항은 해당 시·도의 조례로 정한다. 〈개정 2016.2.3.〉

제17조(학교체육진흥원)

① 학교체육 진흥을 위한 다음 각 호의 사업과 활동을 위하여 교육부장관 소속으로 학교체육진흥원을 설립할
수 있다. 〈개정 2013.3.23., 2016.2.3.〉
　　1. 학교체육 진흥을 위한 정책연구
　　2. 체육활동 프로그램의 개발 및 보급
　　3. 학생 체력통계의 체계적 수집 및 분석
　　4. 제8조에 따른 학생건강체력평가의 종목·평가기준 및 시스템 개발·운영
　　5. 여학생의 체육활동 활성화 지원
　　6. 그 밖에 학교체육 진흥에 필요한 사항

② 제1항에 따른 학교체육진흥원의 구성·운영 등에 필요한 사항은 대통령령으로 정한다.

제18조(지역사회와 협력)

학교의 장은 학교체육 활성화를 위하여 필요한 경우 지역의 관계 기관 또는 관계 단체의 장에게 협력을 요청할
수 있다.

제19조(권한의 위임)

이 법에 따른 교육부장관의 권한은 그 일부를 대통령령으로 정하는 바에 따라 교육감에게 위임할 수 있다.
〈개정 2013.3.23.〉

03　생활체육

1 국민체육진흥법 및 국민체육진흥정책　2015, 2019, 2021, 2022, 2023, 2024, 2025

(1) 국민체육진흥법 주요 내용

제1조(목적)

이 법은 국민체육을 진흥하여 국민의 체력을 증진하고, 체육활동으로 연대감을 높이며, 공정한 스포츠 정신으
로 체육인 인권을 보호하고, 국민의 행복과 자긍심을 높여 건강한 공동체의 실현에 이바지함을 목적으로 한다.
〈개정 2020.8.18.〉

제2조(정의)

이 법에서 사용하는 용어의 뜻은 다음과 같다. 〈개정 2008.2.29., 2012.2.17., 2014.1.28., 2015.3.27.,
2019.1.15., 2020.2.4., 2020.12.8., 2022.1.18., 2023.8.8., 2025.1.31〉

1. "체육"이란 운동경기·야외 운동 등 신체활동을 통하여 건전한 신체와 정신을 기르고 여가를 선용하는 것을 말한다.
2. "전문체육"이란 선수들이 행하는 운동경기 활동을 말한다.
3. "생활체육"이란 건강과 체력 증진을 위하여 행하는 자발적이고 일상적인 체육활동을 말한다.
4. "선수"란 경기단체에 선수로 등록된 자를 말한다.
4의2. "국가대표선수"란 대한체육회, 대한장애인체육회 또는 경기단체가 국제경기대회(친선경기대회는 제외한다)에 우리나라의 대표로 파견하기 위하여 선발·확정한 사람을 말한다.
5. "학교"란 「초·중등교육법」 제2조 및 「고등교육법」 제2조에 따른 학교를 말한다.
6. "체육지도자"란 학교·직장·지역사회 또는 체육단체 등에서 체육을 지도할 수 있도록 이 법에 따라 다음 각 목의 어느 하나에 해당하는 자격을 취득한 사람을 말한다.
　　가. 스포츠지도사
　　나. 건강운동관리사
　　다. 장애인스포츠지도사
　　라. 유소년스포츠지도사
　　마. 노인스포츠지도사
7. "체육동호인조직"이란 같은 생활체육활동에 지속적으로 참여하는 자의 모임을 말한다.
8. "운동경기부"란 선수로 구성된 국가, 지방자치단체, 학교나 직장 등의 운동부를 말한다.
9. "체육단체"란 체육에 관한 활동이나 사업을 목적으로 설립된 다음 각 목의 어느 하나에 해당하는 법인이나 단체를 말한다.

제10조(직장 체육의 진흥)
① 국가와 지방자치단체는 직장 체육 진흥에 필요한 시책을 마련하여야 한다.
② 직장의 장은 대통령령으로 정하는 바에 따라 체육동호인조직과 체육진흥관리위원회를 설치하는 등 직장인의 체력 증진과 체육활동 육성에 필요한 조치를 마련하여야 한다.
③ 대통령령으로 정하는 직장에는 직장인의 체력 증진과 체육활동 지도·육성을 위하여 체육지도자를 두어야 한다. 〈개정 2012.2.17.〉
④ 「공공기관의 운영에 관한 법률」에 따른 공공기관 중 대통령령으로 정하는 기관(이하 "공공기관"이라 한다)과 대통령령으로 정하는 직장에는 한 종목 이상의 운동경기부를 설치·운영하고 체육지도자를 두어야 한다. 〈개정 2009.3.18., 2012.2.17.〉
⑤ 제2항부터 제4항까지의 규정에 따른 직장 체육에 관한 업무는 시장·군수·구청장(자치구의 구청장을 말한다. 이하 같다)이 지도·감독한다. 〈개정 2020.12.8.〉

제11조(체육지도자의 양성)
① 국가는 국민체육 진흥을 위한 체육지도자의 양성과 자질 향상을 위하여 필요한 시책을 마련하여야 한다.
② 문화체육관광부장관은 대통령령으로 정하는 자격 요건을 갖춘 사람으로서 체육지도자 자격검정(이하 "자격검정"이라 한다)에 합격하고 체육지도자 연수과정(이하 "연수과정"이라 한다)을 이수한 사람에게 문화체육관광부령으로 정하는 바에 따라 체육지도자의 자격증을 발급한다. 다만, 학교체육교사 및 선수(문화체육관광부장관이 지정하는 프로스포츠단체에 등록된 프로스포츠선수를 포함한다) 등 대통령령으로 정하는 사람에게는 대통령령으로 정하는 바에 따라 자격검정이나 연수과정의 일부(제3항에 따른 스포츠윤리교육은 제외한다)를 면제할 수 있다. 〈개정 2012.2.17., 2020.2.4., 2024.2.6.〉
③ 연수과정에는 다음 각 호의 사항으로 구성된 스포츠윤리교육 과정이 포함되어야 한다. 〈신설 2020.2.4., 2020.8.18., 2024.2.6.〉
　　1. 성폭력 등 폭력 예방교육
　　2. 스포츠비리 및 체육계 인권침해 방지를 위한 예방교육
　　3. 도핑 방지 교육
　　4. 그 밖에 체육의 공정성 확보와 체육인의 인권보호를 위하여 문화체육관광부령으로 정하는 교육
④ 제2항에 따라 자격검정이나 연수를 받거나 자격증을 발급 또는 재발급 받으려는 사람은 문화체육관광부령으로 정하는 바에 따라 수수료를 납부하여야 한다. 〈신설 2012.2.17., 2020.2.4.〉

⑤ 체육지도자의 종류·등급·검정 및 자격 부여 등에 필요한 사항은 대통령령으로 정한다. 〈개정 2012.2.17., 2020.2.4.〉

제13조(체육시설의 설치 등)
① 국가와 지방자치단체는 국민의 체육활동에 필요한 시설의 적정한 확보와 이용에 필요한 시책을 마련하여야 한다.
② 국가와 지방자치단체는 장애인 체육활동에 필요한 시설의 설치와 운영에 필요한 시책을 마련하여야 하며, 장애인이 체육시설을 우선적으로 이용할 수 있도록 필요한 조치를 할 수 있다. 〈개정 2016.12.20.〉
③ 국가와 지방자치단체는 노인과 유소년 체육활동에 필요한 시설의 적정한 확보와 그 운영에 필요한 시책을 마련하여야 한다. 〈신설 2023.9.14., 2025.3.25〉
④ 직장의 장은 종업원의 체육활동에 필요한 시설을 설치·운영하여야 하며, 학교의 체육시설은 학교 교육에 지장이 없는 범위에서 지역 주민에게 개방·이용되어야 한다. 〈개정 2012.2.17., 2023.9.14.〉
⑤ 국가와 지방자치단체는 민간의 체육시설 설치를 권장하고 건전하게 운영되도록 하여야 한다. 〈개정 2023.9.14.〉
⑥ 제1항부터 제5항까지에 따른 체육시설의 설치·이용 등에 필요한 사항은 따로 법률로 정한다. 〈개정 2023.9.14.〉

제13조의2(체육 행사 개최 시 안전관리조치)
① 대통령령으로 정하는 일정 규모 이상의 인원이 밀집하는 체육 행사를 개최하려는 자는 해당 체육 행사가 안전하게 진행될 수 있도록 체육 행사 안전관리계획을 수립하고 안전교육·점검을 시행하는 등 안전관리에 필요한 조치를 하여야 한다.
② 제1항에 따른 체육 행사 안전관리계획의 내용, 수립절차 및 안전교육·점검 방식 등에 관한 사항은 대통령령으로 정한다.
[본조신설 2023.9.14.]

제18조의3(스포츠윤리센터의 설립)
① 체육의 공정성 확보와 체육인의 인권보호를 위하여 스포츠윤리센터를 설립한다.
② 스포츠윤리센터는 법인으로 한다.
③ 스포츠윤리센터는 다음 각 호의 사업을 한다. 〈개정 2020.8.18., 2022.1.18., 2025.1.31〉
  1. 다음 각 목에 해당하는 체육계 인권침해 및 스포츠비리 등에 대한 신고 접수와 조사
     가. 선수에 대한 체육지도자 등의 성폭력 등 폭력에 관한 사항
     나. 승부조작 또는 편파판정 등 불공정에 관한 사항
     다. 체육 관련 입시비리에 관한 사항
     라. 체육단체·경기단체 및 그 임직원의 횡령·배임 및 뇌물수수 및 「보조금 관리에 관한 법률」 제22조에 따른 보조금 및 「지방재정법」 제32조의4에 따른 지방보조금의 용도 외 사용 금지 위반에 관한 사항
     마. 그 밖에 체육계 인권침해 및 스포츠비리에 해당된다고 인정되는 사항
  2. 신고자 및 피해자에 대한 치료 및 상담, 법률 지원, 임시보호 및 연계
  3. 긴급보호가 필요한 신고자 및 피해자를 위한 임시보호시설 운영
  4. 체육계 현장의 인권침해 조사·조치 상황 등을 상시 점검할 수 있는 인권감시관 운영
  5. 스포츠비리 및 체육계 인권침해에 대한 실태조사 및 예방을 위한 연구
  6. 스포츠비리 및 체육계 인권침해 방지를 위한 예방교육
  7. 그 밖에 체육의 공정성 확보 및 체육인의 인권보호를 위하여 필요한 사업
④ 스포츠윤리센터의 운영, 이사회의 구성 및 권한, 임원의 선임, 감독 등 스포츠윤리센터의 정관에 기재할 사항은 대통령령으로 정한다. 〈개정 2020.8.18.〉
⑤ 스포츠윤리센터의 장은 업무 수행에 필요하다고 인정될 때에는 문화체육관광부장관의 승인을 받아 관계 행정기관 소속 공무원이나 관계 기관·단체 소속 임직원의 스포츠윤리센터 파견 또는 지원을 요청할 수 있다. 〈신설 2020.8.18.〉

⑥ 스포츠윤리센터가 아닌 자는 스포츠윤리센터 또는 이와 비슷한 명칭을 사용하지 못한다. 〈개정 2020.8.18.〉

⑦ 스포츠윤리센터는 문화체육관광부장관이 감독한다. 이 경우 문화체육관광부장관은 스포츠윤리센터가 제3항 각 호의 사업을 독립적으로 수행할 수 있도록 필요한 시책을 강구하고 보장하여야 한다. 〈개정 2020.8.18.〉

⑧ 스포츠윤리센터에 관하여 이 법에서 정한 것을 제외하고는 「민법」 중 재단법인에 관한 규정을 준용한다. 〈개정 2020.8.18.〉

  [본조신설 2020.2.4.]

2023년 기출문제

스포츠윤리센터 설립 예시
국민체육진흥법[시행 2022.8.11.] 제18조의3 '스포츠윤리센터의 설립'에 관한 내용으로 체육의 [공정성] 확보와 체육인의 [인권 보호]를 위하여 스포츠윤리센터를 설립한다.

(2) 체육시설법 시행규칙 `2022`

제22조(체육지도자 배치기준)
① 법 제23조에 따라 체육지도자를 배치하여야 할 체육시설의 규모와 그 배치기준은 별표5와 같다.
② 제1항에 따른 체육시설에는 「국민체육진흥법」 제11조에 따른 체육지도자를 배치하여야 한다.

체육시설업의 종류	규모	배치 인원
골프장업	골프코스 18홀 이상 36홀 이하 골프코스 36홀 초과	1명 이상 2명 이상
스키장업	슬로프 10면 이하 슬로프 10면 초과	1명 이상 2명 이상
요트장업	요트 20척 이하 요트 20척 초과	1명 이상 2명 이상
조정장업	조정 20척 이하 조정 20척 초과	1명 이상 2명 이상
카누장업	카누 20척 이하 카누 20척 초과	1명 이상 2명 이상
빙상장업	빙판면적 1,500제곱미터 이상 3,000제곱미터 이하 빙판면적 3,000제곱미터 초과	1명 이상 2명 이상
승마장업	말 20마리 이하 말 20마리 초과	1명 이상 2명 이상
수영장업	수영조 바닥면적이 400제곱미터 이하인 실내 수영장 수영조 바닥면적이 400제곱미터를 초과하는 실내 수영장	1명 이상 2명 이상
체육도장업	운동전용면적 300제곱미터 이하 운동전용면적 300제곱미터 초과	1명 이상 2명 이상
골프연습장업	20타석 이상 50타석 이하 50타석 초과	1명 이상 2명 이상
체력단련장업	운동전용면적 300제곱미터 이하 운동전용면적 300제곱미터 초과	1명 이상 2명 이상
체육교습업	동시 최대 교습인원 30명 이하 동시 최대 교습인원 30명 초과	1명 이상 2명 이상
인공암벽장업	실내 인공암벽장 실외 인공암벽장 운동전용면적 600제곱미터 이하 실외 인공암벽장 운동전용면적 600제곱미터 초과	1명 이상 1명 이상 2명 이상

생활스포츠지도사 자격 예시

• 체육지도자의 자격은 18세 이상인 사람에게 부여한다.
• 생활스포츠지도사는 1급, 2급으로 구분한다.
• 2급 생활스포츠지도사는 2급 생활스포츠지도사 자격검정에 합격하고, 연수과정을 이수한 사람으로 한다.

(3) 국민체육진흥정책 `2017, 2019, 2021`

생활체육 참여기회 확대	시·도 생활체육교실	지방자치단체의 특성에 맞게 학교체육시설 및 공공체육시설 등을 활용하여 운영
	생활체육광장	지역주민들이 근접한 곳에서 생활체육에 참여할 수 있도록 참여환경 제공
	생활체육 홍보	'스포츠 7330 캠페인'(일주일에 세 번 이상 하루 30분 운동하자) 추진
생활체육 동호인 육성	동호인클럽 육성	지역 또는 클럽 간 체육교류 활동 및 클럽 육성을 통한 생활체육 참여인구 확대
	생활체육대회 개최	전국 생활체육대축전, 종목별 생활체육대회 개최
	동호인 리그	종목별 동호인 리그를 통해 지역동호인 클럽 활성화
직장체육 육성	직장 종목별 클럽리그제 운영	직장 생활체육 동호인 활동의 확산 및 직장체육 활성화
	찾아가는 생활체육 서비스 운영	직장 및 단체에 지도자가 직접 방문하여 생활체육 보급을 통해 직장체육 활성화
소외계층 체육활동 지원	소외계층 생활체육 프로그램	소외계층에게 체육활동 참여기회 제공 및 건강증진, 여가활동 여건 조성
	소외계층 운동 용구 지원	소외계층에게 운동 용구 지원을 통해 체육활동 참여 및 여가선용 여건 조성

생활스포츠 지원사업 예시

• 스포츠강좌 이용권 지원 : 스포츠복지 사회 구현의 일환으로 저소득층 유·청소년[만 5세~18세]과 장애인[만 12세~23세]에게 스포츠강좌 혜택을 받을 수 있는 일정 금액의 이용권을 제공하는 사업
• 행복나눔 스포츠 교실 운영 : 소외계층 청소년을 대상으로 다양한 체육활동 참여기회를 제공함으로써 참여 형평성을 높이고 사회적응력을 배양하는 것을 목적으로 시행되는 사업
• 여성체육활동 지원 : 여학생[초·중·고] 대상으로 종목별 스포츠 교실 운영, 생애주기 여성 체육활동 지원, 여성 환우를 위한 찾아가는 체력교실 사업 지원
• 국민체력 100 : 국민의 체력과 건강증진 목적으로 체력 상태를 보다 과학적으로 측정 및 평가하여 운동 상담과 처방을 해주는 대국민 스포츠복지 서비스 사업

---

04 전문체육

1 학교체육 진흥법 및 국민체육진흥법 `2017, 2018, 2023, 2024`

(1) 학교체육 진흥법의 주요 내용

> **제2조(정의)**
> 이 법에서 사용하는 용어의 뜻은 다음과 같다.
> 3. "학교운동부"란 학생선수로 구성된 학교 내 운동부를 말한다.

4. "학생선수"란 학교운동부에 소속되어 운동하는 학생이나 「국민체육진흥법」 제33조와 제34조에 따른 체육단체에 등록되어 선수로 활동하는 학생을 말한다.

6. "학교운동부지도자"란 학교에 소속되어 학교운동부를 지도·감독하는 사람을 말한다.

제11조(학교운동부 운영 등)

① 학교의 장은 학생선수가 일정 수준의 학력기준(이하 "최저학력"이라 한다)에 도달하지 못한 경우에는 교육부령으로 정하는 경기대회의 참가를 허용하여서는 아니 된다. 다만, 학생선수가 제2항에 따른 기초학력보장 프로그램을 이수한 경우에는 그 참가를 허용하여야 한다. 〈개정 2021.3.23., 2024.12.20〉

② 학교의 장은 최저학력에 도달하지 못한 학생선수에게 별도의 기초학력보장 프로그램을 제공하여야 한다. 〈신설 2021.3.23.〉

③ 최저학력의 기준 및 실시 시기에 필요한 사항과 기초학력보장 프로그램의 운영 등에 필요한 사항은 교육부령으로 정한다. 〈개정 2013.3.23., 2021.3.23.〉

④ 학교의 장은 학생선수의 학습권 보장 및 신체적·정서적 발달을 위하여 학기 중의 상시 합숙훈련이 근절될 수 있도록 노력하여야 한다. 다만, 경기대회 참가 등을 위하여 불가피하게 합숙훈련을 실시하는 경우에는 학생선수의 안전 및 인권보호를 위하여 필요한 조치를 하여야 한다. 〈개정 2021.3.23.〉

⑤ 학교의 장은 원거리에서 통학하는 학생선수를 위하여 기숙사를 운영할 수 있다. 이 경우 필요한 사항은 교육부령으로 정한다. 〈개정 2013.3.23., 2021.3.23.〉

⑥ 학교의 장은 학교운동부 관련 후원금을 「초·중등교육법」 제30조의2에 따라 설치된 학교회계에 편입시켜 운영하여야 한다. 〈개정 2021.3.23.〉

⑦ 국가 및 지방자치단체는 예산의 범위에서 학교운동부 운영과 관련된 경비를 지원할 수 있다. 〈개정 2021.3.23.〉

제12조(학교운동부지도자)

① 학교의 장은 학생선수의 훈련과 지도를 위하여 학교운동부에 지도자(이하 "학교운동부지도자"라 한다)를 둘 수 있다.

② 국가는 학교운동부지도자의 자질 향상 및 전문성 강화를 위하여 연수교육 계획을 수립하고, 이를 실시하여야 한다. 이 경우 연수교육을 관련 단체에 위탁할 수 있다.

③ 국가 및 지방자치단체는 학교운동부지도자의 급여에 필요한 경비를 지원하도록 노력하여야 하며, 학교의 장은 학교운동부지도자 임용에 필요한 경비를 「초·중등교육법」 제30조의2에 따라 설치된 학교회계에 반영하여 집행하여야 한다.

④ 학교의 장은 학교운동부지도자가 학생선수의 학습권을 박탈하거나 폭력, 금품·향응 수수 등의 부적절한 행위를 하였을 경우 학교운영위원회의 심의를 거쳐 계약을 해지할 수 있다. 〈개정 2021.3.23.〉

⑤ 교육감은 학교운동부지도자의 지도 등을 위하여 학교운동부지도자관리위원회를 설치한다.

⑥ 교육감은 제4항의 사유 이외에 학교의 장이 부당하게 학교운동부지도자를 계약 해지하였을 경우 학교운동부지도자관리위원회의 심의를 거쳐 관련 계약 해지를 철회할 수 있다.

⑦ 그 밖에 학교운동부지도자의 자격기준, 임용, 급여, 신분, 직무 등에 필요한 사항은 대통령령으로 정한다.

제12조의2(도핑 방지 교육)

① 국가와 지방자치단체는 도핑(「국민체육진흥법」 제2조 제10호의 도핑을 말한다. 이하 같다)을 방지하기 위하여 학생선수와 학교운동부지도자를 대상으로 도핑 방지 교육을 실시하여야 한다.

② 제1항에 따른 도핑 방지 교육의 방법 및 절차 등에 필요한 사항은 대통령령으로 정한다.

[본조 신설 2017.4.18.]

(2) 국민체육진흥법의 주요 내용

제2조(정의)

이 법에서 사용하는 용어의 뜻은 다음과 같다. 〈개정 2008.2.29., 2012.2.17., 2014.1.28., 2015.3.27., 2019.1.15., 2020.2.4., 2020.12.8., 2022.1.18., 2023.8.8., 2025.1.31〉

1. "체육"이란 운동경기·야외 운동 등 신체활동을 통하여 건전한 신체와 정신을 기르고 여가를 선용하는 것을 말한다.
2. "전문체육"이란 선수들이 행하는 운동경기 활동을 말한다.
3. "생활체육"이란 건강과 체력 증진을 위하여 행하는 자발적이고 일상적인 체육활동을 말한다.
4. "선수"란 경기단체에 선수로 등록된 자를 말한다.
4의2. "국가대표선수"란 대한체육회, 대한장애인체육회 또는 경기단체가 국제경기대회(친선경기대회는 제외한다)에 우리나라의 대표로 파견하기 위하여 선발·확정한 사람을 말한다.
8. "운동경기부"란 선수로 구성된 국가, 지방자치단체, 학교나 직장 등의 운동부를 말한다.
11. "경기단체"란 특정 경기 종목에 관한 활동과 사업을 목적으로 설립되고 대한체육회나 대한장애인체육회에 가맹된 법인이나 단체 또는 문화체육관광부장관이 지정하는 프로스포츠 단체를 말한다.

제14조(선수 등의 육성)
① 국가와 지방자치단체는 선수와 체육지도자에 대하여 필요한 육성을 하여야 한다. 〈개정 2020.2.4.〉
② 국가와 지방자치단체는 우수 선수와 체육지도자 육성을 위하여 필요한 표창제도를 마련하여야 한다.
③ 국가, 지방자치단체, 공공기관, 그 밖에 대통령령으로 정하는 단체는 대통령령으로 정하는 우수 선수에게 아마추어 경기 생활을 할 수 있게 하기 위하여 문화체육관광부장관이 요청하면 우수 선수와 체육지도자를 고용하여야 한다. 〈개정 2008.2.29., 2009.3.18.〉
④ 삭제 〈2021.8.10.〉
⑤ 삭제 〈2020.2.4.〉
⑥ 삭제 〈2020.2.4.〉
[제목개정 2020.2.4.]

제15조(도핑 방지 활동)
① 국가는 스포츠 활동에서 약물 등으로부터 선수를 보호하고 공정한 경쟁을 통한 스포츠 정신을 높이기 위하여 도핑 방지를 위한 시책을 수립하여야 한다.
② 국가는 도핑을 예방하기 위하여 선수와 체육지도자를 대상으로 교육과 홍보를 실시하여야 하고, 체육단체 및 경기단체의 도핑 방지 활동을 지도·감독하여야 한다.

05 스포츠기본법

1 스포츠기본법의 정의

정의	① 스포츠에 관한 국민의 권리와 국가 및 지방자치단체의 책임을 정하고 스포츠 정책의 방향과 그 추진에 필요한 기본적인 사항을 규정함 ② 이로써 스포츠의 가치와 위상을 높여 모든 국민이 건강하고 행복한 삶을 영위하고 나아가 국가사회의 발전과 사회통합을 도모함

2 스포츠기본법의 주요 내용 2022, 2023

제1조(목적)
이 법은 스포츠에 관한 국민의 권리와 국가 및 지방자치단체의 책임을 정하고 스포츠 정책의 방향과 그 추진에 필요한 기본적인 사항을 규정함으로써 스포츠의 가치와 위상을 높여 모든 국민이 건강하고 행복한 삶을 영위하고 나아가 국가사회의 발전과 사회통합을 도모하는 것을 목적으로 한다.

제2조(기본이념)
이 법은 국민 모두가 스포츠 및 신체활동에 자유롭고 평등하게 참여하여 건강하고 행복한 삶을 영위할 수 있도록 스포츠의 가치가 교육, 문화, 환경, 인권, 복지, 정치, 경제, 여가 등 우리 사회 영역 전반에 확산될 수 있게 국가와 지방자치단체가 그 역할을 다하며, 개인이 스포츠 활동에서 차별받지 아니하도록 하고, 스포츠의 다양성, 자율성과 민주성의 원리가 조화롭게 실현되도록 하는 것을 기본이념으로 한다.

제3조(정의)

이 법에서 사용하는 용어의 뜻은 다음과 같다.

1. "스포츠"란 건강한 신체를 기르고 건전한 정신을 함양하며 질 높은 삶을 위하여 자발적으로 행하는 신체활동을 기반으로 하는 사회문화적 행태를 말하며, 「국민체육진흥법」 제2조 제1호에 따른 체육을 포함한다.
2. "전문스포츠"란 「국민체육진흥법」 제2조 제4호에 따른 선수(이하 "선수"라 한다)가 행하는 스포츠 활동을 말한다.
3. "생활스포츠"란 건강과 체력 증진을 위하여 행하는 자발적이고 일상적인 스포츠 활동을 말한다.
4. "장애인스포츠"란 장애인이 참여하는 스포츠 활동(생활스포츠와 전문스포츠를 포함한다)을 말한다.
5. "학교스포츠"란 학교(「유아교육법」 제2조 제2호에 따른 유치원, 「초·중등교육법」 제2조 및 「고등교육법」 제2조에 따른 학교를 말한다. 이하 같다)에서 이루어지는 스포츠 활동(학교과정 외의 스포츠 활동과 「국민체육진흥법」 제2조 제8호에 따른 운동경기부의 스포츠 활동을 포함한다)을 말한다.
6. "스포츠산업"이란 스포츠와 관련된 재화와 서비스를 통하여 부가가치를 창출하는 산업을 말한다.
7. "스포츠클럽"이란 회원의 정기적인 체육활동을 위하여 「스포츠클럽법」 제6조에 따라 등록을 하고 지역사회의 체육활동 진흥을 위하여 운영되는 법인 또는 단체를 말한다.

제4조(국민의 권리)

모든 국민은 스포츠 및 신체활동에서 차별을 받지 아니하고 자유롭게 스포츠 활동에 참여하며 스포츠를 향유할 권리(이하 "스포츠권"이라 한다)를 가진다.

제5조(국가와 지방자치단체의 책무)

① 국가는 스포츠권을 보장하기 위하여 스포츠에 관한 정책을 수립·시행하고, 이를 위한 재원(財源)의 확충과 효율적인 운영을 위하여 노력하여야 한다.
② 국가는 지방자치단체의 스포츠 관련 계획·시책과 자원을 존중하고, 지역 간 스포츠 격차의 해소를 통하여 균형 잡힌 스포츠 발전이 이루어지도록 노력하여야 한다.
③ 국가와 지방자치단체는 경제적·사회적·지리적 제약 등으로 스포츠를 향유하지 못하는 스포츠 소외계층의 스포츠 향유 기회를 확대하고 스포츠 활동을 장려하기 위하여 필요한 시책을 강구하여야 한다.
④ 국가와 지방자치단체는 아동, 청소년, 노인 및 장애인의 스포츠 참여 기회를 확대하기 위하여 노력하여야 한다.

제6조(다른 법률과의 관계)

① 스포츠에 관하여 다른 법률에 특별한 규정이 있는 경우를 제외하고는 이 법에서 정하는 바에 따른다.
② 스포츠에 관하여 다른 법률을 제정하거나 개정할 경우에는 이 법의 목적에 맞도록 하여야 한다.

제7조(스포츠 정책 수립·시행의 기본원칙)

국가와 지방자치단체는 스포츠에 관한 정책을 수립하고 시행할 때에는 다음 각 호의 사항을 충분히 고려하여야 한다.

1. 스포츠권을 보장할 것
2. 스포츠 활동을 존중하고 사회전반에 확산되도록 할 것
3. 국민과 국가의 스포츠 역량을 높이기 위한 여건을 조성하고 지원할 것
4. 스포츠 활동 참여와 스포츠 교육의 기회가 확대되도록 할 것
5. 스포츠의 가치를 존중하고 스포츠의 역동성을 높일 수 있을 것
6. 스포츠 활동과 관련한 안전사고를 방지할 것
7. 스포츠의 국제 교류·협력을 증진할 것

제8조(스포츠 진흥 기본계획의 수립 등)

① 문화체육관광부장관은 스포츠 진흥을 위하여 제9조에 따른 국가스포츠정책위원회의 심의를 거쳐 5년마다 스포츠 진흥 기본계획(이하 "기본계획"이라 한다)을 수립하고 이를 시행하여야 한다.
② 기본계획에는 다음 각 호의 사항이 포함되어야 한다.
　　1. 스포츠 진흥의 목표와 방향
　　2. 스포츠 진흥을 위한 스포츠 정책의 기본 방향

3. 스포츠 진흥을 위한 법령·제도의 마련 등 기반 조성에 관한 사항

4. 스포츠권의 신장에 관한 사항

5. 스포츠 활동을 통한 국민의 삶의 질 향상을 위한 시책에 관한 사항

6. 제10조부터 제16조까지에 따른 분야별 스포츠 시책

7. 스포츠 시설의 조성과 활용 및 안전에 관한 사항

8. 스포츠 인력의 양성, 선수 등의 은퇴 후 지원과 스포츠 교육의 활성화에 관한 사항

9. 스포츠 정책 관련 조사·연구와 개발에 관한 사항

10. 스포츠 윤리와 공정성 확보에 관한 사항

11. 스포츠 활동의 안전을 보장하기 위한 사고예방과 처리에 관한 사항

12. 스포츠 진흥을 위한 재원 조달과 그 운용에 관한 사항

13. 스포츠 유산 및 스포츠 문화의 보전과 활용에 관한 사항

14. 그 밖에 스포츠 진흥을 위하여 필요한 사항으로서 대통령령으로 정하는 사항

③ 문화체육관광부장관은 기본계획을 수립할 때에는 사전에 관계 중앙행정기관의 장과 협의하여야 하며, 기본계획을 수립한 때에는 관계 중앙행정기관 및 지방자치단체의 장에게 알려야 한다.

④ 관계 중앙행정기관 및 지방자치단체의 장은 기본계획에 따라 매년 스포츠 진흥을 위한 시행계획(이하 "시행계획"이라 한다)을 수립·시행하여야 한다.

⑤ 그 밖에 기본계획 및 시행계획의 수립·시행 등에 필요한 사항은 대통령령으로 정한다.

제9조(국가스포츠정책위원회)

① 국민의 스포츠권 보장과 주요 시책의 평가·점검, 기본계획의 수립·조정, 국제경기대회 개최와 관련된 주요 정책의 수립·조정 등에 관한 사항을 심의·의결하고 스포츠 관련 정책을 총괄 조정하기 위하여 국무총리 소속으로 국가스포츠정책위원회(이하 "정책위원회"라 한다)를 둔다.

② 국제경기대회와 관련된 안건을 검토하고 정책위원회에서 위임한 사항을 처리하기 위하여 정책위원회에 국제경기대회지원실무위원회를 둔다. 이 경우 국제경기대회지원실무위원회의 위원장은 문화체육관광부차관이 된다.

③ 제1항에 따른 정책위원회 및 제2항에 따른 국제경기대회지원실무위원회의 구성 및 운영에 필요한 사항은 대통령령으로 정한다.

제10조(전문스포츠에 관한 시책)

① 국가와 지방자치단체는 전문스포츠를 육성하기 위하여 선수의 보호 및 권리보장, 경기력 향상 등 필요한 시책을 수립·시행하여야 한다.

② 제1항에 따른 전문스포츠의 육성 등에 필요한 사항은 따로 법률로 정한다.

제11조(생활스포츠에 관한 시책)

① 국가와 지방자치단체는 스포츠를 통한 국민의 체력증진과 건전한 여가 선용을 위하여 생활스포츠 진흥에 필요한 시책을 수립·시행하여야 한다.

② 국가와 지방자치단체는 생활스포츠 진흥을 위하여 필요한 경우 스포츠지도자를 배치하거나 생활스포츠 프로그램을 개발·보급하여야 한다.

③ 제1항에 따른 생활스포츠의 대상과 영역, 제2항에 따른 스포츠지도자의 자격, 그 밖에 필요한 사항은 따로 법률로 정한다.

제12조(장애인스포츠에 관한 시책)

① 국가와 지방자치단체는 장애인스포츠의 진흥과 발전을 위하여 필요한 시책을 수립·시행하여야 한다.

② 제1항에 따른 장애인스포츠의 진흥 및 발전 등에 필요한 사항은 따로 법률로 정한다.

제13조(학교스포츠에 관한 시책)

① 국가와 지방자치단체는 학생의 체력 증진 및 학교 내 스포츠 활동 활성화 등을 위하여 필요한 시책을 마련하여야 한다.

② 제1항에 따른 학교스포츠 진흥 등에 필요한 사항은 따로 법률로 정한다.

제14조(프로스포츠에 관한 시책)

① 국가와 지방자치단체는 문화체육관광부장관이 지정하는 프로스포츠 단체에 등록된 선수가 행하는 스포츠 활동 (이하 이 조에서 "프로스포츠"라 한다)이 국민경제의 건전한 발전에 기여하고, 국민이 프로스포츠 관람을 통하여 건전한 여가 선용을 할 수 있도록 프로스포츠 육성에 필요한 시책을 수립·시행하여야 한다.

② 제1항에 따른 프로스포츠 육성에 필요한 사항은 따로 법률로 정한다.

제15조(스포츠산업에 관한 시책)

① 국가와 지방자치단체는 스포츠산업의 진흥과 국제경쟁력 강화에 필요한 시책을 수립·시행하여야 한다.

② 제1항에 따른 스포츠산업의 진흥에 필요한 사항은 따로 법률로 정한다.

제16조(스포츠클럽에 관한 시책)

① 국가와 지방자치단체는 국민의 여가 선용을 위하여 스포츠클럽 활동에 필요한 시설을 설치·운영하고, 그에 필요한 시책을 수립·시행하여야 한다.

② 제1항에 따른 스포츠클럽의 설치·운영 및 안전관리 등에 필요한 사항은 따로 법률로 정한다.

제17조(스포츠 시설에 관한 시책)

① 국가와 지방자치단체는 국민의 스포츠 활동에 필요한 시설의 적정한 확보와 이용에 필요한 시책을 마련하여야 한다.

② 제1항에 따른 스포츠 시설의 설치·이용 등에 필요한 사항은 따로 법률로 정한다.

제18조(스포츠 인력의 양성 및 선수 등의 은퇴 후 지원 등)

① 국가와 지방자치단체는 스포츠 인력의 양성과 선수·지도자 등의 은퇴 후 진로지원을 위한 기반을 조성하고, 필요한 시책을 추진하여야 한다.

② 국가와 지방자치단체는 스포츠의 가치를 확산하고 스포츠를 진흥시키기 위한 교육을 실시하여야 한다.

제19조(스포츠 진흥을 위한 조사·연구와 개발)

① 국가와 지방자치단체는 스포츠 활동을 통한 국민의 삶의 질 향상과 지역 간 스포츠 격차의 해소를 통한 국민의 스포츠권의 확대를 위하여 필요한 실태조사와 관련 조사·연구를 시행하여야 한다.

② 국가와 지방자치단체는 스포츠 진흥을 위하여 스포츠 정책 및 스포츠 과학 관련 조사·연구와 개발을 장려하고 그 지원 시책을 강구하여야 한다.

제20조(스포츠 윤리)

① 모든 스포츠 활동에는 스포츠 정신에 부응하는 윤리성이 확보되어야 한다.

② 국가와 지방자치단체는 스포츠 경기 및 스포츠를 매개체로 한 각종 사업에서 공정성을 확보할 수 있도록 그에 필요한 시책을 수립·시행하여야 한다.

③ 제1항 및 제2항에 따른 윤리성과 공정성 확보에 필요한 사항은 따로 법률로 정할 수 있다.

제21조(스포츠 안전관리에 관한 시책)

① 국가와 지방자치단체는 안전한 스포츠 활동과 스포츠 시설 이용을 위하여 필요한 안전관리 시책을 수립·시행하여야 한다.

② 제1항에 따른 안전관리에 필요한 사항을 따로 법률로 정한다.

제22조(스포츠 환경보호)

스포츠 시설의 설치·운영은 자연환경과 생활환경을 고려하여 환경친화적으로 이루어져야 한다.

제23조(스포츠 가치 확산의 육성 및 지원)

국가는 스포츠의 이념과 스포츠 및 신체활동의 사회적 가치를 확산하기 위한 활동을 육성·지원할 수 있다.

제24조(스포츠 국제교류 및 협력)

① 국가는 스포츠를 통한 사회통합과 국가 이미지 제고를 위하여 국제경기대회 및 스포츠 행사의 유치 등 스포츠의 국제교류·협력을 추진하여야 한다.

② 제1항에 따른 국제경기대회 유치 및 지원 등에 필요한 사항은 따로 법률로 정한다.

제25조(스포츠 남북 교류 및 협력)

① 국가는 스포츠를 통한 남북 간 교류·협력을 활성화하기 위하여 스포츠 과학·기술·학술·정보·인력의 교류와 경기대회 개최·참가 등에 필요한 시책을 마련하여야 한다.

② 국가는 제1항에 따른 시책을 시행하는 데 필요한 행정적·재정적 지원방안을 마련하여야 한다.

제26조(스포츠 기부문화의 조성)

국가는 스포츠 진흥을 위한 민간의 재원 조성과 기부문화의 활성화를 위한 제도와 여건을 마련하기 위하여 노력하여야 한다.

제27조(스포츠의 날과 스포츠 주간)

① 국민의 스포츠 의식을 북돋우고 스포츠를 보급하기 위하여 매년 10월 15일을 스포츠의 날로 지정하고, 매년 4월의 마지막 주간을 스포츠 주간으로 한다.

② 스포츠의 날과 스포츠 주간 행사에 필요한 사항은 대통령령으로 정한다.

2023년 기출문제

스포츠기본법 – 스포츠 정책 예시
- 스포츠 활동을 존중하고 사회 전반에 확산되도록 할 것
- 스포츠 활동 참여와 스포츠 교육의 기회가 확대되도록 할 것
- 스포츠의 가치를 존중하고 스포츠의 역동성을 높일 수 있을 것

CHAPTER 03 스포츠교육의 참여자 이해론

01 스포츠교육 지도자

1 스포츠교육 지도자의 개념

(1) 체육교육 전문가(교사, 강사) `2018, 2024`

체육 교사	개념	체육 교사 자격증을 소지하고 체육교육에 대한 전문지식과 교사로서의 인격 및 자질을 갖춘 학교의 체육교사
	역할	학습 안내자, 학습 조력자, 인성 지도자, 학생의 롤 모델
	자질	① 건전한 인성 및 사명감 ② 학생의 특성과 신체활동 학습 및 발달 정도 이해 ③ 체육교과에 관한 전문지식 ④ 교육과정 개발 및 운영 ⑤ 체육수업 계획 및 운영 ⑥ 신체활동 학습의 관찰 및 평가
스포츠강사	개념	정규 체육수업 보조, 학교스포츠클럽 및 정규수업 후 방과 후 활동을 지도하는 체육전문 강사
	역할	학교체육에서 안내자, 보조자, 행사자, 전문가, 개발자 등의 역할
	자질	① 건전한 인성 및 사명감 ② 학생 이해와 열린 마음 ③ 학생과 유대관계 형성

> **2024년 기출문제**
>
> **학교체육 전문인의 자질 예시**
> - [지식] : 학습자 이해, 교과 지식
> - [수행] : 교육과정 운영 및 개발, 수업계획 및 운영, 학습 모니터 및 평가, 협력관계 구축
> - [태도] : 교직 인성, 사명감, 전문성 개발

(2) 스포츠지도 전문인(코치, 강사) `2016`

전문 스포츠지도사	정의	선수의 경기력과 팀의 역량을 높이고, 전문적인 스포츠과학 지식과 체계적인 전문지도 능력 및 리더십을 갖춘 스포츠지도사
	역할	경기력 향상을 위해 숙련된 경기지도와 스포츠과학 이론을 접목하여 지도함. 개발자, 실행자, 독려자, 통합자, 대변자, 지시자, 배려자 등의 역할을 담당함
	자질	① 전문지식 습득 ② 선수 특성 파악 ③ 의사전달 능력 ④ 공정성과 책임감 ⑤ 사명감과 도덕성
생활 스포츠지도사	정의	생활체육 참여자들을 대상으로 적합한 프로그램 제공 및 지속적인 스포츠 활동이 가능하도록 안내하는 스포츠지도사
	역할	생활체육을 통해 삶의 질 향상을 위한 활동 목표의 설정, 지도 방법 개발, 관계 유지, 프로그램 개발 등의 역할을 함
	자질	① 투철한 사명감 ② 신뢰감과 친근감 ③ 도덕적 품성 ④ 공정성

2 성장 단계별 스포츠 프로그램 2021, 2022

(1) 유아, 아동, 청소년, 성인, 노인의 단계별 참여자 이해

발달 단계	특징
유소년	신체적·인지적 발달 도모 및 기본적인 사회관계 형성
청소년	운동기능 습득, 삶의 즐거움과 활력 찾기, 또래 친구와의 여가활동 참여
성인	신체적 건강 유지, 사교, 흥미 확대, 사회적 인정 추구
노인	신체적·정신적 쇠퇴 시기, 노년의 활력과 건강 유지, 생활 균형과 노화 지연

2022년 기출문제

청소년기 발달 예시
- 신체적·정신적·사회적 발달이 뚜렷하다.
- 개인의 요구와 흥미가 뚜렷하게 나타난다.
- 2차 성징이 나타난다.

CHAPTER 04 스포츠교육의 프로그램론

01 학교체육 프로그램의 개발 및 실천

1 학교체육 프로그램의 개발 및 실천 `2016, 2017, 2018, 2020, 2021, 2022, 2024`

(1) 학교체육 프로그램의 개념

학교체육 프로그램	교과 활동	체육 교육과정을 근본으로 체계적인 계획을 통해 제공되는 학교체육 수업
	비교과 활동	스포츠 활동에 취미가 있는 학생들이 자율적으로 참여하는 체육활동
체육수업 프로그램 구성 시 고려사항		① 학습자의 적성과 흥미 고려 ② 구체적인 목표와 미래 지향적 방향 설정 ③ 창의성 및 인성을 지향하는 학습환경 조성 ④ 통합적 교수학습 활동 및 효율적 교수학습 방법 활용 ⑤ 학교 내외적 환경 고려(학급 규모 및 학습자 특성, 시간 배당 및 기자재 확보, 학습자 안전)

(2) 학교체육을 위한 교사 지식

	내용 지식	가르칠 교과 내용에 대한 지식
슐만 (Shulman, 1987)의 7가지 교사 지식	지도 방법 지식	모든 교과에 적용되는 지도법에 대한 지식
	내용 교수법 지식	특정 학생에게 어느 교과나 주제를 특정한 상황에서 지도할 수 있는 방법에 대한 지식
	교육과정 지식	각 학년의 발달단계에 적합한 내용과 프로그램에 대한 지식
	교육환경 지식	수업 환경에 영향을 미치는 지식
	학습자와 학습자 특성 지식	수업에 영향을 미치는 학습자에 관한 지식
	교육 목적 지식	목적, 내용 및 교육시스템의 구조에 관한 지식
메츨러 (M. Metzler)의 3가지 교사 지식	명제적 지식	교사가 구두나 문서로 표현할 수 있는 지식으로 체육수업에 필요한 여러 가지 내용에 대한 지식과 관련된 정보(규칙, 원리, 내용, 움직임)를 의미함
	절차적 지식	교사가 실제로 수업 전·중·후에 적용할 수 있는 지식을 말하며, 수업 관리에 필요한 지식으로 명제적 지식을 활용하는 능력을 의미함
	상황적 지식	교사가 특수한 상황에서 적절한 의사결정을 언제, 왜 해야 하는지에 대한 내용

(3) 학교체육 프로그램의 목표

① 심슨과 해로우(Simpson & Harrow)의 심동적 영역

반사동작	자극에 반응하여 일어나는 무의식적 행위 예 학생은 스스로 올바른 자세를 취할 수 있다.
기초기능	반사적 움직임 결합에 의해 형성된 선천적인 움직임 패턴 예 학생은 달리고, 걷고, 뛰고, 도약할 수 있다.
지각능력	감각을 통한 자극의 해석으로 나타나는 행위 또는 자극의 전이로 인한 행동 예 학생은 던져진 공을 향해 쫓아갈 수 있다.
신체능력	기초기능과 지각능력을 결합시켜 단순 기술 움직임 생성 예 학생은 체조를 할 수 있다.

복합기술	효율성, 체력, 한 번에 한 가지 신체능력의 결합을 요구하는 상위 기술 예 학생은 장애물 통과 훈련을 완수할 수 있다.
운동해석능력	신체의 움직임을 통해 의사소통할 수 있는 능력 예 학생은 관중들에게 행복을 나타내는 춤을 창작할 수 있다.

② 블룸(Bloom)의 인지적 영역

지식	사전에 학습된 정보를 회상할 수 있는 능력 예 학생은 테니스 라켓의 각 부분을 말할 수 있다.
이해	정보의 의미를 이해하는 능력 예 학생은 풋워크의 중요성을 설명할 수 있다.
적용	정보를 새롭고 구체적으로 적용할 수 있는 능력 예 학생은 보다 공정한 시합을 위해 게임 규칙을 적용할 수 있다.
분석	자료를 구성요소로 분류하고 요소들 사이 상호관계를 이해하는 능력 예 학생은 동료의 수행을 관찰하고 실수를 찾아낼 수 있다.
종합	부분을 전체로 통합할 수 있는 능력 예 학생은 플래그 풋볼에서 공격적인 경기를 계획할 수 있다.
평가	상반되는 의견이 있는 상황에서 가치를 판단하는 능력 예 학생은 체조 시합을 판정할 수 있다.

③ 크래스홀(Krathwhol)의 정의적 영역

수용화	정보를 얻기 위해 관심을 기울여 보고, 듣는 능력 예 학생은 미국의 여성 스포츠 역사를 읽을 수 있다.
반응화	학습자가 보고 들은 것에 대해 논쟁, 토론 또는 동의(비동의)하는 능력 예 학생은 자신이 체육을 왜 좋아하는지 5가지 이유를 나열할 수 있다.
가치화	행위 또는 행사의 중요도를 결정할 수 있는 능력 예 학생은 사람들이 정기적으로 운동해야 하는 이유를 이해한다.
조직화	가치들을 비교하여 결정하고, 판단과 선택을 위해 조직화하는 능력 예 학생은 건강 체력 활동의 중요성을 말할 수 있다.
인격화	가치들을 내면화하여 학생이 일상생활에 실천하는 능력 예 학생은 수업시간 이외 활동에서 게임 규칙과 예절을 지킬 수 있다.

2 학교스포츠클럽의 개발 및 실천 2015, 2016, 2017, 2018, 2019, 2025

(1) 학교스포츠클럽과 활동의 개념

학교스포츠클럽	개념	방과 후 체육활동에 취미를 가진 동일 학교 학생으로 구성 및 운영되는 스포츠 동아리
	형태	정규교육과정 외
	시간	방과 후, 점심시간 등
	근거	학교체육진흥법 제10조
학교스포츠클럽 활동	개념	정규교육과정 중 창의적 체험활동 시간에 이루어지는 클럽 단위 스포츠 활동
	형태	정규교육과정 내
	시간	창의적 체험활동 시간
	근거	초·중등학교 교육과정 총론 및 중학교 교육과정 편성·운영 지침

(2) 학교스포츠클럽의 실천

① 학교스포츠클럽의 운영

구분	세부 유형	장점	단점
리그	통합리그	⊙ 경기 수 많음 ⓒ 우승팀의 권위	경기력 편차(순위 고착화)
리그	조별리그	빠른 진행	경기 수 적음
리그	스플릿 리그 (상위/하위 리그)	경기력 평준화	동일한 팀과의 경기 수 많음
토너먼트	녹다운 토너먼트	간단한 경기 방식	⊙ 경기 수 적음 ⓒ 우승팀 외 순위 산정 어려움
토너먼트	더블 엘리미네이션 토너먼트 (패자부활전)	⊙ 적절한 경기 수 ⓒ 모든 팀의 순위 산정 가능	경기력 외 요소 작용 가능
토너먼트	스플릿 토너먼트	모든 팀의 동일한 경기 수 보장	⊙ 복잡한 경기 방식 ⓒ 패자전 관심 저하
리그 + 토너먼트	조별리그 후 토너먼트	짧은 시즌	조 간 경기력 편차
리그 + 토너먼트	통합 리그 후 플레이오프	적절한 경기 수	하위 팀 동기 저하

② 학교스포츠클럽 프로그램 구성 시 고려사항

고려사항	⊙ 활동 시간의 다양화 ⓒ 학생 주도의 자발적 참여 유도 ⓒ 스포츠 인성 함양 및 흥미 유도 ⓔ 스포츠문화 체험 제공

2025년 기출문제

학교스포츠클럽 지도 시 효과적인 과제 제시 예시
- 실제 상황처럼 정확하게 시범을 보인다.
- 동작 설명과 시각적 정보를 함께 활용한다.
- 학생이 이해할 수 있는 적절한 속도로 분명하게 전달한다.

2025년 기출문제

학교스포츠클럽 대회 운영 방식 예시
- 통합리그 유형은 조별리그 유형보다 경기 수가 많다.
- 스플릿(split) 리그는 통합리그의 성적을 바탕으로 그룹을 나누어 리그전을 진행하는 방식이다.
- 더블 엘리미네이션(double elimination) 토너먼트는 모든 팀의 순위 산정이 가능한 방식이다.

02 생활체육 프로그램의 개발 및 실천

1 생활체육 프로그램의 목표와 요구분석 2017, 2019, 2022, 2025

프로그램의 목표	① 프로그램을 통해 달성하고자 하는 상태 및 운동능력 명시 ② 프로그램을 구성하는 스포츠 활동 내용을 구체적, 세부적으로 기술 ③ 프로그램 전개에 있어 일관된 지침 역할을 하도록 설정 ④ 프로그램 시행 후에는 항상 평가를 통하여 목표달성 여부를 검토할 수 있도록 기술
프로그램 요구분석 개념	① 생활체육 프로그램 개발에 있어 지역사회와 참여자의 요구분석 실행 ② 생활체육 프로그램을 추진하고자 하는 지역사회와 참여자에 대한 사전분석 ③ 지역사회에서 문제시되는 사항이나 요구사항 파악 ④ 생활체육 프로그램이 기여할 수 있는 역할 고민 ⑤ 생활체육에 대한 지역사회의 관심 및 요구사항 분석

2025년 기출문제

생활스포츠 교육 프로그램 내용 선정 원리 예시
• 스포츠의 가치를 경험할 수 있도록 다양한 활동을 구성한다.
• 생활스포츠의 교육 목표를 성취하는 데 적합한 내용을 선정한다.
• 참여자의 성별, 연령별 흥미와 요구를 반영하기 위한 조사를 실시한다.

2025년 기출문제

생활스포츠 교육 프로그램의 지도 원리 – 통합성 예시
• 프로그램의 다양화를 지향한다.
• 직접 참여 활동과 간접 학습 활동을 균형 있게 제공한다.
• 스포츠 활동을 총체적으로 체험시켜 스포츠 학습의 질을 높인다.

※ 개별성 : 개개인의 수준별 지도
※ 적합성 : 학습자 성장 단계를 고려한 지도
※ 효율성 : 과학적, 전문적 지도
※ 통합성 : 신체적, 인지적, 정서적 요소를 통합적으로 고려한 지도

2022년 기출문제

생활스포츠 프로그램 교육목표 예시
• 학습 내용과 기대되는 행동을 동시에 진술한다.
• 스포츠 참여자에게 기대하는 행동의 변화에 따라 동사를 다르게 진술한다.
• 해당 스포츠 활동이 끝났을 때 참여자에게 나타난 최종 행동변화 용어로 진술한다.

03 전문체육 프로그램의 개발 및 실천

1 전문체육 프로그램의 개발 6단계 `2017, 2022, 2025`

전문체육 프로그램 지도 개발을 위한 지도계획 6단계 마튼스(R. Martens)	1단계	선수에게 필요한 기술 파악	① 선수에게 필요한 기술 파악은 주로 코치의 업무 ② 선수들이 스포츠를 통해 훌륭한 선수로 성장할 수 있도록 지도 ③ 스포츠 기술과 생활기술 지도를 통해 바람직한 인성 함양
	2단계	선수 이해	① 선수들의 신체적·심리적·사회적 발달 단계 파악 ② 체력, 건강 상태, 동료와의 관계 등 개개인에 대한 충분한 이해 필요
	3단계	상황 분석	① 지도계획 수립을 위한 주변 상황 분석 ② 팀 안팎의 상황은 훈련 기간 동안 직·간접적 영향 미침
	4단계	우선순위 결정 및 목표 설정	① 우선순위의 결정은 목표 설정에 도움 제공 ② 목표 설정은 구체적이고 주어진 상황에 적합하고 성취 가능한 것으로 구성
	5단계	지도 방법 선택	① 지도의 순위와 목표가 결정되면 체계적으로 지도할 수 있는 지도 방법 선택 ② 지도 방법은 성공적인 기술 수행을 위한 전술이 아닌 지식, 기능, 태도 등을 전달하는 과정
	6단계	연습계획 수립	① 시즌계획과 일일 지도계획 수립 ② 연습계획은 연간 시합 일정에 맞추어 최상의 컨디션으로 최상의 경기력을 발휘할 수 있도록 수립

CHAPTER 05

스포츠교육의 지도방법론

01 스포츠 지도를 위한 교육 모형

1 교육 모형의 개념 2015, 2017, 2019, 2020, 2023, 2025

개념	① 각각의 모형은 추구하는 고유의 목표와 특징이 있음 ② 각 모형에는 심동적, 인지적, 정의적 학습 영역이 있고 각각의 모형에는 우선순위가 다름	
학습 영역	심동적	신체적 능력을 의미하며 기술, 신체의 움직임에 대한 영역
	인지적	지식을 의미하며 개념, 논리, 원리, 전략과 같은 지식에 대한 영역
	정의적	가치를 의미하며 감정, 인성, 태도 등 사회관계와 같은 배려와 존중의 영역

합격 Tip 스포츠 지도 교육 모형의 종류

직접 교수 모형	개별화 지도 모형	협동학습 모형
스포츠교육 모형	동료 교수 모형	탐구 수업 모형
전술 게임 모형	개인적 · 사회적 책임감 지도 모형	하나로 수업 모형

2023년 기출문제

심동적 영역 예시
스포츠 참여자의 평가에서 심동적 영역에 해당하는 것은 [심폐지구력]이 있다.

2 교육 모형의 종류

(1) 직접 교수 모형

① 직접 교수 모형의 특징 2015, 2017, 2019, 2020, 2023

개요	㉠ 교사는 수업내용, 관리, 학생의 참여에 대한 모든 의사결정의 주도자 ㉡ 학생들에게 높은 비율의 학습 참여기회와 피드백 제공	
목적	학생이 연습과제와 기능연습에 높은 비율로 참여할 수 있도록 수업시간과 자원을 가장 효율적으로 이용	
학습 영역의 우선순위	1순위	심동적 학습
	2순위	인지적 학습
	3순위	정의적 학습

② 직접 교수 모형 수업의 6단계

1단계	2단계	3단계	4단계	5단계	6단계
전시과제 복습	새로운 과제 제시	초기 과제 연습	피드백 및 교정	독자적 연습	복습

③ 교수 – 학습의 수업 주도성

내용 선정	교사는 내용 선정, 학습 과제의 순서, 학생의 내용 숙달에 대한 수행 기준 결정
수업 운영	교사는 지도할 단원에 대한 관리 계획, 수업 방침 및 규정, 세부적인 행동 결정
과제 제시	교사는 모든 과제 제시를 계획 및 통제
참여 형태	교사는 각 학습 과제별 다양한 학생의 참여 유형 결정

교수적 상호작용	모든 상호작용의 시작과 통제는 교사가 주도
학습 진도	교사는 초기 학습 진도 결정(A), 학생은 연습 단계에서 스스로 진도 결정(B)
과제 전개	교사는 학습 과정의 이동에 대한 시기 결정

그레이엄(Graham, 1988)의 효과적인 과제 제시 및 과제 구조

① 명확한 지도지침 만들기
② 제시될 내용의 활용도 강조하기
③ 새로운 내용 구조화하기
④ 학생의 주의집중을 위해 신호 만들기
⑤ 정보를 요약하고 반복하기
⑥ 이해도 체크하기
⑦ 책무성의 정도 제시하기
⑧ 학습을 위한 건설적인 분위기 조성하기

④ 교사 전문성

과제 분석 및 내용 목록	교사는 학생이 발전함에 따라 학습 과제 순서를 구성하는 데 사용되는 세부적인 과제 분석을 완수해야 함. 또한 내용 목록을 결정하면서 한 단원에서 가르쳐야 하는 부분도 파악해야 함
학습 목표	교사는 운동수행의 목표 형태로 진술된 학습 목표를 학생이 달성하는 데 도움을 주어야 함. 또한 학생들에게 도전적이면서 달성 가능한 운동수행 기준 목표를 제시해야 함
체육교육 내용	교사는 효과적인 과제 제시와 유용한 수행 피드백을 제공하기 위해 지도할 내용에 대한 지식을 필수적으로 숙지해야 함
발달 단계에 적합한 수업	교사는 학생의 발달능력을 숙지하고 학생의 인지능력 수준에서 과제를 제시하면서 과제 구조를 명확히 지시해야 함. 또한 운동수행에 있어 학생이 각 단계에서 보일 수 있는 적합한 반응 범위를 숙지해야 함

2023년 기출문제

직접교수 모형 예시
• 학습 영역의 우선순위는 심동적 영역이다.
• 스키너의 조작적 조건화 이론에 근거한다.
• 수업의 단계는 전시과제 복습, 새 과제 제시, 초기과제 연습, 피드백과 교정, 독자적 연습, 본시 복습의 순으로 진행된다.

(2) 개별화 지도 모형 `2018, 2021, 2023`

① 개별화 지도 모형의 특징

개요	⊙ 각 학생에게 수업 운영 정보, 과제 제시, 과제 구조, 수행기준과 오류분석이 포함된 학습활동 및 평가를 하나의 묶음으로 구성한 수업자료를 제공하는 설계 ⓛ 학생은 학습능력에 따라 자신에게 맞는 속도로 학습 ⓒ 학생은 많은 피드백과 높은 수준의 언어적 상호작용의 기회를 갖게 됨 ⓔ 학생은 각 과제의 수행기준에 도달할 책임이 있음
목적	⊙ 학생에게는 자기주도적인 학습 제공 ⓛ 교사에게는 상호작용이 필요한 학생과 더 많은 상호작용의 기회 제공 ⓒ 심동적 영역과 인지적 영역의 학습에 효과적인 모형 ⓔ 지도자는 내용 선정과 과제 제시를 주도하고, 학습자는 수업 진도를 결정함
학습 영역의 우선순위	1순위 : 심동적 학습 2순위 : 인지적 학습 3순위 : 정의적 학습

② 교수 – 학습의 수업 주도성

내용 선정	교사는 그 단원에 포함되어야 할 내용과 학습 과제의 계열 순서 및 각 과제 숙달을 위한 수행 기준 결정
수업 운영	교사는 개별화 지도 모형에서의 관리 계획, 학습 규칙, 구체적 절차 결정
과제 제시	교사로부터 독립을 유도하고, 학습 내용을 통한 개별 학습 진도 촉진. 학생이 단원을 시작할 때는 전체 학습을 대상으로 과제 제시를 하며, 새로운 기능이나 지식 영역을 시작할 때는 소규모 과제 제시
참여 형태	학생은 교사와 다른 학생으로부터 독립적으로 연습함. 학습 과제는 개별적 연습을 위해 설계 혹은 소수의 파트너 또는 소집단 참여를 위해 설계
교수적 상호작용	교사는 학생에게 높은 수준의 상호작용 제공
학습 진도	학생은 자신만의 학습 진도 결정
과제 전개	학생의 능력과 노력에 따라 계열상의 과제를 얼마나 빨리 진행시킬지 결정. 과제 진도의 결정은 교사가 아닌 학생 자신임

2023년 기출문제

개별화 지도 모형 예시
학습자가 가능한 빨리, 필요한 만큼 천천히 학습 속도를 조절한다.

③ 교사 전문성

발달 단계에 적합한 수업 운영	학생은 교사의 안내 없이 과제를 이해해야 하기 때문에 적절한 발달 단계를 고려해야 함. 교사는 심동적·인지적 영역의 학생 능력을 파악하고 수행 수준은 도달 가능한 수준으로 설정해야 함
학습 목표	숙달 중심 학습 과제의 계열성에 의존하기 때문에 교사는 정확하고 간결한 학습 목표를 진술해야 함. 학습 목표는 심동적·인지적 영역에서 행동 목표 수준으로 기술해야 함
과제 분석과 내용 전개	단순한 과제에서 복잡한 과제의 순서로 구성하고, 과제 분석을 통해 학습 과제 순서를 위계적으로 제시해야 함
평가	학습 과제에 대한 수행 성취기준을 설정하고, 수행능력 형성 및 평가하는 방법을 숙지해야 함

(3) 협동 학습 모형 `2016, 2018, 2019, 2021, 2022, 2024, 2025`

① 협동 학습 모형의 특징

주제		모든 팀원이 함께 학습 목표 달성	
개요		㉠ 협동 학습 모형은 책임감 있는 팀원이 되고, 자신의 잠재능력을 최대한 개발 ㉡ 팀의 성공을 위해 자신의 능력에 맞게 공헌하는 것에 의미	
특성	팀 보상, 개인 책무성, 평등한 기회 제공	팀 보상	교사에 의해 제시된 기준에 도달하는 팀에게 누적 점수, 특혜, 공개적인 인정 또는 점수 등의 보상 제공
		개인 책무성	모든 팀원의 수행이 팀 점수 또는 평가에 포함되기 때문에 모든 학생은 팀의 과제 수행을 위해 노력
		평등한 기회 제공	전체 팀의 운동수행 능력이 평등하도록 구성해야 하며, 팀원 선정 과정이 중요함
	협동 학습 모형의 지도 목표 (Hilke, 1990)	㉠ 학생 사이에 협동적인 협력 학습 증진 ㉡ 긍정적인 팀 관계 독려 ㉢ 학생의 자아 존중감 개발 ㉣ 학업 성취력 향상	
	협동 학습의 기본 요소 (Johnson, Holubec, 1994)	㉠ 팀원 간의 긍정적인 상호작용 ㉡ 일 대 일의 발전적인 상호작용 ㉢ 개인의 책무성과 책임감 ㉣ 대인관계와 소집단 인간관계 기술 ㉤ 팀 반성	
	협동 학습 모형의 교수 전략	학생 팀 – 성취 배분(STAD)	
		팀 게임 토너먼트(TGT)	
		팀 – 보조수업(TAI)	
		직소(Jigsaw)	
		집단연구(GI)	
학습 영역의 우선순위	과제가 인지적 학습에 초점을 두고 있는 경우	1순위	정의적·인지적 학습
		2순위	인지적 학습
	과제가 심동적 학습에 초점을 두고 있는 경우	1순위	정의적·심동적 학습
		2순위	인지적 학습

합격 Tip 협동 학습 모형의 교수 전략

학생 팀-성취 배분 (STAD)	① 교사는 팀에 필요한 자원을 제공하고 1차 연습시간을 제시한 후 팀별로 연습하도록 함 ② 각 팀의 팀원들은 학습한 지식이나 기능에 대해 평가를 받고, 모든 팀원들의 점수가 합쳐져 팀 점수가 됨 ③ 팀은 동일 과제를 수행하고 2차 연습시간을 가짐. 이때 팀은 협동심을 강조하고 모든 팀원들의 점수를 높이는 데 중점을 둠. 팀 점수가 1차 시험보다 높아야 한다는 것을 알려줌
팀 게임 토너먼트 (TGT)	① 학생을 팀별로 나누고, 할당된 학습과제를 1차 연습함. 모든 팀원들은 1차 연습이 끝나면 팀별로 시험을 봄. ② 각 팀에서 1등, 2등, 3등, 4등 점수를 받은 사람은 다른 팀에서 같은 등수인 학생의 점수와 비교함. 같은 등수에서 높은 점수를 얻은 학생에게 일정한 상점을 부여한 후 2차 연습을 함 ③ 2차 연습을 한 후 1차 평가 때와 마찬가지로 같은 등수끼리 점수를 비교함. 게임이 끝난 후에 가장 높은 점수를 받은 팀이 승리 팀이 됨
팀-보조수업 (TAI)	① 교사는 학생에게 수행기준과 학습과제가 제시된 목록을 제공함. 이는 학생이 학습해야 할 기술과 지식 영역을 쉬운 단계에서 어려운 단계로 나누어 제시한 것임 ② 팀원들은 개별 또는 팀원들의 도움을 받아 해당 과제를 연습함. 학생이 수행 기준에 따라 과제를 완수하면 다른 팀원이 과제 수행 여부를 체크하고, 학생은 다음 과제로 이동함 ③ 팀 성적은 매주 각 팀들이 수행한 과제 수를 점수로 환산 또는 개인별로 시험을 본 후 개인 점수를 합산하여 계산함

| 직소
(Jigsaw) | | 직소는 퍼즐이라는 의미가 있으며, 분배되어 있던 것들을 다시 맞추는 방법임. 직소는 직소 1, 직소 2, 직소 3의 방법이 사용되고 있음 |

직소 (Jigsaw)	직소 1	① 팀을 5~6명으로 학습과제도 5~6등분하여 제공 ② 학습자는 한 부분씩 맡아 각 집단에서 같은 부분을 담당한 학생들끼리 따로 모여 전문가 집단을 형성한 후 분담된 내용을 토의한 후 학습 ③ 그 후 본인의 소속으로 돌아가 학습한 내용을 구성원에게 가르침
	직소 2	④ 평가 후 팀 성취 분담학습(STAD)처럼 향상점수와 팀 점수를 산출하여 결과에 따라 보상
	직소 3	⑤ 바로 평가하지 않고 일정 기간 배운 것을 정리할 수 있는 시간 부여 ⑥ 그 후 다시 소집하여 평가에 대한 준비 ⑦ 학생의 성취를 평가하고 팀 성취분담학습(STAD) 향상점수를 계산

집단연구 (GI)	① 팀이 학습 과정에 협동하고 학습 결과를 공유하는 데 사용함 ② 팀이 선정되고 과제가 할당되면 팀들은 3주 안에 과제를 완성해야 하며, 학생들은 수업시간이나 그 외의 시간을 이용하여 과제를 수행할 수 있음 ③ 발표는 단체 프로젝트 형식으로 이루어지며, 포스터·콜라주·비디오테이프·컴퓨터·그래픽보고서 등의 매체를 이용함

2025년 기출문제

협동 학습 모형 – 학생 팀–성취 배분 예시
- 1차 평가에서 모든 팀원의 점수를 합산하여 팀 점수로 발표한다.
- 지도자는 학생들과 토론하고 팀의 상호작용을 높일 수 있도록 조언한다.
- 모든 팀은 1차 평가와 동일한 과제를 반복해서 연습하고, 팀원 모두의 점수를 높이는 데 중점을 둔다.
- 2차 평가를 하여 1차 평가보다 향상된 정도에 따라 팀 점수를 부여한다.

② 교수 – 학습의 수업 주도성

내용 선정	교사 중심적으로 실행
수업 운영	팀이 과제에 참여하기 전까지 교사 중심적으로 운영(A). 팀들이 과제를 시작하면 그 운영권은 각 협동 집단 내에 있는 학생에게 이양(B)
과제 제시	교사에 의한 과제 제시는 없으며, 과제 완수를 위해 지켜야 할 기본 규칙만 설명
참여 형태	학생 주도형 참여(B)와 학생의 사회성 발달을 위한 상호작용형(A)
교수적 상호작용	팀원들이 과제를 수행하는 동안에는 학생 중심(B). 교사가 학생에게 질문할 때에는 상호작용형(A)
학습 진도	학습 과제는 교사가 소개하지만 학습 진도는 학생이 조절

과제 전개	새로운 과제는 교사가 결정(A). 팀은 과제를 완수하는 데 필요한 단계와 각 과제를 언제 끝마칠 것인지 결정(B)

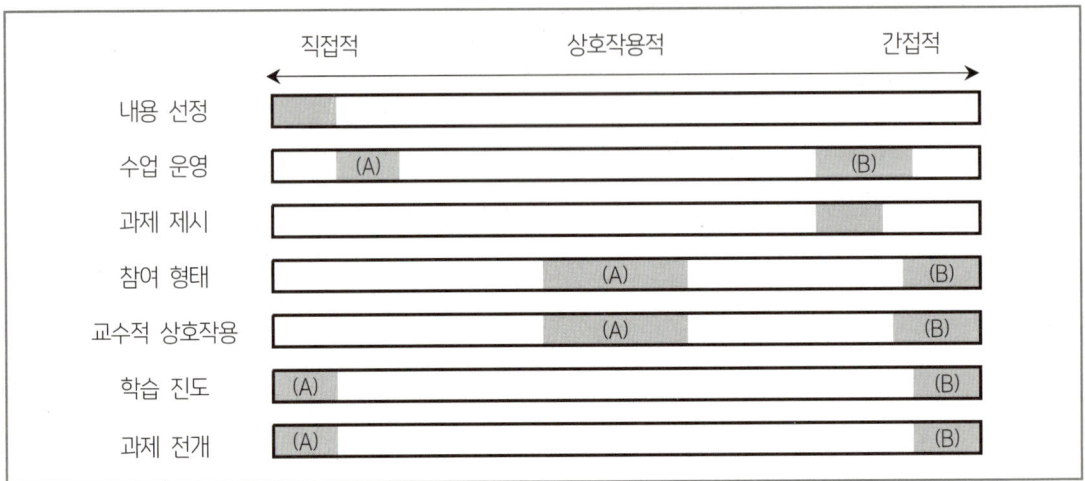

2021년 기출문제

인지적 팀 게임 토너먼트
골프 수업에 참여한 학습자들이 골프 규칙을 비롯해, 골프와 유사한 스포츠의 개념적 특징을 비교 분석할 수 있도록 [인지적] 목표를 제시하였다. 또한 각 팀의 1등은 다른 팀의 1등끼리, 2등은 다른 팀의 2등끼리 점수를 비교하여 같은 등수에서 높은 점수를 얻은 학습자에게 정해진 상점을 부여했다. 이와 같이 협동학습 모형의 과제구조 중 [팀 게임 토너먼트] 전략을 사용하였다.

③ 교사 전문성

학습자	학생의 재능과 팀의 다양성을 고려하여 팀 선정, 과제에 성공할 수 있도록 동등한 기회를 제공해야 함
학습 이론	인지 이론(팀이 문제를 해결하는 동안), 행동주의 이론(수행기준에 부합할 때), 동기 이론(팀원들 사이에 상호협력 관계를 만들 때), 사회성 발달 이론(팀원들과의 상호작용과 관찰을 통해 학습)에 기초함. 교사는 어떤 이론이 모형에 효과적인지 파악해야 함
과제 분석과 내용 발달	교사는 운동 기능수행 능력과 인지적 학습뿐 아니라, 사회적·정의적 영역의 내용 전개를 계획해야 함
발달 단계에 적합한 수업	학생이 협동 학습 모형 설계를 위해 팀 공헌에 필요한 책임감을 가질 수 있도록 해야 함
평가	평가는 수행능력과 협동 학습 과정으로 진행함. 교사는 협동 과제를 수행하는 동안 팀원들과 팀원 사이에서 관찰되는 사회성 기술을 평가하는 방법을 파악해야 함
사회·정서적인 학습 분위기 조성 및 유지	긍정적인 학습 분위기 조성과 부정적인 환경을 만드는 비효율적인 상황을 발견해야 함. 부정적인 학습 분위기를 긍정적인 학습 분위기로 전환시키는 능력이 필요함
체육교육 내용	적절히 도전적이며 창의적인 학습 과제를 구조화하는 능력과 문제의 해결책을 모색할 수 있는 능력이 요구됨
평등	모든 학생에게 성공할 수 있는 동일한 기회를 제공하고, 자신이 가진 재능을 사용하여 팀의 성공에 공헌하도록 유도해야 함

2024 · 2022년 기출문제

협동 학습 모형 예시
• 모든 팀원은 자신의 팀에 할당된 과제를 익힌 후, 교사가 되어 다른 팀에게 자신이 학습한 내용을 지도한다.
• 각 팀원들이 서로 다른 내용을 배운 다음, 동일한 내용을 배운 사람끼리 모여 전문가 집단을 구성한다. 이들은 자신이 배운 내용을 공유하며, 원래 자신의 집단으로 돌아가 배운 것을 다른 팀원들에게 지도한다.
• '서로를 위해 서로 함께 배우기'를 통해 팀원 간 긍정적 상호의존, 개인의 책임감 수준 증가, 인간관계 기술 및 팀 반성 등을 강조한다.

(4) 스포츠교육 모형 `2017, 2018, 2019, 2021, 2024`

① 스포츠교육 모형의 특징

주제	유능하고 박식하며 열정적인 스포츠인으로 성장		
개요	㉠ 스포츠교육 모형의 기본구조는 스포츠 리그의 조직으로부터 파생 ㉡ 학생에게 스포츠 참여를 통해 다양한 경험과 학습할 수 있는 구조 제공 ㉢ 학생이 스포츠 리그라는 구조 속에서 기술, 의사결정, 관습, 책임감에 따라 결정 ㉣ 학생은 스포츠 리그 운영에 필요한 다양한 역할 경험을 통해 스포츠 속에 내재된 다양한 관점과 가치를 배움으로써 긍정적이고 교육적인 체험 습득		
목적	유능한 스포츠인	게임에 참여할 수 있는 충분한 기술을 가지고 있고, 게임의 난이도에 따라 적절한 전략을 이해하고 실행할 수 있으며, 경기 지식이 풍부한 스포츠 참여자	
	박식한 스포츠인	프로나 아마추어 스포츠를 막론하고 스포츠팬이든 관람자든 스포츠 수행을 잘하는 참여자이면서 안목 있는 소비자	
	열정적 스포츠인	다양한 스포츠문화를 보호하며 증진할 수 있는 방향으로 행동하는 참여자	
학습 영역의 우선순위	유능함 (인지적 능력 바탕의 심동적 영역) · 박식함 (인지적 영역) · 열정적 (정의적 영역)	조직적 의사결정	1순위 : 인지적, 2순위 : 정의적
		선수로서의 시즌 전 연습	1순위 : 심동적, 2순위 : 인지적, 3순위 : 정의적
		코치로서의 시즌 전 연습	1순위 : 인지적, 2순위 : 정의적, 3순위 : 심동적
		임무 역할의 학습	1순위 : 인지적, 2순위 : 정의적, 3순위 : 심동적
		팀원으로서의 임무	1순위 : 정의적, 2순위 : 인지적, 3순위 : 심동적
		선수로서의 경기 수행	1순위 : 심동적, 2순위 : 인지적, 3순위 : 정의적
		코치로서의 경기 진행	1순위 : 인지적, 2순위 : 정의적, 3순위 : 심동적

합격 Tip 시덴탑(D. Siedentop)의 스포츠교육 모형 6가지 요소

시즌	체육수업의 전통적인 내용 단원보다는 시즌이라는 개념 사용
팀 소속	시즌 동안 한 팀의 일원으로 참여
공식 경기	시즌을 조직하고 운영하는 의사결정에 참여
결승전 행사	시즌은 토너먼트, 팀 경쟁, 개인 경쟁 등 다양한 형태의 이벤트로 마무리
기록 보존	게임을 통한 기록들은 전략을 가르치거나 팀 사이의 흥미를 유발하는 데 활용 및 평가에 반영
축제화	시즌 동안 경기의 진행이 축제 분위기로 유지

2024년 기출문제

시덴탑의 스포츠교육 모형 특징
• 이 모형의 주제 중 [열정]은 스포츠를 참여하는 태도와 관련된 정의적 영역이다.
• 시즌 중 심판으로서 역할을 할 때 학습영역 중 우선하는 것은 [인지적] 영역이다.
• 학습자의 수준에 적합하게 경기 방식을 [변형]해서 참여를 유도한다.

② 교수 – 학습의 수업 주도성

내용 선정	교사는 스포츠 교육 시즌 중 두 가지 스포츠 종목 선택 가능. 직접적 선택은 교사가 종목을 선정하고 학생에게 정보를 제공하는 것이며, 간접적 선택은 학생이 선택 범위 중에서 종목을 선택하는 것
수업 운영	교사는 스포츠 시즌의 전반적인 구조를 제시하는 초기 수업 운영 결정
과제 제시	과제 제시는 시즌 전과 중에 팀 연습의 맥락 속에서 도출. 과제 제시는 학생에 의해 동료 교수와 협동 학습의 형태로 구성(B). 각 임무에 대해 미니 워크숍 형식으로 교사에 의해 수행(A)
참여 형태	참여 형태는 선수 역할과 비선수 역할에 따라 달라짐. 팀원으로서 학생은 동료 교수와 소집단 협동 학습 과제에 참여하고, 비선수 학생은 각 임무에 부여된 과제에 대한 지식과 기술 및 절차를 학습하는 적극적인 참여자가 되어야 함
교수적 상호작용	학생이 동료 또는 협동 학습 활동에서 팀으로 일할 때 학생 사이의 상호작용 발생(B). 교사는 자료 제공자(A)이고, 학생 대 학생으로 상호작용 발생
학습 진도	팀 구성원은 시즌에 대한 준비와 계획을 보충하는 데 무엇이 필요한지 결정
과제 전개	팀은 시즌을 준비하고 게임 사이의 과제 순서에 대한 의사결정 주도. 각 팀의 내용 목록은 팀에 속한 선수들의 특정 능력에 따라 어느 정도 달라짐

합격 Tip 체육학습 활동 게임

- 리드-업 게임[lead – up games] : 몇 가지 기능 연습의 특징과 정식 게임을 포함함. 정식 게임을 단순화한 형태라고 볼 수 있으며, 게임에서 반복되는 한두 가지의 기능 측면에 초점을 둠
- 스크리미지[scrimmage] : 티칭 모멘트가 발생하는 경우 언제든지 게임을 멈출 수 있는 특징을 가진 완전 게임의 형태를 말함

③ 교사 전문성

학습자	학생은 선수, 팀원, 부여된 의무 및 임무에 따른 세 가지 다른 역할 학습이 요구됨. 심동적 · 인지적 · 정의적 영역의 능력이 요구됨
발달 단계에 적합한 수업	발달 단계에 적합한 스포츠 내용을 전개해 나가는 교사의 능력이 중요함. 게임 구조는 단순하고, 규칙은 변형 가능하고, 기록 작성은 학생이 종이에 적어 기록할 수 있는 수준으로 구성함
체육교육 내용	교사는 간접적 역할을 할지라도 스포츠에 대한 교사의 지식은 매우 중요함
평등	모든 학생이 공정한 참여 기회를 가질 수 있는 규칙과 규정을 제정함
평가	수행, 지식, 행동에 대한 실제적인 평가에 의존함. 평가 지식의 주요 출처는 경기와 임무 수행 능력의 주요 측면들을 인식할 수 있는 능력에 달렸음
사회 · 정서적 풍토	시즌 동안 축제 분위기를 조성하여 스포츠에 대한 긍정적 인식과 참여의 즐거움을 주고 공정한 경쟁에 몰두하게 해야 함

(5) 동료 교수 모형 `2019, 2022, 2024`

① 동료 교수 모형의 특징

주제	나는 너를, 너는 나를 가르침
개요	㉠ 학생들이 교사 역할과 학습자의 역할을 번갈아 가며 협력하여 주어진 과제 완수 ㉡ 동료 교수 모형은 직접 교수 모형의 변형 ㉢ 학생의 인지 발달을 향상시킬 수 있는 엄청난 잠재력을 지님
학습 영역의 우선순위	학생(실행자 역할)	1순위 : 심동적, 2순위 : 인지적, 3순위 : 정의적
	교사(관찰자 역할)	1순위 : 인지적, 2순위 : 정의적, 3순위 : 심동적

② 교수 – 학습의 수업 주도성

내용 선정	교사는 내용과 내용의 순서 조정. 단원에 포함될 내용, 학습 과제의 선정, 수행 평가 기준 결정
수업 운영	교사는 학생이 준수해야 할 관리 계획, 학습 규칙, 세부 절차 결정
과제 제시	교사는 개인 교사에게 수행 단서, 과제 구조, 숙달 기준을 안내하고, 개인 교사는 학습자에게 주어진 과제연습을 시작할 수 있도록 정보 제공
참여 형태	교사는 각 역할에 대한 학생의 임무와 과제 내에서 교대 계획을 결정
교수적 상호작용	두 가지 형태의 상호작용 발생. 첫 번째 상호작용은 교사와 개인 교사 사이에 발생하고, 두 번째 상호작용은 개인 교사와 학습자 사이에 발생
학습 진도	교사가 개인 교사에게 과제 제시와 구조 정보를 제공하면 개인 교사는 학습자에게 전달하고, 학습자는 자신의 학습 속도로 연습
과제 전개	교사는 각 단원의 내용 목록과 그 안에서 학습활동이 바뀌는 시기를 결정

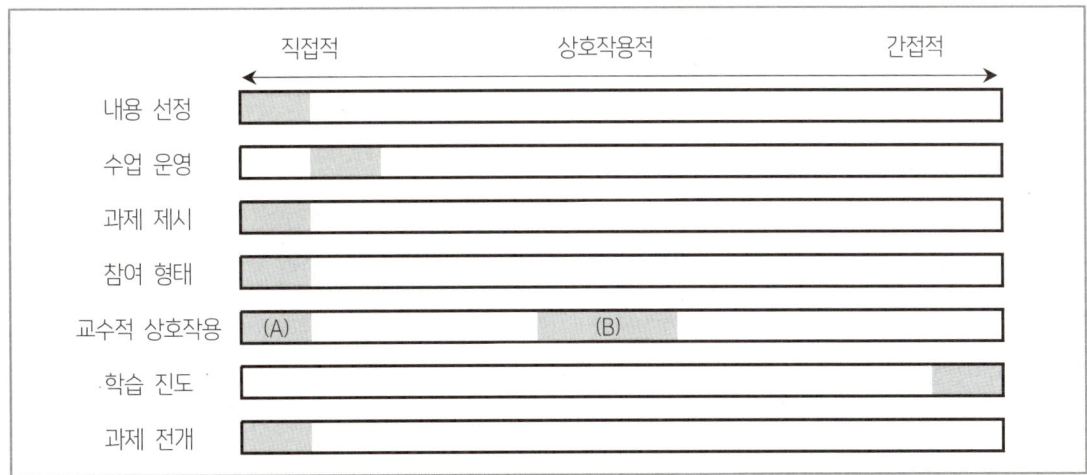

③ 교사 전문성

발달 단계에 적합한 수업	교사는 개인 교사들이 지적 능력, 일정 수준의 책임감, 의사소통 기술, 성숙함을 갖추고 있는지 자문해야 함
과제 분석과 내용 전개	단원에서 지도될 기능이나 개념을 숙지하고, 순차적으로 제시될 수 있도록 각 기능과 개념을 부분 요소로 분절해야 함
평가	개인 교사는 평가자로서의 역할을 수행함
사회적·감정적 분위기	개인 교사와 학습자 간의 순간적인 상호작용에 크게 의존하기 때문에 학습에 대한 책임감을 서로 느낄 수 있는 분위기를 조성해야 함

2024년 기출문제

동료 평가 예시

• 학생들의 비평 능력이 향상될 수 있다.
• 교사는 학생에게 평가의 정확한 방법을 숙지시킨다.
• 학생은 교사에게 받은 점검표를 통해 서로 평가한다.

2022년 기출문제

동료 교수 모형 수업방식 예시

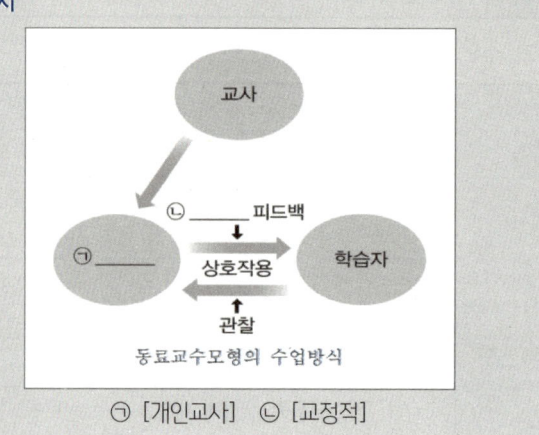

동료교수모형의 수업방식

ㄱ [개인교사] ㄴ [교정적]

(6) 탐구 수업 모형 2015, 2017, 2018, 2023

① 탐구 수업 모형의 특징

주제	문제 해결자로서의 학습자		
개요	㉠ 움직임 중심 프로그램 ㉡ 움직임 중심 지도 방법은 문제 해결, 탐색 지도, 학생 중심 교수, 발견식 교수, 간접 교수 등이 있음 ㉢ 질문 중심 수업의 독특한 성격과 이 속에 담겨 있는 유용한 전략들은 교사가 체육시간에 학생의 사고력, 문제 해결력, 탐구력 등을 증진시키는 데 활용 ㉣ 탐구 수업은 협동 학습 모형 그리고 전술게임 모형과 유사점 및 차이점이 있음 　• 협동 학습은 학습활동을 위한 팀 구조에 바탕을 두고 루브릭에 기반해 학생과 의사소통하고, 전술게임 모형에서는 상황 중심의 활동을 하기 때문에 이 두 모형에서 활용되는 질문과 움직임의 범위는 좁게 나타남 　• 탐구 수업은 학생에게 뻔하지 않은 창의적인 대답(인지적 및 심동적 차원)을 폭넓게 요구함		
학습 영역의 우선순위	1순위	인지적 학습	
	2순위	심동적 학습	
	3순위	정의적 학습	

② 교수-학습의 수업 주도성

내용 선정	탐구 수업 모형에서 다루는 내용은 대개 교사가 학생에게 학습하기를 원하는 인지적 지식, 개념, 움직임 패턴으로 해결해야 할 각 문제와 같은 내용이 포함. 교사가 단원과 각 수업에서 학생이 배울 모든 내용 결정
수업 운영	교사가 관리 계획과 특정의 수업 절차 결정
과제 제시	교사가 학생의 사고와 움직임을 자극하면서 의사소통하는 질문 형태
참여 형태	교사가 문제를 설정하면 학생이 답을 찾기 위한 기회 제공
교수적 상호작용	학생이 문제 해결에 몰입하게 될 때 높은 수준의 상호작용 발생

학습 진도	교사는 전체 단원과 각 수업 진도 결정. 교사는 언제 새로운 과제를 시작할 것인지, 그 과제에 얼마의 시간을 할당할 것인지를 결정(A). 학생은 해답을 찾기 위해 요구되는 시간과 연습, 언제 문제를 해결할 수 있는지 판단(B)
과제 전개	교사는 인지적·심동적·전의적 영역의 능력을 발달시키고, 학생이 점점 더 복잡한 과제를 해결하도록 과제를 전개

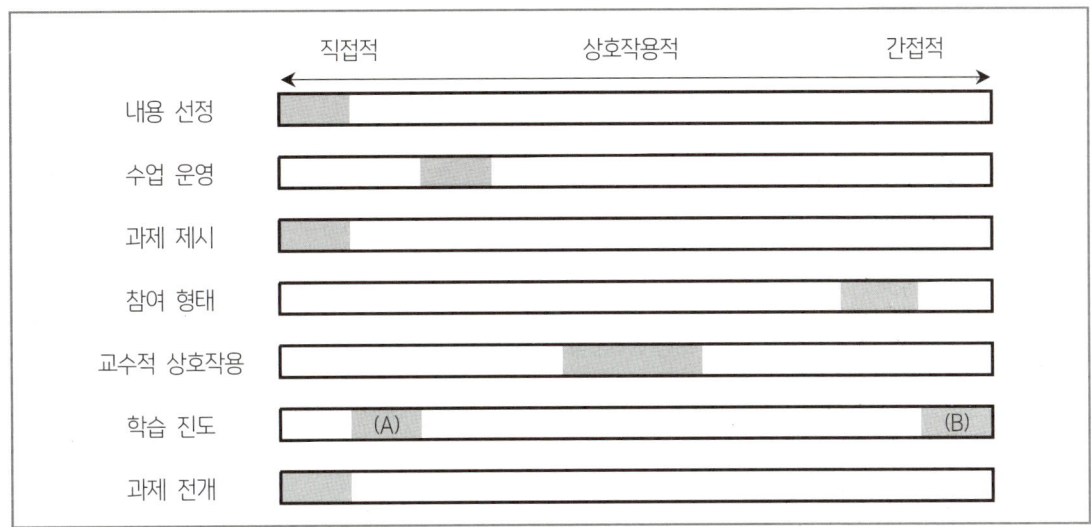

③ 교사 전문성

학습자	탐구 수업 모형을 사용하는 교사는 학생의 인지적·심동적 능력을 고려해야 함. 학생의 능력은 교사가 제시한 질문을 이해하고 문제해결 과정에 참여할 수 있는 정도로 결정
학습 이론	구성주의, 발견 학습, 피아제의 아동 성장과 발달 이론 등에 익숙해져야 함
발달 단계에 적합한 수업	심동적 영역에서의 학습 결과를 유도하는 인지 학습의 강조는 교사에게 학습 영역과 영역 간 상호작용에 대한 지식을 습득하게 함. 교사는 각 질문의 인지 수준을 알아야 하고, 그것이 움직임을 통해 어떻게 명료해지는지 이해해야 함
학습 영역과 목표	탐구 수업 모형은 블룸(Bloom)의 인지 학습의 수준에 근거함
과제 분석과 내용 전개	과제 분석은 인지 개념과 심동적 수행 요구의 결합에 근거함. 교사는 학생이 단원을 배워나가는 동안 습득할 지식 유형에 대한 단원 내용의 각 부분을 분석해야 함
평가	전통적인 방식(자필 검사)과 대안적 방식(체크리스트)으로 평가

2023년 기출문제

탐구 수업 모형 예시
• 모형의 주제는 '문제 해결자로서의 학습자'이다.
• 지도자는 학습자가 '생각하고 움직이기'를 할 수 있도록 과제를 제시한다.

(7) 전술 게임(이해 중심) 모형 `2017, 2021, 2022, 2025`

① 전술 게임 모형의 특징

주제	이해 중심 게임 지도
개요	㉠ 벙커(Bunker)와 소프(Thorpe, 1982)의 이해 중심 게임지도 모형과 동일 ㉡ 게임을 구성하는 두 가지 요소인 기술과 전술 중에서 기술 위주로 지도해 온 전통적인 게임지도 방식에서 탈피하여 전술의 이해를 강조한 게임지도 방식 ㉢ 적합한 게임과 인지 활동 후, 숙련된 운동수행을 통해서 전술 문제를 해결하는 데 초점 ㉣ 교사는 게임 수행에 적절한 가장 본질적인 전술을 결정하여 모형 활용

	© 교사는 각 전술 영역에서 일련의 학습활동 설계	
	⊙ 알몬드(L. Almond)의 게임 유형	
학습 영역의 우선순위	1순위	인지적 학습
	2순위	심동적 학습
	3순위	정의적 학습

합격 Tip 알몬드(L. Almond)의 게임 유형

필드형	야구, 크리켓, 킥볼, 소프트볼
네트형(벽면형)	네트형(배드민턴, 피클볼, 탁구, 배구), 벽면형(라켓볼, 스쿼시)
침범형	농구, 하키, 풋볼, 라크로스, 넷볼, 축구, 프리스비
표적형	크로켓, 당구, 볼링, 골프

합격 Tip 전술 게임 모형(이해중심게임 수업모형)의 6단계

① 게임 소개 → ② 게임 이해 → ③ 전술 인지 → ④ 의사결정 → ⑤ 기술 연습 → ⑥ 실제 게임 수행

2022년 기출문제

종목을 구분하는 근거 예시
• 게임 전술의 전이 가능성 • 영역형 : 농구, 축구, 하키, 풋볼 • 네트형 : 배드민턴, 배구, 탁구
• 필드형 : 야구, 소프트볼, 킥볼 • 표적형 : 당구, 볼링, 골프

② 교수 - 학습의 수업 주도성

내용 선정	학생이 단원을 통해 해결해야 하는 전술 문제의 계열성에 따라 제시
수업 운영	교사는 관리 계획, 수업 규칙, 특정 절차를 결정함
과제 제시	교사가 과제 제시를 부과하며, 학생이 전술과 기능을 결합하기 위해 모의 상황에 참여하기 전에 문제를 해결할 수 있도록 연역적 질문을 사용함
참여 형태	교사는 학생이 전술 문제를 해결할 수 있도록 과제와 구조를 결정하며, 학생이 모의 상황 또는 연습을 실행하도록 지도함
교수적 상호작용	교사는 학생이 문제를 해결할 수 있도록 연역적 질문을 활용하고, 단서와 안내 및 피드백을 제공함으로써 상호작용을 함
학습 진도	학생이 게임 상황에 참여하면 연습 시기, 전술, 과제 이동 시기를 스스로 결정하게 함
과제 전개	교사 중심으로 이루어지며, 교사는 각 학습활동이 끝나면 학생이 다음 전술 문제와 학습 과제로 이동하는 시기를 결정함

③ 교사의 전문성

발달 단계에 적합한 수업	전술적 의사결정을 수행하기 위해 전술 문제와 기능의 복합성은 학생의 발달 수준과 일치시켜야 함
학습 영역 목표	전술 게임 모형은 인지적·심동적 영역의 상호작용에 기초함
과제 분석과 내용 전개	전술 게임 모형의 과제 분석은 게임을 능숙하게 하는 데 필요한 전술적 지식과 기술에 근거함
체육교육 내용	교사들은 전술 게임 모형을 활용하여 지도하는 게임에 대한 탁월한 전문성 소유해야 함. 모든 경기자의 위치와 게임 흐름 중 발생할 수 있는 가장 전형적인 전술 상황을 숙지해야 함
평가	실제 평가 기법(게임 상황에서 인지적·심동적 영역 평가), 그리핀(L.Griffin)의 게임 수행 평가 도구(GPAI)

PART 01

2022년 기출문제

그리핀, 미첼, 오슬린의 이해중심 게임 모형 예시

그리핀, 미첼[S.Mitchell], 오슬린[J.Oslin]의 이해 중심 게임모형에서 변형게임 구성 시 반영되어야 하는 핵심 개념은 대표성과 과장성이다.

대표성	게임의 형식은 학생이 정식 게임 참여 시 접하는 실제 상황을 포함해야 한다는 개념
과장성	학생이 오로지 움직임 전술에만 중점을 두도록 게임의 형식이 설정되어야 하는 개념

(8) 개인적·사회적 책임감 지도 모형 2015, 2017, 2020, 2022, 2024

① 개인적·사회적 책임감 지도 모형의 특징

주제	통합, 전이, 권한 위임, 교사 – 학생의 관계
개요	㉠ 개인적·사회적 책임감 지도 모형(Teaching for Personal Social Responsibility : TPSR)은 체육에서 가르쳐야 하는 내용 대부분이 학생 스스로와 타인에 대한 책임을 어떻게 져야 하는지 그 방법을 연습하고 배우는 기회를 제공함 ㉡ 모형의 핵심은 책임감과 신체활동이 별개의 학습 성과가 아니므로, 두 가지가 동시에 추구되고 성취되어야 함
학습 영역 우선순위	㉠ 영역의 우선순위는 현재 학습활동의 중점을 어디에 두느냐에 따라 결정됨 ㉡ 계획된 학습 과제에서 이루어지는 학생 참여는 개인적·사회적 기술을 발달시킬 기회를 갖게 하고, 이 목표가 우선순위가 됨

② 핼리슨(D.Hellison)의 책임감 수준 6단계

수준	특징	의사결정과 행동의 사례
5단계	전이	㉠ 지역사회 환경에서 타인 가르치기 ㉡ 집에서 개인적 체력 프로그램 실행하기 ㉢ 청소년 스포츠 코치로 자원하기 ㉣ 학교 밖에서 훌륭한 역할 본보기 되기
4단계	돌봄과 배려	㉠ 단정하지 않고 경청하고 대응하기 ㉡ 거드름 피우지 않고 돕기 ㉢ 타인의 요구와 감정 인정
3단계	자기 방향 설정	㉠ 교사 감독 없이 과제 완수 ㉡ 자기 평가 가능 ㉢ 자기 목표 설정 가능 ㉣ 부정적인 외부 영향에 대응

2단계	참여와 노력	㉠ 의무감 없는 자발적 참여 ㉡ 열심히 시도하는 학습
1단계	타인의 권리와 감정 존중	㉠ 다른 사람을 방해하지 않고 참여 ㉡ 자기 통제 보임 ㉢ 타인을 고려하면서 안전하게 참여 ㉣ 평화로운 갈등 해결 시도
0단계	무책임감	㉠ 참여 의지 없음 ㉡ 자기 통제 능력 없음 ㉢ 어떠한 수준의 책임감도 수용할 의사 없음 ㉣ 다른 사람들을 방해하는 시도

③ 교수 – 학습의 수업 주도성

내용 선정	교사가 학생들의 책임감 수준을 확인하고 수업내용 결정
수업 운영	교사가 학생의 책임감 수준에 맞추어 직접적 및 간접적 통제
과제 제시	교사의 관찰 및 학생의 수준 평가를 토대로 과제 제시
참여 형태	교사가 학생의 참여 형태 결정
교수적 상호작용	교사가 학생들과 상호작용
학습 진도	교사는 학생이 다음 수준으로 가는 시기를 결정
과제 전개	교사가 학습 과제의 전환 시기 결정

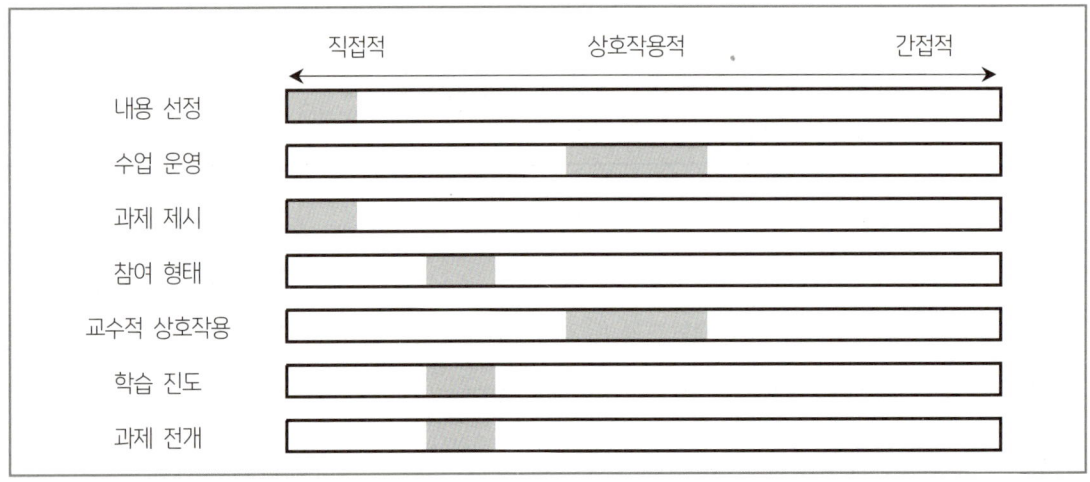

④ 교사 전문성

신체활동 내용	교사는 다양한 방식으로 신체활동 내용 숙지
학생 발달	교사는 아동과 청소년 발달, 특히 정서적 성숙과 사회적 기술에 대한 많은 지식이 필요함
환경 요인	교사는 학생들의 문제를 총체적으로 검토하기 위해 학생 행동에 영향을 미칠 수 있는 환경적인 요인에 대한 이해가 필요함
의사소통	교사는 학생과 원활하게 의사소통할 수 있는 능력을 갖추어야 함
학생에게 권한 위임	교사는 학생에게 신체활동 환경에서 자신들의 의사를 결정하고 행동하도록 권한을 부여해야 함

2024년 기출문제

개인적·사회적 책임감 지도 모형 예시
'통합, 전이, 권한 위임, 교사와 학생의 관계'를 통해 타인의 권리와 감정 존중, 자기 목표 설정 가능, 훌륭한 역할 본보기 되기 등을 강조한 수업

핼리슨의 개인적·사회적 책임감 수준 예시
- 참여와 노력 : 새로운 과제에 도전하며 노력하면 성공할 수 있다고 여긴다.
- 자기 방향 설정 : 지도자가 없는 상황에서도 자신이 수립한 목표를 달성한다.
- 일상생활로의 전이 : 체육 수업을 통해 학습한 배려를 일상생활에 실천한다.

(9) 하나로 수업 모형 `2017`

① 하나로 수업 모형의 특징

개요			㉠ 스포츠의 심법적 차원(전통, 안목, 정신)에 입문시켜 '참 좋은 사람'을 만드는 것이 목적 ㉡ 스포츠를 게임(기법적 차원)과 문화(심법적 차원)로 구분 ㉢ 기법적 차원의 스포츠는 기술, 전술, 규칙을 배워서 경기하는 것 ㉣ 심법적 차원의 스포츠는 전통, 안목, 정신을 파악하고 받아들이는 것
수업 방법과 운영	수업 방법	직접체험 활동	스포츠의 기법적 차원에 대한 경험을 통해 스포츠 기능 향상
		간접체험 활동	스포츠의 심법적 차원에 대한 경험을 통해 스포츠의 정신세계 속으로 입문
	수업 운영	직접교수 활동	기법적 차원을 직접적으로 학생에게 가르치는 교사의 수업행동
		간접교수 활동	심법적 차원에 대한 경험을 통해 스포츠문화에 입문하게 되는 행동

합격 Tip 학습자에게 활용 가능한 교수 전략

- 상호작용 교수
- 학습자 설계 교수
- 유도 발견 학습
- 과제 교수
- 동료 교수
- 반성적 교수
- 팀 티칭

02 스포츠 지도를 위한 교수기법

1 지도를 위한 준비 `2018, 2019, 2023, 2024`

맥락 분석		가르치는 내용, 방법, 학습자가 배우는 것에 영향을 미치는 시간적·인적·물적 자원의 총체
내용 분석		가르쳐야 하는 내용을 나열한 후 학습 목표, 학습자의 현재 능력이나 지식 및 태도, 소요되는 총 시간 등을 고려하여 가르칠 내용을 선정하고 순서 결정
학습 목표 분석		맥락 분석과 내용 분석 결과를 고려하여 선정하며, 학습 목표는 일반 목표와 행동 목표로 구분
	일반 목표	의도하는 학습의 포괄적인 영역을 의미함
	행동 목표	성취해야 하는 운동수행 기준의 세 가지 목표 ① 운동수행에 필요한 상황과 조건, ② 성취해야 하는 행동, ③ 설정된 운동수행 기준
관리구조		안전하고 효율적인 학습 환경을 조성하기 위해 지도 중 일어나는 학습자의 행동을 명시적으로 알려주는 것 ① 규칙의 결정과 발표, ② 학습장소의 사용과 절차, ③ 용·기구의 분배, 관리, 수거 및 정리 절차, ④ 안전 규칙, ⑤ 출석 절차, ⑥ 주의집중과 시작 및 정지에 필요한 신호 결정
평가		학습자의 학습 향상 정도를 평가하는 방법을 계획하는 것. 평가 목표와 결과, 평가 방법, 평가 시기(진단평가, 형성평가, 총괄평가 등), 평가 계획과 수행 방법 등을 고려
지도자와 학습자의 역할 임무		지도자는 사전에 자신의 역할을 결정하고, 학습자에게 무엇을 기대할 것인지 결정하는 것. 학습 목표가 모방 인지 창조인지에 따라 변화
	모방 학습	운동 기능을 숙달하는 것 등(지시자 역할)
	창조 학습	습득한 기능을 특정 상황에 적용하여 새로운 결과를 생산하는 것 등(촉진자 역할)

체육수업 연구 방법(현장 개선연구)
• 연구의 특징 : 집단적[협동적], 역동적, 연속적으로 이루어짐
• 연구의 절차 : 문제 파악 – 개선 계획 – 실행 – 관찰 – 반성 등으로 순환하는 과정
• 연구의 주체 : 지도자가 동료나 연구자의 도움을 받아 자신의 수업을 탐구함

운동기능의 학습 전이 유형(과제 간 전이 예시)
야구에서 배운 오버핸드 공 던지기가 핸드볼에서 오버핸드 공 던지기 기능으로 전이되는 경우

2 지도계획안의 설계 (2017, 2019, 2021, 2022)

(1) 지도계획안

지도계획안의 개념	실행 과정에서 효율적이고 효과적인 지도를 위해 주어진 시간, 노력, 자원을 효과적으로 사용하기 위한 과정
지도계획안의 이점	① 각 학습 시작 및 종료 시기가 정확함 ② 학습 진행 과정의 점검이 가능함 ③ 장·단기 의사결정의 시점 파악이 용이함 ④ 지도계획 수정의 기초가 됨 ⑤ 지도계획과 실행의 비교를 통해 지도 효과성 평가가 가능함

(2) 메츨러(M. Metzler)의 지도계획안

개념	학습 목표에 관련된 신체활동 소비 시간	
	할당 시간(AT)	학생들이 신체활동에 참여하도록 계획된 시간
	운동참여 시간(MET)	학생들이 실제로 신체활동에 참가한 시간
	과제참여 시간(TOT)	학습 과제 관련 신체활동에 참가한 시간
	실제학습 시간(ALT)	목표 관련 신체활동에 성공을 경험하며 소비한 시간
메츨러 (M. Metzler)의 지도계획안 작성	지도 맥락의 간단한 기술	학습자의 특성, 시간, 장소, 수업 차시 등 전반적인 지도 맥락에 대한 설명 포함
	학습 목표	하나의 수업에 1~3개 정도의 목표를 구체적으로 설정하고 학습자의 특성에 중점
	시간과 공간의 배정	수업 시간, 수업 환경 설정, 관리 방법을 고려하여 지도 시간을 추정하고 과제별 활동 시간 배정
	학습활동 목록	학습자 수행 과제 순서로 학습활동 목록 작성
	과제 제시와 과제 구조	과제의 내용 구조와 제시 방법 포함
	학습평가	평가 시기, 평가 관리 및 절차상의 고려사항 제시
	학습정리 및 종료	학습 내용의 핵심 내용을 재확인하도록 학습정리 과정을 포함하여 종료

메츨러의 과제 제시와 과제 구조 예시
• 학생의 흥미를 유발시킬 수 있는 수업 도입
• 과제 제시에 적합한 모형과 단서 사용
• 학생에게 방향을 제시할 과제 구조 설명
• 다양한 과제의 계열성과 진도(차시별)

지도자와 학생 간 교수·학습의 주도성(directiveness)의 결정 요인

- 내용 선정
- 교수적 상호작용
- 수업 운영
- 학습 진도
- 과제 제시
- 과제 전개
- 참여 형태

3 지도 내용 전달 및 발달적 조직 `2019, 2020, 2021, 2022, 2025`

(1) 지도 내용의 발달적 조직

내용의 발달적 분석	발달적 내용 분석은 내용을 확대, 세련, 응용의 단계로 분석하는 과정. 분석 시 복잡성과 난이도의 점진적 발달, 운동수행의 질에 대한 관심, 응용 경험의 통합 등의 요인을 고려해야 함	
	확대	내용의 발달적 분석은 확대 과제로 시작하며, 학습경험을 간단한 과제에서 복잡한 과제로 또는 쉬운 과제에서 어려운 과제로 발전시키는 것(복잡한 기술을 가르치기 전에 기능을 세분화함)
	세련	운동수행의 질에 초점을 두고 목표의 범위를 좁히고 수행의 질적 발달에 대한 학습자의 책무성을 강하게 부여할 때 효과적임
	응용	확대와 세련을 통해서 습득된 기능을 실제 또는 유사한 상황에서 사용할 수 있도록 지도내용을 조직함
링크(J.Rink)의 내용발달 단계	시작과제 > 확대과제 > 세련과제 > 적용(응용)과제 순서	
기능의 속성에 따른 내용 발달	폐쇄기능의 발달	학습의 선행 조건인 체력과 운동능력을 필요로 함. 신체적 능력, 운동능력, 학습자의 특별한 발달 단계를 고려하여 발달적으로 분석
	개방기능의 발달	환경의 변화에 따라 기능의 요구 조건이 변화하는 기능. 어떤 기능이 게임에서 어떻게 사용되고 있는가를 구체적으로 확인해야 함

링크의 내용 발달 과제 – 확대 과제 예시
- 과제 내 발달과 과제 간 발달이 있다.
- 단순한 과제에서 복잡한 과제로 전개한다.
- 쉬운 과제에서 어려운 과제 순으로 참여한다.

(2) 지도자의 행동수정 기법과 행동수정 전략

지도자의 행동수정 기법	행동계약	행동에 따르는 보상과 처벌에 대한 규칙을 학생과 함께 결정
	행동공표	행동계약으로 결정된 보상과 처벌을 공식적으로 공고 또는 게시
	프리맥 원리	좋아하는 행동을 이용하여 싫어하는 행동에 학습동기를 부여함
	토큰시스템 (토큰 수집)	어떤 행동을 할 때마다 점수를 제공하여 일정 수준이 되면 보상이나 처벌을 받게 하는 방법
	타임아웃	위반 행동에 대한 처벌로 일정 시간 체육수업 활동에 참가할 수 없도록 하는 행동수정 방법
지도자의 행동수정 전략	① 지도자는 일관성 있게 지도하는 것이 중요함 ② 학습자의 행동수정에도 단계를 설정할 필요가 있음	

4 과제 제시 전략 `2018, 2019, 2020, 2022, 2025`

주의집중 전략	학습자 주의를 집중시킬 수 있는 기술 ① 학습 방해요인 통제 ② 주의집중 신호와 절차 확립 및 연습 ③ 지도자 가까이에 집합시켜 설명 ④ 과제를 간략하게 제시

과제 전달 방법	언어적 전달	① 전체 학습자를 대상으로 많은 양의 내용을 설명할 때 효율적 ② 스포츠 기능에 대한 경험이 높지 않은 학습자에게 언어적 전달만으로 과제를 전달하는 것은 한계가 있음
	시범	학습자에게 시각적 단서를 제공하기 때문에 학습자의 이해를 높이는 전달 방법 ① 정확한 시범 ② 학습자 시범의 활용 ③ 연습 조건과 일치하는 시범 ④ 문제 해결 과제에서의 시범 ⑤ 기능의 수행 이유 설명 ⑥ 시범 후 학습자 이해 확인
	매체	① 필요한 부분이나 강조할 부분을 느린 동작으로 반복적으로 관찰하기 용이함 ② 말이나 행동만으로 정보를 전달하는 것은 한계가 있어 운동장이나 체육관에서는 이동식 칠판이 유용함
질문 활용		학습자의 동기 유발 및 학습의 인지적 참여 유도에 역할
	가치형	사실보다는 가치 문제를 다루며, 태도와 의견 등을 표현하는 데 필요한 질문
	수렴형(집중형)	이전에 경험한 내용분석 및 통합에 필요한 질문
	확산형(분산형)	이전에 경험하지 않은 문제해결에 필요한 질문
	회상형(회고형)	기억 수준에서 대답을 필요로 하는 질문

5 효과적인 관리 운영 `2019, 2020, 2024`

상규적 활동	① 스포츠 지도 시간에 반복적으로 일어나는 활동(출석 체크, 화장실 이용 등) ② 학습자가 루틴으로 적용하면 학습 과제 시간 증가 등에 도움
예방적 수업 운영	① 직접적인 학습 지도는 아니지만 수업을 관리함 ② 수업시간 준수, 주의집중 신호, 격려 활동 등
수업 흐름 관리	① 학습자의 학습시간 및 기회를 높이는 목적 ② 교사의 지나친 간섭으로 학습자가 학습을 방해하거나 중단시키지 않게 해야 함
학습자 관리 기술	① 학습자들이 적절한 행동을 하도록 기여하는 수업 관리 ② 부적절한 행동으로 수업에 방해가 되지 않도록 함

2024년 기출문제

상규적 활동 예시
박 코치는 관리시간을 줄이기 위해서 다음과 같은 지도 활동을 반복한다.
- 출석 점검은 수업 전에 회원들이 스스로 출석부에 표시하게 한다.
- 이후 건강에 이상이 있는 회원들을 파악한다.
- 수업 중에는 대기시간을 최소화하기 위해 모둠별로 학습활동 구역을 미리 지정한다.
- 수업 후에는 일지를 회수한다.

6 지도자 행동 유형 `2020, 2022, 2024, 2025`

비기여 행동	수업에 기여할 여지가 없는 행동(학습 지도에 부정적 효과)
간접기여 행동	학습에 관계는 있지만 직접적인 기여는 없는 행동(과제 이외의 토론, 운영에 관련된 행동 등)
직접기여 행동	직접적으로 학습에 기여하는 행동(지도 행동, 운영 행동)

2024년 기출문제

교사 행동 유형 예시
- [직접기여 행동]은 안전한 학습 환경, 피드백 제공
- [비기여 행동]은 학습 지도 중에 소방 연습과 전달 방송 실시
- [간접기여 행동]은 학생의 부상, 용변과 물 마시는 활동의 관리

올스테인, 레빈의 파괴적 행동 감소 교수 행동
- 신호 간섭 : 시선 마주침, 부주의한 행동을 감소시키는 교사 행동 이용(손가락으로 학생의 부정적 행동을 가리키며 제지했다)
- 긴장 완화 : 긴장을 완화시킬 수 있는 행동 이용[유머]
- 접근 통제 : 방해 행동 학생에게 관심을 전달하기 위한 교사의 접근 행동
- 상규적 행동 지원 : 과제, 스케줄, 수업의 일상 행동을 제공하는 일반적인 수업 습관 이용
- 유혹적인 대상 제거 : 파괴적인 행동을 조장할 수 있는 것을 제거하는 행동
- 비정한 제거 : 파괴적 행동을 하는 학생에게 심부름을 시키는 등의 제거 행동

합격 Tip 움직임 기능에 적합한 학습 과제

움직임 기능	의미	예
비이동 운동 기능	공간 이동이 없고 물체 또는 도구를 사용하지 않는 운동 기능	서기, 앉기, 구부리기, 비틀기, 돌기 등
이동 운동 기능	물체 또는 도구를 사용하지 않고 공간 이동을 포함한 신체운동	걷기, 달리기 두발 및 한발 뛰기, 피하기 등
물체 조작 기능	손이나 몸에 고정시키지 않은 상태에서 도구를 조작하는 운동	공, 훌라후프, 바통, 셔틀콕 등 물체를 던지기, 토스하기, 차기, 잡기, 튀기기 등
도구 조작 기능	물체를 통제하기 위한 목적으로 기구를 사용하여 한 손 또는 두 손으로 다루는 운동	배트, 라켓, 글러브, 클럽 등으로 치기, 배팅, 팅기기, 드리블, 잡기 등
전략적 움직임과 기능	역동적인 상황에서 적용되는 움직임 형태	핸드볼에서 수비, 야구에서 도루, 축구에서 패스 등
움직임 주제	복잡한 운동 패턴을 점진적으로 발달시키기 위해 기본 운동 기능과 움직임 개념을 결합	움직임 개념은 공간, 노력, 관계로 구성
표현 및 해석적 움직임	느낌, 개념, 생각, 주제를 표현하기 위한 움직임	다양한 종류의 무용, 꾸미기 체조, 마루운동, 피겨 등

7 학습 단서 학습자들에게 적절한 피드백 제공

구분		피드백의 종류
피드백 제공자 (정보의 출처)	내재적 과제	본인 스스로 운동기능을 시도한 결과를 관찰하여 얻는 피드백
	외재적 과제	다른 사람이나 대리자에 의해 운동수행 정보를 제공
피드백 정확성	정확한 피드백	운동수행 정보나 운동기능에 대해 정확히 설명
	부정확한 피드백	운동수행 정보나 운동기능에 대해 부정확하게 설명
피드백 양식	언어 피드백	운동수행 결과에 대해 언어로만 제공
	비언어 피드백	운동수행 결과에 대해 행동으로 제공
	언어와 비언어 결합 피드백	언어와 비언어를 함께 적용
피드백 평가 (운동수행 결과에 대한 만족/불만족 표시)	긍정적 피드백	운동수행 결과에 대해 만족
	부정적 피드백	운동수행 결과에 대해 불만족
	중립적 피드백	만족과 불만족 표시가 불분명
피드백의 교정적 특성 (실수 교정에 관한 정보와의 관련성)	비교정적 피드백	교정적 정보는 제공하지 않고 잘못된 부분의 정보만 제공
	교정적 피드백	다음 수행 개선과 관련된 방법들을 함께 제공
피드백 방향성 (피드백 대상)	개별적 피드백	학습자 한 명 한 명에게 제공
	집단적 피드백	수업에서 구분한 집단에게 제공
	전체 수업 피드백	수업에 참여하는 모든 학습자에게 제공

중립적 피드백 예시
- 모스턴[M. Mosston]이 제시한 피드백 유형이며, 사실적으로 행동을 기술한다.
- 판단이나 수정 지시를 하지 않으나, 피드백 진술의 의미를 변경할 수 있다.
- 다른 피드백 형태로 옮겨가는 특징을 가지고 있다.

8 IT의 효과적 활용 2020

피드백 효과	① 피드백의 양 증가 ② 피드백의 정확성 증가 ③ 즉시적 피드백 증가
학습자 동기 효과	① 자신의 동작을 스스로 평가하는 과정은 수행자의 자기 통제성 향상 ② 호기심과 같은 흥미를 이끌어낼 수 있어 운동수행의 내적 동기 강화
의사소통 효과	① IT 매체에 저장된 정보는 지도자와 학습자 또는 학습자 간의 쌍방향 의사소통을 증진 ② IT 매체를 통해 지도자와 학습자 그리고 학습자 간 학습 내용을 중심으로 소통할 수 있는 가능성 증가

03 세부 지도 목적에 따른 교수 기법

1 모스턴(M. Mosston)의 교수 스타일 2016, 2018, 2019, 2020, 2021, 2022, 2023, 2024, 2025

(1) 모스턴의 체육 교수 스타일 개요

개요	① '수업 활동은 연속되는 의사결정의 과정이다'라는 전제에서 시작 ② 교수(수업) 스타일의 구조는 과제 활동 전은 의도를, 과제 활동 중은 행위를, 과제 활동 후는 평가를 규정 ③ 교수와 학생 모두 교수 스타일의 구조 속에서 의사결정할 수 있음 ④ 교수 스타일의 구조는 모방과 창조라는 인간의 두 가지 기본 능력을 반영 ⑤ A~E까지의 교수 스타일은 <u>기존 지식의 재생산을 강조</u>하는 수업방식 ⑥ F~K까지의 교수 스타일은 <u>새로운 지식을 생산</u>하는 능력을 강조하는 수업방식

(2) 모스턴의 체육 교수 스타일 유형

지시형(명령식) 스타일 - A	① 교사가 제시한 방식대로의 학습 강조 ② 교사가 수업에 관한 모든 결정 행사
연습식(연습형) 스타일 - B	① 교사가 학습자 개개인에게 과제를 스스로 연습할 수 있는 시간과 개별적 피드백 제공 ② 피드백을 통해 학습자가 개별적으로 연습하는 것 ③ 학습자는 9가지 사항(수업장소, 수업운영, 시작시간, 속도와 리듬, 정지시간, 질문, 인터벌, 자세, 복장과 외모) 결정
교류형(상호학습형) 스타일 - C	① 자기 짝과 함께 상호관계 속에서 학습하며, 교사가 제공한 수행기준으로 짝에게 피드백 제공 ② 학생은 실시자 또는 관찰자가 되며, 교사는 관찰자인 학생과 상호작용
자검식(자기점검형) 스타일 - D	① 학생은 자신의 잘못을 확인하고 교정함(지도자는 학습자의 능력과 독립성 존중) ② 교류식에서 학습한 비교, 대조, 결론 도출의 능력을 자신에게 적용
포함식(포괄형) 스타일 - E	① 과제에 참여하고 과제를 수행할 수 있는 난이도를 선택하고 자신의 활동을 스스로 점검 ② 하나의 과제에 대해 여러 가지 난이도로 설정함으로써 수준별 학습이 가능
유도발견식 스타일 - F	① 논리적인 순서로 설계된 질문에 대한 해답을 찾아가는 과정을 통해 미리 정해진 개념을 발견 ② 교사의 질문에 대응하며 기능이나 개념을 발견

수렴발견식 스타일 - G	① 기대되는 반응에 이르도록 논리와 추론 기술, 질문의 구성과 연결을 통해서 문제의 해결 방법 발견 ② 논리적 규칙, 비판적 사고 등과 같은 합리적 사고 과정을 통해 문제 해결
확산생산식 스타일 - H	① 구체적인 인지 작용을 통해 다양한 해답 발견 ② 학생은 처음으로 교과 내용에 관해 발견하고 선택
자기설계형 스타일 - I	① 학생의 독자적 결정권 확대, 창의적 능력 촉진 및 개발 ② 교사는 일반적 교과 내용만 정해주고, 학생이 관련된 질문이나 문제를 스스로 제작하고 해답을 찾음 ③ 주제의 발견에 대한 탐색과 검토에 의한 체계적인 절차 제공
자기주도형 스타일 - J	① 학습자들에게 학습 설계와 학습 경험 등의 설계에 대한 기회 제공 ② 스스로 진도를 정하고, 탐구하며, 발견하고, 프로그램 설계
자기학습식 스타일 - K	① 수업에 대한 모든 결정을 학생이 주도 ② 학생이 교사의 역할도 하고 동시에 학생의 역할도 수행

2024년 기출문제

상호학습형 교수 스타일 예시
• 학습자는 수행자나 관찰자의 역할을 수행한다.
• 관찰자는 지도자가 제시한 수행 기준에 따라 피드백을 제공한다.
• 지도자는 관찰자의 질문에 답하고, 관찰자에게 피드백을 제공한다.

2023년 기출문제

포괄형 교수 스타일 예시
• 지도자는 기술 수준이 다양한 학습자들의 개인차를 수용한다.
• 학습자가 성취 가능한 과제를 선택하고 자신의 수행을 점검한다.
• 과제 활동 전·중·후 의사결정의 주체는 각각 지도자, 학습자, 학습자 순서이다.

2 교수 기능의 연습 방법 `2015, 2016, 2020, 2023, 2024, 2025`

1인 연습	거울 앞에서 자신의 말을 들으며 교수 행위를 살펴보는 연습 방법(혼자 연습)
마이크로 티칭	예비 지도자가 모의 상황에서 동료 또는 소수 참여자들을 대상으로 일정한 시간 내 구체적인 내용으로 지도 기능을 연습하는 방법(비디오 촬영)
동료 교수	소집단의 동료들이 모의적인 수업 장면을 만들어 교수 기능을 연습하는 방법(짧은 시간)
반성적 교수	학생들에게 수업의 목표와 평가 방법을 설명하고, 수업 후 교수 내용에 대한 평가와 교수 방법을 평가하는 방법(반성적 토의)
스테이션 교수	교육 목표나 내용에 따라 학생들을 구분하여 수업 장소를 옮겨가며 진행되는 협력 수업 방법 **예** 지도자 1명이 수업 공간을 나누어 두 가지 이상의 과제를 동시 진행
실제 교수	직전 교사가 일정 기간 동안 여러 학급에 대해 책임을 지고 실제로 수행하는 교수 실습 방법(실제 수업)

2025년 기출문제

링크의 교수 전략 - 상호작용 교수 예시
• 상황에 따라 지시형 또는 연습형 스타일로 활용될 수 있다.
• 지도자는 과제의 단서를 선정하고 명확하게 전달해야 한다.
• 주로 집단 전체를 대상으로 하는 움직임 과제를 내용으로 선정한다.

※ 링크의 교수 전략 : 상호작용 교수, 스테이션 교수, 동료 교수, 협동 학습, 자기교수 전략, 인지 전략, 협력 교수

시덴탑(Siedentop) 교수의 기능 연습법(반성적 교수)
김 교사는 교수 기능의 향상을 위해 다음과 같은 절차로 연습을 했다.
• 학생 6~8명의 소집단을 대상으로 학습 목표와 평가 방법을 설명한 후, 수업을 진행한다.
• 수업에 참여한 학생들의 질문지 자료를 토대로 김 교사와 학생, 다른 관찰자들이 모여 김 교사의 교수법에 대해 '토의'한다.
• 객관적인 자료를 근거로 교수 기능 효과를 살핀다.

3 쿠닌(J. Kounin)의 교수 기능 2023, 2024

예방 관리 교수 기능 (교사의 행동 위주)	① 상황 이해 : 학습자들의 행동을 파악하는 것(사고 예방) ② 동시 처리 : 교사의 능력으로 여러 가지를 동시에 처리하는 것 ③ 유연한 수업 : 수업의 흐름을 유연하게 이어가는 것 ④ 여세 유지 : 수업을 활력 있게 이어가는 것 ⑤ 집단 경각 : 학생들이 과제에 몰두하도록 주의집중하는 것 ⑥ 학생 책무성 : 학생에게 과제 수행에 대한 책임감을 주는 것
수업 관리 (교사의 주의 및 금지 행동)	① 학습 활동 침해 : 교사의 부적절한 관여로 인한 학습 중단 및 침해 ② 탈선 : 학생이 수업계획과 다른 일에 집중하거나 참여하는 행동 ③ 중도 포기 및 전환·회기 : 학습 중 교사가 포기하거나 학습 중 다른 과제로 전환·회기 ④ 과잉 설명 : 과도한 설명과 시범 등 ⑤ 세분화 : 전체 학습 과제를 개별적으로 지도

쿠닌의 교수 기능(상황 이해 예시)
• 지도자가 자신의 머리 뒤에도 눈이 있다는 듯이 학습자들의 행동을 파악하는 것
• 지도자가 학습자들 간에 발생하는 사건을 인지하는 것

쿠닌의 교수 기능(동시 처리 예시)
수업의 흐름을 유지하면서 수업 이탈 행동 학생을 제지하는 것

4 메이거(R. Mager)의 교수 목표 2023

개념	교수 목표 진술에 있어 막연성과 해석의 다양성을 없애고, 수업 평가에 구체적 지침이 될 수 있도록 목적에 제시된 교수 목표 방법
교수 목표	① 도착점 행동(학생이 학습 후 학습 결과를 나타내는 행동) ② 어떤 행동이 나타나는 상황 또는 조건 명시(어떤 상태와 조건에서 그 행동이 나타나길 기대하는 것) ③ 수락의 기준 명시(성취 수준을 의미하며, 어느 정도 달성했을 때 그 목표가 달성되었는지 기준)

메이거의 학습 목표 설정 예시
• 설정된 운동수행 기준
• 운동수행에 필요한 상황과 조건
• 학습자에게 기대되는 성취행위

CHAPTER 06

스포츠교육의 평가론

01 평가의 이론적 측면

1 평가의 개념과 목적

(1) 평가의 개념 2015, 2016, 2017, 2019, 2020, 2021, 2022, 2025

개념	① 측정보다는 포괄적인 개념 ② 교육과정, 교수 활동, 교육환경 등과 같은 평가 대상의 가치를 판단하는 과정 ③ 평가는 교육 활동에 대한 피드백이자 교육 목적 달성을 위한 수단	
용어	측정	일정한 양을 기준으로 같은 유형의 양에 수치 부여
	검사	일 또는 물질의 구성 성분 조사
	평가	교수 – 학습을 통한 학생들의 변화를 분석하는 자료 수집 과정
	사정	평가 자료를 바탕으로 의사결정을 위한 해석 과정

(2) 평가 유형과 기능

유형	기능
진단평가	교육 프로그램 실시 이전에 참여자의 특성을 점검하는 평가 활동. 학습자 또는 참여자의 정보를 수집하고 교육 방향을 설정하며 학습장애의 원인 파악
형성평가	교육 프로그램이나 지도 방법의 개발 단계에서 이루어지는 과정 중심의 평가 활동. 지도 방법과 과정, 결과의 향상과 효율을 증진시키는 방향으로 프로그램과 지도 방법을 수정하기 위한 기능
총괄평가	교육 프로그램과 지도 방법을 적용한 이후 학습자들의 성취도를 포함한 프로그램의 효과 및 효율성 등의 결과를 종합적으로 판단하기 위한 기능

2022년 기출문제

평가 방법 예시
- 진단평가 : 수업 전 학습 목표에 따른 참여자 수준을 결정하고, 학습 과정에서 참여자가 계속적인 오류 상황을 발생시킬 때 적절한 의사결정을 하도록 한다.
- 총괄평가 : 학생들에게 자신의 높이뛰기 목표와 운동 계획을 수립하게 한 다음 육상 단원이 끝나는 시점에서 종합적 목표 달성 여부를 확인하기 위한 평가를 실시한다.

(3) 평가의 목적

목적	① 교수 – 학습 효과성 ② 학습자 운동수행 참여와 동기 촉진 ③ 학습자의 학습 상태 및 학습 지도 정보 제공 ④ 학습 지도와 관리 운영 효율성을 위해 집단 편성 ⑤ 학습자 역량 판단으로 이수 과정 선택 정보 제공 ⑥ 교육 프로그램 및 교육과정 적절성 등 확인 ⑦ 교육 목표에 따른 학습 진행 상태 점검 및 지도 활동 개선 등

2 평가의 양호도 `2015, 2017, 2023`

(1) 타당도

개요		스포츠지도사가 측정하고자 하는 내용을 측정도구가 정확하게 측정하고 있는지에 관한 정보
종류	내용 타당도	검사문항이 측정하려는 내용을 얼마나 잘 대표하고 있는지에 관한 정도
	준거 타당도	① 측정도구의 측정 결과가 준거가 되는 다른 측정 결과와 관련이 있는 정도 ② 미래의 측정 결과와의 연관성은 '예측 타당도', 현재의 다른 측정 결과와 연관성은 '공인 타당도' ③ 예측 타당도는 측정 결과가 미래의 행동을 정확하게 예측할 수 있는 정도의 준거 관련 타당도 지수 ④ 공인 타당도는 검사 결과가 이미 타당성을 인정받고 있는 다른 검사 결과와 일치하는 정도로 타당도 추정
	구인 타당도	① 측정도구가 측정하려고 하는 심리적 특성에 대해 조작적 정의를 내리고, 조작적 정의를 기준으로 측정하고자 하는 심리적 특성의 구인을 얼마나 제대로 측정하고 있는가를 나타내는 타당도 ② 구인 타당도를 수량화하기 위해서는 상관 계수법, 실험 설계법, 요인 분석 등 다양한 통계적 방법이 적용됨

(2) 신뢰도

개요		측정 도구가 시간의 경과와 관계없이 반복 가능하며, 일관성 있는 측정 결과를 도출할 수 있다면 이 측정 도구의 신뢰도는 높음
종류	검사 - 재검사	① 시간차를 두고 개념이나 변인 측정을 2회 실시해 두 관찰 값의 차이 측정 ② 두 관찰 값의 차이가 적으면 신뢰도가 높고, 차이가 크면 신뢰도가 낮은 것으로 판단
	동형 검사	① 동일한 구인을 측정하는 두 개의 검사지를 개발하여 나온 점수들 간의 상관관계를 구해서 신뢰도를 추정하는 방법 ② 두 개의 검사지는 동일한 구인을 측정하는 수많은 문항들로부터 무선 표집된 것으로 가정 ③ 동형 검사의 추정은 검사 - 재검사 신뢰도 추정과 유사성이 있음
	내적 일관성	① 하나의 측정 도구 내 문항들 간의 연관성 유·무로 내적 일관성을 파악함으로써 측정 문항의 신뢰도를 추정하는 방법 ② 크론바흐 알파(Cronbach α)라는 통계량을 사용하며, 도출한 통계량이 0.7 이상(일부 문헌은 0.6 이상)이면 측정 문항 간에 내적 일관성이 있는 것으로 판단

2023년 기출문제

검사 - 재검사 예시
- 동일한 검사에 대해 시간 차이를 두고 2회 측정해서 측정값을 비교해 차이가 작으면 신뢰도가 높고, 크면 신뢰도가 낮은 것으로 판단한다.
- 첫 번째와 두 번째 측정 사이의 시간 차이가 너무 길거나 짧으면 신뢰도가 낮게 나올 수 있다.

02 평가의 실천적 측면

1 평가 기준 2015, 2016, 2020, 2021

준거지향 평가 (절대평가)	① 학습자들이 알아야 할 지식과 기술을 아는지 모르는지 평가 ② 지도 목표를 평가 준거로 하기 때문에 '목표지향 평가'라고도 함
규준지향 평가 (상대평가)	학습자의 학업 성취도를 상호 간의 상대적 비교를 통해 성적을 결정하는 평가
자기지향 평가	학습자의 지식과 기능을 활용하여 학습 과제를 스스로 수행하여 판단하는 평가
수행평가	학생의 수행이나 산출물을 직접 관찰하거나 검토한 것을 토대로 수행이나 산출물의 질에 대해 평가
동료평가	집단 구성원 간 서로 평가하는 방법. 서로 간에 객관적인 상호평가로 구성원들이 건설적인 방향으로 발전하도록 제언하기 위해 활용되는 평가

2021년 기출문제

평가유형 절대평가 - 상대평가
- 박 코치 : 우리 반은 초급이라서 25m 완주를 목표한다고 공지하고, 완주한 회원들에게는 수영모를 드렸어요.
- 김 코치 : 저는 우리 클럽의 특성을 고려해서 모든 회원의 50m 평영 기록을 측정했습니다. 그리고 상위 15%에 해당하는 회원들에게 '박태환' 스티커를 드렸습니다.

2 평가 기법 2018, 2019, 2022, 2023, 2024, 2025

체크리스트	① 측정 행동, 특성 등을 나열한 목록으로 어떤 사건이나 행동 발생 여부의 신속한 확인을 위해 사용 ② 체크리스트는 제작하기가 용이한 반면, 좋은 목록을 구성하기 위해서는 세심한 주의 요망
평정척도	① 행동의 적절성, 운동기능의 향상 정도, 운동기능의 형태적 특성 등에 관한 자료를 수집하기 위한 도구로 사용 ② 학습자가 스스로 운동기능을 평가하기 용이한 평가 도구
루브릭	① 학습자에게 평가 시 활용할 수 있도록 수행 수준의 특징에 대한 정보 제공 ② 학습자는 평가과정에 참여할 수 있게 되어 학습의 초점이 무엇인지 분명히 알고 자기 주도적으로 학습 가능
관찰	① 철학적 관점에서 인식의 기초로서 적극적인 의도를 가지고 살펴보는 것을 의미 ② 스포츠교육에서 관찰은 경기 관람, 촬영 영상, 경기 영상 등을 통해 이루어짐
학습자 일지	① 학습자 일지는 자기 기록이며, 기록한 정보의 정확성을 확인하는 데 유용 ② 학습 진행 및 내용을 기록한 문서로 자기 평가의 도구로도 사용
학습자 면접과 설문지	① 면접이나 설문을 통하여 교육 프로그램 등에 관한 학습자의 생각 파악 가능 ② 면접이나 설문은 교육현장에서 발생하는 다양한 문제를 원만하게 풀어갈 수 있는 좋은 자원
일화 기록법	① 비교적 짧은 내용의 우발적 행동이나 사건을 사실적으로 기록 ② 자연스러운 상황에서 관찰된 사실적 기록(기록 소요 시간이 길고, 주관적 개입 가능성)
사건 기록법	① 관찰이 필요한 행동과 사건을 선정해서 조작적으로 정의하여 특정한 행동이나 사건이 생길 경우를 관찰 ② 서술식, 빈도식, 지속 시간 사건 기록 방법이 있음

2024년 기출문제

평가 기법(평정척도)
- 운동수행을 평가하는 데 자주 사용하는 평가 방법이다.
- 운동수행의 질적인 면을 파악하여 수준이나 숫자를 부여하는 평가 방법이다.

사건 기록법 예시
- 지도자 : 강 감독
- 관찰자 : 김 코치
- 수업 내용 : 농구 수비전략
- 시간 : 19시 ~ 19시 50분

구분	피드백의 유형	표기(빈도)		비율
대상	전체	VVVVV	(5회)	50%
	소집단	VVV	(3회)	30%
	개인	VV	(2회)	20%
성격	긍정	VVVVVVV	(8회)	80%
	부정	VV	(2회)	20%
구체성	일반적	VVV	(3회)	30%
	구체적	VVVVVV	(7회)	70%

체크리스트 예시

테니스 포핸드 스트로크 과정	운동수행
두 발이 멈춘 상태에서 스트로크를 시도하는가?	Y / N
몸통 회전을 충분히 활용하는가?	Y / N
임팩트까지 시선을 공에 고정하는가?	Y / N
팔로우스로우를 끝까지 유지하는가?	Y / N

- 체크리스트 설명
  - 쉽게 제작이 가능하며 사용이 편리하다.
  - 어떤 사건이나 행동의 발생 여부를 신속히 확인할 때 주로 사용한다.
  - 관찰 행동을 구체적으로 정의하고 그 행동의 발생 시점을 확인할 수 있다.

CHAPTER 07

스포츠교육자의 전문적 성장

01 스포츠교육 전문인의 전문역량

1 생활체육 전문인의 핵심역량 개발 2016, 2021, 2022, 2023

개념		학교체육과 전문체육을 제외한 다양한 연령층을 대상으로 평생체육을 가르치는 전문가
핵심역량	인지적 자질	생활체육 참여자에 대한 지식, 종목 내용 지식, 교수 내용 지식, 교육환경 지식 필요
	기능적 자질	프로그램 개발, 종목 지도, 관리 등의 능력 및 지식 필요
	인성적 자질	참여자의 개인차 이해 및 포용 등 필요
자질과 지도 방법		① 지도자는 높은 성품 수준을 유지하며 모범을 보여야 함 ② 지도자는 재능의 차원과 인성적 차원의 자질을 고루 갖추어야 함 ③ 선수가 올바른 도덕적 의식을 가지고 자율적으로 실천하도록 지도함
고려사항		발달 수준 : 학습자의 성별, 연령, 환경적 요인 등 학습자의 개인차를 고려해서 학습 단계를 결정하는 것이 중요함
안전한 학습 환경 유지		① 활동 전에 안전 문제를 예측하고 교구 배치 ② 안전한 수업 운영에 필요한 절차를 학습자들에게 명확히 전달함 ③ 새로운 연습과제나 게임을 시작할 때 지도자는 지속적으로 학습자를 감독함

2023년 기출문제

로젠샤인(B. Rosenshine), 퍼스트(N. Furst)의 학습성취 지도자 변인

- 명확한 과제 제시
- 과제 지향성
- 프로그램의 다양화
- 학생의 학습 기회
- 교사의 열의

2023년 기출문제

스포츠 지도방법 예시

배구 수업에서 운동기능이 낮은 학습자의 참여 증진을 위한 스포츠 지도방법

- 네트 높이를 낮춘다.
- 소프트한 배구공을 사용한다.
- 서비스 라인을 네트와 가깝게 위치시킨다.

2022년 기출문제

젠틸(A.Gentile)의 스포츠기술 예시

① 개방기술은 환경의 변화나 상태에 의해 변화되는 기술을 말한다.
② 폐쇄기술은 상대적으로 환경적 조건이 안정적이며 외부 조건이 대부분 변하지 않는 속성이 있다.
  - 개방기술 : 동적인 조건의 스포츠기술(예 움직이는 상대를 타격하는 복싱)
  - 폐쇄기술 : 정적인 조건의 스포츠기술(예 고정된 과녁을 화살로 맞추는 양궁)

1 스포츠교육 전문인으로서의 성장 2015, 2016, 2017, 2024

(1) 전문인 성장 유형

형식적 성장	개념	① 교육과정에 의해 조직된 교육으로 교육 이수를 통해 성적, 학위 및 자격증을 부여하는 교육 ② 관료적, 제도화된 프로그램을 통해 체육전문인으로 성장
	사례	대학 학위과정, 체육지도자 연수과정, 체육 관련 단체 및 협회의 자격증 제도
무형식적 성장	개념	① 공식화된 교육기관 밖에서 행해지는 조직적인 학습의 기회 참여를 통해 성장 ② 단기간 자발적으로 이루어지며, 더 풍부한 지식을 가진 이로부터 배울 수 있는 포럼 기회를 제공
	사례	코칭 컨퍼런스, 세미나, 워크숍, 컨퍼런스, 소수의 특정 그룹, 비정규적 수업
비형식적 성장	개념	① 자기 주도적인 학습이라고도 하며, 일상적인 경험으로부터 얻는 배움의 형식 ② 실제적인 경험에 대한 반성을 통해 전문성의 성장에 도움
	사례	과거의 선수 경험, 비형식적 멘토링, 실제적인 코칭 경험, 동료코치나 선수들과의 대화, 인터넷, 독서, 스포츠과학 관련 비디오 시청 등

2024년 기출문제

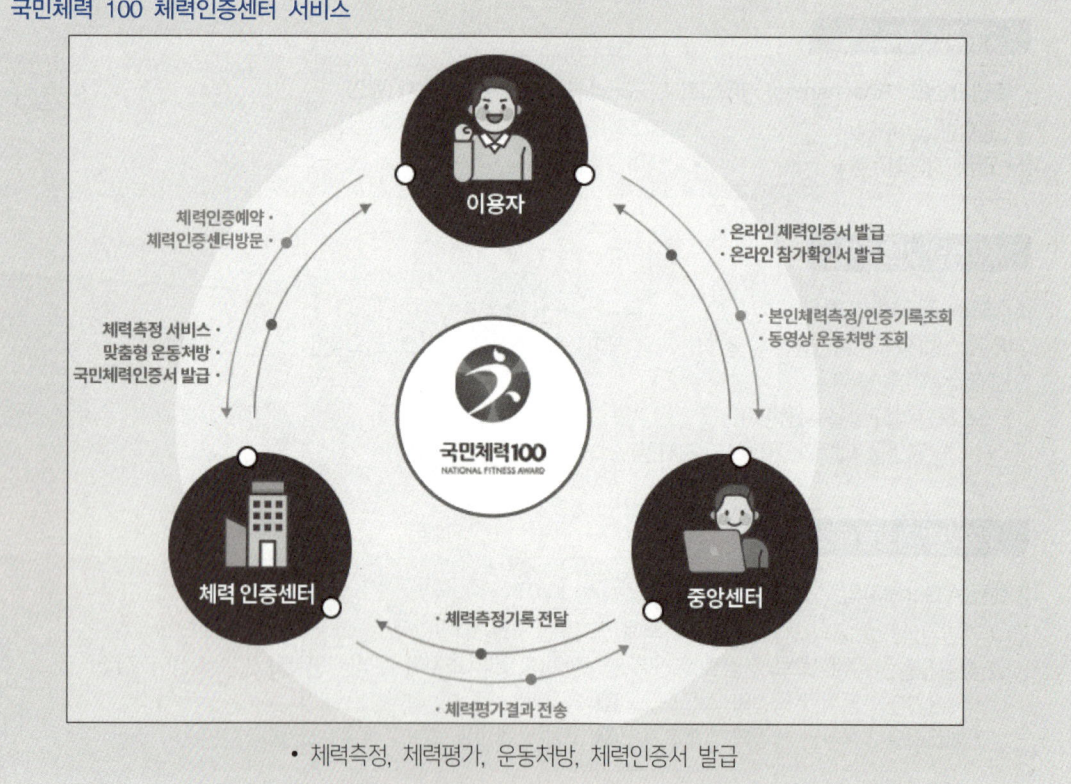

국민체력 100 체력인증센터 서비스

• 체력측정, 체력평가, 운동처방, 체력인증서 발급

스포츠교육학

※ 다음은 스포츠교육학을 학습한 후, 얼마나 이해하고 있는지 확인하는 주관식 문제입니다.
  기본내용으로 구성된 주관식 문제로 최소 6개 이상 맞추지 못하면 이론을 1~2회 다시 학습한 후 다음 단계인 기출
  문제 풀이로 넘어가길 바랍니다.

01 스포츠교육학의 가치 영역 3가지를 쓰시오.

02 스포츠기본법 제3조 정의에서 건강과 체력 증진을 위하여 행하는 자발적이고 일상적인 스포츠 활동을 의미하는
용어를 쓰시오.

03 국민체육을 진흥하여 국민의 체력을 증진하고, 체육활동으로 연대감을 높이며, 공정한 스포츠 정신으로 체육인
인권을 보호하고, 국민의 행복과 자긍심을 높여 건강한 공동체의 실현에 이바지함을 목적으로 하는 법률을 쓰
시오.

04 체육교사의 역할 4가지를 쓰시오.

05 심슨과 해로우(Simpson & Harrow)의 심동적 영역 6가지를 쓰시오.

정답

01 ① 신체적(심동적) 가치　　② 인지적 가치
　　③ 정의적 가치

02 생활스포츠

03 국민체육진흥법

04 ① 학습 안내자　　② 학습 조력자
　　③ 인성 지도자　　④ 학생의 롤 모델

05 ① 반사동작　　② 기초기능
　　③ 지각능력　　④ 신체능력
　　⑤ 복합기술　　⑥ 운동해석능력

06 크래스홀(Krathwhol)의 정의적 영역 5가지를 쓰시오.

07 시덴탑(D. Siedentop)의 스포츠교육 모형 6가지 요소를 쓰시오.

08 전술 게임 모형(이해중심게임 수업모형)의 6단계를 쓰시오.

09 메츨러(M. Metzler)의 지도계획안 작성 단계 7가지를 쓰시오.

10 교수 기능 연습 방법 6가지를 쓰시오.

정답

06 ① 수용화   ② 반응화
    ③ 가치화   ④ 조직화
    ⑤ 인격화

07 ① 시즌   ② 팀 소속
    ③ 공식 경기   ④ 결승전 행사
    ⑤ 기록 보존   ⑥ 축제화

08 ① 게임 소개 → ② 게임 이해 → ③ 전술 인지 → ④ 의사결정 → ⑤ 기술 연습 → ⑥ 실제 게임 수행

09 ① 지도 맥락의 간단한 기술   ② 학습 목표
    ③ 시간과 공간의 배정   ④ 학습 활동 목록
    ⑤ 과제 제시와 과제 구조   ⑥ 학습평가
    ⑦ 학습정리 및 종료

10 ① 1인 연습   ② 마이크로 티칭
    ③ 동료 교수   ④ 반성적 교수
    ⑤ 스테이션 교수   ⑥ 실제 교수

가장 위대한 영광은 한 번도 실패하지 않음이 아니라
실패할 때마다 다시 일어서는 데 있다.

공자(孔子)

PART

02

1주
완성

스파르타
스포츠
지도사

2급 필기 기본서

스포츠사회학

CHAPTER 01	스포츠사회학의 이해
CHAPTER 02	스포츠와 정치
CHAPTER 03	스포츠와 경제
CHAPTER 04	스포츠와 교육
CHAPTER 05	스포츠와 미디어
CHAPTER 06	스포츠와 사회계층
CHAPTER 07	스포츠와 사회화
CHAPTER 08	스포츠와 일탈
CHAPTER 09	미래사회의 스포츠

01 스포츠사회학의 이해

01 스포츠사회학의 의미

1 스포츠사회학의 정의와 개념 2017, 2019, 2021

정의	스포츠에서 나타나는 행동유형과 사회과정에 초점을 두고 있으며, 이를 스포츠 활동이 존재하는 일반 사회구조의 측면에서 설명하는 학문
개념	① 사회학의 하위 분야로 스포츠의 사회학적 개념을 적용하여 스포츠의 맥락에서 인간의 사회행동 법칙을 규명하고, 스포츠 현상을 일반 사회구조에서 설명하는 학문 ② 운동참여자의 운동수행능력과 직접적인 원인을 설명하는 학문이 아니며, 스포츠는 사회영역과 밀접한 관계를 맺고 있어 통찰과 분석이 필요함

2 스포츠사회학의 적용 및 사례 2016, 2019, 2023, 2025

적용 및 사례	스포츠는 사회의 다른 분야들(가족, 교육, 경제, 문화, 정치, 종교)과 상호작용하는 연계성이 있음
거트만(A. Guttmann)의 근대스포츠 특성	① 세속화　　② 평등화 ③ 전문화　　④ 합리화 ⑤ 관료화　　⑥ 수량화 ⑦ 기록 지향

2025년 기출문제

거트만의 근대스포츠 특성 예시
- 평등성 : 인종·성별과 관계없이 누구나 스포츠에 참여할 기회를 동등하게 부여받는다.
- 전문화 : 현대 축구가 발전하면서 점차 수비수, 미드필더, 공격수 등의 포지션이 다양화되었다.
- 세속화 : 현대스포츠 참여자는 신에 대한 숭배가 아니라 기분 전환과 오락, 이익과 보상을 추구한다.
- 관료화 : 국제스포츠연맹은 규칙 제정, 기록 공인, 국제대회 운영 및 관리, 종목 진흥 등의 역할을 담당한다.

3 스포츠사회학의 영역 2019, 2025

연구 영역	의미	주요 관심사
거시적 영역	사회의 대규모 체계를 의미	스포츠와 경제, 교육, 사회, 성, 종교 등
미시적 영역	사회의 소규모 체계를 의미	작은 집단의 상호관계, 지도자, 선수 등
전문적 영역	스포츠사회학의 학문 연구에 관련된 이론들	학문적 적법성, 스포츠의 본질적 정체

2025년 기출문제

스포츠사회학의 주요 연구 영역 예시
- 스포츠 맥락에서 인간의 행위와 상호작용 현상을 연구한다.
- 스포츠 사회 내 규범, 신념, 이데올로기, 환경의 변화를 연구한다.
- 스포츠집단의 유형, 특성, 기능, 구조, 변화 과정을 연구한다.

4 스포츠와 유사분야 `2018`

(1) 스포츠와 유사분야의 개념

놀이	활동 자체에서 즐거움을 찾기 때문에 결과보다는 활동 자체에 의미를 부여함
게임	놀이보다 더 규칙적이고, 조직적으로 이루어지는 경쟁 활동
스포츠	게임보다 더 체계적이고, 구체적인 신체활동으로 규칙을 적용한 신체 경쟁 활동

(2) 스포츠와 유사분야의 특징

놀이	게임	스포츠
허구성		
비생산성		
자유성 쾌락성 오락성 무의미 규칙성(유동적)	불확실성	
	분리성	
	경쟁성	
	규칙성	
	신체적 기능	신체적 능력(전문적)
	확률, 기술	전술, 제도

02 스포츠의 사회적 기능

1 사회 정서적 기능

(1) 사회적 순기능 `2015, 2016, 2019, 2020, 2021`

사회 정서적 기능	스포츠(직접, 간접)를 통하여 긴장과 갈등을 해소하고 개인의 정서를 순화하여 공격성·불안·불만·좌절 등 부정적 요인을 해소하는 순기능으로 작용함
사회화 기능	스포츠 참여를 통하여 긍정적인 사회생활을 배우고 경험하여 진취적인 사회화가 가능하도록 함
사회통합의 기능	스포츠는 사회적 배경이 다른 사람들을 통합하고 일체감을 형성하도록 하는 통합 기능을 수행함
기타 기능	스포츠의 대중화, 생활의 활력소, 지역사회 연대감 증대, 아마추어 스포츠 활성화 등

(2) 사회적 역기능 `2017, 2018, 2019, 2020`

사회통제의 기능 발생	사회 지배층이 일반적 사회문제(경제, 사회, 정치 등)에 대한 사회구성원들의 관심을 스포츠로 분산시키려고 유도하면서 통제하려는 기능 발생
신체 소외 및 갈등 발생	스포츠 선수를 목적 수단의 도구로 활용하면서 승리주의에 치우쳐서 갈등 요소가 됨
상업주의 발달의 문제	스포츠가 이윤추구의 목적 수단으로 활용되어 순수한 스포츠 정신이 훼손되고 물질 만능주의로 발전하는 문제
국수주의 발생	과도한 스포츠 경쟁에서 나타나는 현상으로, 자국의 이익을 우선하여 타 민족과 타 국가에 대한 배타주의 발생
성차별 문제	남성의 신체적 우월성에서 비롯된 성차별과 갈등 문제
사회차별 문제	각 스포츠 종목에서 발생하는 인종 및 경제력 등에서 오는 사회차별성과 인기종목과 비인기종목 간에 일어나는 차별성 문제

2 스포츠사회학 주요 이론 (2019, 2020, 2021, 2022, 2023, 2024, 2025)

구조기능주의	① 사회는 상호의존적인 제도로 구성되어 있으며, 이러한 제도들은 사회 안정에 중요한 역할을 함 ② 사회는 다양한(가정, 교육, 경제, 문화, 스포츠, 정부, 종교, 학교 등) 구조가 상호의존적인 형태로 구성되어 있다고 보는 주의 ③ 파슨즈(T. Parsons)는 구조기능주의 이론을 발전시킨 대표 학자로, 사회는 균형을 유지하려는 부분이 있어 각 부분이 수행하는 역할이 다르다고 해도 결국은 전체 사회의 균형이라는 하나의 통합적 목적을 위한 기능을 수행하고 있다는 이론 ④ 구조기능주의 접근에서 네 가지 요인을 체계 요구(system needs)라고 하며 체제 유지 및 긴장 처리, 사회통합, 목표 성취, 적응 등의 네 가지 기능 수행(AGIL 모형) 예 스포츠경기 이벤트를 통하여 체제 유지, 사회통합, 국민 단합 등을 이루려고 함
갈등이론	① 사회는 항상 갈등이 존재하고, 서로 다른 개인 또는 집단들의 경쟁을 통해서 성장하고 지속하는데 이는 불가피한 인류의 사회적 속성이라는 이론 ② 갈등이론은 스포츠가 지배 계급의 이익을 증대하는 수단이며, 권력과 경제적 자원을 가진 소수 이익 집단에 의해 형성된다고 인식함 예 일반 국민들의 관심을 스포츠경기에 몰입하게 하여 지배 계급의 이익을 극대화하는 데 이용
비판이론	① 사회 본질을 규명하고, 기존 사회를 평가하고 비판하는 수단(가치판단, 도덕적 사고) ② 사회문제와 다양한 이론들을 비판하며, 해결 방법을 찾아 합리적인 사회를 형성하려는 이론 예 예산이 낭비되고 비효율적인 국제적 스포츠 이벤트를 비판
상징적 상호작용이론	① 개인들이 각자 나름의 방식으로 주어진 상황을 정의하며 이에 따라 행동 ② 객관적인 관점이 아닌 주관적인 관점에서 생각하고 행동한다는 이론 예 어떤 사람은 개인 스포츠 선호 또는 단체 스포츠 선호 등 각 개인에 따라 선호도와 스포츠 활동에 의미가 다른 주관적 관점을 지님
교환이론	모든 행동에는 비용이 들어가고, 투자와 보상이 교환되며 이루어진다는 이론 예 스포츠에서 우승한 선수의 상금과 연봉이 올라가는 현상

2025년 기출문제

상징적 상호작용론 예시
- 미시적 관점의 이론이다.
- 스포츠 참여 과정에 대한 이해와 하위문화 특성에 관심을 가진다.
- 인간은 사회구조 및 제도에 대해 능동적으로 사고하며 행동하게 된다.

2024년 기출문제

파슨즈 AGIL 이론 예시
- 스포츠는 체제 유지 및 긴장 처리 기능을 한다.
- 스포츠는 사회구성원을 통합시키는 기능을 한다.
- 스포츠는 사회구성원이 사회체제에 적응하게 하는 기능을 한다.

스포츠와 정치

01 스포츠와 정치의 결합

1 스포츠의 정치적 속성 및 기능 2020, 2021, 2022, 2023, 2024

(1) 에티즌(Eitzen)과 세이지(Sage)(1982)의 스포츠 정치적 속성

긴장관계	스포츠 무대는 정치와 밀접하게 연관되어 있으며, 일종의 정치적 표현의 장으로 활용되어 스포츠로 인해 상대 국가와의 긴장관계를 유발할 수 있음
대표성	스포츠 경기는 의식화되어 후원기관에 대한 충성심을 상징적으로 재확인시키는 기능을 지님. 특히 올림픽이나 국제경기에서의 성적은 각 나라의 정치적·경제적·문화적·군사적 우월성을 나타내는 중요한 수단
권력투쟁	선수와 구단주 간, 경쟁 리그 간, 행정기구 등 스포츠조직 내에는 불평등한 권력 요소가 존재함
상호의존성	스포츠와 정치의 결합은 정부기관이 관계될 때 확실히 드러남 예 일반 기업이 프로스포츠구단을 창설하면 조세감면 혜택이 있음
보수성	스포츠의 제도적 특성은 질서와 법의 표본으로, 스포츠는 보수적인 성향을 지니고 있기 때문에 현 상황을 지속하려는 경향이 강하며, 스포츠 경기에 수반되는 애국심은 정치체계를 더욱 강화시키는 역할을 함 ① 스포츠의 인기와 대중성을 활용한 정치적 이용의 선전수단 ② 스포츠조직화로 조직이 구성되고, 세분화되는 과정에서 권력의 배분 및 체계화 ③ 스포츠는 경쟁에서 이겨야 한다는 점에서 정치와 유사한 속성 ④ 스포츠는 경제, 문화, 정치 등 사회적 우월성 상징

2024년 기출문제

에티즌과 세이지의 스포츠 정치적 속성(상호의존성)
- 국가대표 선수는 스포츠를 통해 국위를 선양하고 국가는 선수에게 혜택을 준다.
- 국가대표 선수가 올림픽에 출전하여 메달을 획득하면 군복무 면제의 혜택을 준다.

(2) 훌리한(B. Houlihan)의 스포츠에 대한 정치적 개입 목적

국가적 정체성 제고를 위한 개입	구소련은 스포츠를 통해 광범위한 인종 집단을 소비에트의 정체성으로 통합하려고 했음
국가통합과 민족주의 증진을 위한 개입	국제경쟁에서 자국 선수들의 승리는 국가적 단합과 우월성을 표현하는 상징
경제발전을 위한 개입	국가의 사회·경제적 이미지 제고를 위해 올림픽을 유치하고, 관광산업 증진을 위해 스포츠를 적극 활용함
사회통합 달성을 위한 개입	프랑스는 스포츠를 사회적 훈육 및 도덕 재교육 수단으로 활용함

2024년 기출문제

훌리한(B. Houlihan)이 제시한 정치의 스포츠 개입 사례
- 시민들의 건강 및 체력 유지를 위해 체육단체에 재원을 지원한다.
- 체육을 포함한 교육 현장의 양성평등을 위해 Title IX을 제정했다.
- 공공질서를 보호하기 위해 공원에서 스케이드보드 금지, 헬멧 착용 등의 도시 조례가 제정되었다.

2 정치의 스포츠 이용 방법 2015, 2018, 2019, 2020, 2022, 2025

상징	스포츠의 대중성을 학교, 지역, 국가 등 집단의 상징화로 이용함 예 스포츠 이벤트에서 국가 연주, 선수 복장, 국기에 대한 의례 등
동일화	자신의 자아와 다른 자아를 잘 구분하지 못하고 동일시하는 현상을 이용하여 국가 충성도를 높이고, 지역 연고팀에 대한 충성도 증가에 활용함 예 프로스포츠구단의 각 지역별 연고제도 등
조작	상징과 동일화의 효과를 높이기 위한 조작 행동으로 활용됨 예 프로스포츠구단의 지역 연고팀 간 과열 경쟁으로 팀의 충성도를 높이는 효과 등

2025년 기출문제

정치가 스포츠를 이용하는 방법 – 조작 예시

스포츠는 정치인에게 권력을 강화하는 수단이 되기도 한다. 12.12 군사쿠데타와 5.18 민주화운동을 거치며, 당시 사회는 극도의 불안감과 정권에 대한 불신이 극에 달했다. 정권은 언론을 통제하고 정치적 발언을 통제하려 했지만, 뜻대로 되지 않았다. 그래서 국민의 관심을 돌리고 정권을 유지하기 위해 프로스포츠를 장려했다.

3 스포츠의 정치적 순기능과 역기능

순기능	외교적 수단, 국민 화합, 선의의 경쟁을 통한 생산성 향상 등
역기능	국제적 갈등 가능성, 권력 유지 및 지배 정당성 유지, 국수주의 조장 등

02 스포츠와 국내 정치

1 스포츠 정책의 이해 2024

스포츠 정책의 의의	스포츠의 가치를 증대하고, 대중화하기 위한 제도와 행정적 지원을 위해 필요한 것

2024년 기출문제

스포츠 육성 정책 모형 예시
- 피라미드 모형 : 학생들의 스포츠 참여 저변이 확대되면, 이를 기반으로 기량이 좋은 학생선수가 배출된다.
- 낙수효과 모형 : 우수한 학생선수들을 육성하면 그들의 영향으로 학생들의 스포츠 참여가 확대된다.
- 선순환 모형 : 스포츠 선수들의 우수한 성과는 청소년의 스포츠 참여를 촉진하고, 이를 통해 형성된 스포츠 참여 저변 위에서 우수한 스포츠 선수들이 성장한다.

2 국가의 스포츠 개입 2015, 2019

국가의 스포츠 개입 목적	① 공공질서 유지 및 보호 ② 국민의 건강증진 및 여가의 기회 제공 ③ 국위선양과 국가 이미지 제고 ④ 국가 및 사회 전반의 경제발전 ⑤ 사회통합기능 ⑥ 정부에 대한 지지 확보

03 스포츠와 국제정치

1 국제정치에서 스포츠의 역할 `2015, 2017, 2018, 2019, 2020, 2024`

외교적 도구	국가 간의 관계에서 직접적인 외교활동 대신 스포츠로 승인과 거부를 통해 간접적으로 교류 또는 단절을 표출함 예 독일 통일 이전 동독은 스포츠를 통한 외교적 승인을 성공적으로 수행
이데올로기 및 체제 선전	승패를 가리는 스포츠의 특성을 활용하여 특정 정치체제의 입지 강화 및 우월성 입증 예 헬싱키 올림픽 경기에서 소련은 종합순위 1위를 차지하며 전 세계에서 가장 강력한 스포츠 국가로 인정받음
국위선양	국가와 운동선수는 동일시됨을 활용해 세계적으로 명성을 떨칠 수 있게 함 예 평창 동계 올림픽에서 윤성빈 선수가 스켈레톤 금메달 획득
국제 이해와 평화	스포츠를 통한 국가 간 상호작용을 통해 국제 이해·친선·평화라는 긍정적인 공헌을 할 수 있음 예 통일을 위한 한국 정부의 남북대화 및 체육 교류 증진
외교적 항의	특정 국가에 대한 외교적 항의는 통상적·정치적 피해가 발생할 수 있으나, 스포츠를 통한 간접적 항의는 소기의 목적을 달성할 수 있음 예 인종차별정책을 실시한 남아프리카공화국에 대한 세계 스포츠계의 배제
갈등 및 전쟁의 촉매	스포츠에서의 특정 상황으로 인해 집단 간 또는 국가 간 갈등이 심화될수록 전쟁의 촉매가 될 수도 있음 예 월드컵 중남미 예선에서 중앙아메리카의 온두라스와 엘살바도르가 100시간 동안 벌였던 축구 전쟁
국가 경쟁력 표출	올림픽과 월드컵 등은 개최 국가가 천문학적인 자금을 들여야 하는 메가 이벤트로 국가의 경쟁력을 드러낼 수 있음

2 올림픽과 국제정치 `2017`

민족주의 심화	민족주의는 국가의 충성심 요구, 민족 중심 강화, 국가 간 경쟁 심화를 유발함
상업주의 팽창	올림픽 규모가 점점 커지면서 기업들의 상업적 이익 추구를 위한 도구로 이용되고 있음
정치권력 강화	올림픽을 이용한 정치권력의 강화로 스포츠가 국가정책 수단으로 이용됨

3 올림픽 경기 정치도구 사용 사례 `2016, 2020, 2022, 2023, 2024, 2025`

아테네(1896년)	터키는 그리스와의 적대적 관계로 인하여 불참
앤트워프(1920년)	구소련, 독일, 오스트리아, 터키의 참가가 거부됨
베를린(1936년)	히틀러 정부의 나치 권위와 위대함을 과시하는 도구로 사용됨
런던(1948년)	구소련(공산국가)과 미국, 영국, 프랑스(민주국가) 등의 국가 간 정치적 대립 양상
멜버른(1956년)	구소련의 헝가리 침공 사건에 대한 항의로 서방 국가들 불참
뮌헨(1972년)	팔레스타인 해방기구의 검은 9월단 사건으로 유혈사태 발생
몬트리올(1976년)	뉴질랜드 인종차별 문제로 아프리카 국가들 불참
모스크바(1980년)	구소련의 아프가니스탄 침공에 대한 항의로 미국 및 서방 국가들 불참
로스앤젤레스 (1984년)	1980년 올림픽의 서방 국가들 불참에 대한 항의로 구소련과 동조한 공산국가들 불참

국제스포츠 사례 예시
- 1969년 온두라스와 엘살바도르의 월드컵 예선전은 양국의 정치적·사회적 갈등이 격화되는 계기가 되었으며, 이후 무력 충돌로 이어졌다.
- 2008년 베이징올림픽경기대회 개최를 앞두고 중국의 티베트 인권 탄압에 대한 국제사회의 비판이 제기되었다.
- 1988년 서울올림픽경기대회에는 모스크바올림픽경기대회와 LA올림픽 경기대회의 보이콧 사례와 달리 미국과 소련 등 동서 진영 국가들이 참여하였다.

스트렌크의 국제정치에서 스포츠의 기능 예시
- 국위선양 : 2002년 한일월드컵 4강 진출로 대한민국이 축구 강국으로 인식됨
- 외교적 항의 : 1980년 모스크바올림픽에서 서방 국가들의 보이콧 선언
- 정치이념 선전 : 1936년 베를린올림픽에서 나치즘의 정당성과 우월성 과시

4 기타 국제 스포츠경기의 정치적 사건들 2021, 2022

주요 사건	사건 내용
축구 전쟁	① 1969년 6월 15일 제9회 멕시코 월드컵 중남미 월드컵 지역 예선에서 온두라스와 엘살바도르 응원단의 난투극에서 촉발됨 ② 1969년 7월 양국의 4일간의 전쟁(일명 100시간 전쟁)으로 약 1만 7,000명의 사상자 및 15만 명의 난민이 발생함
헤이젤 참사	① 1985년 5월 29일 유러피언컵 결승전이 열린 벨기에 브루셀의 헤이젤 경기장에서 이탈리아의 유벤투스 FC와 잉글랜드 리버풀 FC 서포터 사이 벌어진 싸움 ② 39명이 사망하고 454명이 부상 당함
핑퐁 외교	① 탁구를 통해 미국과 중국이 수교를 갖게 되는 역사적 사건 ② 1971년 미국 탁구선수단이 중국을 방문함
보스턴 폭탄 사건	① 2013년 4월 15일 미국 보스턴 마라톤 대회 중 결승선 인근 폭탄이 터진 사건 ② 3명이 사망하고 183명이 부상 당함
아파르트헤이트 (apartheid)	① 남아프리카 공화국의 정권을 잡은 백인들이 벌인 유색인종 차별정책 ② 남아프리카 공화국은 아파르트헤이트로 인해 국제대회 참여가 거부됨
기타	여러 국가의 정치적 이념들이 스포츠 경기에 영향을 미친 사건들이 다수 있음

5 스포츠와 남북관계

기대효과	① 남북 긴장 완화 ② 민족 공동체 의식 강화 ③ 국제사회 및 정치적 불안감 해소 ④ 통일을 준비하는 기회 마련 등
교류 사례 2018	① 2018 평창동계올림픽에서 남·북한 여자 아이스하키 단일팀이 구성되었으며, 이를 계기로 그동안 중단되었던 남북교류가 다시 활성화됨 ② 외교적 친선 및 승인 내용으로 스포츠가 국제정치에 영향을 미친 사례

03 스포츠와 경제

01 상업주의와 스포츠

1 상업주의와 스포츠의 변화

(1) 상업주의 스포츠 출현과 발전 `2019, 2020, 2025`

출현과 발전	① 인구가 밀집된 도시 ② 자본주의적 시장경제 체제 ③ 스포츠 기반시설 구축이 가능한 거대자본 ④ 소비문화와 사회계층 ⑤ 교통과 통신의 발전

(2) 상업주의에 따른 스포츠의 변화 `2017, 2018, 2019, 2020, 2021, 2022, 2023, 2024`

본질의 변화	규칙, 아마추어리즘 퇴조, 제도 등의 본질 변화(농구 쿼터제 도입)
조직의 변화	① 상업주의는 스포츠 경기가 기획되고 조직되는 방식에 큰 영향을 미쳤음 ② 경기 자체보다 다양한 볼거리 등을 제공하는 이벤트 성격의 조직으로 변화
목적의 변화	① 인간의 내면적 성취를 추구하는 아마추어리즘보다 이윤을 추구하는 프로페셔널리즘을 추구함 ② 금전적 이득의 추구(직업선수 등장) 및 영웅주의 증가
기술 및 경기의 변화	① 스포츠 기술 발전과 경기력 평준화 및 TV 중계를 위한 경기 시간 변화 ② 규칙 변화의 4가지 원칙 : 속도감 있는 진행, 득점 체계의 다양화, 휴식시간 부여, 종목에 따른 변화
기타	스포츠조직의 세계화 등

> **2023년 기출문제**
>
> **코클리(J. Coakley)의 상업주의에 따른 스포츠 변화 예시**
> - 스포츠조직의 변화 : 스포츠조직은 경품 추천, 연예인 시구와 같은 의전행사에 관심을 갖게 되었다.
> - 스포츠 목적의 변화 : 아마추어리즘보다 흥행에 입각한 프로페셔널리즘을 추구하게 되었다.

2 프로스포츠와 상업주의

(1) 프로스포츠의 순기능과 역기능 `2016`

순기능	스포츠 대중화 역할, 아마추어스포츠 발전, 여가 선용, 지역경제 활성화
역기능	물질 만능주의와 사행심 증가, 아마추어리즘 퇴색, 인기종목과 비인기종목의 격차 심화

(2) 프로스포츠에서 시행되는 제도 `2019, 2022, 2023`

보류 조항	일정 기간 선수들의 자유로운 계약과 이적을 막는 제도로, 선수단 운영비를 줄이기 위한 목적으로 도입
최저연봉제	신인 선수와 계약할 때 최저연봉을 보장하는 제도
샐러리 캡	선수와 연봉 계약 시 연봉의 상한선을 두는 제도로, 한 선수의 연봉과 구단 내 선수들의 총 연봉을 모두 포함함
트레이드	프로구단 사이에서 선수와 선수 또는 현금과 선수를 서로 주고받는 제도
드래프트	리그 내 모든 팀의 전력 평준화 및 팀 간 분쟁을 줄이기 위한 제도로, 정해진 방식에 따라서 각 팀에서 선발하고 싶은 신인 선수를 지명하는 제도(계약금 인상 경쟁을 방지하기 위해 고안)

PART 02

자유계약(FA)	처음 계약기간이 정해진 팀에서 일정 기간 활동 후 다른 팀으로 자유롭게 이적할 수 있는 자유계약선수 제도
웨이버 조항	스포츠 구단에서 특정 선수에 대한 권한을 포기하는 것

2023년 기출문제

웨이버 조항 예시
- 프로스포츠 구단이 소속 선수와의 계약을 해지하고, 다른 구단에게 해당 선수를 양도받을 의향이 있는지 공개적으로 묻는 제도이다.
- 기량이 떨어지거나 심각한 부상을 당한 선수를 방출하는 수단으로 이용하고 있다.

3 상업주의와 세계화

(1) 상업주의와 스포츠의 세계화 `2020, 2021`

상업주의	스포츠산업이 수입원(스포츠용품 판매, 방송 중계료, 입장권 수익 등) 증대를 위하여 세계 여러 국가로 진출해 스포츠 세계화를 촉진하는 현상
세계화 특징	① 스포츠 시장의 경계가 국경을 초월해 전 세계로 확대됨 ② 세계인들에게 표준화된 스포츠상품과 스포츠문화를 소비하게 함 ③ 스포츠의 불평등 문제가 야기됨(빈익빈부익부 현상, 서구 스포츠 중심)

(2) 매기(J. Magee)와 서덴(J. Sugden)의 스포츠 노동이주 유형 `2021, 2023, 2025`

유목민형	종목의 특성상 국가 간 이동이 발생하여 흥미로운 장소를 돌며 스포츠를 즐기는 유형
정착민형	영구적인 거주지를 가지고 약 1년 주기로 이어지는 생활 유형
개척자형	새로운 영역, 운명, 진로 등을 처음으로 개척하고 만들어가는 유형
귀향민형	스포츠 노동이주로 해외로 이주하였다가 고향으로 돌아오는 유형
추방자형	자국에서 운동선수로 활동이 어려워 망명하는 유형
용병형	경제적 보상을 우선시해서 돈 버는 데만 관심이 있는 유형

2025년 기출문제

스포츠 노동 이주 용병형 유형 예시
용병형 : 축구 선수 B는 현재 베트남의 C팀에서 활동 중이다. 그의 관심은 오로지 더 높은 연봉을 제시하는 팀으로 이적하는 것이다. 베트남의 문화를 즐긴다거나 사람과의 관계를 맺는 것에는 관심이 없다. 그는 언제든 떠날 준비를 하고 있다. 이전에 활동했던 중국의 D팀, 사우디의 E팀이 위치한 지역에 오래 머무른 적도 없다.

02 스포츠 메가 이벤트의 경제

1 국제스포츠 이벤트의 사회적 기능 `2015, 2025`

긍정적 기능	국가 이미지 강화, 국가 간 국제 교류 확대, 기반시설 개발, 국민 의식 증가, 도시 브랜드 가치 향상, 스포츠 참여 기회 확대 및 건강 증진 효과 등
부정적 기능	사회적 갈등 유발, 사회질서 및 환경오염 문제 등

2 국제스포츠 이벤트의 경제적 가치 `2016`

긍정적 효과	경제 활성화, 관련 산업계 경제 활력, 기업의 상품 이미지 개선 등을 통한 국가경제 활성화
부정적 효과	재정 부담, 국제스포츠 이벤트 후 성장률 감소 등
파급효과	고용창출, 생산유발, 국가이미지 상승, 내수시장 활성화 등
국제스포츠 이벤트 스폰서십	IOC는 올림픽에서 스폰서십(sponsorship)을 시행함으로써 기업으로부터 금전 및 물자 등을 제공받고, 기업은 자사 제품 광고 및 홍보에 올림픽 공식 로고와 휘장을 사용할 수 있는 권한을 얻음

스포츠와 교육

01 스포츠의 교육적 가치

1 스포츠의 교육적 순기능 `2015, 2017, 2020, 2022, 2023, 2024, 2025`

전인교육	학생들의 신체 및 건강 증진, 정서 순화 등
사회통합	스포츠를 통한 학교와 지역사회 통합기능(학교 내 통합 등)
사회선도	욕구불만도가 높은 소외 계층의 사회선도, 평생체육활동 장려(연계)로 건전한 사회교육기능 수행

2 스포츠의 교육적 역기능 `2018, 2021, 2024`

교육목표 결핍	승리 지상주의, 참가 기회 제한(선수 선발 부정행위), 성차별(남성 위주 문화)
부정행위 조장	학원스포츠의 상업화(상업화로 인한 물질 만능주의), 선수 일탈과 부정행위(승부조작)
편협한 인간 육성	독재적 코칭, 비인간적 훈련(학생 선수 혹사)

> **합격 Tip** 학생 선수 최저 학력제
>
> 체육 학생 신분인 운동선수의 학습권 보장을 위해 초·중·고 선수들에게 적용되는 제도이다. 전교생의 평균을 기준으로 초등학생은 50%, 중학생은 40%, 고등학생은 30%의 성적을 받아야 대회에 출전할 수 있다.

> **2025년 기출문제**
>
> **스포츠사회학 수업 질적연구, 선순환 모델 예시**
> • 학생 1 : 최근 테니스와 마라톤이 인기를 끌고 있는데, 사람들이 왜 이런 스포츠에 열광하는지 다양한 사례를 심층적으로 알아보려면 어떤 연구 방법이 좋은가요?
> • 교수 : 참여관찰, 심층면담 등으로 자료를 수집하고 해석적인 절차에 따라 원인을 파악하는 (질적연구) 방법이 적합해요.
> • 학생 2 : 그러면 스포츠 육성 모델에는 어떤 것이 있나요?
> • 교수 : 국가별로 다양한 스포츠육성정책을 시행하고 있는데, 그릭스*에 따르면, 스포츠 선진국은 엘리트 스포츠의 성과가 일반 시민의 스포츠 참가를 촉진하고, 그렇게 형성된 자원 속에서 다시 우수한 엘리트 선수가 탄생하여 국가이미지 향상에 기여하는 (선순환 모델)을 구축하고 있다고 해요.
>
> ※ 피라미드 모델 : 스포츠 참여의 기반이 확대되면 그 확대된 환경에서 기량이 훌륭한 선수들이 많이 배출된다는 이론
> ※ 낙수효과 모델 : 세계적인 선수가 배출되면 그 선수들의 눈부신 경기력에 의하여 대중의 스포츠 참여가 확대 된다는 이론
> ※ 선순환 모델 : 그릭스의 주장에 따르면 엘리트 스포츠의 성과가 시민들의 스포츠 참가를 촉진한다는 이론
> * J.Grix(2016)

02 한국의 학원스포츠

1 학원스포츠의 문제 `2015, 2017, 2019, 2022`

문제		선진 국가들의 학원스포츠는 취미활동으로 이루어지는 반면, 우리나라는 국가의 교육정책과 지역사회를 대변하는 경향으로 운영됨
기능	순기능	학업 활동에 도움, 정서 순화, 체육활동 흥미 유발, 학교 및 지역사회 통합 등
	역기능	학업에 영향, 승리 지상주의, 성차별과 성폭력, 지도자의 폭력과 과잉훈련 등

2 학원스포츠 제도의 변화 2016, 2018

제도 변화	① 최저학력제 도입으로 공부하는 학생선수 육성 ② 합숙 훈련 배제를 통한 학생선수의 학업 독려 ③ 주말 리그제 시행으로 평일 학업 독려 ④ 학교 스포츠클럽 지도자들의 신분 안정을 통한 제도적 육성 ⑤ 학교 운동부 활성화 및 투명화를 통한 사교육비용 절감 ⑥ 학생선수 보호와 공부하는 학생선수 육성으로 다양한 스포츠인 육성

3 학원스포츠의 문화적 특성 2019

군사주의 문화	스포츠조직 내에서 승리와 성공을 위하여 지도자에게 절대적인 권력이 있다고 생각하는 문화
섬 문화	학생 선수들은 교실 공간과 분리되어 합숙소와 운동장에서 주로 생활하며 그들만의 공동체 문화 형성
승리 지상주의 문화	승리에 대한 보상과 즐거움을 강조하여 과도한 경쟁이 일어나는 문화
신체 소외 문화	학생 선수의 신체를 성공과 목적을 달성하는 도구로 사용하는 문화

스포츠와 미디어

1 스포츠미디어의 유형과 특성

(1) 미디어와 스포츠미디어의 개념 2020, 2021, 2023, 2024, 2025

미디어	기능	오락 제공, 정보 제공, 판단과 해석의 3가지 기능
	① 스포츠 중계를 통해 시청자들의 상품 소비를 촉진시키는(자본주의) 이데올로기를 생산함 ② 남성 스포츠 경기는 역사적 중요성이 있는 것처럼 묘사하며, 여성 스포츠는 실력보다 외모를 부각시키는 젠더 이데올로기를 생산함	
스포츠 미디어	개념	한 번에 여러 사람들에게 많은 정보를 제공하는 것을 '매스미디어'라고 하며, 스포츠의 특성을 반영하여 '스포츠미디어' 또는 '스포츠 매스미디어'라고 함
	기능	정보기능, 정의적 기능, 사회통합기능, 도피기능
	버렐과 로이의 스포츠미디어 욕구 유형	인지적 욕구 : 스포츠 지식, 경기 결과 등 제공
		정의적 욕구 : 스포츠 관심, 즐거움, 흥미 제공
		도피적 욕구 : 스포츠로 스트레스와 불안에 시달리는 사람들에게 심리적 안정감 제공
		통합적 욕구 : 스포츠로 사회구성원들을 통합하는 역할 제공

2025년 기출문제

버렐과 로이의 미디어 스포츠 인지적 욕구 예시
• NBA 팀의 정보를 얻으려고 인터넷 검색을 한다.
• 스포츠뉴스를 시청하며 이정후 선수가 속한 팀의 경기 결과와 리그 순위를 확인한다.

2023년 기출문제

버렐과 로이의 스포츠미디어 충족 욕구 예시
• 인지적 욕구 : 스포츠 경기의 결과와 선수와 팀에 대한 통계적 지식을 제공해준다.
• 정의적 욕구 : 스포츠에 대한 흥미와 흥분을 제공해준다.
• 통합적 욕구 : 다른 사회집단과 경험을 공유하게 하며 공동체 의식을 갖게 한다.

(2) 스포츠미디어 이론 2016, 2019, 2020, 2021, 2022, 2023

개인차 이론	인간은 다양성으로 인하여 서로 다른 가치관과 성격 및 행동양식을 형성하며, 개인적 특성은 사물을 인식하고 판단하는 근거가 된다는 이론
문화규범 이론	매스미디어가 사회와 인간에 영향을 미친다는 이론
사회관계 이론	인간은 여러 가지 행동과 생각을 해석할 때 주변사람으로부터 영향을 받으며, 준거집단에서도 영향을 주고받는다는 이론
사회범주 이론	인간은 인구학적 특성에 따라서 여러 가지 집합(경제수준, 연령, 성별, 인종, 종교 등)으로 구분됨. 또한 자신이 속한 위치나 환경에 따라 행동을 달리하는데, 유사한 환경에서 생활하는 사람들은 생각과 행동도 유사해진다는 사회학적 이론

맥루한의 매체이론	매체를 정의성, 수용자의 감각 참여성, 감각 몰입성 등을 기준으로 구분하여 핫 매체(hot media)와 쿨 매체(cool media)로 구분함	
	핫 매체 스포츠	① 정의성은 높고, 감각 참여성과 참여몰입은 낮음(문자미디어 : 신문, 잡지, 사진 등) ② 정적 스포츠, 개인 스포츠, 기록 스포츠가 해당함 예 검도, 골프, 권투, 레슬링, 배드민턴, 볼링, 빙상, 사격, 수중발레, 사이클, 스키, 수영, 승마, 씨름, 야구, 양궁, 역도, 요트, 육상, 조정, 테니스, 체조, 카누, 펜싱 등
	쿨 매체 스포츠	① 정의성은 낮고, 감각 참여성과 참여몰입은 높음(전자미디어 : TV, 비디오, 영화, 인터넷, 게임 등) ② 동적 스포츠, 팀 스포츠, 득점 스포츠가 해당함 예 경마, 농구, 럭비, 배구, 미식축구, 아이스하키, 하키, 축구, 핸드볼 등

2023년 기출문제

스포츠미디어 이론(사회관계 이론 예시)
• 대중매체를 통한 개인의 스포츠 소비 형태는 중요한 타자의 가치와 소비행동에 의해 영향을 받는다.
• 스포츠 수용자 역할로의 사회화는 스포츠에 참여하는 가족 구성원으로부터 받은 스포츠 소비에 대한 승인 정도가 중요하게 작용한다.

2022년 기출문제

맥루한의 매체이론 예시
• 핫 미디어 스포츠는 관람자의 감각 참여성이 낮다.
• 쿨 미디어 스포츠는 관람자의 감각 몰입성이 높다.
• 핫 미디어 스포츠는 경기 진행 속도가 느리다.
• 쿨 미디어 스포츠는 메시지의 정의성이 낮다.

2 스포츠저널리즘의 이해 2018, 2023

개념	① 저널리즘은 좁게는 정기적인 출판물 등을 통하여 대중에게 전달하는 활동을 의미하고, 넓게는 모든 대중전달 활동을 의미하는데 비정기적이며 비인쇄물 등을 활용함 ② 스포츠 관련 저널리즘을 스포츠저널리즘이라고 함	
유형	옐로 저널리즘	원시적인 본능을 자극하고, 호기심을 자극하는 등 흥미 위주로 보도
	블랙 저널리즘	개인이나 집단의 약점을 이용하여 공개되지 않은 사실을 파헤치는 보도
	퍼블릭 저널리즘	취재하는 사람을 다양하게 하여 여론의 민주화를 선도하고, 시민들이 직접 참여하는 보도
	뉴 저널리즘	기존의 일방적인 표현 대신 소설처럼 작가의 표현력을 동원하여 보다 더 실감나게 전달하는 보도
	팩 저널리즘	독창성과 개성이 없는 단조로운 보도
	하이에나 저널리즘	사회적 지위 또는 권력이 낮은 사람들을 대상으로 한 노골적인 보도

2023년 기출문제

저널리즘 유형 예시
• 보편적 접근권 : 국민의 관심이 높은 스포츠 경기를 무료 혹은 저렴한 비용으로 시청할 수 있는 권리를 말한다.
• 옐로 저널리즘 : 선수 개인의 사생활을 중심으로 대중을 자극하고 호기심에 호소하는 등 흥미 위주의 스포츠 관련 보도를 지칭한다.

1 스포츠와 미디어의 상호작용 및 공생관계 2015, 2016, 2017, 2018, 2019, 2020, 2022, 2025

스포츠가 미디어에 미친 영향	① 미디어 콘텐츠 제공	② 미디어 기술 발전 및 장비 보급 증가
	③ 미디어 보급 확대를 통한 이윤 창출	④ 미디어사의 이미지 제고
	⑤ 스포츠 보도 위상 제고	
미디어가 스포츠에 미치는 영향	① 경기 규칙 변화	② 경기 일정과 경기 시간 변경
	③ 경기 기술의 발달	④ 스포츠 용구의 발전과 변화
	⑤ 스포츠에 대한 관심 증가로 스포츠 인구 증가	
	⑥ 뉴스포츠 종목 창출	
스포츠미디어의 윤리 문제	① 승리 지상주의 확대	
	② 스포츠 포퓰리즘 확대	
	③ 자본주의, 성차별, 민족주의 등 특정 사상 또는 이념 전파	
	④ 옐로 저널리즘 확대	

2025년 기출문제

스포츠가 미디어에 미친 영향 예시
- 월드컵, 올림픽은 미디어 보급 및 확산에 기여하였다.
- 정지 화면, 느린 화면, 클로즈업 등의 방송 기법이 발달하였다.

스포츠와 사회계층

01 사회계층의 이해

1 사회계층의 개념 및 정의

개념	사회는 복잡한 관계를 통해 이루어져 있고, 사회구성원들은 각자 자신이 처한 환경에 따라 사회적 지위가 여러 가지로 구분됨	
정의	다양한 사회적 요인에 의하여 나누어져 있으며, 사회적 희소가치가 불평등하게 나누어져 구조화된 상태를 의미함	
	계층	사회적 지위의 상하 범주를 의미하는 층
	계급	사회 및 조직 내에서 지위와 관직 등의 단계
스포츠 내 사회계층 2016	① 스포츠라는 사회체계 내에서 형성됨 ② 스포츠는 서로 다른 계층 간의 사회적 상호작용을 가능하게 함 ③ 사회계층은 선호하는 스포츠 종목에 영향을 미침	
스포츠계층의 특성 2016, 2018 2023, 2024	역사성 (고래성)	시대별 사회문화의 배경에 따라 다르게 나타나며, 특히 시대에 따라 계층 간의 특성과 계층의 변화가 달라짐
	다양성	평등한 가치를 반영하여 사회적 계층 이동이 이루어짐
	보편성(편재성)	스포츠계층은 어디서나 존재하는 보편적인 사회현상임
	사회성	스포츠계층은 항상 다양한 분야와 연결됨
	영향성	경제력, 권력, 심리 상태에 따라 나타나는 불평등한 구조는 생활에 영향을 미침
스포츠와 계층의 관계 2019, 2025	① 부르디외 계급론에 따르면, 골프는 상류계급의 스포츠로 분류됨 ② 베블렌 계급론에 따르면, 상류계급이 스포츠에 참가하는 이유는 자신의 지위를 과시하기 위함임 ③ 마르크스 계급론에 따르면, 운동선수는 생산수단을 소유한 피지배계급에 속함 ④ 베버 계층론에 따르면, 프로스포츠에서 감독과 선수의 사회계층 수준은 연봉 액수만으로 평가되지 않음	
스포츠와 사회 계층구조 2017, 2023	부르디외는 자본 유형에 대한 개념을 경제자본, 사회자본, 문화자본 등 세 가지 유형으로 구분함. 생활양식과 같은 사회문화적 요소를 계급 결정의 요인으로 간주하고 이를 자본의 개념으로 다루었으며, 이 개념에 따르면 스포츠는 체화된 문화자본의 한 형태로서 사회의 계층구조에 관여함	

2025년 기출문제

투민의 계층 특성과 베블런 이론 예시
- 영향성(투민) : 민철이는 취미로 골프를 시작하려 했지만, 골프 장비가 비싸서 포기했다. 결국 민철이는 초기 비용이 적게 드는 배드민턴을 하기로 했다. 반면, 부유한 집안에서 자란 준형이는 어렸을 때부터 부모님을 따라 자연스럽게 골프를 접할 수 있었고, 현재도 일주일에 한 번은 골프를 하고 있다.
- 유한계급론(베블런) : 선영이는 요트에 흥미가 없지만 주변 지인들에게 자신의 경제력을 자랑하려고 요트를 구매했다. 선영이는 지인들과 요트를 함께 즐기면서 자연스럽게 자신의 부를 드러낸다.

2023년 기출문제

부르디외 문화자본 유형(체화된 문화자본 예시)
- 테니스의 경기 기술뿐 아니라 경기 매너도 습득하게 된다.
- 스포츠 활동처럼 몸으로 체득하게 되는 성향을 의미한다.
- 획득하는 데 시간이 오래 걸리고, 타인에게 양도·전이·교환이 어렵다.

2 사회계층의 형성 과정

(1) 투민(M. Tumin)의 스포츠계층 형성 과정 `2015, 2018, 2020, 2021, 2022`

1단계	지위의 분화	일의 영역과 범위, 역할, 권한, 책임이 구분되는 과정(감독, 코치, 선수)
2단계	지위의 서열화	담당한 역할에 따라 특성과 서열이 형성되고 결정됨(주전 또는 후보선수)
3단계	평가	평가를 통한 적절하고 효율적인 지위 배열(선수 등급)
4단계	보수 부여	분화, 서열화, 평가를 거치며 적절한 배분이 이루어지는 과정(선수 연봉)

2022년 기출문제

투민(M. Tumin)의 이론 중 지위의 서열화 예시
- 스포츠 종목에서 요구되는 우수한 운동수행 능력을 갖추어야 한다.
- 뛰어난 경기력뿐만 아니라 탁월한 개인적 특성을 갖추어야 한다.
- 스포츠 팀 구성원으로 자신의 능력이 팀 승리에 미치는 영향력이 커야 한다.

(2) 스포츠 지위의 분화 조건

분화 조건	① 업무의 한계가 분명해야 함 ② 역할에 대한 책임과 권리가 명확히 구분되어야 함 ③ 분야에 따라 다양한 지위를 맡을 사람이 있어야 함 ④ 각 개인들에게 업무를 잘 이행하도록 유도하여 보수, 상, 벌을 줄 수 있어야 함

---

02 사회계층과 스포츠 참가

1 스포츠 참가 유형의 차이

(1) 스포츠 참가의 계층별 차이 `2017`

계층별 차이	① 계층별 사회적 조건에 따라 스포츠 참가 유형에 차이가 나타남 ② 하류계층은 경제적 조건 때문에 상류계층보다 상대적으로 스포츠의 직접 관람률이 낮음 ③ 상류계층은 자신의 경제적 여유를 드러내려는 속성으로 인해 하류계층보다 개인 스포츠 참가를 더 선호함 ④ 상류계층은 특정 종목을 강조하는 분위기에 따라 사회화 과정에서 해당 종목에 자연스럽게 익숙해짐

(2) 스포츠 참가 유형 `2017`

일상적 참가	일상적이고 일반적인 참가	
주기적 참가	일정 간격을 유지하면서 스포츠에 지속적으로 참가	
일탈적 참가	일차적 일탈 참가	자신의 직업을 등한시하고 대부분의 시간을 스포츠 참가에 사용함
	이차적 일탈 참가	경기 결과에 거액에 돈을 걸고 스포츠를 관람함

(3) 스포츠 참가 형태 `2018, 2023`

인지적 참가	다양한 정보를 인지하여 스포츠에 참여함	
정의적 참가	실제 스포츠에 참가하지는 않지만, 간접적으로 특정 선수나 팀 또는 경기 상황에 대해 감정적인 태도나 성향을 표출함	
행동적 참가	일차적 행동 참가	스포츠에 직접 참여하여 행동하는 참가(운동선수)
	이차적 행동 참가	스포츠 생산에 필요한 행동의 형태로 참가(생산자)

케년(G. Kenyon) 스포츠 참가 유형 예시

인지적, 정의적, 행동적 참가로 구분
- 특정 선수의 사인볼 수집 – 행동적 참가
- 특정 스포츠 관련 SNS 활동 – 정의적 참가
- 특정 스포츠 물품에 대한 애착 – 인지적 참가

2 스포츠관람 및 참가 종목의 차이 2016, 2017, 2020

관람 및 참가 종목의 차이	① 스포츠가 가지고 있는 다양한 특성으로 인하여 사회계층 간의 참가 형태와 참가 종목에서도 차이를 보임 ② 상류계층은 경제적으로 비용이 발생하지만, 직접 참여하여 개인적인 시간 여유를 가지고 보다 과시할 수 있는 개인 스포츠 종목에 많이 참여하는 특성을 보임 예 골프, 수영, 스킨스쿠버, 요트, 테니스 등 ③ 중·하류계층은 여러 사람이 같이 모여서 할 수 있는 단체 스포츠 종목에 관람 또는 참여하는 특성을 보임 예 농구, 복싱, 야구, 축구 등

03 스포츠와 계층 이동

1 스포츠 계층 이동의 유형 2015, 2019, 2020, 2022, 2024, 2025

방향에 따른 유형	수직 방향 이동	개인의 지위가 위와 아래로 이동하는 수직 방향 예 2군 선수가 1군 코치로 승진
	수평 방향 이동	지위의 변화 없이 같은 지위에서 다른 자리로 이동하는 수평 방향 예 A팀에서 B팀으로 같은 포지션으로 자리 이동
시간에 따른 유형	세대 간의 이동	이 세대에서 다음 세대로 이동하는 과정에서 이루어지는 세대 간 이동 예 아버지는 축구 2군 선수 출신이지만 아들은 축구 1군 선수로 활약
	세대 내의 이동	한 세대(개인) 내에서 이루어지는 지위의 변화 예 2군 선수에서 시작해서 1군 선수로 이동
사회 구분에 따른 유형	개인 이동	개인의 노력과 능력으로 지위가 변화하는 이동
	집단 이동	같은 집단 또는 유사한 집단 내에서 이루어지는 이동

스포츠 계층 이동 유형 예시
- 프로야구 선수가 대회에서 부진한 모습을 보여 2군으로 강등된 것은 수직 이동의 사례이다.
- 1980년대 프로스포츠 출범 후 운동선수의 지위가 전반적으로 높게 평가받게 된 것은 집단 이동의 사례이다.
- 고등학교 배구 선수가 전학 간 후에도 같은 포지션으로 활동한 것은 수평 이동의 사례이다.

스포츠 사회계층 이동 예시
- 스포츠는 계층 이동을 위한 수단으로 활용된다.
- 사회계층의 이동은 사회적 상황과 개인적 상황을 반영한다.
- 사회 지위나 보상 체계에 차이가 뚜렷하게 발생하는 계층 이동은 '수직 이동'이다.

사회계층 이동 준거 유형 예시

• K는 가난한 가정에서 태어나 끊임없는 훈련을 통해 축구 월드스타가 되었다.
• 월드스타가 되고 난 후, 축구장학재단을 만들어 개발도상국에 축구학교를 설립하여 후진양성에 큰 역할을 하고 있다.
  [이동 주체 = 개인, 이동 방향 = 수직 이동, 시간적 거리 = 세대 내 이동]

2 사회이동 기제로서의 스포츠 2016, 2019, 2021

긍정적 역할	① 조직적인 스포츠 참가는 교육적 기회 제공 및 성취도 향상 ② 전문 스포츠인 양성으로 직업적 후원의 다양한 기회 제공 ③ 사람이 살아가는 데 올바른 태도 및 행동 함양 ④ 사회생활을 하는 데 가치 있다고 여겨지는 태도 및 행동양식 학습
부정적 역할	① 과도한 성공 신화의 확산으로 교육 참여 및 성취도 하락이 우려됨 ② 학교의 일반적인 자원이 경기활동에 주로 활용되어 편중된 교육이 우려됨

07 스포츠와 사회화

01 스포츠사회화의 의미와 과정

1 스포츠사회화의 의미

정의	인간이 살아가며 사회에 적응해 가는 과정에서 가치, 기술, 규범, 도덕, 지식 등 다양한 것들을 학습하는 과정들을 사회화라고 하는데, 스포츠사회화는 스포츠를 관람하고 참여하는 과정에서 사회의 다양성을 습득하는 과정임

2 스포츠사회화의 과정 `2015, 2018, 2020, 2021, 2025`

스포츠로의 사회화	스포츠 참여 동기를 갖게 되는 과정 예 부모님의 권유로 수영을 배우게 되었다.
스포츠를 통한 사회화	스포츠에 참가한 다양한 효과를 가지는 과정 예 수영 참여를 통해 사회성, 준법정신이 강한 선수가 되었다.
스포츠 탈사회화	스포츠에 참가하던 중 어떠한 원인(갈등, 부상, 제약 등)으로 중단하게 되는 것 예 무릎인대 손상으로 테니스 선수생활을 그만두었다.
스포츠 재사회화	스포츠를 중단했던 사람이 다시 스포츠 관련 분야로 진출하는 것 예 테니스 지도자가 되어 초등학교에서 테니스를 가르치게 되었다.

2025년 기출문제

스포츠사회화 과정 이론 예시
- 스포츠로의 사회화 : 소영이는 '골때리는 그녀'라는 TV 프로그램을 보고 축구에 매력을 느껴 축구클럽에 가입하게 되었다.
- 스포츠로의 재사회화 : 소영이는 축구에 흥미를 잃어 축구클럽을 탈퇴하였고, 6개월이 지났을 무렵, 친구의 권유로 테니스클럽에 가입하게 되었다.
- 스포츠를 통한 사회화 : 소영이는 테니스 활동을 하며 테니스 규칙, 기술, 매너 등을 잘 숙지한 테니스 동호인이 되었다.
- 스포츠 탈사회화 : 소영이는 무릎과 팔꿈치 부상이 잦아지면서 결국 좋아하는 테니스를 그만두게 되었다.

3 스포츠사회화 이론 `2017, 2019, 2021, 2022, 2023, 2024, 2025`

사회학습이론	사회적 행동양식을 습득하고, 어떻게 역할을 수행하는지 규명하는 이론으로 개인의 사회적 학습 방법은 강화, 코칭, 관찰학습이 있음. 상과 벌을 통해 행동의 변화가 일어나며, 다른 사람의 행동을 관찰하여 모방이 일어남	
	개인 특성	연령, 성별, 지역, 학력 등
	주요 타자	가족, 교사, 대중매체, 동료, 지역사회 등
	사회화 상황	개인의 지위, 개인의 참여의사, 사회관계, 조직의 구조 등
역할이론	인간은 자신의 상황에서 경험을 통하여 스스로 학습하고, 각 사회구성원들이 영향과 역할을 주고받으며 적응해감	
준거집단이론	인간은 집단 또는 타인의 다양한 감정과 행동 등을 척도로 삼아 적응하며, 자신의 감정과 행동을 만들어감. 준거집단(가족, 친구, 전문가 집단 등)은 규범집단, 비교집단, 청중집단 등으로 구성됨	
	규범집단	개인의 규범과 지침 등을 제공하는 집단
	비교집단	결과와 비교를 위한 실험 처리를 하지 않는 역할 모형 집단
	청중집단	다른 집단의 가치에 합이 되게 행동하려는 집단

2025년 기출문제

스포츠사회화 이론 예시
- 사회학습이론에서는 다른 구성원의 행동을 관찰학습하여 사회화가 이루어진다고 설명한다.
- 사회학습이론에서는 모방, 강화 등을 통해 새로운 행동을 학습하여 사회화가 이루어진다고 설명한다.
- 역할이론에서는 개인을 무대 위의 특정 역할을 부여받은 배우로 간주하여 그 역할을 수행하며 사회화가 이루어진다고 설명한다.

2025년 기출문제

사회화 주관자 예시
- 가족 : 지영이는 배드민턴 동호회 활동을 하는 부모님의 권유로 배드민턴을 시작하게 되었다.
- 지역사회 : 민수는 동네 주민센터에서 청소년 농구 프로그램 회원 모집 공고를 보고, 직접 센터를 방문하여 등록하였다.

2024년 기출문제

레오나르드(W. Leonard) 사회학습이론(코칭)
- 새로운 운동기능과 반응이 학습된다.
- 학습자에게 동기를 부여할 수 있게 된다.
- 지도자가 적합하다고 생각하는 새로운 지식을 알게 된다.

2022년 기출문제

사회학습이론(강화)
상과 벌은 행동의 학습과 수행에 긍정적·부정적 영향을 미친다. 스포츠 현장에서 스포츠에 내재된 가치, 태도, 규범에 그릇된 행위는 벌을 통해 중단되거나 회피된다.

02 스포츠로의 사회화와 스포츠를 통한 사회화

1 스포츠로의 사회화 2015, 2018, 2019, 2022

사회화 개념	인간에게 다양한 스포츠 참여의 동기를 유발시켜 참여하게 하는 것. 참여 수준, 참여 의미 등을 결정하게 됨
사회화 촉진 요소	① 즐거움을 얻기 위한 요소 ② 금전, 건강, 승리의 기쁨 등 외적 보상 요소 ③ 다른 사람들에게 인정받고 싶은 요소 ④ 스포츠에 참여하여 얻는 불이익을 회피하려는 요소 ⑤ 자신의 위치를 유지하여 정체성을 유지하려는 요소
주관자	스포츠에 참여하도록 이끌어주는 사람들 또는 집단을 의미함. 주요 타자 또는 준거집단이라고도 하며 가족, 또래 집단, 학교, 지역사회, 대중매체 등이 해당됨

2022년 기출문제

스포츠사회화 과정 예시
- 스포츠 탈사회화 : 손목수술 후유증으로 인해 골프선수를 그만두게 되었다.
- 스포츠를 통한 사회화 : 골프의 매력에 빠져 골프선수가 되어 사회성, 체력, 준법정신이 함양되었다.
- 스포츠로의 사회화 : 아빠와 함께 골프연습장에 자주 가면서 골프를 배우게 되었다.
- 스포츠로의 재사회화 : 골프선수 은퇴 후 골프아카데미 원장으로 부임하면서 골프 꿈나무를 양성하게 되었다.

2 스포츠를 통한 사회화 `2015, 2016, 2017, 2018, 2020, 2023`

사회화		스포츠에 참여하는 과정 속에서 긍정적이고, 다양한 사회적 양식을 습득하는 것
사회화 가치	공정 강조	공정하고 자발적인 참가 가치
	승리 강조	승리를 중요하게 생각하는 가치
	업적 지향	우월성을 보이는 업적 지향적인 가치
	참가 지향	참가 자체에 만족하는 자기만족 가치
사회화 영향 요인	개인의 특성	개인의 다양한 특성에 따라 영향
	참가 목적	참가 지향적 또는 업적 지향적 성향에 따라 영향
	참가 형태	다양한 형태 및 유형에 따라 영향
	참가 정도	참가 기간, 빈도, 강도에 따라 영향
	조직 정도	그 조직의 크기 및 분위기 등에 따라 영향
	사회화 주관자의 정도	주관자의 위광 또는 위력에 따라 영향
스나이더 (E. Snyder)가 제시한 스포츠사회화의 전이 조건		① 스포츠 참가 정도 ② 스포츠 참가의 자발성 여부 ③ 스포츠 참가자의 개인적·사회적 특성 ④ 사회화 주관자의 위신 및 위력

03 스포츠의 탈사회화와 재사회화

1 스포츠로부터의 탈사회화 `2016, 2017, 2024`

탈사회화 요인		여러 가지 요인으로 인하여 스포츠를 중단하게 되는 것
	개인 특성	나이, 성, 학교 등 개인적 요소
	사회관계 요소	다양한 사회에서의 위치와 역할에 따라 다른 요소
	정서 요소	조직 내 갈등, 부상 위험 등 심리적 요소로 인한 중단
	환경 요소	이사, 지역사회, 취업 등 환경적 요소

2024년 기출문제

스포츠로부터 탈사회화 예시
- 부상, 방출 등의 자발적 은퇴로 탈사회화를 경험한다.
- 개인의 심리상태, 태도에 의해 참여가 제한되는 것을 내재적 제약이라고 한다.

2 스포츠로부터의 재사회화 `2015, 2016, 2017`

정의	스포츠 활동 중이던 사람이 여러 가지 이유로 중단하는 스포츠로부터의 탈사회화 후, 다시 스포츠 현장에서 활동하게 되는 것을 말한다.
유형	① 스포츠 종목을 바꾸거나 같은 종목에서 포지션 등을 바꾸는 유형 ② 운동선수가 은퇴 후 스포츠지도자 또는 스포츠행정가로 변신하는 유형 ③ 전문 운동선수가 은퇴 후 생활체육인으로 활동을 바꾸는 유형

08 스포츠와 일탈

01 스포츠일탈의 이해

1 스포츠일탈의 개념 및 원인

(1) 스포츠일탈의 개념과 원인

개념	스포츠의 사회적 규범, 규칙, 윤리 등 스포츠 사회학적 요소에서 일어나는 보편적인 일탈 현상
원인 2020	① 한 사람이 양분된 역할 사이에서 갈등하는 원인 ② 가치 기준에 따른 차이에서 일어나는 원인 ③ 원칙과 편법의 차이에서 일어나는 원인 ④ 보상의 차이에서 일어나는 원인 ⑤ 감독과 선수 간 시각 차이에서 일어나는 원인

(2) 스포츠일탈의 특성 2017, 2019, 2020, 2021, 2022, 2023, 2024

절대론적 특성	절대적인 기준이 명확히 구분된 일탈			
상대론적 특성	다양한 사회적 기준에 따라서 차이가 있으며, 상황과 환경에 따라 다르게 일어나는 일탈			
과소동조 특성	규칙과 규범을 잘 모르거나 알지만 그냥 무시하는 일탈			
과잉동조 특성	규칙과 규범을 맹신하여 따르며, 자신과 팀이 특별하다고 생각하여 일어나는 일탈 예 2022 카타르 월드컵에서 손흥민 선수의 마스크 투혼			
	코클리 (J. Coakley) 일탈적 과잉동조 유발 스포츠윤리 규범 유형	몰입규범	삶의 우선순위 중 스포츠를 상위에 두고 경기 및 팀을 위해 자신을 희생함
		인내규범	경쟁 과정에서 발생하는 고통을 경기의 일부로 받아들이고 위험과 고통을 감수함
		도전규범	목표를 과도하게 강조하여 성공해야 한다는 의무감으로 고난과 역경을 극복함
		구분짓기규범	경쟁을 통한 기록 갱신을 목표로 삼아 다른 선수와의 차별성을 강조하고 승리를 성취하고자 노력함

> **2023년 기출문제**
>
> 스포츠일탈의 특성과 예시
> • 상대론적 접근에 따르면, 스포츠일탈이 용인되는 범위는 사회적으로 타협하는 과정을 통해 구성된다.
> • 과잉동조는 과훈련, 부상 투혼 등을 거부감 없이 무비판적으로 수용하는 것이다.

> **2022년 기출문제**
>
> 코클리의 일탈적 과잉동조 유형과 특징 예시
> • 구분짓기규범 : 다른 선수와 구별되기 위해 탁월성을 추구해야 한다.
> • 인내규범 : 위험을 받아들이고 고통 속에서도 경기에 참여해야 한다.
> • 몰입규범 : 경기에 헌신해야 하며, 이를 삶의 최우선 순위에 두어야 한다.
> • 도전규범 : 스포츠에서 성공하기 위해 장애를 극복하고 역경을 헤쳐나가야 한다.

(3) 머튼(R. K. Merton)의 아노미(Anomie) 이론 `2018, 2020, 2021, 2022, 2024, 2025`

아노미	사회구성원이 목표와 수단 사이에서 겪는 갈등 현상
도피주의	사회적으로 허용된 모든 수단을 거부하는 행동 **예** 스스로 실력의 한계를 느끼고 운동부에서 탈퇴
반란주의 (반역주의)	사회 변화와 새로운 목표를 주장하는 행동 **예** 학생선수의 학습권을 보장하기 위해 최저학력제 도입
동조주의	사회적 제도 범위 내에서 최선을 다해 목표를 이루고자 하는 행동 **예** 선수가 경기규칙을 준수하고 경기에 최선을 다하려는 의지
의례주의	결과보다는 과정을 중요하게 생각하여 승패에 연연하지 않고 참여에 의미를 두는 행동 **예** 승리에 대한 집념보다는 규칙을 지키며 최선을 다해 경기에 참여
혁신주의	수단과 방법을 가리지 않고 성공하려는 행동 **예** 벤 존슨은 불법 약물복용으로 올림픽 금메달 박탈당함

2025년 기출문제

머튼의 일탈행동 유형 예시
- 도피주의 : 승리 지상주의에 염증을 느껴 선수 생활을 포기하는 경우
- 혁신주의 : 프로스포츠 선수가 경기력 향상을 목적으로 불법 약물을 복용한 경우
- 의례주의 : 스포츠 경기 참가에 의의를 두지만, 경기 성적을 중시하지 않는 경우

2022년 기출문제

머튼의 아노미 이론 예시
- 도피주의 : 스포츠에 내재된 비인간성, 승리지상주의, 상업주의, 학업 결손 등에 염증을 느껴 스포츠 참가를 포기함
- 의례주의 : 승패에 집착하지 않고 참가에 의의를 두는 것으로 결과보다는 경기 내용을 중시함
- 혁신주의 : 불법 스카우트, 금지 약물 복용, 경기장 폭력, 승부조작 등
- 동조주의 : 전략적 시간 끌기 작전, 경기규칙이 허용하는 범위 내에서의 파울 행위 등

(4) 스포츠일탈 관련 스포츠사회학 이론 `2018, 2019, 2020, 2021, 2024, 2025`

구조기능이론	사회는 여러 가지로 구성되어 있어 여러 부분들이 합의된 규범과 가치에 따라 변화하므로 사회 모든 요소는 균형적이고, 상호연관적·의존적으로 구성되어 있다는 이론
문화전달이론	일탈행위와 동조행위는 문화적으로 유형화된 행동으로 간주하고, 사회구성원이 일탈되는 것은 주변의 일탈 문화양식을 습득하기 때문이라고 판단하는 이론(차별교제 이론)
사회통제이론	일탈에 대한 관심은 많지만 실제 일탈자들은 소수인 이유를 연구하는 이론
낙인이론	일탈 행동 자체의 문제보다 다른 사람들이 일탈이라고 낙인찍는 것 때문에 일탈하게 된다는 이론으로, 자의가 아닌 타의에 의하여 무분별하게 발생하는 것이 문제
상징적 상호작용론	인간은 다른 사람과의 상호 과정에서 구성되기 때문에 행위자·입장에서 이해해야 한다는 이론(동일한 행위도 상황에 따라 일탈로 규정되거나 그렇지 않을 수 있음)
구조기능주의	사회는 본질적으로 상호의존적인 제도로 구성되어 있으며, 사회 제도는 전체 사회의 안정에 필요함(사회는 가정, 교육, 경제, 정부, 종교, 스포츠 등이 상호 보완적이며 조화를 이룸)
비판이론	인간은 사회를 평가하고 비판할 수 있는 수단을 가지며, 인간의 삶과 관련된 사회 현상(노동문제, 불평등)을 규명하고 비판하는 데 관심을 가짐

2025년 기출문제

스포츠 일탈 낙인이론 예시
생활체육 배드민턴 동호회에서 신입 회원이 실력이 부족하다는 이유로 민폐 회원이라는 별명을 듣게 되었다. 어떤 회원은 게임에서 그를 배제하거나 눈치를 주었고, 몇몇은 노골적으로 비난했다. 시간이 지날수록 신입 회원은 자신이 정말 방해가 된다고 느끼며 위축되었고, 결국 동호회를 그만두고 운동도 포기하였다.

스티븐슨과 닉슨의 구조기능주의 관점
• 사회적, 정서적 기능
• 사회 통합 기능
• 사회계층 이동 기능

차별교제이론(문화전달이론) 예시
• 스포츠일탈을 상호작용론 관점으로 설명한다.
• 일탈 규범을 내면화하는 사회화 과정이 존재한다.
• 다른 사람과 상호작용을 통해 스포츠일탈 행동을 학습한다.

2 스포츠일탈의 기능 2016, 2018, 2020, 2023

(1) 스포츠일탈의 기능

순기능	① 규칙과 규범에 대한 재확인을 통해 일탈을 예방함 ② 일시적이고 아주 작은 일탈은 인간의 부정적인 요소를 해소하여 사회 안전판으로 작용함 ③ 과거의 일탈과 현재의 일탈에 대한 기준이 다르기 때문에 오히려 사회 개혁과 창의적인 결과를 도출할 수 있음
역기능	스포츠일탈이 일어나면 사회에 부정적인 요소로 작용함. 스포츠규범과 스포츠 체계에 불안을 초래하여 여러 가지 문제로 나타날 수 있으며, 스포츠의 순기능에 부정적인 영향을 미칠 수 있음 ① 스포츠의 공정성 및 질서체계 훼손 ② 스포츠참가자의 사회화에 부정적인 영향

(2) 스포츠일탈의 형태

긍정적 일탈 (규범적)	문제가 되지 않는 범위에서 일반적인 상식을 넘는 행동
부정적 일탈 (반규범적)	일반적인 일탈 행동

스포츠일탈의 순기능 예시
• 승부조작 사례를 보고 많은 선수들이 경각심을 갖는다.
• 아이스하키 경기에서 허용된 주먹다짐은 잠재된 공격성을 해소시켜 준다.
• 높이뛰기에서 배면뛰기 기술의 창안은 기록경신에 기여하고 있다.

02 스포츠일탈의 유형

1 폭력행위 2016, 2024

스포츠폭력의 개념		스포츠에서 발생하는 신체적·정신적·성적으로 가해지는 폭력
스포츠폭력의 원인		① 승리 지상주의의 부작용 ② 상하관계에서 일어나는 조직 내 폭력 ③ 남성의 우월성 표현 ④ 과잉동조의 부작용
스미스(M. Smith)의 스포츠폭력의 유형	격렬한 신체접촉	관련 스포츠에서 발생하며 스포츠의 일부로 수용(신체접촉, 태클, 충돌 등)
	경계 폭력	규칙에는 위반 요소가 있으나, 일부 용인된 경기전략(깊은 태클, 빈볼 등)
	유사범죄 폭력	경기의 비공식적인 규범 위반 행위(과격한 공격 플레이 등)
	범죄 폭력	법을 위반하는 행위

2024년 기출문제

스포츠폭력의 유형(경계 폭력)
- 경기의 규칙을 위반하는 행위지만, 대부분의 선수나 지도자들이 용인하는 폭력행위 유형이다.
- 이 폭력 유형은 경기 전략의 하나로 활용되며, 상대방의 보복행위를 유발할 수 있다.

2 약물복용

정의	스포츠 경기에서 더 좋은 성적을 올리기 위한 수단으로 금지된 약물을 복용하는 것을 의미하며, 전문용어로 도핑(Doping)이라고 함

3 부정 및 범죄행위 2016, 2018

부정행위	스포츠 부정행위는 스포츠정신에 위배되고, 스포츠 규칙과 규정을 어기는 행위	
	제도적 부정행위	제도적으로 일부 허용되는 제한적 행위(경기 시간 지연 등)
	일탈적 부정행위	절대로 인정되지 않는 행위(승부조작 등)
범죄행위	강도, 강간, 살인, 절도, 폭행 등은 법률적으로 불법적인 행위를 의미하며, 스포츠 상황에서 일어나는 범죄행위를 스포츠 범죄행위라고 함	

4 과도한 참가

정의	일상적인 생활에 문제가 있을 정도의 참가를 과도한 참가 또는 운동중독이라고 함

5 관중폭력 2015, 2016, 2020, 2021, 2023

(1) 관중폭력의 정의 및 원인

정의	관중폭력은 여러 사람들이 모이는 과정에서 개인적 성향과 판단력 등이 약해지고, 군중효과로 인하여 일탈행동으로 변화되어 발생함
원인	① 관중의 인원이 많을 때 ② 관중의 밀도가 높을 때 ③ 경기 자체가 폭력적인 내용을 가지고 있을 때 ④ 아주 중요하고 결정적인 경기일 때 ⑤ 사회적 지위가 낮은 관중의 수가 많을 때 ⑥ 경기장 환경이 열악할 때 ⑦ 홈경기에 홈팬이 많을 때

(2) 집단행동 발생을 설명하는 이론

전염이론	① 병이 전염되듯이 군중 속의 한 사람 또는 몇몇 사람의 영향을 받아 관중폭력이 발생 ② 군중은 피암시성, 순환적 반작용에 의해 폭력적 집단행동을 보임
수렴이론	① 개인들이 평소에 가지고 있던 반사회적 생각이 하나로 모여 군중이라는 익명성을 방패 삼아 표출된 것이 관중폭력임 ② 군중들의 반사회적 성향이 익명성, 몰개성화에 의해 집합행동으로 나타남
규범생성이론	① 동질성이 거의 없던 개인들이 큰 집단으로 발전하는 과정에 핵심적인 구성원이 적절한 행동을 암시하고, 나머지 구성원이 그에 동조해서 새로운 규범이 만들어지면서 집단행동이 발생함 ② 특정 사회적 상황에서의 공유의식은 구성원의 감정, 정숙 정도, 수용성 등에 의해 영향을 받음
부가가치이론 (사회변형이론)	① 집단행동이 일어나기 위해서는 어떤 요인(선행적 사회구조와 문화적 요인)이나 조건들이 순차적으로 조합을 이루어야 함 ② 단계적 절차는 집합행동 생성·발전·소멸

2023년 기출문제

집단행동 이론 예시
- 전염이론 : 나는 그 경기를 경기장에서 직접 봤는데 관중들의 야유소리가 점점 커지면서 관중폭력이 일어났어.
- 부가가치이론 : 맞아! 그 경기 이전에 이미 관중의 인종차별 사건이 있었잖아. 만약 인종차별이 먼저 발생하지 않았다면, 어제 경기에서 그런 관중폭력은 없었을 거야.

미래사회의 스포츠

01 스포츠 변화에 영향을 미치는 요인

1 과학기술의 발전 2015, 2024

발전 내용	① 스포츠 장비 개선 ② 뉴 스포츠의 지속적 등장 ③ 스포츠 활동의 위험성 감소 ④ 최상의 운동수행 능력 발현

2024년 기출문제

과학기술의 발전에 따른 스포츠의 변화 예시
• IOT, 웨어러블 디바이스 발전으로 경기력 측정의 혁신을 가져왔다.
• 4차 산업혁명에 따른 초지능·초연결은 스포츠 빅데이터의 활용을 확대시켰다.
• VR, XR 디바이스의 발전으로 가상현실 공간을 활용한 트레이닝이 가능해졌다.

2 통신 및 전자매체의 발달 2015

발달 내용	① 미디어에 의한 스포츠 정보 제공 ② 스포츠미디어 관람 인구의 증가로 국제스포츠 이벤트 활성화 ③ 미래 스포츠에 대해 상상할 수 있는 다양한 정보 제공 ④ 미디어 제작자들의 미래 스포츠 모습에 대한 영향력 증가

3 조직화 및 합리화

정의	스포츠조직의 합리화는 인간적인 요소가 배제되어 오히려 인간의 영역이 작아지는 부작용이 있을 수 있는데 즉, 스포츠의 다양성이 제한되어 즐거움 등이 저하될 수 있음

4 상업화 및 소비성향의 변화 2016

변화 내용	① 상업화로 인하여 소비 증가 및 경쟁 심화 ② 상업화로 인하여 다양한 융합이 이루어지고, 경기 결과에 관심이 집중됨 ③ 소비 성향의 변화에 따라 노인과 여성의 스포츠 참여율 증가

02 스포츠 세계화

1 스포츠 세계화의 의미

(1) 스포츠 세계화 2017, 2022, 2024

의미	① 스포츠 세계화는 근대스포츠 태동 이후 나타남 ② 스포츠 세계화는 스포츠의 탈영토화를 의미함 ③ 스포츠 세계화는 스포츠 소비문화의 측면에서도 이루어지고 있음 ④ 스포츠 세계화는 스포츠가 내재하고 있는 가치를 전 세계에 전파하는 데 기여함
발전	① IOC, FIFA 등 국제스포츠 기구가 성장함 ② 다국적 기업의 국제적인 스폰서십 및 마케팅이 증가함 ③ 글로벌 미디어 기업의 스포츠에 관한 개입이 증가함

스포츠 세계화 동인 예시
- 민족주의   • 종교 전파   • 제국주의 확대   • 과학기술의 발전

(2) 스포츠 세계화의 현상 `2018, 2023`

국수주의	스포츠를 활용하여 민족의 우수성을 주장하려는 주의(극단적 민족주의)
노동이주	외국 선수의 국내 유입과 자국 선수의 해외 진출이 자유로워짐
민족주의	스포츠를 통한 민족의 정체성 확립과 내부 결속 강화
제국주의	스포츠를 통하여 타민족을 동화하려는 행위

스포츠 세계화 원인(제국주의 예시)
- '코먼웰스 게임'은 영연방국가들이 참가하는 스포츠 메가 이벤트로, 영연방국가의 통합에 기여하는 측면이 있다.
- 영국의 스포츠로 알려진 크리켓과 럭비는 대부분 영국의 식민지였던 영연방국가에서 인기가 있다.

(3) 세계화 용어 `2022, 2025`

세방화 (Glocalization)	세계화와 현지화가 합성화된 용어로 현지문화를 반영한 세계화를 의미함
스포츠화 (Sportization)	단순한 신체활동에서 체계적인 제도와 규칙을 가진 스포츠로 변화하는 과정을 의미함
미국화 (Americanization)	미국의 모든 사회적 문화가 다른 국가에 영향을 미치는 것을 의미함
세계표준화 (Global Standardization)	세계의 모든 국가들이 점점 사회적 기준 등을 세계적인 표준으로 통일하는 과정을 의미함

스포츠 세계화 세방화 예시
A 스포츠 업체는 글로벌 브랜드 정체성을 유지하면서 뉴질랜드 럭비 대표팀인 올 블랙스(All Blacks)의 경기 전 의식으로 잘 알려진 마오리족의 하카(haka)댄스를 광고에 포함함으로써 지역 문화를 브랜드 메시지에 자연스럽게 녹여냈다.

세방화 예시
- 로버트슨[R.Robertson]이 제시한 용어이다.
- LA 다저스팀이 박찬호 선수를 영입하여 좋은 경기력을 펼치면서 메이저리그 경기가 한국에서 인기가 높아졌다.
- 맨체스터 유나이티드팀이 박지성 선수를 영입하면서 프리미어리그 경기가 한국에서 인기가 높아졌다.

2 스포츠 세계화의 특징 `2016, 2017, 2018, 2019, 2020, 2021, 2025`

신자유주의 시대	① 프로스포츠의 이윤 극대화에 기여함 ② 스포츠 시장의 경계가 국경을 초월해 전 세계로 확대됨 ③ 세계인들에게 표준화된 스포츠 상품을 소비하도록 만듦 ④ '기술도핑(technical doping)'은 스포츠의 공정성을 훼손함

다양한 기술과 정보통신의 발전	① 과학기술의 진보는 스포츠의 시·공간적 제약을 극복하는 데 기여함
	② 용품, 장비, 시설 등 스포츠 환경이 개선되고 변화하는 데 기여함
	③ 전자매체의 발달로 관람스포츠의 형태가 변화하는 데 기여함
	④ 앞으로 새로운 형태의 스포츠가 지속적으로 생겨날 예정임
스포츠인구의 다양화	① 스포츠가 젊은 세대뿐만 아니라, 노인 등 다양한 사회구성원들의 참여와 관심으로 발전하고 있음
	② 남성 위주의 스포츠에서 여성의 스포츠 참여가 증가하면서 스포츠인구가 증가하고 다양성이 확대되고 있음

2025년 기출문제

미래 스포츠 특성 예시
- 노년층 스포츠 참가에 대한 중요성이 증가한다.
- 정보 기술의 발달로 스포츠 참여 형태가 다양해진다.
- 탄소배출을 최소화한 친환경스포츠의 중요성이 증가한다.

스포츠사회학

※ 다음은 스포츠사회학을 학습한 후, 얼마나 이해하고 있는지 확인하는 주관식 문제입니다.
기본내용으로 구성된 주관식 문제로 최소 6개 이상 맞추지 못하면 이론을 1~2회 다시 학습한 후 다음 단계인 기출
문제 풀이로 넘어가길 바랍니다.

01 거트만(A. Guttmann)의 근대스포츠 특성 7가지를 쓰시오.

02 에티즌(Eitzen)과 세이지(Sage)의 스포츠 정치적 속성 4가지를 쓰시오.

03 상업주의에 따른 스포츠의 대표적인 변화를 쓰시오.

04 스포츠의 주요한 교육적 역기능을 쓰시오.

05 인간이 여러 가지 행동과 생각을 해석하는 것은 주변 사람의 영향도 크게 미치며, 준거집단에서도 영향을 주고
받게 된다는 이론이 무엇인지 쓰시오.

정답

01 ① 세속화 ② 평등화
③ 전문화 ④ 합리화
⑤ 관료화 ⑥ 수량화
⑦ 기록 지향

02 ① 대표성 ② 권력 투쟁
③ 상호의존성 ④ 보수성

03 ① 스포츠 본질 변화 ② 스포츠조직 변화
③ 스포츠 목적 변화 ④ 스포츠 기술 및 경기 변화
⑤ 스포츠조직의 세계화

04 ① 승리 지상주의 ② 비인간적 훈련
③ 일탈과 부정행위 ④ 참가 기회 제한
⑤ 학원스포츠의 상업화 ⑥ 성차별

05 사회관계이론

06 스포츠계층의 특성 5가지를 쓰시오.

07 스포츠사회화 과정 4가지를 쓰시오.

08 스포츠를 통한 사회화 영향 요인 6가지를 쓰시오.

09 머튼(Merton)의 아노미(Anomie) 이론 5가지를 쓰시오.

10 스포츠일탈 관련 스포츠사회학 이론을 모두 쓰시오.

> **정답**

06 ① 역사성(고래성)　　　② 다양성
　　 ③ 보편성(편재성)　　　④ 사회성
　　 ⑤ 영향성

07 ① 스포츠로의 사회화　　② 스포츠를 통한 사회화
　　 ③ 스포츠 탈사회화　　　④ 스포츠 재사회화

08 ① 개인의 특성　　　　　② 참가 목적
　　 ③ 참가 형태　　　　　　④ 참가 정도
　　 ⑤ 조직 정도　　　　　　⑥ 사회화 주관자의 정도

09 ① 도피주의　　　　　　　② 반란주의(반역주의)
　　 ③ 동조주의　　　　　　　④ 의례주의
　　 ⑤ 혁신주의

10 ① 구조기능이론　　　　　② 문화전달이론
　　 ③ 사회통제이론　　　　　④ 낙인이론
　　 ⑤ 상징적 상호작용론　　 ⑥ 구조기능주의
　　 ⑦ 비판이론

PART

03

1주
완성

스파르타
스포츠
지도사
2급 필기 기본서

스포츠심리학

CHAPTER 01 스포츠심리학의 개관

CHAPTER 02 인간 운동 행동의 이해

CHAPTER 03 스포츠수행의 심리적 요인

CHAPTER 04 스포츠수행의 사회심리적 요인

CHAPTER 05 건강 운동 심리학

CHAPTER 06 스포츠심리 상담

01 스포츠심리학의 개관

01 스포츠심리학의 정의 및 의미

1 스포츠심리학의 정의

정의	스포츠심리학은 심리학의 하위영역으로 인간의 행동과 스포츠의 관계에서 심리적인 요소가 어떻게 작용하는지를 연구하는 학문으로, 주로 경기력 향상에 초점을 맞추고 있음

2 스포츠심리학의 의미 `2016`

광의의 의미	① 심리학에서 스포츠와 연관된 것으로, 주로 행동에서 나타나는 것 ② 운동 발달, 운동 학습, 운동 제어, 운동 심리
협의의 의미	① 스포츠 상황에서 벌어지는 심리적 요인들의 관계 ② 동기, 루틴, 불안, 성격, 심상, 자신감, 정서 등

02 스포츠심리학의 영역과 역할

1 스포츠심리학의 영역 `2015, 2017, 2018, 2019, 2023`

정의	스포츠과학의 한 분야로 스포츠 상황에서 일어나는 행동과 심리적 변화를 연구하는 학문
연구 과제	동기 유발 전략, 불안 감소 전략, 상담기술 및 방법, 스포츠 수행능력 향상 등
운동 제어	인간의 움직임 생성과 조절에 대한 신경심리적 과정과 생물학적 기전을 밝히는 학문
운동 학습	숙련된 운동수행을 위해 개인 능력의 영구적 변화를 유도하는 일련의 내적 과정으로 직접적으로 관찰할 수 없으며, 연습과 경험을 통한 변화 과정을 연구하는 학문
운동 발달	운동 행동이 연령에 따라 계열적이고 연속적으로 변해가는 과정을 연구하는 학문
건강운동 심리학	지속적인 운동 참여와 그것을 통해 얻을 수 있는 개인의 정신 건강에 관해 연구하는 학문
스포츠심리학자의 역할	스포츠심리 관련 연구, 학문적 지식 제공, 심리상담이 필요한 사람에게 상담 제공, 운동선수의 심리기술 훈련 및 지도

2023년 기출문제

스포츠심리학의 연구 동향과 영역 예시
- 인지적 접근과 현장 연구
- 경험주의에 기초한 성격 연구
- 사회적 촉진 및 각성과 운동수행의 관계 연구

인간 운동 행동의 이해

01 운동 제어

1 운동 제어의 개념 및 주요 이론 `2017, 2018, 2019, 2020, 2022, 2024, 2025`

(1) 운동 제어의 개념

개념	인간의 움직임이 어떠한 원리에 의해 이루어지고, 운동이 어떻게 제어되는지 연구하는 분야 예 외야수가 경기 상황에서 여러 정보를 종합·판단하여 어떻게 동작을 생성하고 조절하는지와 관련된 원리와 법칙 연구

(2) 운동 제어의 주요 이론

정보처리이론	인간이 정보를 처리하여 행동으로 구체화하는 과정은 컴퓨터에 정보를 입력하여 결과를 얻는 것과 비슷하다고 생각하는 이론	
	개방회로이론	빠른 행동에 대한 내용으로 피드백을 통한 조절이 불필요하다고 보는 이론 예 운동명령 → 실행, 운동명령 → 실행
	폐쇄회로이론	느린 행동에 대한 내용으로 피드백을 통한 조절이 필요하다고 보는 이론 예 운동 → 피드백 → 수정(제어) → 운동 → 피드백 → 수정
생태학적이론 (행동적 접근)	정보처리 이론과 달리 인간의 행동은 살아 있는 생태적 특성으로 인해 다양한 경험들이 쌓여 만들어진다는 이론	
다이내믹 시스템이론 (협응이론)	인간의 운동은 유기체·환경·과제의 상호작용 속에서 자기조직의 원리와 비선형성의 원리에 의해 생성되고 조절되며, 일반화된 운동 프로그램과 같은 기억표상의 구조가 필요하지 않다고 주장하는 이론	

> **2024년 기출문제**
>
> **개방운동기술 예시**
> - 야구 경기에서 투수가 던진 공을 타격하기
> - 자동차 경주에서 드라이버가 경쟁하면서 운전하기
> - 미식축구 경기에서 쿼터백이 같은 팀 선수에게 패스하기

> **2024년 기출문제**
>
> **정보처리이론 설명 예시**
> - 정보처리이론은 인간을 능동적인 정보처리자로 설명한다.
> - 개방회로이론은 대뇌피질에 저장된 운동 프로그램을 통해 움직임을 생성하고 제어한다고 설명한다.
> - 폐쇄회로이론은 정확한 동작에 관한 기억을 수행 중인 움직임과 비교한 피드백 정보를 활용하여 움직임을 생성하고 제어한다고 설명한다.

2 기억 체계 및 운동 제어 체계 `2015, 2016, 2019, 2021, 2022, 2023, 2024`

(1) 기억 체계와 운동 제어 체계의 개념

기억 체계	기억의 과정 : 지각 → 저장 → 인출의 단계	
	감각기억	인지된 후 1초 이내에 감각에서 파생된 정보 보유(아주 짧은 관찰로 기억)
	단기기억	사전에 준비 없이 단시간 동안 직전의 경험 기억(용량 제한, 수명 짧음)
	장기기억	오랫동안 보전된 기억으로 명시적·절차적 기억으로 구분(무제한 용량, 수명 영구적)

운동 제어 체계	운동제어 체계 : 감각지각 → 반응선택 → 반응실행 단계
	감각·지각 단계 : 환경의 정보자극을 탐지하고 자극의 강도, 명확성, 유형 등을 인식하는 단계
	반응·선택 단계 : 입력된 자극에 어떤 반응을 나타낼지 선택하는 단계
	반응·실행 단계 : 반응을 실제 행동으로 실행하는 단계

2024년 기출문제

기억 유형(절차적 기억 예시)
• 학창 시절 자전거를 타고 등하교한 A는 오랜 기간 자전거를 타지 않았음에도 불구하고 여전히 자전거를 탈 수 있다.
• 어린 시절 축구선수로 활동했던 B는 축구의 슛 기술을 어떻게 수행하는지 시범해보일 수 있다.

2023년 기출문제

운동 제어와 관련된 뇌 구조 예시
• 소뇌 : 균형 유지와 사지 협응 및 자세제어 역할
• 중심 고랑 : 앞쪽은 운동 영역, 뒤쪽은 몸 감각 영역
• 전두엽 : 기억력·사고력 등 고등행동을 관장하며, 다른 연합영역으로 들어오는 정보를 조정하고 행동을 조절함
• 후두엽 : 눈으로 들어온 시각정보가 시각피질에 도착하면 사물의 위치·모양·운동 상태를 분석함
• 측두엽 : 청각정보와 감정, 사실적 기억, 시각적 기억 등의 정보를 처리함
• 두정엽 : 촉각·압각·통증 등 체감각 처리에 관여하며, 피부·근골격·내장·미뢰로부터 감각신호를 담당함

2021년 기출문제

정보처리 과정과 반응 시간의 관계

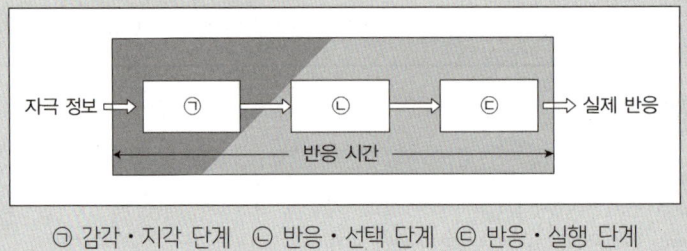

⊙ 감각·지각 단계 © 반응·선택 단계 © 반응·실행 단계

(2) 심리적 불응기

정의	① 1차 자극에 대한 반응을 수행하고 있을 때 2차 자극을 제시할 경우, 2차 자극에 대해 반응시간이 느려지는 현상
	② 1차와 2차 자극을 하나의 자극으로 간주하는 현상을 집단화라고 함

2024년 기출문제

심리적 불응기 개념 예시
농구 경기에서 수비수가 공격수의 첫 번째 페이크 슛 동작에 반응하면서, 바로 이어지는 두 번째 실제 슛 동작에는 제대로 반응하지 못하는 현상이 발생한다.

(3) 운동 프로그램과 특성

구분		내용
슈미트(Sehmidt) 이론		정보처리(개방회로, 폐쇄회로) 이론을 통합하여 수정 보완한 운동 프로그램 이론
역할 구분		운동 명령을 하는 대뇌의 역할과 운동을 수행하는 뼈와 근육의 역할로 구분
	불변 매개 변수 (invariant parameter)	① 동작과 반응의 순서 ② 근수축 시간 등 전체 힘의 양을 적절히 배분하는 과정
	가변 매개 변수 (variant parameter)	① 사용하는 근육에 따라 달라지는 힘의 조절 ② 동작과 근육에 따라 다름

PART 03

2022년 기출문제

일반화된 운동 프로그램 예시
- 불변 매개 변수 : 요소의 순서(order of element), 시상(phasing), 상대적인 힘(relative force)이 포함된다.
- 가변 매개 변수 : 전체 동작지속 시간(overall duration), 힘의 총량(overall force), 선택된 근육군(selected muscles)이 포함된다.

02 운동 학습

1 운동 학습의 개념과 정의 2016, 2017, 2019, 2022, 2024

(1) 운동 학습의 이해

개념과 정의	① 연습과 경험에 의해 나타나며, 운동 학습 과정은 직접적으로 관찰할 수 없음 ② 비교적 영구적인 변화를 유도하는 내적 과정으로, 운동 학습과 운동제어는 서로 유사한 부분이 있음 ③ 성숙이나 동기 또는 훈련 등에 의해 일시적으로 변화하는 것은 포함하지 않음

2024년 기출문제

운동 학습 인지역량 변화 예시
- 정보를 처리하는 속도가 빨라진다.
- 주의집중 역량을 활용하는 주의체계의 역량이 좋아진다.
- 새로운 정보와 기존의 정보를 연결하여 정보를 쉽게 보유할 수 있는 기억체계 역량이 좋아진다.

(2) 슈미트(Sehmidt)와 리(Lee)의 운동 학습 정의

정의	① 학습은 숙련된 움직임 능력을 획득하는 과정 ② 학습은 주로 훈련을 통해서 이루어짐 ③ 학습은 직접 측정할 수 없고, 행동을 통해서 간접적으로 평가됨 ④ 학습은 비교적 오래도록 유지되는 행동 변화를 만듦

2022년 기출문제

시각탐색 안구 움직임 예시
- 운동수행 환경에서 적절한 단서에 시각적 주의를 기울이는 과정
- 부드러운 추적 움직임(smooth pursuit movement)
- 전정안구반사(vestibulo-ocular reflex)
- 빠른 움직임(saccadic movement)과 추적 움직임이 적절히 조화를 이루는 움직임(optokinetic nys-tagmus)

2 운동 학습의 본질(이론과 모델) 2019, 2022, 2024

손다이크(Thorndike) 자극 - 반응(S - R)이론	자극에 대한 반응이 더 강화되어 가는 것이 학습이라는 이론 ① S-R이론은 단순반응, 변별반응, 선택반응 세 가지로 구분됨 ② 반응시간은 감각지각 시간(의미 부여), 반응선택 시간(결정 단계), 반응실행 시간 세 가지를 합한 것 으로 자극이 중복되는 경우 심리적 불응이 일어날 수 있음
제임스(James) 개방회로이론	운동 초기만 동작의 학습이 필요하고, 이후는 운동 후 피드백으로 인해 자연히 동작이 이루어진다는 이론
아담스(Adams) 폐쇄회로이론	피드백으로 인해 운동 동작이 수정된다는 이론
일반화된 운동 프로그램이론	모든 운동을 기억하는 것이 아니고, 유사한 운동을 연결하여 일반화된 프로그램으로 기억한다는 이론
슈미트(Sehmidt) 스키마이론(도식이론)	특정 물체(동물, 물건 등)가 가지고 있는 고유의 특성들을 기억하여 생각하는 이론으로, 운동을 지속적 으로 하는 과정에서 오는 학습효과를 운동 학습이라고 함
힉스의 법칙 (Hick's law)	자극-반응 대안의 수가 증가할수록 반응시간이 길어지는 현상

2024 · 2022년 기출문제

힉스의 법칙 예시
- 자극-반응 대안의 수가 증가할수록 반응시간은 길어진다.
- 자극반응 대안 수가 증가할수록 선택 반응시간도 늘어난다.
- 투수가 직구 슬라이더 구종에 커브 구종을 추가하여 무작위로 섞어 던졌을 때 타자의 반응시간이 길어졌다.

3 운동 학습의 과정 2016, 2018, 2020, 2022, 2023

피츠(Fitts), 포스너(Posner) 운동습득 단계	인지 단계 → 연합 단계 → 자동화 단계	
	인지 단계	학습해야 할 운동기술의 특성을 이해하고 그 과제를 수행하기 위한 전략 개발 단계. 오류 수정 능력을 아직 갖추지 못하여 운동수행 시 일관성이 부족함(많은 양의 인지활동 필요)
	연합 단계	과제에 대한 전략을 선택하고 잘못된 수행에 대한 해결책을 찾아 나갈 수 있게 되는 단 계. 동작의 일관성이 점점 좋아짐(적은 양의 인지활동 필요)
	자동화 단계	동작 실행 시 의식적 주의가 거의 필요 없으며 정확성과 일관성이 매우 높은 단계. 동작 에 대한 오류를 탐지하고 수정할 수 있는 능력이 있음(인지활동 불필요)
번스타인 (Bernstein) 운동습득 단계	자유도 고정 단계 → 자유도 풀림 단계 → 반작용 활용 단계	
	자유도 고정 단계	운동의 신체 자유도가 고정되어 변화에 효율적인 대처가 어려운 단계
	자유도 풀림 단계	운동의 신체 자유도가 풀려 변화에 효율적으로 대처하고, 운동수행이 다양해짐
	반작용 활용 단계	활용 단계로 동작을 수정하고 숙련된 동작이 가능한 단계
뉴웰(Newell) 학습 단계 이론	협응 단계 → 제어 단계 → 기술 단계	
	협응 단계	기본적인 협응 동작 형성 단계
	제어 단계	다양한 변화에 따른 협응 변화 가능 단계
	기술 단계	움직임과 협응에 필요한 변화를 기술적으로 대응하는 단계
젠타일(Gentile) 학습 단계 이론	움직임 개념 습득 단계 → 고정화 및 다양화 단계	
	움직임의 개념 습득 단계	움직임의 형태 이해와 환경적 특징도 구분(필요와 불필요 정보 구분)
	고정화 및 다양화 단계	고정화 필요 / 운동기술 움직임에 대한 기술 향상에 초점 다양화 필요 / 학습의 다양화 필요

기타 학습 단계 이론	브레이켄	초보 단계 → 향상 단계 → 숙련 단계
	아담스	언어 운동 단계 → 운동 단계
	슈미트, 워스버그	언어 인지 단계 → 언어 운동 단계 → 자동화 단계

2023년 기출문제

번스타인의 공동작용 예시
번스타인은 움직임의 효율적 제어를 위해 중추신경계가 자유도를 개별적으로 제어하지 않고, 의미 있는 단위로 묶어서 조절한다고 설명했다.

2023년 기출문제

뉴웰의 움직임 제한 요소 예시
- 운동능력이 움직임을 제한한다.
- 인지, 동기, 정서 상태가 움직임을 제한한다.
- 신장, 몸무게, 근육 형태가 움직임을 제한한다.

2022년 기출문제

번스타인의 운동 학습 단계 예시
- 자유도 고정 : 스케이트를 신고 고관절, 슬관절, 발목관절을 하나의 단위체로 걷게 한다.
- 자유도 풀림 : 스케이트를 탈 때 고관절, 슬관절, 발목관절을 활용하여 추진력을 갖게 한다.
- 반작용 활용 : 체중 이동을 통해 추진력을 확보하며 숙련된 동작을 실행하게 한다.

4 운동 학습 시 주요 요인 (2015, 2016, 2018, 2019, 2020, 2021, 2023, 2024, 2025)

학습 동기	① 학습자의 목표와 성취에 중요한 역할을 함 ② 지도자의 역할보다 학습자의 노력이 더 중요함
학습 전이	과거의 학습이 앞으로의 학습에 영향을 주는 것(정적 전이)
기억과 망각	① 기억은 '기명(정보 정리) → 파지(간직) → 재생(파지 내용 의식) → 재인(기명과 재생된 내용이 일치하는지 의식)'의 4단계 ② 망각의 원인은 소멸설, 간섭설, 억압설이 있음
자기충족 예언	실현하고 싶은 믿음을 현실로 만들어가는 것
연습	① 목표를 위하여 포기하지 않고 노력하는 과정 ② 와이트먼(Wightman), 린턴(Lintern)은 운동기술의 연습을 분절화, 단순화, 부분화로 구분

5 운동 기술의 연습

(1) 연습 방법

전습법	① 학습할 범위를 한꺼번에 학습하는 방법으로 운동요소 간 상호작용이 이루어지고, 비교적 적은 시간에 운동수행이 끝나는 기술의 연습에 효과적임 ② 망각이 적고 시간과 노력이 적게 들며, 학습에 필요한 반복이 적음		
분습법	① 학습할 범위를 일정한 기준에 도달할 때까지 나누어서 학습한 후, 각 학습 내용의 범위를 동시에 학습하는 방법 ② 순수 분습법, 점진적 분습법, 반복적 분습법으로 구분		
	순수 분습법	운동기술 각각을 별도로 연습한 후 전체 기술을 종합적으로 연습하는 방법	
	점진적 분습법	연습하는 기술을 몇 가지로 나누어서 점진적으로 연습하는 방법	
	반복적 분습법	한 기술을 연습하고 다른 한 기술을 연습하는 방법	

구획 연습	① 운동기술의 하위 요소들을 순차적으로 연습하는 방법 ② 한 동작을 여러 번 반복 연습한 후 다음 동작으로 넘어가는 방법
무선 연습	운동기술의 하위 요소들을 순서 없이 임의대로 연습하는 방법
신체적 훈련	운동과제를 직접 수행하는 훈련
정신적 훈련	운동과제를 수행하기 전에 어떻게 수행할 것인지 인지적으로 연습하거나 움직임을 상상하는 훈련
집중 연습	연습과 연습 사이 쉬는 시간이 짧고, 연습 시간이 쉬는 시간보다 긴 방법
분산 연습	쉬는 시간이 연습 시간과 같거나 더 긴 방법

연습 방법에 관한 설명 예시
- 집중 연습은 연습 구간 사이의 휴식시간이 연습 시간보다 짧게 이루어진 연습 방법이다.
- 무선 연습은 선택된 연습 과제들을 순서에 상관없이 무작위로 연습하는 방법이다.
- 전습법은 한 가지 운동 기술 과제를 구분 동작 없이 전체적으로 연습하는 방법이다.

(2) 운동 기술 연습에서 발생하는 효과

맥락 간섭	학습 자료와 시간 사이에 개입된 어떤 사건과 경험 간 갈등으로 학습이나 기억에 방해를 받는 것
맥락 간섭 효과	운동 기술 연습 시 다양한 요소들 사이에서 발생하는 간섭 현상

운동수행 개념 예시
- 운동 기술 과제가 너무 쉬울 때는 [천장효과]가 나타난다.
- 운동 기술 과제가 너무 어려울 때는 [바닥효과]가 나타난다.

구스리(E. Guthrie) 운동 기술 학습 변화 예시
- 최대의 확실성으로 운동 과제를 수행할 수 있다.
- 최소의 인지적 노력으로 운동 과제를 수행할 수 있다.
- 최소의 에너지 소비로 운동 과제를 수행할 수 있다.

(3) 피드백

피드백의 정의		오류에 대한 수정 및 행동에 정보를 제공하는 것
피드백 종류	내재적(감각) 피드백	자연스럽게 생기는 피드백(시각, 촉각, 청각 등)
	외재적(보강적) 피드백	외부에서 오는 정보를 통한 피드백
피드백 기능	정보 기능	지도자가 제공하는 피드백은 중요한 정보 역할을 함
	강화 기능	칭찬과 잘못된 내용에 대한 교정(질책) 효과가 있음(정적 강화, 부적 강화)
	동기 유발 기능	지속적으로 목표를 성취하게 하며, 내용에 따라 결과 지식과 수행 지식으로 구분됨
피드백 정보 내용에 따른 구분	수행 지식	동작 특성의 정보와 환경을 연관 지어서 학습자에게 제공함
	결과 지식	수행 후 학습자에게 제공되는 피드백 정보 중 동작과 수행 결과에 관한 것

보강 피드백 예시

지도자가 학습자에게 높이뛰기 도약 스텝 기술을 연습하게 한 후, 학습자가 정확한 도약 기술을 습득할 수 있도록 각 발의 스텝 번호[지점]를 바닥에 표시해 주었다.

(4) 파지

정의	운동학습으로 만들어진 운동능력을 오랜 기간 유지하는 것
요소	① 운동과제의 특성 ② 환경의 특성 ③ 학습자의 특성 ④ 연습량

파지검사 예시

골프 퍼팅 과제를 100회 연습한 뒤, 24시간 후에 동일 과제에 대해 수행하는 검사

03 운동 발달

1 운동 발달의 개념 `2015, 2016, 2017, 2018, 2021, 2022, 2023`

개념	태아기에서 사망까지의 지속적인 과정으로, 발달은 연령에 의해서만 결정되지 않으며, 발달의 속도와 범위는 개인별로 과제의 특성에 의해 영향을 받음
원리	① 개인차가 존재함 ② 민감기 또는 결정적 시기가 존재함 ③ 환경적 맥락의 영향을 받음 ④ 분화와 통합의 과정을 거침 ⑤ 일정한 순서와 방향성을 가짐(큰 근육에서 작은 근육으로 발달) ⑥ 유전과 환경의 상호작용을 통해 발달함 ⑦ 운동 행동이 연속적으로 변화하는 과정

거셀, 에임스 운동 발달 원리 예시

- 운동 발달은 일련의 방향성을 갖는다.
- [머리-꼬리 원리] : 머리에서 발 방향으로 발달한다.
- [양측-동측-교차 운동 협응의 원리] : 운동협응의 발달 순서가 있다.
- [중앙-말초 원리] : 운동 기술의 습득 과정에서 몸통이나 어깨근육을 조절하는 능력을 먼저 갖춘 후, 팔·손목·손·손가락 근육을 조절하는 능력을 갖춘다.

인간 발달의 특징 예시

- 개인적 측면 : 발달에 영향을 미치는 요인이 개인마다 달라서 나타나는 현상이다.
- 다차원적 측면 : 개인의 신체적·정서적 특성과 같은 내적 요인, 사회환경과 같은 외적 요인으로 나눌 수 있다.
- 계열적 측면 : 기기와 서기의 단계를 거친 후에야 자신의 힘으로 스스로 걸을 수 있게 되는 것이 해당한다.

2 운동 발달 영향 요인

개인적 요인	유전적, 신체(체력)적, 심리적 개인차 등
사회(문화)적 요인	성별, 사회매체, 환경(문화), 가족 등

3 발달의 원리와 단계별 특징 `2018, 2021, 2022, 2024`

(1) 시기별 운동 발단 단계

태아기(임신)	발달 시작, 임신 후 출산까지
영아기	반사적 움직임 단계
유아기	기본적 움직임 단계
아동기	스포츠기술 습득 단계
청소년기	성장과 세련 단계
성인 초기	최고 수행 단계
성인 후기	점차 기능이 떨어지는 퇴보 단계

(2) 갈라휴(Gallahue)의 운동 발달 단계

반사적 움직임 단계	출생 후 1년 이내의 시기
초보(기초)적 움직임 단계	약 2세까지는 수의적 움직임이 가능한 시기
기본적 움직임 단계	만 2~6세로 운동능력이 빠르게 발달하는 시기
스포츠기술 (전문화 움직임) 단계	초등학생의 시기로 숙련된 움직임이 가능한 시기
성장과 세련 단계	청소년기로 운동발달이 가장 급격히 나타나는 시기
최고 수행 단계	만 18세~30세에 해당하며 최상의 운동수행을 보이는 시기
퇴보 단계	만 30세 이상에 해당하며 운동발달이 쇠퇴하는 시기

2022년 기출문제

아동 운동 발달 평가 시 심리적 안정 평가 방법 예시
• 운동도구를 사용하여 평가할 때 탐색할 기회를 제공한다.
※ 환경 탐색시간 제공[여유], 공감대 형성, 과제와 절차에 대한 설명, 민감 반응에 대한 주의 필요

01 성격

1 성격의 개념과 이론 2015, 2018

개념		다른 사람과 구별되는 개인의 성질과 특성	
특성	독특성	사람에 따라 생각하고 행동하는 것이 다름	
	일관성	개인의 성격은 쉽게 변하지 않는 일관성을 지님	
	경향성	어떤 경향을 가지고 있느냐에 따라 개인의 행동이 다르게 나타나는 것	
구조	심리적 핵	개인의 가장 기초적인 성격으로 가치관, 동기, 신념, 적성 등이 있음	심리적 핵
	전형적 반응	환경과 개인의 상호작용에 의해 외부적으로 표현되는 반응	전형적 반응
	역할 관련 행동	개인의 사회적 역할이나 위치에 따라 변화하는 행동	역할관련 행동

2 성격 이론 2017, 2024

카텔(Cattel), 노먼(Norman)의 특성이론	개인의 성격 특성은 각각 다르지만 오랫동안 유지된다는 이론
프로이드(Freud)의 심리역동이론	인간의 성격은 '원초적인 나, 현실적인 자아, 자기 통제의 초자아' 3가지가 서로 다른 '나'로 충돌하여 상호작용하는 가운데 만들어지고 지배된다고 보는 이론
셀던(Sheldon), 크레치머(Kretschmer)의 체형이론	유전에서 오는 체형과 체격은 성격과 아주 관련이 깊다고 주장하는 이론 예 내배엽형, 중배엽형, 외배엽형
매슬로우(Maslow)의 욕구위계이론	5가지 욕구위계이론 : 생리적 욕구 → 안전의 욕구 → 애정의 욕구 → 존경의 욕구 → 자아실현의 욕구
반두라(Bandura)의 사회학습이론	개인의 행동이 일어나는 것은 사회에서 학습한 내용과 개인의 상황이 상호작용하여 이루어진다는 이론

2024년 기출문제

성격 이론(사회학습이론 예시)
좋아하는 국가대표선수가 올림픽 마라톤 경기에서 불굴의 정신력으로 완주하는 모습을 보고, 나도 포기하지 않겠다는 마음으로 10km 마라톤을 완주했다.

3 성격 측정 2025

면접법 (평정척도법)		인터뷰와 관찰을 통해 사람을 평가하는 것
질문지법	MMPI (다면적 인성 검사)	미네소타대학 정신과와 심리학과 교수들이 만든 것으로, 12가지 요인으로 측정함
	16PF	개인의 성격 특성 파악을 위한 다중선택 검사법(16가지)

	EPI (아이젱크 성격차원 검사)	내향성과 외향성, 안정성과 불안정성의 2차원 검사
	MBTI	'에너지 방향, 인식기능, 판단기능, 생활양식' 4가지 항목을 2가지 유형으로 구분해 분류 검사하는 방법(16가지)
	Big Five (성격 5요인 검사)	5가지 특성 검사 : 개방성, 성실성, 안전성, 외향성, 우호성
투사법	로르샤프 검사	스위스 의사가 개발한 검사로 잉크의 얼룩 그림을 활용한 검사
	TAT (주체통각 검사)	하버드 대학에서 개발하였으며, 20~30장의 그림으로 이야기를 만들어내게 한 후 성격을 검사함
	문장 완성 검사	미완성 문장을 완성하는 과정을 통해 심리를 검사하는 방법

4 성격과 경기력의 관계

관계	① 운동선수와 일반인 성격 비교 ② 스포츠 종목별 성격 비교 ③ 남자와 여자 운동선수 성격 비교 ④ 포지션별 성격 비교 ⑤ 기술 수준별 성격 비교 ⑥ 우수선수와 비우수선수 간 성격 비교

02 정서와 시합 불안

1 재미와 몰입 2022, 2023

재미	무언가에 관심을 가지고 흥미를 느끼며, 긍정적으로 만족하는 심리	
몰입	어떠한 대상이나 상황에 모든 신경을 집중하는 행위	
	잭슨과 칙센트미하이 (M. Csikszentmihalyi) 몰입의 9가지 차원	① 도전과 기술 균형 ② 행동과 인식 일치 ③ 변형된 시간과 감각 ④ 명확한 목표 ⑤ 과제 집중 ⑥ 구체적 피드백 ⑦ 통제감 ⑧ 자의식 상실 ⑨ 자기 목적 경험

2023년 기출문제

칙센트미하이(M. Csikszentmihalyi) 몰입의 예시
- [기술]과 [도전]이 균형을 이루는 상황에서 운동수행에 완벽히 집중하는 것을 몰입이라 한다.
- [도전]이 높고, [기술]이 낮으면 [불안]을 느낀다.
- [도전]이 낮고, [기술]이 높으면 [이완]을 느낀다.

2 정서 모형과 측정

정서 모형	톰킨스(Tomkins)	8가지 기본 정서 분류 : 기쁨, 슬픔, 공포, 놀람, 분노, 수치심, 흥미, 혐오
	플루칙(Plutchik)의 정서 모형	기본 정서가 다른 정서와 더하여 혼합 정서를 만든다고 주장하며, 8가지 기본 정서(낙관, 사랑, 순종, 경외, 실망, 후회, 경멸, 공격)와 3차원 모형으로 구분
	러셀(Russell)의 정서 모형	정서는 기본적인 정서와 혼합 정서로 구분되는 게 아니라, 비정서적인 정서의 몇 가지 차원으로 설명할 수 있다고 함
	색상환 모형	빨강, 파랑, 노랑 3가지 색상을 섞으면 각각의 비율에 따라 여러 색상을 나타나듯이 기본 정서와 다른 정서들도 혼합되는 과정에서 다양한 정서로 나타난다고 봄
	2차원 모델	정서는 각성과 비각성, 쾌와 불쾌의 2차원 구조라고 주장함
	원형 모델	정서는 고활성과 저활성, 쾌와 불쾌로 구성된다고 주장함
정서 측정	자기보고(질문지법)	자신의 정서를 스스로 측정하는 방법으로 측정에 모순이 있을 수 있음
	행동 관찰	다른 사람의 행동을 관찰하여 정서를 측정하는 방법으로, 관찰자의 주관성에 따라 평가의 결과가 다름
	생리적 측정법	생리적 변화에 따라 정서를 측정하는 방법 예 땀, 맥박, 뇌전도 등을 측정할 때 고비용과 시간 문제가 발생함

3 불안과 각성 2017, 2018, 2020, 2021, 2023, 2024

(1) 불안의 정의와 종류

정의		걱정과 근심 등과 같은 부정적인 심리상태를 의미하며, 땀이 나고 호흡과 맥박이 빨라지는 등의 부정적인 생리적 현상도 일어남 예 불안은 축구 페널티킥 성공률에 어떤 영향을 미치는가?
종류	특성 불안	선천적인 성격으로 인하여 생기는 불안
	상태 불안	특정 상황에서 일시적으로 발생하는 불안
	분리 불안	강한 정서적 애착이 있거나 특정 상황과 분리될 때 느끼는 불안
	경쟁 특성 불안	개인의 특성에 따라 각각 다르게 나타나는 경쟁상황 또는 시합 중 경쟁상황에서 생기는 불안
	경쟁 상태 불안	특별한 경쟁상황 또는 시합상황에서 느끼는 불안으로 개인의 특성과는 관련 없음(경쟁 불안의 원인 : 실패에 대한 두려움, 승리에 대한 압박, 자신감 부족, 통제력 상실 등)

(2) 불안의 측정과 척도

측정	행동적 측정		스포츠 시합 전후에 나타나는 운동선수들의 행동적 특성을 관찰하여 측정함
	생리적 측정		불안 상황에서 일어나는 생리적 반응을 측정하는 것으로, 뇌파검사(EEG), 피부전기저항(GSR), 심전도(EKG), 근전도(EMG), 심박수, 혈압 측정 등의 방법이 있음
	심리적 측정		불안의 심리적 상태는 눈으로 볼 수 없기에 운동선수가 작성한 설문지로 측정함
		심리적 방법을 활용한 불안 측정 도구	① 표명 불안 척도(MAS) ② 상태 불안 검사지(STAI) ③ 스포츠 경쟁 불안 검사지(SCAT, CSAI-2) ④ 불안 측정 검사지(CAS) ⑤ 감정 형용사 체크 리스트
측정 척도	마튼즈의 스포츠 경쟁 불안 척도	SCAT	스포츠 경쟁 불안을 측정할 수 있는 도구로 평상시 실시함 (특성 불안 검사지, 아동용과 성인용 구분)
		CSAI-2	SCAT와 달리 시합 직전의 생체 불안을 측정하는 도구 (자신감, 신체 불안, 인지 불안으로 구분)

스필버거의 상태 특성 불안 척도	상태 불안과 특성 불안을 같이 측정할 수 있는 도구 (자기 보고식 단일 척도, 성인 불안 현상을 조사 도구로 제작)
테일러의 표출 불안 척도	일반적인 생활에서 높은 불안 수준을 보인 사람이 좀 더 반응을 보임(선천적인 불안 측정)

(3) 경쟁 불안의 원인

원인	① 실패에 대한 공포 ② 통제력 상실 ③ 자신감 부족 ④ 부적합한 기분 ⑤ 죄의식

(4) 각성

정의		'깨어 정신을 차림'이라는 의미로 정신이 깨거나 자극에 반응을 보이는 생리적·심리적 상태
현상	스트룹 효과	인지과정이 부자연스러운 연관을 처리할 때 자연스러운 연관을 처리하는 것보다 더 오랜 시간이 걸리는 현상
	지각 협소화	각성 수준이 높아 주의하는 폭이 좁아지는 현상
	무주의 맹시	눈이 특정 위치를 향하고 있으나, 주의가 다른 곳에 있어 눈이 향한 위치의 대상을 지각하지 못하는 현상
	칵테일파티 효과	여러 가지 정보가 아닌 특정 정보를 선택적으로 의식하는 현상
	맥락 간섭 효과	운동할 때 다양한 요소들의 간섭 효과가 일어나는 현상

2023년 기출문제

칵테일파티 효과 예시
체육관에서 관중의 응원 소리가 커도 작전타임 중에 코치와 선수는 서로 의사소통이 가능하다.

4 스트레스와 탈진 2015, 2016, 2017, 2022

스트레스	① 내부 압력과 외부 압력에서 오는 압박이 신체적·심리적 반응으로 나타나는 현상으로 좋은 스트레스와 나쁜 스트레스로 구분함 ② 운동 참여 후 스트레스 해소 효과를 느낄 수 있으며, 스트레스는 심박수, 피부 반응, 호르몬의 변화 등을 통하여 측정 가능함 ③ 러너스 하이(runner's high) : 철인3종 선수는 경기 중 힘이 들어 포기하려는 순간 예상치 않게 편안함, 통제감, 희열감을 느낄 수 있으며, 그 순간에 시간과 공간의 장애를 초월한 느낌을 받음
탈진 (번아웃)	① 과도한 신체·심리 에너지 사용으로 인한 심리·생리적 피로의 결과로, 피로감, 의욕 저하, 부정적인 태도, 타인과의 갈등을 유발함 ② 스포츠탈진의 과정 : 인간 소외 → 개인적 성취감 감소 → 고립 → 신체적·정서적 탈진 ③ 스포츠탈진의 원인 : 지나친 목표 설정, 지나친 훈련, 완벽주의 등

2022년 기출문제

레이데크와 스미스(T.Raedeke & Smith)의 운동선수 탈진 질문지
- 성취감 저하(reduced sense of accomplishment) : 기술과 능력 면에서 개인의 목표 달성이 어렵거나 기대에 미치지 못하는 수행
- 스포츠 평가절하(sport devaluation) : 무관심, 흥미 상실, 억울함과 같은 특징이 나타남
- 신체적·정서적 고갈(physical, emotional exhaustion) : 과도한 훈련과 시합에 의한 신체적·정서적 에너지 고갈

5 경쟁 불안과 경기력의 관계 이론 2015, 2016, 2017, 2018, 2019, 2021, 2022, 2025

스펜서(Spencer) 추동(욕구)이론	욕구를 만족하지 못했을 때 발생하는 긴장 상태이며, 각성수준과 유사함(각성 수준과 운동 수행은 비례한다.)	[스펜서의 추동 이론]
여키스(Yerkes), 도슨(Dodson) 역U자 가설	초기에는 각성수준이 높을수록 수행 수준도 높아지지만, 각성수준이 너무 높아지면 수행 수준도 낮아진다는 가설	[역U자 가설]
콕스(Cox) 다차원적 불안이론	불안의 종류를 인지적 불안과 신체적 불안으로 구분하며, 두 가지 모두 경기력에 영향을 미치지만 영향을 미치는 방식은 서로 다르다는 이론	(a) 인지 불안 점수 [인지적 불안 점수] (b) 신체 불안 점수 [신체적 불안 점수]
애프터(Apter) 반전(전환)이론	높은 각성 수준을 유쾌한 흥분 또는 불안으로 해석할 수도 있다는 반전 이론	[전환 이론의 각성과 정서 관계]
카타스트로피 격변이론	인지 불안이 높아지면 생리적 각성이 증가함에 따라 운동수행도 점차 증가하지만, 적정 수준을 넘어서면 수행능력이 급격하게 추락현상이 발생함	[불안과 운동 수행 관계의 카타스트로피 모형]
마틴스(Martens) 심리에너지이론	각성의 정도에 따라 긍정적 또는 부정적인 에너지가 발생한다는 이론	[심리 에너지 수준에 따른 운동 수행]
하닌(Hanin) 최적수행지역이론	선수와 운동 종목마다 각각 각성 수준이 다르기 때문에 각 부분의 연구를 토대로 최적수행지역을 선택한다는 이론. 역U자 가설의 적정 각성 수준을 연구한 자료를 바탕으로 최적수행지역이론을 주장함	* 최적수행지역이론 : 개인에 따라 최고수행을 발휘하는 불안의 수준과 지점이 다르다는 이론

반전(전환)이론 예시
- 선수가 불안을 어떻게 '해석'하느냐에 따라 운동수행이 달라질 수 있다.
- 선수는 각성이 높은 상태를 기분 좋은 흥분상태로 해석할 수도 있지만 불쾌한 불안으로 해석할 수도 있다.

6 불안, 스트레스 관리기법 2019, 2020, 2022, 2024, 2025

관리 기법	일반적인 관리기법		일반적으로 누구나 스트레스와 불안을 경험함. 좋은 식사, 충분한 수면, 규칙적인 운동, 취미생활, 사회적 소통 등을 통하여 조절하고 극복할 수 있음
	생리적 관리기법	바이오피드백 훈련	생체신호(피부온도, 심박수, 호흡 등)의 측정을 통한 긴장완화 훈련 방법
		명상	개인의 정신을 스스로 통제하고 조절하는 훈련 방법
		자생훈련	스스로 최면상태에 도달해서 신체의 무게 및 체온의 변화를 유도하는 훈련 방법
		점진적 이완기법	스스로 신체의 조절능력을 통해 신체 각 부위를 긴장과 이완시키는 훈련 방법
		인지 재구성	부정적인 생각을 버리고, 긍정적인 생각으로 전환하는 훈련 방법
		호흡 조절	복식호흡으로 불안과 긴장 등 부정적인 감정을 낮추는 훈련 방법
		자화법	자화는 스포츠 경기 중 운동선수가 하는 혼잣말로, 긍정적인 자화 훈련을 통해 자신감을 증대시키는 훈련 방법
		체계적 둔감화	불안이나 공포 등을 유발하는 자극을 작은 것에서 큰 것으로 점진적으로 노출하여 불안 등을 둔감해지도록 하는 훈련 방법
	인지적 관리기법	인지 재구성	부정적 생각을 긍정적인 생각으로 대체하는 훈련 방법
		사고 정지	부정적 생각이 생기면 스스로 생각을 정지하고, 부정적 생각을 막는 훈련 방법
불안, 스트레스 관리 방법			① 인지적 관리기법 활용하기 ② 자신이 조절 가능한 부분에 주의집중하기 ③ 다양한 신체활동으로 기분전환하기

2025년 기출문제

체계적 둔감화 예시
- 1958년 월피(J. Wolpe)가 개발함
- 불안을 일으키는 상황을 중요도 순서에 따라 10단계 정도를 준비함
- 불안이 낮은 순서부터 극도의 불안을 일으키는 중요도가 높은 순서로 배열하고 훈련함
- 불안이나 스트레스를 유발하는 자극에 노출될 때 불안반응 대신 편안한 반응을 나타냄으로써 불안이나 스트레스를 감소하는 기법

2024년 기출문제

인지 재구성 예시
- 멀리뛰기의 도움닫기에서 파울을 할 것 같은 부정적인 생각이 든다.
- 부정적인 생각은 그만하고 연습한 대로 구름판을 강하게 밟자고 생각한다.
- 스스로 통제할 수 있는 것에 집중하고자 다짐한다.

2022년 기출문제

생리적 관리기법 예시
- [자생훈련]은 불안을 감소시키기 위해 자기최면을 사용하여 무거움과 따뜻함을 실제처럼 느끼도록 유도하는 방법이다.
- [체계적 둔감화]은/는 불안을 유발하는 자극의 목록을 작성한 후, 하나씩 차례로 적용해 유발감각자극에 대한 민감도를 줄여 불안 수준을 감소시키는 방법이다.

03 동기

1 동기의 개념

개념	개인이 어떠한 방향으로 행동하는 데 갖는 마음으로, 그 방향과 원인이 다양하여 단순하게 설명하기 어려움	
동기의 관점	특성지향적 관점	개인의 특성(성격, 목표 등)에 의하여 결정된다고 보는 관점
	상황지향적 관점	환경의 영향으로 결정된다고 보는 관점
	상호작용적 관점	개인의 특성과 환경이 서로 상호작용하여 결정된다고 보는 관점

2 동기 유발의 기능과 종류 2015, 2017, 2024, 2025

동기 유발 기능	활성화 기능	행동을 유발시켜 개인을 스포츠에 참여하도록 유도
	지향 기능	행동하기 전 방향을 설정하는 행동의 방향 결정
	선택 기능	목표 달성을 위한 특정 행동을 결정하게 하는 기능
	강화 기능	행동의 결과가 좋으면 정적 강화, 나쁘면 부적 강화를 제공하는 기능
동기 종류	내적동기	경기 자체에 대한 즐거움, 보람, 재미 등으로 참여하게 되는 내부요인의 동기
	외적동기	경기 결과에 따른 상, 벌, 칭찬 등으로 참여하게 되는 외부요인의 동기
	무동기	무기력과 유사한 상태로 특별히 왜 참여해야 하는지에 대한 동기가 없는 상태

2025년 기출문제

내적동기 향상 전략 예시
- 성공 경험을 갖게 한다.
- 언어적, 비언어적 칭찬을 자주 한다.
- 팀의 의사결정에 선수를 참여시킨다.

2022년 기출문제

동기 종류 예시
- [동기] : 노력의 방향과 강도로 설명한다.
- [내적동기] : 스포츠 자체가 좋아서 참여한다.
- [외적동기] : 보상을 받거나 처벌을 피하고자 스포츠에 참여한다.

3 동기 이론 2018, 2019, 2021, 2023, 2024

성취동기이론	모든 인간의 행동은 성취를 위한 것이고, 스포츠는 성취 지향적인 노력으로 이루어진다는 이론	
성취목표 성향 이론	성취를 위해 노력한다는 것은 성취동기이론과 유사하지만, 성취추구동기와 실패회피동기는 구별되어야 함. 내적동기가 높은 과제목표 지향과 내적동기가 낮은 자기목표 지향은 성취동기가 서로 다르게 나타난다는 이론	
인지평가이론	칭찬과 같은 긍정적인 정보를 제공하면 유능성이 향상되어 내적동기가 증가하고, 부정적 피드백을 제공하면 유능성이 낮아져 내적동기가 감소된다는 이론	
자기결정성이론	동기는 무동기에서 외적동기를 거쳐 다시 내적동기로 가는 과정이라는 이론	
동기분위기이론	개인의 성취목표 성향보다 동기 분위기가 내적동기에 더 큰 영향을 준다는 이론	
자기효능감이론	자기효능감(신념)에 따라 개인의 행동이 달라진다는 이론	
데시(Deci)와 라이언(Ryan)의 자결성이론	내적 동기 (자결성 높음)	자신의 의지와 결정에 의해 행동하는 유형(즐거움, 호기심 등)

		의무감 규제	타인의 인정을 바라며 죄책감과 불안 등으로부터 회피하기 위한 행동 유형
	외적 동기 (자결성 보통)	확인 규제	내적 동기보다 개인의 목표 달성을 위해 행동하는 유형
		외적 조절	벌을 회피하거나 외적 보상을 받기 위해 행동하는 유형(자기 결정보다 타인의 동기를 중시함)
		통합된 조절 (규제)	동일시된 조절 유형이 자신의 것으로 일부 또는 전체적으로 받아들여져 목표와 욕구가 통합될 때 나타나는 유형(중요한 결과 달성을 위한 행동)
	무동기 (자결성 낮음)		무기력과 유사한 참여에 대한 이해가 없는 유형

2021년 기출문제

자기목표 성향과 과제목표 성향 예시

인호와 영찬이는 수업에서 테니스를 배우는데 실력은 비슷하다. 그런데 인호는 테니스 기술을 배우는 것보다 다른 친구와 테니스 게임을 해서 이기는 것을 좋아하고, 영찬이는 새로운 테니스 기술을 연마할 때마다 뿌듯해한다.

※ 해석 예시 : 인호는 영찬이를 이겼을 때 자신이 잘해서 승리했다고 생각한다.

2021년 기출문제

인지평가 이론의 내적동기 강화 방법

• 관계성 : 타인과의 관계성을 높여준다.
• 유능성 : 자신의 능력에 대한 유능감을 높여준다.
• 자율성 : 행동을 결정하는 데 있어 자율성을 갖게 한다.

2021년 기출문제

확인 규제와 의무감 규제 예시

• 확인 규제 : 현우는 뛰는 것을 그다지 좋아하지 않지만, 체중조절과 건강증진을 위해 매일 1시간씩 조깅을 한다.
• 의무감 규제 : 승아는 필라테스를 그다지 좋아하지 않지만, 개인 강습비를 지원해 주신 부모님에 대한 죄책감 때문에 학원에 다닌다.

4 동기 유발 방법

방법	① 명확한 목표 설정 ② 연습 목적 제시 ③ 도전의식 제시 ④ 내적 흥미 부여 ⑤ 결과 지식 제공 ⑥ 물질적 보상 ⑦ 성공과 실패 경험 제공 ⑧ 상황에 따라 칭찬과 벌 제공 ⑨ 선의의 경쟁과 협동 경험 제공

5 귀인과 귀인훈련 `2017, 2019, 2020, 2022, 2023`

(1) 귀인과 귀인훈련 정의

귀인	어떠한 행동의 원인을 찾기 위해 추측하고 지각하는 추론 과정 (성공과 실패의 원인 지각 과정)
귀인 재훈련	스포츠 경기에서 실패 원인을 찾기 위해 노력하는 긍정적인 발전 과정 (긍정적인 귀인 패턴의 발전 과정)

(2) 3차원 귀인모델

구분	와이너(Weiner) 3차원 귀인모델			
	능력	노력	운	과제 난이도
내적·외적	내적	내적	외적	외적
안정적·불안정적	안정적	불안정적	불안정적	안정적
통제 가능·통제 불가능	통제 불가능	통제 가능	통제 불가능	통제 불가능

2023년 기출문제

귀인 재훈련 전략 예시
학습된 무기력 상태에 있는 학습자에게 귀인 재훈련을 위한 적절한 전략은 실패의 원인을 노력 부족이나 미흡으로 받아들이게 한다.

2022년 기출문제

와이너(B.Weiner)의 경기 승패 귀인이론 예시
- 노력은 내적이고 불안정하며 통제 가능한 요인이다.
- 능력은 내적이고 안정적이며 통제 불가능한 요인이다.
- 운은 외적이고 불안정하며 통제 불가능한 요인이다.
- 과제 난이도는 외적이고 안정적이며 통제 불가능한 요인이다.

04 목표 설정

1 목표 설정의 개념 2020, 2021, 2023

목표 설정의 개념	개인 또는 조직이 원하는 지점에 도달하고자 하는 상태를 목표라고 하며, 목표를 이루기 위해서는 목표 설정이 중요함	
목표의 종류	주관적 목표	사람마다 해석이 다름
	객관적 목표	객관화된 해석(데이터 등)이 있음
	결과 목표	결과적 목표가 있음
	수행 목표	기준이 자기 자신으로, 타인의 영향이 미치지 않음
	과정 목표	과정에 보다 중점을 둔 목표 개념
스티어스(Steers)의 목표 속성	목표의 구체성	구체적인 목표의 성과가 높음
	목표의 곤란성	다소 어려운 목표는 동기 유발 효과가 있음
	목표 설정의 참여	구성원들이 목표설정 과정에 참여하면 성과가 향상될 수 있음
	노력에 대한 피드백	노력에 대한 피드백이 주어질 때 성과가 향상될 수 있음
	목표 달성에 대한 동료들 간의 경쟁	동료들 간의 경쟁이 성과를 향상시킬 수 있음
	목표의 수용성	구성원들이 자발적으로 수용한 목표가 더 큰 동기 효과를 가져올 수 있음

수행 목표와 과정 목표 예시
• 운동기술을 잘 수행하기 위해 필요한 핵심 행동에 중점을 둔다.
• 자기효능감과 자신감을 높이고 인지 불안을 낮추는 데 도움이 된다.
• 자신의 운동수행에 대한 목표를 달성하는 데 중점을 두는 목표로, 달성의 기준점이 자신의 과거 기록이 된다.

2 목표 설정의 원리 `2015, 2023, 2025`

목표 설정 원리의 구체적 정의	① 구체적인 목표
	② 적절히 높은 목표
	③ 장기 목표와 단기 목표가 함께 있는 목표
	④ 적절한 피드백이 제공되는 목표
	⑤ 측정 가능한 목표
	⑥ 시간을 정해둔 목표
	⑦ 적절한 경쟁이 있는 목표

목표설정 원리 예시
• 구체적이고 객관적인 목표를 설정한다.
• 부정적인 목표보다 긍정적인 목표를 강조한다.
• 단기목표, 중기목표, 장기목표를 함께 설정한다.

목표 설정 예시
• 목표 설정이 운동의 수행과 학습에 효과적이다.
• 구체적인 목표를 설정했던 집단에서 더 높은 학습 효과가 나타났다.

3 목표 설정의 실제 `2021`

목표 달성 단계		목표를 이루기 위해서는 목표 설정과 목표에 맞는 실행 그리고 실행 후 이루어지는 평가까지 실제로 모든 것들이 원활하게 이루어져야 함
3단계	이해 단계	목표 달성을 위해 구체적인 계획을 세우고 사전 준비를 철저히 해야 함
	교육 단계	실질적 목표 수립과 개인의 목표 설정을 위해 충분한 시간을 제공해야 함
	평가 단계	목표를 달성한 후 평가와 그에 따른 목표 수정 및 보완이 필요함

성취목표 성향 이론

과제목표 성향	비교 대상이 자신으로 자기 참고형 목표 성향(절대평가)
	숙련과 학습에 중점을 두고 기술 향상을 위해 노력함
	실천 가능한 약간 어려운 과제 제시(내적 동기, 몰입 증가)
자기목표 성향	비교 대상이 타인으로 타인 참고형 목표(상대평가)
	다른 사람과의 경쟁에서 승리할 때 유능감을 느낌
	실천 불가능 또는 쉬운 과제 제시(내적 동기, 몰입 감소)

05 자신감

1 자신감의 개념 `2022, 2025`

개념		자신의 능력 또는 가치를 믿는 신념이나 의지
유사 개념	자기효능감	자신의 능력으로 과제를 수행할 수 있다고 믿는 상태
	낙관주의	긍정적인 성격
	스포츠 자신감	자신이 스포츠 경쟁에서 능력으로 이길 수 있다는 자신감(성취, 사회적 분위기, 자기조절)
	유능감	스스로 자신의 능력을 긍정적으로 평가하는 것

2022년 기출문제

폭스(K. Fox)의 위계적 신체적 자기개념 가설 예시
- 신체 매력과 신체적 컨디션은 신체적 자기 가치의 하위 영역에 속한다.
- 스포츠 유능감은 스포츠 능력과 스포츠 기술 학습능력에 대한 자신감이다.

2 자신감 이론 `2015, 2018, 2019, 2023, 2024, 2025`

반두라 (A. Bandura)의 자기효능감 이론		개인이 어떤 일을 잘 해낼 수 있다고 믿는 개인적인 신념(자기존중감)
	성취경험	개인의 성공과 실패 경험에 따라서 자기효능감이 달라짐(자기효능감에 가장 큰 영향력)
	대리경험	타인의 성공과 실패 경험에 따라서 자기효능감이 달라짐
	언어적 설득	타인에게 칭찬과 같은 긍정적인 말을 얼마나 들었느냐에 따라 달라짐
	정서적 각성	인간은 정서적 반응(불안, 좌절 등)을 조절할 수 있는 능력을 갖추고 있느냐에 따라 자기효능감이 달라짐
유능성 동기 이론		인간은 선천적으로 자신이 유능하다는 것을 다른 사람들에게 보여주고 싶은 유능성 동기가 있는데 성공 시에는 긍정적 정서를 경험하여 능력 동기가 유지되고 향상되어 유능성 동기가 강화되고, 실패 시에는 부정적인 정서를 경험하여 자신에게 실망하고 유능성 동기가 약화됨
	동기 지향성	특정 과제에 흥미를 가지며 수행할 가치가 있다고 생각하는 것
	지각된 유능성	특정 과제에 대하여 자부심을 갖는 것
	통제감	특정 과제의 성공과 실패에 대한 책임감을 갖는 것

2023년 기출문제

하터(Harter)의 유능성 동기 이론 예시
- 실패 경험은 부정적 정서를 갖게 하여 유능성 동기를 낮추어 결국에는 운동을 중도 포기하게 된다.
- 성공 경험은 자기효능감과 긍정적 정서를 갖게 해서 유능성 동기를 높이고 숙달을 경험하게 한다.

3 자신감 향상 방법

방법	① 성공담이 자신감을 향상시킴 ② 자신감 있는 행동이 자신감을 향상시킴 ③ 과거의 실수와 실패를 생각하지 않기 ④ 적절한 컨디션 조절하기 ⑤ 긍정적인 정서와 자세 유지하기

1 심상의 개념과 훈련 2016, 2022, 2024, 2025

개념		모든 감각을 활용하여 과거의 성공 경험을 회상하거나, 미래의 성공적 운동수행을 마음속으로 상상함으로써 자신감을 향상시키고 집중력을 높이는 것
유형	내적 심상	수행자 관점에서 수행 장면을 상상하는 것으로, 운동감각을 느끼려고 할 때 적합함(내면적 심상)
	외적 심상	관찰자 관점에서 수행을 상상하는 것으로, 잘못된 수행 동작을 수정할 때 적합함(외형적 심상)
심상 훈련 효과		① 운동기술을 보다 효율적으로 익히고 완성하는 데 효과적임 ② 부정적인 생각을 긍정적인 심상으로 조절하는 효과가 있음 ③ 자신감을 향상하는 데 효과적임 ④ 운동선수가 자신을 관리하고 긍정적인 결과를 가져오는 데 효과적임 ⑤ 주의가 분산되는 경우 주의집중에 도움을 주는 효과가 있음

2025년 기출문제

심상의 설명 예시
- 동기를 유발하고 강화한다.
- 감정을 조절하는 데 도움이 된다.
- 스포츠 전략을 습득하고 연습할 수 있다.

2024년 기출문제

심상 개념 예시
- 복싱선수가 상대의 펀치를 맞고 실점하는 장면이 계속해서 떠오른다.
- 이 선수는 [심상 조절력]을 높이는 훈련이 필요하다.

2 심상 이론 2018, 2022

심리 신경근 이론	어떤 동작을 생생하게 상상하면 실제 동작과 유사한 근육의 미세 움직임이 일어난다는 이론
상징 학습 이론	운동을 하면 운동의 요소들이 뇌에 상징으로 기록되고, 심상 연습이 상징을 연습할 기회를 제공한다는 이론
생체 정보 이론	심상은 뇌의 장기기억 속에 미리 저장되어 있는 것으로, 심상을 통해 운동수행을 향상시키려면 반응 전체를 반복적으로 수정·강화해야 한다는 이론
각성 활성화 이론	심상 훈련을 통해 각성 수준이 활성화된다는 이론

2022년 기출문제

심상 이론 예시
- 심리 신경근 이론에 따르면, 심상을 하는 동안 실제 동작에서 발생하는 근육의 전기 반응과 유사한 전기 반응이 근육에서 발생한다.
- 생물 정보 이론에 따르면, 심상은 상상해야 할 상황 조건인 '자극 전제'와 심상의 결과로 일어나는 '반응 전제'로 구성된다.

3 심상의 측정과 활용 2015, 2017, 2021

심상 측정	① 혼자서 연습하는 상황 ② 타인이 보고 있는 상황 ③ 동료 선수를 관찰하는 상황 ④ 시합 출전 상황

심상 훈련 활용 방법	① 소음이 없는 조용한 장소 선택
	② 모든 감각을 활용하여 실제 상황과 동일시하는 상상으로 실시
	③ 실제 경기 상황과 동일한 속도로 실시
	④ 성공한 수행 장면을 선명하게 떠올리기
	⑤ 운동의 동작을 구체적으로 포함하기
	⑥ 심상 훈련 일지 활용하기
스포츠심리 기술훈련 활용	① 평소 연습과 통합되어 지속적으로 진행되어야 함
	② 심상, 루틴, 사고 조절 등의 심리기법이 활용됨
	③ 연령, 성별, 경기 수준과 관계없이 모든 선수들에게 적용될 수 있음

2021년 기출문제

스포츠심리 기술훈련 예시

심리기술훈련(PST : psychological skills training)은 최상의 경기력을 발휘할 수 있게 자기 조절적 기술을 습득하도록 선수들에게 도움을 주는 훈련 과정을 의미하며, 평소 연습과 통합하여 꾸준히 이루어져야 한다.

07 주의집중

1 주의집중의 개념

개념		주의는 마음에 새겨두고 조심하는 것이며, 주의집중은 불필요한 자극에서 벗어나 필요한 자극만을 선택해서 받아들이는 것임
모건(Morgan)의 주의집중 특성	용량성	주의를 기울이는 노력과 상관없이 용량에 한계가 있음
	선택성	주의할 대상에 따라 주의의 정도와 방향을 결정함
	배분성	상황에 따라 대상에 관심을 나누어서 주의를 기울일 수 있음
	경계성	신호 없이 일어나는 자극에 순간적으로 반응할 준비를 갖춤
로빈슨(Robinson)의 주의집중 특성	선택적 특성	모든 정보를 기억하는 것이 아닌 특별한 정보만 선택하여 저장함
	제한적 특성	인간은 인지능력 제한(한계)으로 특정 정보만 선택하여 집중함
	개인의 부분적 통제	선택 집중한 정보에 대한 부분적 통제로 주의를 집중할 수 있음

2 주의집중의 유형과 측정 `2017, 2018, 2021`

니더퍼(Nideffer)의 주의집중 유형	넓은 – 내적	한 번에 많은 정보를 분석할 수 있음(불필요한 생각도 가질 수 있음)
	좁은 – 내적	하나의 내용에만 초점을 둠(내면의 생각에 초점)
	넓은 – 외적	상황을 빠르게 판단할 수 있음(쉽게 속을 수 있음)
	좁은 – 외적	한두 가지 목표에만 주의집중 할 수 있음(주의 폭이 좁음)
주의집중 요소	용량	정보처리를 위하여 요구되는 주의 에너지의 용량(총량)
	선택성	주의를 선택하는 요소
	융통성	주의의 범위를 결정하고 전환할 수 있는 융통성
	지속성	주의를 지속하여 집중할 수 있는 시간 요소

3 주의집중과 경기력의 관계

상관관계	① 선수의 정서 상태와 주의집중능력 사이에는 깊은 관계가 있음
	② 과제 수행에 필요한 주의 형태와 선수가 잘하는 주의 형태에 따라 수행능력에 차이가 생김
	③ 수행자의 주의초점능력과 주의전환능력에 따라 수행능력에 차이가 생김
	④ 장기간 주의집중할 수 있는 능력에 따라 수행능력에 차이가 생김

4 주의집중 향상 기법 2015, 2018, 2020, 2025

향상 기법	① 적정 각성 수준을 찾고, 조절 가능한 훈련 실시 ② 수행 전 루틴을 개발하고 연습하기 ③ 조절할 수 있는 것에 집중해야 함 ④ 현재 훈련에 전념하며, 주의집중에 초점에 맞추는 꾸준한 연습하기 예 골프 선수가 실제 시합과 유사한 상황을 만들어 놓고 모의훈련을 한다.

08 루틴

1 루틴의 개념과 활용 2016, 2017, 2019, 2025

개념	루틴은 운동선수들이 시합이나 시합 준비 상황 중 부정적인 생각에서 벗어나 좋은 경기력을 유지하기 위하여 자신의 독창적이고 특별한 습관을 만들어 행동하는 것 예 메시는 페널티킥을 찰 때 항상 같은 동작으로 준비한다. 우선 공을 양손으로 들고, 페널티마크에 공을 위치시키면서 자기가 찰 곳을 본 후 골키퍼 위치를 본다. 다시 공을 본 후에 뒤로 네 걸음 걷고 나서 심호흡을 한다.
루틴의 활용	① 경기력 향상에 도움을 줌 ② 경기력의 일관성을 위해 개발된 습관화된 동작 ③ 최상의 수행을 위한 선수 자신만의 고유한 동작이나 절차 ④ 불안을 감소시키고 집중력을 증대시킴 ⑤ 심상과 혼잣말이 포함될 수 있음 ⑥ 상황이 달라져도 편안함을 유지할 수 있음

2025년 기출문제

루틴에 관한 설명 예시
• 다음 수행을 준비할 때 도움이 된다.
• 정신이 산만해질 때 운동과 무관한 것을 차단해 준다.
• 최고의 경기력을 위해 필요한 자신만의 심리적·행동적 절차이다.

2 인지 재구성의 개념과 활용

개념	인지 재구성은 부정적인 생각을 긍정적인 생각으로 전환하는 것
인지 재구성의 활용	인지 재구성을 하려면 스스로 부정적 생각의 원인을 알아야 하고, 자신이 할 수 있는 일과 할 수 없는 일을 구분하여 활용해야 함

3 자기 암시의 개념과 활용

개념		자기 암시는 어떤 생각을 지속적으로 하면 그 방향으로 성격과 행동이 바뀌어서 결국 능력이 달라지고 인생이 변할 수 있다는 것. 긍정적인 말과 행동은 결국 자기 암시의 효과로 이어져 좋은 효과가 나타날 수 있음
자기 암시의 활용	사고 중지	부정적 사고를 중지시키고 긍정적인 사고로 전환
	긍정적 자기 암시	긍정적인 자기 암시를 활용하여 자신감을 향상시키고 긍정적 결과 도출

04 스포츠수행의 사회심리적 요인

01 집단 응집력

1 집단 응집력의 정의

정의	① 개인이 특정 집단에 갖는 애정과 관여의 정도 ② 밀(Mill)은 집단 응집력을 구성원들이 정서적으로 친밀하다고 느끼고 집단에 애착을 공유하는 정도로 정의함

2 집단 내 사회적 태만 `2016, 2017, 2018, 2020, 2025`

정의	① 집단에 소속되어 있을 때 나태해지는 것을 의미함(링겔만 효과) ② 링겔만(Ringelmann)의 줄다리기 실험에 의하면, 줄을 당기는 힘은 혼자일 때 가장 크고, 줄을 당기는 인원이 증가할수록 개인이 쓰는 힘의 양은 줄어드는 것으로 나타나는데, 이와 같이 집단 속에서 개인의 노력이 줄어드는 현상을 사회적 태만이라고 함	
종류	무임승차 전략	타인의 노력에 무임승차하려는 의도
	반무임승차 전략	타인의 무임승차를 막기 위하여 본인도 노력하지 않는 것
	최소화 전략	최소한의 노력으로 쉽게 결과를 얻으려 하는 것
	할당 전략	개인의 이익을 위해서만 노력하고, 집단에서는 최소한의 노력만 하는 것

2025년 기출문제

링겔만 – 사회적 태만 예시
- 교사 : 줄다리기의 경우, 집단이 내는 힘의 총합은 개인의 힘을 모두 합친 것보다 작아지게 된다. 이것을 (링겔만) 효과라고 해
- 학생 : "나 하나쯤이야." 하는 생각 때문에 힘을 덜 쓰는 거 같아요
- 교사 : 게으름을 피우는 사람으로 인해 집단 내에 동기의 손실이 생기는데 이것을 (사회적 태만)이라고 해

3 사회적 태만 극복을 위한 지도전략 `2021`

지도전략	① 대집단보다는 소집단(포지션별)을 구성하여 훈련하기 ② 지도자는 선수 개개인의 노력을 확인하고 이를 인정하기 ③ 선수들이 자신의 포지션뿐만 아니라 다른 역할도 경험하게 하기

4 집단 응집력 이론 `2015, 2017, 2019, 2021`

집단 응집력 이론	캐론(Carron)은 스포츠팀 응집력 모형에서 응집력에는 4가지 요인(환경 요인, 개인적 요인, 리더십 요인, 팀 요인)이 있다고 주장함
캐론의 스포츠팀 응집력 모형	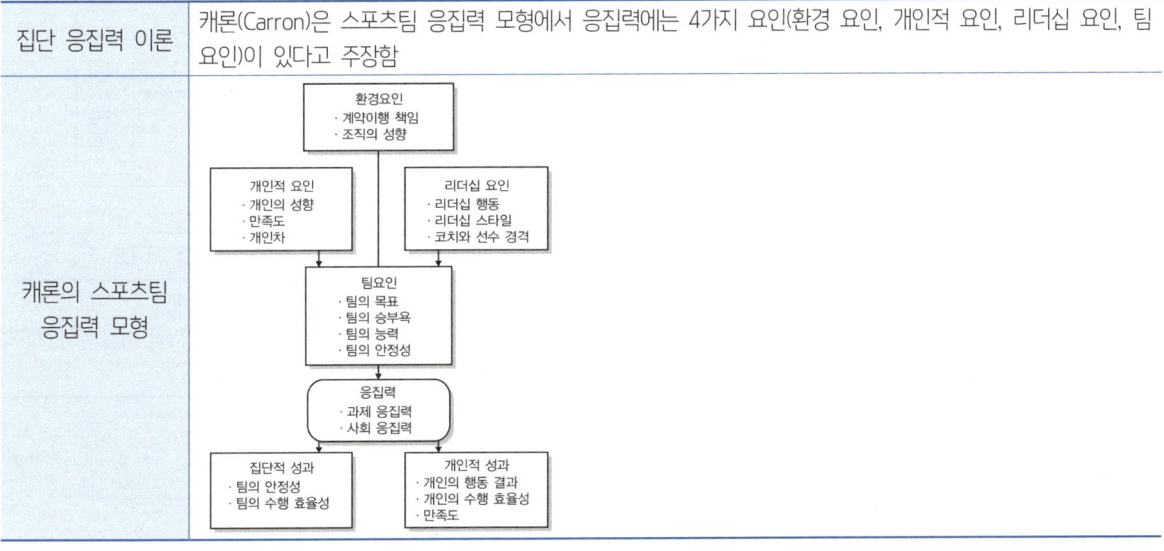

5 집단 응집력과 운동수행 관계 2016

집단 응집력 요구 수준	스포츠 종목
높음	농구, 축구, 배구, 필드하키 등
중간	야구, 조정, 육상 등
낮음	골프, 볼링, 사격, 양궁 등

6 팀 빌딩과 집단 응집력 향상기법 2016

팀 빌딩(팀 구축) 개념과 전략	팀 빌딩은 새로운 팀을 구성하거나 기존의 팀을 새롭게 변화시킨다는 의미 ① 팀 구성원이 동일한 유니폼을 착용함 ② 매주 한 번씩 팀 미팅을 열어 각자의 역할과 책임에 대해 논의함 ③ 팀 구성원 간 상호작용과 의사소통의 기회를 충분히 가져야 함
집단 응집력 향상기법	① 팀 구성원들이 달성 가능한 목표를 설정하기 ② 각자의 역할을 나누고 명확히 이해하게 함 ③ 다른 팀과 구별되게 만들어 팀 규범에 따르도록 함

---

02 리더십

1 리더십의 정의

정의	집단 또는 조직의 공동 이익을 달성하기 위해 한 사람이 다른 사람들의 지지와 도움을 얻는 과정

2 리더십 이론 2018, 2022, 2024

특성적 접근 (개인특성이론)	지도자에게 요구되는 인성과 특성은 타고난 개인 특성이라고 보는 이론		
행동적 접근 (행동특성이론)	집단을 효율적으로 이끌어가기 위해 나타나는 행동특성은 학습에 의해 성취된 것이라고 보는 이론		
상황적 접근 (상황부합이론)	지도자의 개인 특성이나 행동 특성보다 집단의 상황 특성이 중요한 역할을 한다고 보는 이론		
첼라드라이 (P.Chelladerai)의 다차원 리더십 모델	원인 변인이 리더의 행동에 영향을 미치고, 리더의 행동이 수행 결과와 선수 만족에 영향을 미친다는 이론		
피들러(F. Fiedler)의 상황부합 리더십 모델	과제(과업)지향 리더	과제수행에 관심이 높음(상황 호의성이 가장 높거나 낮을 때 LPC점수)	
	관계(인간)지향 리더	대인관계에 관심이 높음(상황 호의성이 중간일 때 LPC점수)	
	LPC (Least Preferred Coworker)	① 리더십 유형을 측정하기 위한 LPC 척도 개발 ② 16개의 의미구별 척도로 점수가 높은 리더(73점 이상)는 관계지향형, 낮은 리더(63점 이하)는 과업지향형	

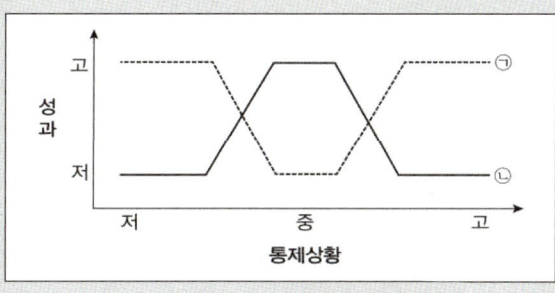

3 리더십 효과와 상황 요인

지도자 특성	훌륭한 지도자는 공통적인 특성(높은 지능, 적극성, 자신감, 설득력, 융통성, 성취동기 등)을 갖고 있으나, 그 특성을 갖고 있다고 해서 무조건 훌륭한 지도자가 되는 것은 아님
다니엘 골먼 (Daniel Goleman)의 리더십 유형	6가지 유형 : 전망 제시형, 일대일 코치형, 관계 중시형, 민주형, 선도형, 지시형
상황 요인	지도자는 특정 상황이나 환경 속에서도 조화롭고, 민첩하게 대처할 능력이 필요함
구성원 특성	구성원의 특성(성별, 나이, 성격, 운동능력, 운동경력 등)에 따라 지도자의 리더십 유형은 달라짐

4 강화와 처벌 `2017, 2019, 2021, 2025`

(1) 강화와 처벌의 개념

강화의 개념	긍정적인 행동 이후 좋은 자극(칭찬 등)을 통하여 지속적인 반응이 나오도록 유도하는 것	
	부적 강화	긍정적인 행동으로 원하지 않는 것을 피함
	정적 강화	긍정적인 행동으로 원하는 것을 얻음
	1차적 강화	물질 또는 물건으로 강화하는 것
	2차적 강화	칭찬과 같은 선수와 코치 사이의 사회적 관계를 이용한 강화
처벌의 개념	부정적인 행동 이후 나쁜 자극(충고 등)을 통하여 지속적인 반응이 나오지 않도록 유도하는 것	
	부적 처벌	부정적인 행동 후 그 행동을 감소시키기 위하여 주는 자극을 제거하는 처벌
	정적 처벌	부정적인 행동 후 그 행동을 감소시키기 위하여 주는 자극을 점차 증가하는 처벌

(2) 전략

강화 전략	① 바람직한 행동을 찾아 강화함 ② 성취 결과만이 아니라 노력과 행동 과정도 강화함 ③ 일관성 있게 즉각적으로 강화함
처벌 전략	① 동일한 규칙 위반의 경우 누구나 평등하게 처벌해야 함 ② 규칙 위반사항 및 규정은 지도자와 구성원이 협력하여 만들어야 함 ③ 처벌은 효과보다 부정적인 영향이 있으니 주의해야 함

(3) 와인버그(Weinberg)와 굴드(Gould)의 처벌 행동 지침

처벌 행동 지침	① 사람이 아니라 행동을 처벌해야 함 ② 개인적인 감정으로 처벌하지 않아야 함 ③ 연습 중 실수한 것은 처벌하지 않아야 함 ④ 처벌이 필요할 경우 단호함을 보여야 함 ⑤ 동일한 규칙 위반의 경우 누구에게나 동일한 처벌을 하는 일관성을 가져야 함 ⑥ 규칙 위반에 대한 처벌 규정을 만들 때는 선수의 의견을 반영해야 함 ⑦ 신체활동적인 내용은 처벌로 활용하지 않아야 함 ⑧ 다른 사람들 앞에서 선수 개인에게 창피나 모욕감을 주지 않아야 함

5 코칭 스타일과 코칭 행동 선행요인 2015, 2016, 2023

코칭 스타일과 행동 지침	① 팀 구성원을 인간적으로 이해하기 위해 노력해야 함 ② 자신이 지도하는 종목에 대한 전문지식을 배양해야 함 ③ 팀 구성원에게 차별이나 편애 없이 공정하게 대해야 함
코칭 행동 주요 선행요인	① 구성원의 특성 ② 리더의 특성 ③ 상황 요인

2023년 기출문제

스미스(R. Smith)와 스몰(F. Smoll)의 CET 예시
스미스와 스몰이 개발한 CET(Coach Effectiveness Training) 지도자 연수 프로그램
• 유소년은 승리보다 노력에 중점을 둔다.
• 격려와 칭찬에 기반한 긍정적인 접근이 필요하다.
• 선수들이 스스로 협력하여 팀의 단결을 촉진한다.
• 의사 결정에 선수를 참여시키고 의견을 반영한다.
• 지도자 스스로 코칭 행동을 관찰하고 반성한다.

---

03 | 사회적 촉진

1 사회적 촉진의 개념과 이론 2024

(1) 사회적 촉진 개념과 이론의 의미

개념		타인의 존재가 운동수행에 영향을 미치는 것을 사회적 촉진이라고 함 例 혼자 달리는 경우와 경쟁자가 함께 달리는 경우의 결과와 운동 효과의 차이
사회적 촉진 이론	자이언스(Zajonc)의 단순 존재 이론	타인의 존재만으로 각성 반응을 일으킨다는 이론
	코트렐(Cottrell)의 평가 우려 가설	타인의 존재만으로는 각성이 일어나지 않으며, 비판적 능력이 있는 전문가가 있어야 가능하다는 이론
	본드(Bond)의 자아이론	타인의 존재가 수행자에게 동기부여가 되어 욕구가 증대된다는 이론
	샌더스(Sanders)의 주의 분산·갈등 이론	타인의 존재는 주의를 분산시켜 수행에 부정적 영향을 가져오기도 하고, 다른 한편으로는 수행에 긍정적인 영향을 준다는 이론
	위클런드(Wicklund)와 듀발(Duval)의 객관적 자기인식이론	자기 인식 상태에서 수행자 자신의 과제 수행과 이상적 수행 사이에 차이를 주목하여 이런 차이점을 좁히려 노력한다는 이론

	계랭(Guerin)의 자기 감시 분석	사회적 추동 원인을 시각적 감시가 불가능한 타인의 존재에 있다고 가정함. 수행자에게 피해를 주지 않는 타인들이 주기적으로 감시될 수 있다면 타인의 존재는 추동을 증가시키지 않는다는 이론

(2) 사회적 촉진에 영향을 미치는 변인

개인적 변인	개인의 성격과 능력
과제 변인	① 과제의 수준과 운동기능 ② 역도와 유도는 높은 각성 수준이 요구되고, 사격과 양궁은 낮은 각성 수준이 요구됨
상황적 변인	수행자 특성(사전 경험 등), 관중 특성(연령, 성별, 규모 등)

2 경쟁과 협동의 효과

경쟁과 협동	경쟁적 효과보다 협동적 효과가 여러 가지 측면에 더 높고 많은 지지를 받음

3 모델링 방법과 효과 2015, 2016

	반응의 촉진	관찰자들이 모델과 유사한 행동을 하도록 적절히 자극하는 것
반두라(Bandura)의 모델링 기능	억제와 탈억제	모델의 잘못된 행동으로 인해 벌을 받으면 억제가 나타나고, 잘못된 행동에 벌을 받지 않으면 탈억제가 나타남
	관찰학습	① 모델이 하는 행동을 유사하게 따라 하는 것 ② 4가지 과정 : 주의집중 → 파지 → 산출(재생) → 동기 유발
모델링 효과		① 단순한 운동보다 복잡한 운동일수록 모델링 효과가 큼 ② 우수한 모델이 좋은 모델이지만, 학습자와 비슷한 모델도 학습에 도움이 됨 ③ 5세 이하 아이들에게는 비언어적 모델링이 더 효과적임 ④ 결과적으로 모델링은 자신감을 향상시키는 데 도움을 줌 ⑤ 훌륭한 운동선수들의 긍정적 행동과 봉사활동이 청소년들의 사회성 발달에 긍정적 영향을 줌 ⑥ 훌륭한 운동선수들의 공격적이거나 부정적인 행동은 청소년에게 부정적 영향을 줄 수 있음

4 주요 타자의 사회적 영향

주요 타자	주요 타자들은 부모 영향, 동료 영향, 지도자 영향으로 구분됨
사회적 영향	어릴 때는 부모의 영향을 많이 받지만, 10대가 되면 동료와 지도자의 영향을 더 받게 됨

04 사회성 발달

1 공격성의 개념과 이론 2015, 2017, 2023, 2025

(1) 공격성의 개념과 공격성 이론의 종류

개념	공격성은 피해나 부상을 피하려고 하는 사람에게 피해나 상해를 입히기 위한 목적으로 가해지는 행동을 말하며, 목표와 분노가 있었는지에 따라 적대적 공격성과 수단적 공격성으로 분류

	본능이론	인간에게는 본능적으로 공격성이 있고, 기본적인 기운이 공격행동을 유발시킨다는 이론
공격성 이론	좌절 - 공격 가설	목표를 달성하고자 할 때 방해를 받는다면 좌절감을 느껴 공격성이 유발된다는 이론
	사회학습이론	인간의 행동은 공격성 등을 포함하여 모방 및 보상에 의해 이루어진다는 이론
	단서 촉발이론	공격적 행동은 내적 욕구와 학습의 결과로 일어날 수 있다는 이론

(2) 공격 행동의 종류

적대적 공격 행동	상대에게 피해를 가하려는 목적으로 발생하는 공격 행동(분노 발생)
수단적 공격 행동	승리와 이득을 위한 목적 수단으로 이루어지는 공격 행동(분노 없음)
권리적 행동	합법적 폭력 행동으로 피해를 주려는 의도가 없는 행동

2 스포츠에서 공격성의 원인과 결과

(1) 스포츠에서 공격성의 원인

생물학적 접근	신체적 특성과 체격, 질병, 생리학적 특성 등을 공격성의 원인으로 보는 접근
심리학적 접근	인간의 원초아, 자아, 초자아 중 초자아가 덜 발달하여 억압된 원초아가 비정상적이고 위협적 방식으로 표현되어 나타난다는 접근
사회·환경적 접근	인간의 내적 문제보다는 사회·환경적인 문제로 인하여 발생한다는 접근

(2) 공격성의 통제 방법

부모 훈련	부모는 자녀에게 첫 스승이자 가장 중요한 교육의 조건이며, 아동의 공격성은 부모 훈련을 통해 통제가 가능함
조망 수용	타인의 입장에서 생각하는 것을 의미하며 자신의 공격으로 인하여 타인이 느낄 수 있는 고통과 신체적 결과를 생각하는 기회를 갖는 것
공감 훈련	분노감을 공감 능력으로 전환하는 것으로, 공감 능력을 높이는 훈련을 통해 공격성을 줄이는 훈련

3 스포츠 참가와 인성 발달 `2021, 2023`

스포츠와 인성 관계	스포츠 참가를 통하여 인성 발달(사회성, 인내력 등)을 할 수 있으며, 스포츠 규칙 준수가 사회 규칙 준수로 이어질 수 있음

05 | 건강 운동 심리학

01 운동의 심리적 효과

1 운동과 성격

운동의 영향	운동과 성격은 관계성이 있으며, 운동의 종류와 방법에 따라 성격에 영향을 미침
운동과 성격 관계	① 꾸준한 운동은 정서적 안정감을 줌 ② 외향적인 성격의 사람이 신체활동을 더 꾸준히 지속함 ③ 우울감과 불안감이 있는 사람은 운동을 지속적으로 수행하기 어려움 ④ 지속적인 운동 참여는 성격을 변화시킴

2 운동의 심리생리적 효과 ⟨2016, 2018, 2025⟩

운동의 심리생리적 효과		① 유·무산소성 운동은 우울증을 감소시키는 효과가 있음 ② 장기간 운동이 단기간 운동보다 우울증 개선 효과가 더 큼 ③ 적절한 운동은 불안을 감소시키는 효과가 있지만 고강도 운동은 불안을 감소시키는 효과가 적거나 불안을 증가시킬 수 있음 ④ 모든 연령대에서 운동을 통하여 체력이 증가하면 자신감이 높아짐 ⑤ 적절한 운동은 스트레스 해소에 긍정적인 효과를 줌
심리생리적 효과 이론	열 발생 가설	운동으로 인한 체온 상승이 뇌와 근육에 이완 명령을 전달하여 편안함을 느낀다는 가설
	주의 분리 가설	운동을 하면 일상 생활패턴에서 벗어나게 되어 기분이 전환된다는 가설
	모노아민 가설	운동이 우울증에 긍정적인 효과가 있는 이유는 세로토닌, 노에피네프린, 도파민과 같은 뇌 신경전달물질의 변화 때문이라는 가설(우울증 개선 등)
	뇌 변화 가설	운동으로 인하여 뇌의 혈관이 많아지기 때문에 인지능력 등이 향상된다는 가설
	생리적 강인함 가설	규칙적인 운동은 스트레스에 대한 내성을 강화하여 정서적으로 안정된다는 가설
	사회·심리적 가설	운동이 기분을 좋게 만든다는 위약 효과(가짜 약 효과) 때문에 심리적 효과가 있다는 가설

3 신체활동의 심리 측정

운동강도 심리 측정	보르그(Borg)의 주관적인 운동강도 측정 척도	같은 무게라도 20대의 건강한 사람이 운동하는 것과 80대의 노인이 운동하는 것은 심리적 차이가 있다는 것
신체활동 양의 심리 측정	고딘(Godin)과 세파드(Shephard)의 여가활동 질문지	1주일 간 여가시간 운동량을 조사한 것을 바탕으로 측정
운동정서 심리 측정	맥네어(Mcnair)의 기분상태 검사지	1주일 간 느낀 점을 65개 문항으로 구성된 검사지로 측정
긍정적, 부정적 감정 스케줄	왓슨(Watson)의 감정 스케줄	현재 감정 상태 측정으로 느낌이나 정서 상태 20개 문항으로 구성한 척도로 측정

PART 03

1 합리적 행동이론과 계획적 행동이론 `2021, 2024`

합리적 행동이론	개인이 운동 의도가 있다면 실천하고, 의도가 없다면 실천하지 않는다는 이론	
계획적 행동이론	합리적 행동이론에 포함되지 않은 보다 계획적인 행동이론	
	아이젠 (I. Ajzen)의 계획된 행동이론	행위 의도로 온전히 행동을 예측할 수 없다는 합리적 행위 이론의 한계를 수정하고 보완한 모델. 아이젠은 행위 의도를 행동과 주관적 규범으로 설명했던 기존의 합리적 행위 이론에 '행동에 대한 지각된 통제감'이라는 제3의 변수를 추가해 태도와 행동의 관계를 좀 더 정교하게 예측하려고 함
	구성요인	행위 의도, 행동에 대한 태도, 주관적 규범, 행동에 대한 지각된 통제감이 있음

2024년 기출문제

아이젠(I. Ajzen)의 계획 행동이론 예시

[㉠ 태도]는 행동을 수행하는 것에 대한 개인의 정서적이고 평가적인 요소를 반영한다. [㉡ 주관적 규범]은 어떤 행동을 할 것인지 또는 안 할 것인지에 대해 개인이 느끼는 사회적 압력을 말한다. 어떠한 행동을 개인의 [㉢ 의도]에 따라 그 행동 여부가 결정된다. [㉣ 행동통제인식]은 어떤 행동을 하기가 쉽거나 어려운 정도에 대한 인식 정도를 의미한다.

2 변화 단계이론 `2015, 2018, 2020, 2021, 2022, 2025`

정의	① 신체활동은 일련의 단계를 거쳐 변화한다는 것을 기본 전제로 하는 이론 ② 5단계 : 무관심 → 관심 → 준비 → 실천 → 유지	
변화 단계	무관심 단계	현재 운동을 하고 있지 않으며 6개월 이내에도 운동을 시작할 의도가 없음
	관심 단계	현재 운동을 하고 있지 않지만 6개월 이내에 운동을 시작할 의도가 있음
	준비 단계	현재 운동을 하고 있지만 운동 가이드 라인을 충족하지 못하는 수준(1개월 이내)
	실천 단계	운동 가이드 라인의 수준으로 운동을 하지만 6개월 이내에 있음
	유지 단계	운동 가이드 라인을 충족하는 수준의 운동을 6개월 이상 해오고 있음

2022년 기출문제

프로차스카(J.O. Prochaska)의 운동 변화 단계 모형 예시

• 인지적·행동적 변화과정을 통해 운동 단계가 변화한다.
• 변화 단계와 자기효능감의 관계는 비례해서 직선으로 높아지는 경향이 있다.
• 변화 단계가 높아짐에 따라 운동에 대해 기대할 수 있는 혜택 인식은 증가한다.

3 통합이론

건강신념 모형	질병의 가능성과 질병이 걸리면 큰 문제가 있다는 인식이 건강행동에 영향을 미친다는 이론
자기효능감이론	개인이 과제를 성공적으로 수행할 수 있다는 신념

4 사회생태학이론 `2022`

정의	개인이 운동을 하지 않는 이유 등은 단순히 개인의 문제가 아니며, 사회와 국가 그리고 환경의 문제까지 접근하여 보아야 한다는 이론

사회생태모형 예시
- 지역사회가 여성 전용 스포츠 센터를 확충한다.
- 정부가 운동 참여에 대한 인센티브 정책을 수립한다.
- 가정과 학교에서 운동 참여를 지지해주는 분위기를 만든다.

03 운동 실천 중재전략

1 운동 실천의 영향 2016, 2017, 2021, 2022, 2024

(1) 운동 실천의 영향 요인

개인적 요인	개인 특성	성별, 나이, 소득 수준, 교육 수준, 신체 상태 등
	인지 특성	재미, 성격, 동기, 자기효능감 등
	행동 특성	행동 습관, 과거 이력, 음주, 흡연 등
환경적 요인	사회적 환경	가족, 동료, 지도자, 운동집단, 사회적 지지 등
	물리적 환경	계절, 날씨, 비용, 운동시설 접근성 등
운동 특성 요인	운동 강도, 노력, 지도자 등	

(2) 운동 실천을 위한 행동수정 중재 전략(예시)

행동수정 중재 전략	① 운동화를 보이는 곳에 두기 ② 지각이나 결석이 없는 회원에게 보상을 제공하기 ③ 출석상황과 운동수행 정도를 공공장소에 게시하기

레빈(K.Lewin)의 인간 행동 작용 예시
- 인간의 행동은 [개인]과 [환경]에 의해 결정된다.
- 행동은 [개인]과 [환경]의 상호작용으로 변화한다.

2 지도자, 집단, 문화의 영향

지도자 영향	① 지도자의 성실성, 열정, 전문성은 운동 실천에 큰 영향을 줌 ② 권위주의 스타일과 민주주의 스타일로 구분됨
집단의 영향	집단의 규모 또는 응집력의 높고 낮음은 운동 실천에 영향을 줌
문화의 영향	사회문화(가치, 관습, 규범, 규칙, 신념 등)가 운동 실천에 영향을 줌

3 행동수정 및 인지 전략 2018, 2020

행동수정 전략	운동하는 패턴이나 습관에 영향을 주는 환경적 요소를 변화시켜 운동을 지속하게 만드는 전략	
인지 전략	개인의 생각, 믿음, 태도 등에 변화를 주어 운동하게 만들거나 지속하게 만드는 전략	
	목표 설정	객관적인 목표 설정 및 목표 달성을 위한 노력 필요
	의사결정	운동을 하면 긍정적인 효과가 많다는 정보를 제공하여 운동을 참여하지 않는 사람들도 참여하도록 유도
	동기 유발	동기 유발을 통하여 스스로 운동에 참여하도록 유도

06 스포츠심리 상담

01 스포츠심리 상담의 개념

1 스포츠심리 상담의 이론 `2015, 2017, 2022, 2024, 2025`

심리 상담의 개념	① 상담은 상담자와 내담자의 상호 협력 관계에 기초함 ② 상담자는 상담 시작 전에 상담의 전 과정을 내담자에게 안내함 ③ 스포츠심리 상담은 인간적 성장과 경기력 향상을 목표로 함
심리 상담의 적용	① 라포(Rapport)는 내담자와 상담자 사이의 공감적 관계를 말함 ② 경청은 상담자가 내담자의 언어적 메시지뿐 아니라 비언어적 메시지도 듣는 과정 ③ 상담, 감독을 받는 내담자와 이성 관계를 맺지 않음 ④ 미성년자 고객의 가족과는 개인적, 금전적 또는 다른 관계를 유지하지 않음 ⑤ 특별한 경우를 제외하고는 고객과 상담실 밖에서의 사적인 관계를 유지하지 않음
심리 상담자의 역할	① 경기 시즌 전·중·후 지원 ② 지속적인 심리훈련 ③ 친밀감(유대감) 형성
스포츠심리 윤리 규정	① 나이, 성별, 국적, 종교, 장애, 사회경제적 지위 등의 개인차 존중하기 ② 교육, 연수, 수련 경험 등을 통해 인정받은 전문지식과 기법 제공하기 ③ 내담자의 이익을 최우선에 두고 상담을 진행하며, 필요한 경우 다른 전문가에게 의뢰하기

2022년 기출문제

한국스포츠심리학회가 제시한 스포츠심리 상담사의 상담윤리
- 스포츠심리 상담사는 자신의 전문영역과 한계영역을 명확하게 인식해야 한다.
- 스포츠심리 상담사는 상담 과정에서 얻은 정보를 이용할 때 고객과 미리 상의해야 한다.
- 스포츠심리 상담사는 상담에 참여한 사람으로부터 좋은 평가나 소감을 요구하지 않는다.
- 스포츠심리 상담사는 타인에게 역할을 위임할 때는 전문성이 있는 사람에게만 위임해야 하며 그의 전문성을 확인해야 한다.

2 스포츠심리 상담 모형 `2019`

인지 재구성 모형		비합리적인 생각과 신념을 가진 운동선수가 스포츠심리 상담을 받으러 왔을 때 비합리적인 부분을 찾아 합리적인 신념으로 변화시킬 수 있는 방법 제시
교육적 모형	1단계	내담자의 기능을 파악하기 위한 운동역학적, 생리적 기능 검사 단계
	2단계	내담자의 심리상태를 파악하기 위한 설문조사 단계
	3단계	내담자의 심리상태 파악 후 동기를 부여하는 단계
	4단계	내담자의 의견을 존중하여 심리기술 방법을 결정하는 단계
맨탈플랜 모형		내담자에게 최상의 수행과 최저의 수행 간 차이를 인식시키고, 최상의 수행 시 필요한 상태를 만들기 위한 심리기법(심상과 루틴)을 결정함

02 스포츠심리 상담의 적용

1 스포츠심리 상담 프로그램

(1) 스포츠심리 상담 절차

초기 접촉	내담자와 상담자가 직접 방문하거나 전화와 이메일 등 통신수단을 활용한 접촉 시기
접수 상담	내담자의 인적사항 및 기타 제반사항을 접수하는 시기
심리 검사	내담자의 심리상태 파악을 위한 심리검사 측정도구 선택 및 설문지 활용 단계
상담 결정	계약을 확정하고 실천계획을 수립하는 단계
상담 초기	내담자와 상담자 간 협의를 하는 단계
상담 중기	본격적인 상담 시기
상담 말기	내담자의 변화된 내용 확인 및 상담 종료 혹은 연장 검토

2 스포츠심리 상담의 기본과 기법 2015, 2017, 2020, 2021, 2025

(1) 스포츠심리 상담자 기본 조건

신뢰	① 내담자가 상담자를 믿을 수 있도록 신뢰가 가는 태도를 보여야 함 ② 상담자와 내담자는 라포(Rapport : 친밀한 관계, 마음이 맞는)를 형성함
수용	① 내담자의 이야기를 편견 없이 받아들여야 함 ② 어떤 사람이든 선입견 없이 귀한 인간으로 존중하는 자세
관심 집중	① 상담자는 내담자와의 상담을 관심 있게 집중해야 함 ② 내담자가 무엇을 원하는지 정성스럽게 주의를 기울임
경청	① 내담자의 언어적 메시지와 비언어적(표정, 목소리 등) 메시지도 경청해야 함 ② 내담자에게 경청하는 모습과 표정을 보일 필요가 있음
공감적 이해	① 내담자의 입장에서 생각하고 공감해야 함 ② 시간 갖기, 반응은 짧게 하기, 적절히 반응하기
긍정적 존중	① 상담자는 자신의 감정을 긍정적으로 유지해야 함 ② 내담자를 긍정적으로 이해하고, 온정적 태도로 존중해야 함
일치	상담자는 내담자와 상담할 때 자신의 경험과 감정을 왜곡하지 않고 솔직하게 표현해야 함

(2) 스포츠심리 상담 기법

상담 기법	① 상담 관계 수립 후 이끌어가기 ② 내담자의 마음 헤아려주기 ③ 내담자의 현재 상태와 미래 비전 제시하기 ④ 내담자의 문제점 해결하기 ⑤ 내담자를 성장과 개선의 방향으로 유도하기 ⑥ 상담 관계를 잘 마무리하기

(3) 스포츠심리학자의 역할

역할	① 운동학습, 운동제어, 운동발달 등 스포츠심리 학문을 가르치고 연구함 ② 상담을 통해 선수가 필요로 하는 심리기술 훈련을 하기도 함

2025년 기출문제

스포츠심리학자의 역할 예시
- 스포츠심리학 이론을 가르친다.
- 스포츠심리학 관련 연구를 수행하고 현장에 응용한다.
- 심리기술훈련을 적용해 선수들의 경기력 향상을 돕는다.

2025년 기출문제

북미 스포츠심리학의 아버지 '콜먼 그리피스'
- 주요 활동은 1921~1938년
- 최초로 스포츠심리학 실험실 설립
- 북미 스포츠심리학의 아버지라고 불림
- 시카고 컵스 야구팀 스포츠 심리 상담사
- 코칭심리학(Psychology of Coaching, 1926) 책 출판

※ 프랭클린 헨리 : 미국 버클리 스포츠심리학 교수, 스포츠심리학 초창기 연구자
※ 레이너 마틴즈 : 미국 일리노이 스포츠심리학 교수, 스포츠경쟁불안검사(SCAT) 개발자
※ 노먼 트리플렛 : 미국 인디애나 심리학자, 스포츠심리학 최초 연구자

스포츠심리학

※ 다음은 스포츠심리학을 학습한 후, 얼마나 이해하고 있는지 확인하는 주관식 문제입니다.
기본내용으로 구성된 주관식 문제로 최소 6개 이상 맞추지 못하면 이론을 1~2회 다시 학습한 후 다음 단계인 기출문제 풀이로 넘어가길 바랍니다.

01 인간의 운동은 유기체, 환경, 과제의 상호작용 속에서 자기조직의 원리와 비선형성의 원리에 의해 생성되고 조절되며, 일반화된 운동 프로그램과 같은 기억표상의 구조가 필요하지 않다고 주장하는 이론이 무엇인지 쓰시오.

02 피츠(Fitts), 포스너(Posner)의 운동습득 단계를 쓰시오.

03 운동 발달의 주요 원리를 쓰시오.

04 갈라휴(Gallahue)의 운동 발달 7단계를 쓰시오.

정답

01 다이내믹시스템이론

02 인지 단계 → 연합 단계 → 자동화 단계

03 ① 개인차 존재   ② 민감기 또는 결정적 시기의 존재
     ③ 환경적 맥락의 영향   ④ 분화와 통합 과정
     ⑤ 일정한 순서와 방향성   ⑥ 유전과 환경의 상호작용
     ⑦ 운동 행동이 연속적으로 변화하는 과정

04 ① 반사적 움직임 단계   ② 초보(기초)적 움직임 단계
     ③ 기본적 움직임 단계   ④ 스포츠기술(전문화 움직임) 단계
     ⑤ 성장과 세련 단계   ⑥ 최고 수행 단계
     ⑦ 퇴보 단계

05 매슬로우(Maslow)의 욕구위계이론 5가지 단계를 쓰시오.

06 잭슨과 칙센트미하이(M. Csikszentmihalyi)의 몰입의 9가지 차원을 쓰시오.

07 불안의 종류를 쓰시오.

08 생리적 관리기법을 쓰시오.

09 심상의 대표적 이론을 쓰시오.

10 운동의 심리생리적 효과의 대표적인 이론을 쓰시오.

정답

05 ① 생리적 욕구 → ② 안전의 욕구 → ③ 애정의 욕구 → ④ 존경의 욕구 → ⑤ 자아실현의 욕구

06 ① 도전과 기술 균형　② 행동과 인식 일치　③ 변형된 시간과 감각
　　④ 명확한 목표　　　⑤ 과제 집중　　　　⑥ 구체적 피드백
　　⑦ 통제감　　　　　⑧ 자의식 상실　　　⑨ 자기 목적 경험

07 ① 특성 불안　　　　② 상태 불안　　　　③ 분리 불안
　　④ 경쟁 특성 불안　⑤ 경쟁 상태 불안

08 ① 바이오피드백 훈련　② 명상　　　　　　③ 자생훈련
　　④ 점진적 이완기법　　⑤ 인지 재구성　　　⑥ 호흡 조절
　　⑦ 자화법

09 ① 심리 신경근 이론　② 상징 학습 이론
　　③ 생체 정보 이론　　④ 각성 활성화 이론

10 ① 열 발생 가설　　　② 주의 분리 가설　　③ 모노아민 가설
　　④ 뇌 변화 가설　　　⑤ 생리적 강인함 가설　⑥ 사회·심리적 가설

성공은 결코 우연이 아니다. 성공은 노력, 인내, 학습, 공부, 희생,
그리고 무엇보다도 자신이 하고 있거나 배우고 있는 일에 대한 사랑이다.
(Success is no accident. It is hard work, perseverance, learning, studying, sacrifice and most of all,
love of what you are doing or learning to do.)

펠레(Pele)

PART

04

스포츠윤리

CHAPTER 01　스포츠와 윤리

CHAPTER 02　경쟁과 페어플레이

CHAPTER 03　스포츠와 불평등

CHAPTER 04　스포츠에서 환경과 동물윤리

CHAPTER 05　스포츠와 폭력

CHAPTER 06　경기력 향상과 공정성

CHAPTER 07　스포츠와 인권

CHAPTER 08　스포츠조직과 윤리

스포츠와 윤리

01 스포츠의 윤리적 기초

1 도덕, 윤리의 개념 `2015, 2018, 2019, 2020, 2021, 2022, 2023`

(1) 도덕과 윤리의 의미

구분	도덕	윤리
어원	mores(예절, 품성)	ethos(성격, 인격)
의미	인간으로서 지켜야 할 도리	함께 살아가는 인간관계의 이치
적용	개인의 심성 또는 덕행	사회규범
공통점	스스로 판단하고 실천하는 자율성, 자신의 이익보다 타인에 대한 관심과 요구	

(2) 레스트(J. Rest) 도덕성 구성요소

도덕적 민감성(감수성)	스포츠 상황에서 어떻게 행동해야 하는지에 대해 지각
도덕적 판단력	스포츠 상황에서 옳고 그름을 판단
도덕적 동기화	도덕적 가치를 다른 가치보다 우선시하는 요소
도덕적 품성화	스포츠 상황에서 장애요인을 극복하여 실천할 수 있는 강한 의지, 용기, 인내 등의 품성

2021년 기출문제

레스트(J. Rest) 도덕성 구성요소
- 상빈 : 직업 선수에게 가장 중요한 것은 무엇이라고 생각해?
- 미라 : 연봉이지! 직업 선수의 연봉이 그 선수의 능력을 나타내는 것이라고 생각해.
  나는 작년 성적이 좋아서 올해 연봉이 200% 인상되었어.
- 은숙 : 연봉은 매우 중요하지. 하지만 나는 연봉, 명예 등의 가치보다 스포츠인으로서 스포츠맨십과 페어플레이가 가장 중요한 가치라고 생각해[도덕적 동기화].

(3) 선(善)의 정의와 적용

① 선의 정의

선(善)	㉠ 도덕적 실천의 기본이 되는 가치 ㉡ 도덕적 행위를 가능하게 하는 근거

② 선의 적용

구분	적용	해석
아리스토텔레스	행복	목적론적 윤리학(삶의 궁극적 목적)
에피쿠로스	정신적 쾌락 (쾌락은 유일한 선)	쾌락주의 윤리학 (마음이 고요하고 평온한 상태)
칸트	선의지	의무론적 윤리학 (도덕적 의무를 따르고 실천)

2023년 기출문제

선의지 예시
- 칸트에게 도덕성의 기준은 [선의지]이다.
- 칸트에 의하면, 페어플레이도 [선의지]가 없으면 도덕적이라 볼 수 없다.
- [선의지]는 도덕적인 선수가 갖추어야 할 내적인 태도이자 도덕적 행위의 필요 충분 조건이다.

롤스(J. Rawls) 정의 예시

롤스(J. Rawls)는 [탁월성]이 인간 발전의 조건이며, 모든 이의 관점에서 선이 된다고 하였다. 스포츠는 신체적 [불평등]을 훈련과 노력으로 극복하며, 기회의 균등이 정의로 작용하고 있음을 보여준다. 즉 인간이 갖는 신체적 능력이 [불평등]은 오히려 [탁월성]을 개발할 기회를 마련해주며, 이를 통해 스포츠 전체의 선(善)이 강화된다.

2 사실판단과 가치판단 2016, 2017, 2018, 2020, 2021, 2022, 2025

구분	사실판단	가치판단
의미	객관적인 사실에 근거한 판단으로 사실 세계에 대한 경험적 판단	주관적 가치에 근거한 판단으로 옳고 그름에 대한 가치적 판단
특징	참과 거짓 구분 가능	참과 거짓 구분의 불분명
사례	예 김연아는 올림픽에서 금메달을 땄다. 한국축구는 2002년 월드컵에서 4강 신화를 달성했다. 감독의 선수 처벌은 불법이다.	예 페어플레이는 좋은 행위이다. 추신수는 정직한 선수이다. 감독은 선수를 체벌해서는 안 된다.

2025년 기출문제

스포츠 가치판단 예시
• 도핑을 이용한 실력 향상은 옳지 않다.
• 스포츠에서 희생과 헌신은 승리보다 가치가 있다.
• 스포츠에서 승리 추구는 규정 준수보다 더 중요하다.

2022년 기출문제

가치판단 예시
• 체조경기에서 선수들의 연기는 아름답다.
• 건강을 위해서는 고지방 음식을 피해야 한다.
• 시합이 끝난 후 상대방에게 인사를 하는 것은 옳은 행위이다.

2021년 기출문제

사실판단과 가치판단
스포츠에서 일어나는 사건이나 현상에 대한 사유작용을 판단이라고 하며, 크게 사실판단과 가치판단으로 구분된다. 사실판단은 실제 스포츠에서 일어난 사건과 현상에 대한 진술을 말한다. 따라서 [진위]를 가릴 수 있다. 이에 비해 가치판단은 옳고 그름 혹은 바람직하거나 그렇지 못한 것 등 가치에 대한 진술로 이루어진다. 가치판단은 주로 [당위]에 근거한다.

02 스포츠윤리의 이해

1 일반윤리와 스포츠윤리 2015, 2016, 2021, 2022, 2023, 2024

일반윤리	① 다양한 사회의 공통된 윤리 정신 또는 도덕의 원리 추구
	② 모든 사람이 마땅히 지켜야 할 도덕 원리 추구
	③ 도덕적 판단과 행동을 반성하고 올바른 삶의 방향 추구
	④ 인격의 함양과 올바른 공동체의 모습 제시
	⑤ 다양한 윤리 문제를 해결할 대안 제시

스포츠윤리	① 스포츠 상황에서 윤리적 문제의 발생 원인을 밝히고 바람직한 윤리 규범 모색
	② 경쟁의 도덕적 조건과 가치 있는 승리의 의미 탐색
	③ 스포츠의 도덕적 가치를 옹호하고 보편적 윤리의 정당성 확보
	④ 선수의 도덕적 자질과 인격의 함양 추구(스포츠인 실천 기준)
	⑤ 스포츠맨십, 페어플레이 등 스포츠윤리 규범 확산과 이상적인 경기문화 제시
	⑥ 스포츠의 비윤리적 행위의 근절과 공정성 확보를 위한 방안 마련

합격 Tip 윤리 용어

아크라시아	자제력 부족	예 도핑이 그릇된 것을 알지만 기록 갱신과 승리를 위해 도핑
에피스테메	지식적 인식	예 코치는 종목의 스포츠 전문지식을 바탕으로 선수 지도
프로네시스	실천적 지혜	예 선수가 덕을 가지고 도덕적으로 경기에 임하는 자세

2024년 기출문제

스포츠기본법 예시

이 법은 국민 모두가 스포츠 및 신체활동에 자유롭고 평등하게 참여하여 건강하고 행복한 삶을 영위할 수 있도록 한다. 스포츠의 가치가 교육, 문화, 환경, 인권, 복지, 정치, 경제, 여가 등 우리 사회 영역 전반에 확산될 수 있게 국가와 지방자치단체가 그 역할을 다하도록 한다. 또한 개인이 스포츠 활동에서 차별 받지 아니하고 스포츠의 다양성, 자율성, 민주성의 원리가 조화롭게 실현되도록 하는 것을 기본이념으로 한다.

2022년 기출문제

호네트(A.Honneth)의 인정투쟁 예시

독일의 철학자 [호네트]는 인간의 행위에 대한 탐구를 통해 성공적인 삶을 실현하는 사회적 조건으로 [인정]을 들고 있다. 인간은 누구나 타인에게 [인정]을 받고 싶은 욕구가 있다. 스포츠에서 승리에 대한 욕구는 가장 원초적인 [인정]투쟁이라고 할 수 있다.

03 윤리이론

1 결과론적 윤리 체계와 공리주의 2017, 2018, 2022, 2023, 2024, 2025

결과론적 윤리의 특징	① 어떤 행동이 좋은 결과를 낳는다면 그 행동은 도덕적으로 옳음
	② 행위의 가치는 상황에 따라 변동되며, 좋은 결과를 위한 수단으로서의 가치를 지님
	③ 목적에 도움이 되는 수단은 윤리적으로 정당
공리주의	① 결과론적 윤리의 대표 이론은 공리주의
	② 벤덤(J. Bentham)의 양적 공리주의(쾌락적 공리주의) : 도덕적 행위는 쾌락을 극대화하여 행복을 가져오는 것으로, '최대 다수의 최대 행복의 원칙'
	③ 밀(Mill)의 질적 공리주의 : 자신의 쾌락과 더불어 타인의 행복을 함께 추구하는 것으로 '이타심(利他心)' 강조

합격 Tip 공리주의의 종류

결과 공리주의	가장 좋은 결과를 가져올 행동	예 최대 다수의 최대 행복
상황 공리주의	정해진 원칙 없이 상황에 따라 판단	예 행복을 극대화하는 행동
행위 공리주의	어떤 행위가 최대 행복을 주는가	예 나의 행동이 많은 사람을 만족시키는 데 기여
규칙 공리주의	어떤 행위 규칙이 최대 행복을 주는가	예 어떤 규칙이 많은 사람을 만족시키는 데 기여

공리주의 스포츠 윤리규범 예시

- 스포츠에서 결과에 따른 만족을 중시한다.
- 스포츠 규칙 제정은 공정과 평등의 원칙에 근거한다.
- 스포츠에서 소수보다 다수의 이익을 우선하는 것이 정당화될 수 있다.

공리주의 예시

- 모든 스포츠인의 권리는 동등하게 보장되어야 한다.
- 스포츠 규칙 제정은 공평성과 평등의 원칙에 근거해야 한다.
- 선수의 행동이 좋은 결과를 얻었다면 도덕적으로 옳은 것이다.

2 의무론적 윤리 〔2016, 2017, 2018, 2019, 2020, 2021, 2022, 2024, 2025〕

(1) 의무론적 윤리와 칸트

의무론적 윤리의 특징		① 인간이 마땅히 지켜야 할 도덕법칙 ② 보편적 도덕에 따라 행위의 옳고 그름이 결정 ③ 행위의 결과보다 동기가 중요 ④ 도덕성의 기준은 언제 어디서나 절대적인 의무
칸트(J. Kant)의 윤리사상	실천이성	인간의 이성적 능력(실천이성)에 의해 도덕적 행동을 위한 규칙 발견
	자유의지	자신의 의지에 의하여 객관적인 도덕법칙 성립
	선의지와 의무	의무에 의한 행위만이 도덕적 행위
	정언명령 (정언적)	스포츠에서 도덕법칙은 "승리를 원한다면 열심히 훈련하라.", "위대한 선수가 되기 위해서는 스포츠맨십에 충실하라." 등과 같이 가언적으로 주어지지 않고, 어떠한 경우에도 선수의 의무로서 반드시 행하라는 정언적 명령의 형태로 존재함
	가언명령 (가언적)	일정한 조건이 있는 형태의 거래. '남에게 대접을 받으려면 남을 먼저 대접하라'라는 형태의 조건으로, 보편타당성이 없음

칸트의 의무론 예시

- 선생님 : 도핑을 하면 경기 결과가 달라질 수 있는데, 여러분은 왜 하지 않나요?
- 의무에서 나온 행위 : 저는 도핑이 공정하지 못한 행위이기 때문에 하지 않아요. 제 실력으로 인정받고 싶어요.
- 의무에 합치하는 행위 : 저는 사실 도핑 검사에 걸리면 처벌을 받으니까 하고 싶어도 못하고 있어요.

의무주의 예시

심판 B : 그 선수가 충돌을 피할 수 있는 시간은 충분했다. 그러나 그는 피하려 하지 않았다. 따라서 퇴장의 처벌은 당연하다.

의무론적 도덕 추론 예시

- 스포츠지도자, 선수 등의 행위 주체에 초점을 맞추고 있다.
- 행위의 결과에 상관없이 절대적인 도덕 규칙에 따라 판단을 내린다.
- 선의지는 도덕적인 선수가 갖추어야 할 내적인 태도이자 도덕적 행위의 필요충분조건이다.
- 정정당당하게 경기에 임하려는 선수의 착한 의지는 경기결과에 상관없이 그 자체로 선한 것이다.

2022년 기출문제

셸러(M. Scheler)의 가치윤리 예시
- 지속성 : 도핑으로 메달을 획득하는 것보다 지속적으로 훈련을 하여 경기에 참여하는 것이 가치가 더 높다.
- 만족의 깊이 : 자신의 실수를 인정하여 패배하는 것이 속임수를 쓰고 승리하여 메달을 획득하는 것보다 가치가 더 높다.
- 근거성 : 올림픽 경기에서 메달 획득으로 병역 혜택을 받는 것보다 올림픽 정신을 토대로 세계적인 선수들과 정정당당하게 겨루는 것이 가치가 더 높다.
- 분할 향유 가능성 : 많은 사람들이 분할하지 않고, 있는 그대로 향유할 수 있는 가치가 높은 가치이다.

3 덕론적 윤리와 배려윤리 2017, 2018, 2019, 2021, 2023, 2024

덕론적 윤리의 특징	① 행위 중심의 윤리보다 행위자의 윤리를 더 강조 ② 인간의 도덕성은 행위의 문제가 아닌 내면과 덕성의 문제 ③ 인간은 공동체의 도덕적 전통과 관습에 따라 행동하는 존재 ④ 덕은 반복적·습관적 행위의 결과로 생기는 성품이며 훈련된 행동 예 스포츠맨십, 페어플레이
배려윤리의 특징	길리건(C. Gilligan)과 나딩스(N. Noddings)의 배려윤리 ① 소수자의 권리에서 인간의 존엄성이 강조되어야 한다는 것으로 타인과의 관계를 중시해야 한다고 주장 ② 배려는 배려하는 사람과 배려 받는 사람 간의 상호관계에서 형성 ③ 기존의 남성 중심 가치관에서 벗어나 희생과 헌신 등의 여성주의 윤리 기준 제시

2024년 기출문제

멕킨타이어(A. MacIntyre)의 덕윤리 예시
선수는 윤리적 갈등을 겪을 때면, 우리 사회에서 오랫동안 본보기가 되어온 위인들을 떠올린다. 그리고 그 위인들처럼 행동하려고 노력한다.

2023년 기출문제

덕윤리 특징 예시
- 스포츠 상황에서 행위의 정당성보다 개인의 인성을 강조한다.
- 비윤리적 행위는 궁극적으로 스포츠인의 올바르지 못한 품성에서 비롯된다.
- 스포츠인의 미덕을 드러내는 행동은 옳은 것이며, 악덕을 드러내는 행동은 그릇된 것으로 간주된다.

2021년 기출문제

배려윤리 예시
- 윤리적 가치의 근거를 페미니즘에서 찾음
- 이성의 윤리가 아닌 감성의 윤리
- 경기에 처음 출전하는 후배를 격려하는 선배의 친절
- 근육 경련을 일으킨 상대 선수를 걱정하고 보살피는 행위
- 타자의 요구와 정서에 공감하고 대응하는 것이 도덕의 출발임

4 동양사상과 윤리 체계 2015, 2016, 2017, 2018, 2019, 2020, 2021, 2023, 2024, 2025

(1) 동양의 윤리 사상

동양 윤리 사상의 특징	① 수양과 수행을 통해 도덕적으로 완성된 삶 추구 ② 도덕적 자각과 실천을 통해 바람직한 공동체 사회 구현 ③ 생명 존중을 바탕으로 자연과 조화로운 삶 추구

유교의 윤리 사상	공자	① 인(仁)은 인간이 마땅히 지녀야 할 도덕적 이상 ② 정명(正名)을 통해 각자의 본분에 맞는 덕의 일치 강조 ③ 도덕적으로 완성된 인격체 '종심소욕불유구(從心所慾不踰矩 : 마음이 원하는 바를 따라도 법도에 어긋남이 없다)' 주장
	맹자	① 인간의 본성이 선하다는 '성선설(性善說)' 주장 ② 인간의 본성인 사단(四端)이 밖으로 드러난 덕(德)이 곧 인의예지(仁義禮智)
도가·도교의 윤리 사상	노자	① 만물의 생성과 존재의 원리인 도(道) 강조 ② 도가 현실 속에서 드러난 것을 덕(德)이라고 함 ③ 인위적이지 않은 있는 그대로의 상태, 즉 자연의 순리에 따르는 삶 ④ '상선약수(上善若水 : 지극히 착한 것은 마치 물과 같다)' 주장
	장자	① 마음의 깨달음과 정신적 자유 강조 ② 좌망(坐忘)과 심재(心齋) 제시 ③ 좌망은 조용히 앉아 모든 것을 잊고 무아의 경지에 드는 것이며, 심재는 잡념이 없는 깨끗한 마음의 상태

2024년 기출문제

공자의 충(忠)과 서(恕) 예시

공자의 사상은 [충과 서]로 설명할 수 있다. [충]은 마음이 중심을 잡아 한쪽으로 치우치지 않는 상태를 의미하고, [서]는 나와 타인의 마음이 서로 다르지 않다는 뜻으로 배려와 관용을 나타낸다. 공자는 [서]에 대해 "내가 원하지 않은 일을 남에게 하지 말라."는 정언명령으로 규정한다. 이는 스포츠맨십과 상통한다.

2021년 기출문제

공자의 서(恕)와 정명(正名)

서 (恕)	공자는 "내가 원하지 않는 일을 남에게 하지 말라."는 원리를 인간관계의 기본적인 행위 준칙으로 보았다. 내가 원하지 않는 것은 타인도 원하지 않을 것이라는 동등고려의 원리는 스포츠맨십의 바탕이기도 하다. 스포츠맨십은 하지 말아야 할 행위를 하지 않는 것이 아니라, 스스로 원하지 않는 것을 상대 선수에게 행하지 않는 원리를 실천하는 것이다.
정명 (正名)	사회구성원의 모든 행위가 그 이름[역할]에 적합하도록 행해야 한다는 도덕적 요구를 말한다. "임금은 임금답고 신하는 신하다우며, 아버지는 아버지답고 자식은 자식다워야 한다."는 주문으로 각자에게 주어진 이름과 역할에 걸맞게 행동하라는 도덕적 명령이다. 스포츠인을 스포츠인답게 만드는 것이 곧 스포츠맨십이다.

합격 Tip 맹자의 성선설(性善說)과 사단(四端)

- 측은지심(惻隱之心) : 남을 불쌍히 여기는 마음
- 수오지심(羞惡之心) : 불의를 보면 부끄러워하는 마음
- 사양지심(謙讓之心) : 겸손하고 양보하는 마음
- 시비지심(是非之心) : 옳고 그름을 가리고자 하는 마음

2025년 기출문제

㉠ 심판의 전문성 – ㉡ 수오지심 예시

배구 경기의 주심인 (㉠ 심판의 전문성)A심판은 최근 개정된 규정을 정확하게 숙지하지 못하여 오심을 범했다. 부심으로 경기를 관장하던 B심판은 오심임을 알았으나 A심판에 대한 징계가 걱정되어 침묵했다. 시합이 끝난 후 (㉡ 수오지심)B심판은 양심의 가책을 지우지 못하고 활동을 중단했다.

2023년 기출문제

측은지심 수오지심 예시
① 측은지심 : 농구 경기에서 자신과 부딪쳐서 부상을 당해 병원으로 이송되는 상대 선수를 걱정해주는 마음
② 수오지심 : 배구 경기에서 자신의 손에 맞고 터치 아웃된 공을 심판이 보지 못해서 자기 팀이 득점을 했을 때 스스로 부끄러워하는 마음

(2) 이외 윤리 사상

① 개인윤리와 사회윤리

개인윤리	사회윤리
㉠ 이상 : 이타심 ㉡ 선의지, 양심, 개인적 노력 ㉢ 대부분 행위의 주체를 개인의 양심과 덕목에 있다고 보는 윤리	㉠ 이상 : 정의 ㉡ 선의지, 양심, 정책, 제도, 구조 ㉢ 사회 구조나 질서 또는 제도와 관련된 윤리 문제에 대한 도덕적 규범

② 책임윤리와 심정윤리

책임윤리	베버 (M. Weber)	㉠ 과정뿐만 아니라 결과에 대한 책임감도 가져야 한다는 것 ㉡ 행위자가 의도하지 않은 행위의 결과에도 책임지는 태도를 가져야 한다고 보는 관점
	요나스 (H. Jonas)	㉠ 미래에 잘못된 결과가 일어나지 않도록 일어날 수 있는 일에 대한 배려와 예방 강조 (미래적 책임) ㉡ 환경과 관련해 자연 및 인류 존속에 대한 부분까지도 인간은 책임감을 가져야 한다고 주장(환경에 대한 책임)
심정윤리		㉠ 행위를 발생시키는 도덕적 신념 또는 확신을 중시 ㉡ 행위의 결과가 나쁠 경우 그 책임은 행위자에게 있는 것이 아닌 세계 또는 타인에게 있다고 주장

③ 상대주의와 절대주의

윤리적 상대주의	윤리적 절대주의
아리스토텔레스	플라톤
문화, 시대, 사회 등 상황에 따라 다르게 형성	상황을 초월하는 보편적 윤리의 진리가 존재

2024년 기출문제

윤리적 상대주의 예시
스포츠 행위의 도덕적 가치는 사회에 따라 또는 사람에 따라 다를 수 있다. 물론 도덕적 준거가 없는 것은 아니다.

5 가치충돌의 문제와 대안 2017, 2021, 2023

가치충돌의 문제	① 가치충돌은 두 가지 이상의 가치가 서로 부딪히거나 맞서는 경우 ② 개인적 차원과 사회적 차원의 가치충돌로 구분
가치충돌의 대안	① 선택 가능한 윤리적 관점을 다각도 분석 ② 사회의 보편적 규범에 비추어 보거나 타인의 관점에서 선택하고 평가 ③ 도덕 규칙과 결과의 공리성을 비교·분석하여 최선의 방안 모색

경쟁과 페어플레이

01 스포츠경기의 목적

1 로고스(logos), 파토스(pathos), 에토스(ethos) 2015, 2016, 2017, 2024

로고스	이성	이성적·과학적인 것을 가리키는 것으로 사고능력·이성 등을 의미
파토스	감성	감각적·신체적·예술적인 것을 가리키며 정념·충동 등을 의미
에토스	도덕성	도덕적 감정을 갖게 하는 보편적인 도덕적·이성적 요소를 의미

2 아곤(agon)과 아레테(arete) 2015, 2016, 2017, 2018, 2021, 2022

아곤	① 고대 그리스의 올림픽 경기에서 이루어졌던 운동경기의 경쟁과 대결을 의미 ② 카이요와(R. Caillois)는 아곤을 인간의 놀이 본능 중 한 가지로 규정 ③ 공정한 규칙에 의하여 승패가 결정되기 때문에 결과를 받아들임 ④ 승리의 가치는 게임에 국한, 패자에 비해 우월하다는 의미로 한정 ⑤ 때로 능력과 수준의 차이가 있는 상대와 경쟁할 경우 핸디캡 설정
아레테	① 사람 또는 사물이 가지고 있는 탁월성, 뛰어남 등을 의미 ② 사람 또는 사물이 본래 가지고 있는 것을 좋은 상태에 이르게 하고, 그 기능이 잘 발휘되는 상태 ③ 사람과 사물의 기능과 밀접한 연관 ④ 인간의 기능을 가장 좋은 상태로 이르게 하는 것이 덕(아레테) ⑤ 스포츠인의 아레테는 전문적인 운동능력의 발휘를 통해 도덕적 탁월성 도달 ⑥ 아리스토텔레스는 신체의 아레테를 5가지(건강, 미, 강함, 크기, 운동경기에서의 능력)로 보고, 스포츠는 일차적으로 신체의 아레테를 발휘하는 것이라고 주장
아곤과 아레테의 차이점	① 스포츠는 자유로운 경쟁을 의미하는 아곤과 덕·탁월함·훌륭함을 의미하는 아레테를 추구 ② 아곤은 경쟁하는 상대의 성과와 비교함으로써 가치를 평가, 아레테는 타인과의 경쟁이나 비교 없이 가치 추구 ③ 스포츠의 긍정적인 면을 잘 보여주며 승리 지상주의의 병폐를 막기 위해 아레테를 더 중시하는 경향

합격 Tip 카이요와 놀이 분류

아곤(agon)	경쟁놀이	일정한 규칙 안에서 경쟁하여 승패를 결정하는 놀이(예 체스, 바둑, 스포츠 등)
미미크리(mimicry)	역할놀이	특정한 인물을 따라하거나 모방하는 놀이(예 가면극, 연극과 영화, 코스프레 등)
알레아(alea)	우연놀이	자신의 의지가 아닌 운에 맡기는 놀이(예 복권, 마작, 화투, 슬롯머신 등)
일링크스(ilinx)	몰입놀이	일시적인 무아지경과 몰입의 상태를 즐기는 놀이(예 서커스, 롤러코스터, 번지점프 등)

2022년 기출문제

아곤과 아레테 설명 예시
- 아곤은 경쟁과 승리를 추구한다.
- 아레테는 아곤보다 더 포괄적인 개념이다.
- 아레테는 신체적·도덕적 탁월성을 추구한다.

2021년 기출문제

아레테 예시
운동선수로서 아무리 뛰어난 능력을 갖추었더라도 인간의 본질인 도덕성(덕)이 부족하면 훌륭한 선수가 될 수 없다.

이런 까닭에 운동선수에게는 두 가지 [아레테]가 동시에 요구된다. 즉 신체적 탁월성과 도덕적 탁월성을 겸비하였을 때 비로소 훌륭한 선수가 되는 것이다.

02 스포츠맨십

1 스포츠맨십의 개념 `2016, 2017, 2018, 2022, 2023`

도덕적으로서 스포츠맨십	① 모든 경쟁의 과정에 있어 최선을 다하는 것 ② 경쟁 관계가 적대 관계로 변질되어서는 안 되며, 적대 관계는 자신의 인격을 무너뜨리는 행위 ③ 스포츠 참여자는 동일한 규칙에 참여한 인격체로 존중
도덕적 행동	① 규칙의 준수는 스포츠를 가능하게 하는 행위의 조건 ② 스포츠에서 도덕적 행동은 승리 쟁취가 아닌 규칙에 대한 존경과 의무에서 비롯됨 ③ 스포츠에서 도덕적 행동은 정당한 승리를 위한 윤리적 요청 ④ 스포츠에서 도덕적 행동은 인간에 대한 예의와 배려를 통한 자신의 인격을 드러내는 행위

2023년 기출문제

스포츠맨십 페어플레이 규칙 준수 예시

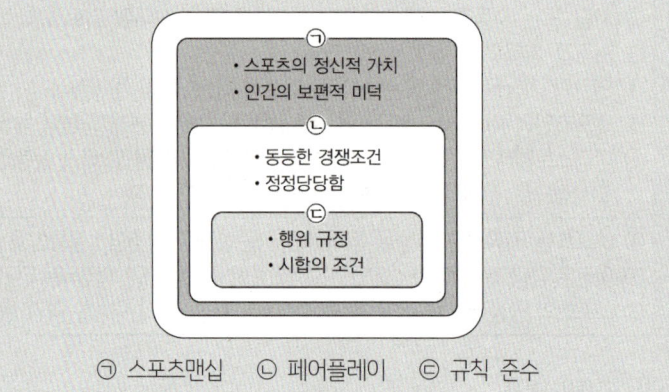

ⓐ 스포츠맨십   ⓑ 페어플레이   ⓒ 규칙 준수

2022년 기출문제

스포츠맨십 예시
- 상대 존중, 최선, 공정성 등을 포함
- 경쟁이 갖는 잠재적 부도덕성의 제어
- 스포츠 참가자가 마땅히 따라야 할 준칙과 태도
- 스포츠의 긍정적 가치를 유지하려는 도덕적 기제

03 페어플레이

1 페어플레이의 구분 `2015, 2016, 2017, 2018, 2019, 2021, 2023, 2024, 2025`

구성적 규칙	스포츠를 수행하는 목적, 수단, 공간, 시간, 벌칙 등 스포츠 경기를 진행하는 방법을 규정하는 것
규제적(파생적) 규칙	종목의 특성에 따라 적용되는 규칙에 의해 수행되는 개인의 행동 규제
형식적 주의	경기 규칙집에 명시되어 있는 것만을 경기규칙이라 생각하는 의견

비형식적 주의	경기마다 규칙뿐만 아니라 관습까지도 규칙에 포함시키려 하는 의견
스포츠규칙의 원리	① 공평성, ② 임의성(가변성), ③ 제도화

2024년 기출문제

의도적 구성 반칙 예시
- 동기, 목표가 뚜렷하다.
- 스포츠의 본질적인 성격을 부정하는 의미로 해석할 수 있다.
- 실격, 몰수패, 출전 정지, 영구 제명 등의 처벌이 따른다.

2023년 기출문제

형식적 주의 · 비형식주의 예시
- 현준(형식적 주의) : 승부조작은 경쟁적 스포츠의 본래적 가치를 훼손시키는 행위지만, 경기규칙을 위반하지 않았다면 윤리적으로 문제없는 것이 아닌가?
- 수연(비형식주의) : 나는 경기규칙을 위반하지 않았다 하더라도, 스포츠의 역사적, 사회적 보편성과 정당성 속에서 형성되고 공유된 에토스(shared ethos)에 충실해야 한다고 생각해! 그래서 스포츠의 가치를 근본적으로 훼손시키는 승부조작은 추구해서도, 용인되어서도 절대 안돼!

2021년 기출문제

의도적 규제 반칙
A팀과 B팀의 농구 경기는 종료까지 12초가 남았다. A팀은 4점 차로 지고 있고 팀 파울에 걸렸다. B팀이 공을 잡자 A팀의 한 선수가 B팀 선수에게 반칙을 해서 자유투를 유도한 후, 공격권을 가져오려고 한다.

2 페어플레이의 의미

형식적 의미	① 선수가 경기 중 지켜야 할 정정당당한 행위의 실천규범 ② 스포츠 행위의 시작은 공정성을 기반으로 실행 ③ 규칙의 숙지뿐만 아니라 준수에 대한 약속 ④ 모든 선수에게 의무적으로 부여
도덕적 의미	① 구체적인 행동 요령과 유형을 갖춘 것이 아닌 행위 준칙으로 작용 ② 추상적인 규범이지만 도덕적 공감이기 때문에 적용이 매우 구체적 ③ 상대에 대한 배려와 자신의 능력에 대한 정직함에서 시작 ④ 경기규칙의 완벽한 준수가 아닌, 부득이한 실수의 인정과 비의도성 표출

2021년 기출문제

페어플레이(fairplay) 예시
스포츠의 규범은 근대스포츠의 탄생과 밀접한 연관을 갖는다. 규칙의 준수가 근대 시민 계급의 도덕성 함양에 기여할 수 있다고 여겨지면서 하나의 윤리 규범으로 정착하였다. 특히 진실과 성실의 정신(spirit of truth and honesty)을 바탕으로 경기에 임하는 도덕적 태도와 같은 의미로 쓰이면서 오늘날 스포츠의 보편적인 윤리 규범이 되었다.

3 승부조작 2015

(1) 승부조작의 윤리적 문제와 해결 방안

승부조작	① 의도적으로 결과를 정해 놓고 행해지는 조작적 행동 ② 경기 외적인 목적이 개입할 때 발생
윤리적 문제	① 결과의 불확실성이라는 스포츠의 본질 훼손 ② 공정성의 원칙과 신의의 원칙에서 벗어남
해결방안	① 승부조작은 처벌을 강화해도 근절될 수 있는 문제가 아님 ② 스포츠 관계자들을 대상으로 철저한 스포츠윤리 교육 강화

03 스포츠와 불평등

01 성차별

1 스포츠에서 성차별의 과거와 현재 2015, 2016, 2017, 2019, 2023, 2024, 2025

(1) 성차별과 성평등

성차별	① 성차별은 성에 근거를 두고 남성이 여성보다 우월하다는 인식 ② 성별 간 부당한 태도를 나타내는 것을 의미
성평등	① 성은 선천적인 것과 후천적인 성으로 구분 ② 성평등은 후천적인 성을 평등하게 대하는 인식
성차별의 원인	① 기본적으로 성에 따라 스포츠 능력이 차별적으로 배분되어 있다는 편견 ② 여성은 일반적으로 비공격적 및 수동적이고, 남성은 공격적 및 능동적인 성향 소유 ③ 스포츠에 참여하는 여성에 대해 심리학적 편견 존재 ④ 부모로부터 성별의 특성에 따른 적합한 역할을 수행하도록 사회화됨 ⑤ 학교는 초기의 가족에서 시작된 성역할의 고정관념을 강화시키는 역할을 함 ⑥ 미디어가 태도와 가치 등의 사회적 의미를 남성에게 부여하고, 여성은 의상, 성적 매력의 상징적 대상으로 제한

2025년 기출문제

트렌스젠더 여성의 여성 스포츠 참여 예시

국제올림픽위원회(IOC)는 2016년 1월에 올림픽 대회를 비롯한 국제 경기대회에서 외과적인 수술을 받지 않은 성 전환자들도 선수로 출전할 수 있도록 허용해야 한다는 새로운 지침을 발표했다. 이에 따라 트랜스젠더 선수들은 꼭 성 전환 수술을 받지 않더라도 일정 요건만 충족하면 올림픽 등 국제 대회에 참가할 수 있게 되었다.

※ 전통적인 젠더 이분법을 극복하고 양성 평등을 지향
※ 트랜스젠더 여성의 스포츠 접근권은 공정성보다 우선
※ 트랜스젠더에 대한 차별과 배제가 아닌 관용과 포용의 정책

2023년 기출문제

스포츠 성차별 원인 예시

• 사회적 성역할의 고착화
• 차이를 차별로 정당화하는 논리
• 신체구조와 운동능력에 대한 편견

2 스포츠에서 성평등을 위한 방안 2015, 2016, 2017, 2019, 2025

(1) 스포츠에서 성평등의 인식과 방안

스포츠에서 성평등의식 제고	① 스포츠의 참여는 보편적 권리(남녀 모두에게 주어진 동등한 권리) ② 스포츠에서 남녀평등은 한 사회의 도덕적 정의를 평가하는 척도
스포츠에서 성평등 방안	① 생물학적 환원주의 : 성취 수준의 차이를 남성의 우월과 여성의 열등으로 구분해서는 안 됨 ② 여성의 신체를 운동수행과 연관지어서는 안 됨 ③ 여성에 대한 성적 폭력을 근절할 수 있는 예방 교육 강화
스포츠에서 성평등의 움직임	① 1972년 미국에서 여성의 스포츠 참여 활성화를 위한 Title IX 제정 ② 1979년 유엔총회에서 여성차별 철폐를 촉구하는 여성차별 철폐조약 채택 ③ 국제올림픽위원회(IOC)는 각국의 조직에서 여성 임원의 비율을 높이도록 권장

1 스포츠에서 인종차별의 과거와 현재 (2018, 2019, 2021, 2022, 2023, 2024, 2025)

(1) 인종차별의 개념과 발생 이유

인종주의	인종이 다른 집단보다 우월하다는 믿음
인종차별	① 인종과 민족·국적에 의해 구분·배척·혐오하는 행위 ② 특정 인종과 국가는 다른 인종 또는 국가보다 열등하거나 우월하다는 믿음
인종차별의 발생 이유	① 스포츠는 경쟁이기 때문에 우월감 또는 열등감으로 인종적 편견을 가지기 쉬움 ② 민족, 종교, 역사 등이 스포츠에 투영되어 왜곡된 집단의식을 부추김 ③ 스포츠의 국제화에 따라 인종과 국가에 대한 편견과 차별이 더욱 드러남

2025년 기출문제

인종차별 사례 예시
- 1936년 베를린 올림픽경기대회에서 히틀러는 육상종목 4관왕 제시 오웬스에게 시상 거부
- 1968년 멕시코 올림픽경기대회 시상식에서 미국의 토미 스미스와 존 카롤로스의 저항 표현
- 2008년 미국여자프로골프협회(LPGA) 출전 선수의 영어 사용 의무화

2024년 기출문제

인종, 인종주의, 인종차별 예시
- [인종] : 생물학적, 형태학적 특징에 따라 분류된 인간 집단
- [인종주의] : 특정 종목에 유리하거나 불리한 인종이 실제로 존재한다는 사고방식
- [인종차별] : 선수의 능력 차이를 특정 인종의 우월이나 열등으로 과장하여 차등을 조장하는 것

2022년 기출문제

인종차별 예시
- 영은 : 저 백인 선수는 성공하기 위해서 얼마나 많은 노력과 땀을 흘렸을까?
- 상현 : 자기를 희생하면서도 끝없는 자기관리와 투지의 결과일 거야.
- 영은 : 그에 비해 저 흑인 선수가 구사하는 기술은 누구도 가르칠 수 없는 묘기이지.
- 상현 : 아마도 타고나지 않으면 할 수 없는 거지. 천부적인 재능이야.

2021년 기출문제

아파르트헤이트(Apartheid)
인종차별을 찬성하는 남아프리카 공화국의 극단적인 인종차별 정책과 제도이다. 백인, 흑인, 인도인, 유색인 4개로 등급을 나누어서 인종 간 차별을 둔 것이 특징이다.

2 스포츠에서 인종차별을 극복하기 위한 방안 (2015)

극복 방안	① 인종차별 극복을 위한 교육 및 활동 ② 문화교류를 통해서 서로를 이해하고 노력하려는 성숙한 문화 형성 ③ 사회·경제적 제약 요인을 낮출 수 있는 제도적 노력 및 장치 제공

1 장애인의 스포츠 권리 2016, 2017, 2018, 2021, 2023, 2025

(1) 장애인의 스포츠 권리 규정과 인식

스포츠에서의 장애차별	장애로 인해 스포츠 참여의 권리와 기회를 비장애인과 동등하게 누리지 못하는 불평등
장애인의 스포츠 권리	① 1975년 국제연합총회에서 '장애인 권리선언'이 회원국의 만장일치로 채택 ② 1998년 우리나라는 '한국장애인인권헌장' 선포 ③ 장애를 이유로 스포츠 참여를 원하는 장애인을 제한·배제·분리·거부하는 행위는 기본권 침해에 해당 ④ 장애인 스포츠의 목적은 스포츠 참여로 움직임의 경험, 즐거움, 자기표현의 극대화를 통해 삶의 행복 추구

(2) 스포츠에서 장애인 차별

체육시설 이용	체육시설 이용에 있어 이동 수단이나 시설 접근에 어려움
체육용·기구	장애인의 특성을 고려하지 않은 체육용·기구
체육지도자	장애인 체육지도자 양성 부족
이용 프로그램	장애인을 위한 전용 프로그램 부족 및 참여 제한
신체적·생리적 능력	스포츠의 특성상 장애인에게 일반인과 같은 능력 요구
경기 참가	장애인 선수의 일반 대회 참가 금지

(3) 스포츠에서 장애차별 극복

장애차별 없는 스포츠의 조건	① 장애인이 원하는 장소와 시간을 확보해야 한다. ② 활동에 필요한 장비 및 기구의 재정적인 지원이 확보되어야 한다. ③ 다양한 사람과의 관계를 통해 사회성 함양의 기회를 주어야 한다.

2023년 기출문제

장애인 스포츠 참여 지원 방법 예시
- 장애인이 접근 가능한 장소의 확보
- 활동에 필요한 장비 및 기구의 안정적 지원
- 일회성 체험이 아닌 지속적인 클럽활동 보장

스포츠에서 환경과 동물윤리

01 스포츠와 환경윤리

1 스포츠에서 파생되는 환경윤리적인 문제들 2017. 2019, 2020, 2025

(1) 스포츠환경의 3가지 범주(P. Vuolle)

순수환경	공원, 보전구역, 카누, 카약, 요트 등
개발환경	골프, 사격, 트레일, 슬로프, 실외 수영장, 스포츠 필드 등의 야외활동
시설환경	실내 체육관, 경기장, 아이스링크 등의 실내활동(농구, 탁구 등)

(2) 환경윤리 문제들

환경을 위협하는 스포츠	골프, 스키 등의 스포츠로 인해 도로와 건물 등의 편의시설이 증가하면서 공해를 유발하게 되어 환경을 위협함
스포츠를 위협하는 환경	공기와 수질오염 등이 스포츠 활동 위협

2 스포츠에 적용 가능한 환경윤리학의 이론 2015, 2016, 2017, 2018, 2019, 2020, 2022, 2025

(1) 인간 중심주의 윤리(도구적 자연관)

인간 중심주의 윤리	① 인간은 도덕적 능력과 지위를 가지기 때문에 자연에 비해 우월한 존재 ② 자연은 그 자체로 가치를 갖지 않으며 인간의 생존과 행복을 위한 도구(도구적 자연관)
패스모어	① 인간이 자연에 대해 느끼는 책임의 바탕에는 인간의 이익과 관심이 포함 ② 인간이 사랑하고 아름답다고 느끼기 때문에 자연은 가치 있는 것
베르크	① 환경은 다른 생명체의 환경과 구별되는 '인간적 거처'를 의미 ② 깨끗하고 아름다운 인간적 거처를 위해 환경윤리 필요

(2) 동물 중심주의 윤리

동물 중심주의 윤리	인간 중심주의 윤리를 비판하면서 동물의 도덕적 지위를 주장(도덕의 범위를 인간에서 동물로 확대)
피터싱어	고통 그 자체는 나쁜 것이므로 인간이 가하는 동물의 고통 또한 윤리적으로 올바르지 않다고 주장
로렌츠	인간과 동물 간 동반자적 가치를 인정하고 삶을 반려하는 하나의 생명체로 인정해야 한다고 주장
레건	삶을 이어갈 권리를 가진 동물의 기본적인 도덕적 지위를 인정해야 한다고 주장

(3) 생명 중심주의 윤리

테일러 (P. Taylor)	① 모든 생명체는 스스로 생존과 성장, 번식의 목적을 추구하는 '목적론적 삶의 중심' ② 인간은 다른 생물과 상호의존하는 체계로 결코 우월하지 않음 ③ 모든 생명체를 도덕적 주체로 인식

> **합격 Tip** 테일러의 환경문제 해결을 위한 4가지 의무
>
> ① 불침해의 의무 : 다른 생명체에게 해를 입혀서는 안 된다.
> ② 불간섭의 의무 : 생명체나 생태계에 간섭해서는 안 된다.
> ③ 신의의 의무 : 덫이나 낚시와 같이 동물을 속이는 행위를 해서는 안 된다.
> ④ 보상적 정의의 의무 : 부득이하게 다른 생명체에 끼친 피해는 보상해야 한다.

테일러의 자연중심주의 예시
- 생태윤리에 대한 규칙 : 불침해, 불간섭, 신뢰, 보상적 정의
- 스포츠에 의한 환경오염 발생 시 스포츠 폐지 권고
- 인간의 욕구를 위해 동물의 생존권을 유린하는 스포츠 금지

(4) 생태 중심주의 윤리

레오폴드 (A. Leopold)	① 인간도 대지 공동체로 규정, 그 일원으로서 대지 윤리를 지켜야 한다고 주장 ② 대지에 대한 인간의 윤리적 기준을 생물공동체의 통합성과 안정성 유지에 둠 ③ '대지 피라미드' 개념을 통해 생물의 상호의존성과 유기적 구조 강조
	환경문제 해결에는 종래와는 다른 책임의 개념이 필요. 즉, 개인을 기본단위로 하면 환경문제의 해결은 어렵기 때문에 공동체나 지구라는 전체를 기반으로 순환주의 사상에 기초하여 생각해야 함

3 스포츠발달을 위한 윤리적 전제 2016, 2023

(1) 지속 가능한 스포츠 발전

지속 가능한 스포츠	① 환경의 존중과 개발의 의미를 동시에 포함 ② 한정된 자원의 범위 내에서 지속 가능한 방법을 모색 ③ 환경오염의 발생은 불가피하기 때문에 피해 최소화가 중요 ④ 인간중심주의와 자연중심주의 사이의 균형 유지

스포츠의 지속 가능한 발전 예시
- 스포츠 시설의 개발과 자연환경의 공존
- 건강한 인간과 건강한 자연환경의 공존
- 스포츠만의 환경 운동이 아닌 국가적·국제적 협력과 공조

02 스포츠와 동물윤리

1 스포츠의 종차별주의 문제 2015, 2017, 2019, 2020, 2024, 2025

(1) 종차별주의

정의	종(種)이 다른 이유로 차별하는 것(다른 종은 배척하는 편견 및 태도)
아리스토텔레스	식물은 동물을 위하여, 동물은 인간을 위해서 존재하는 것이라고 주장
패스모어	인간을 위해 다른 생명체를 보호해야 하며, 기존의 도덕원리(과거의 방식으로도)만으로도 생태계를 해결할 수 있다고 주장
베이컨	자연을 이용해 인간의 생활을 윤택하게 하는 것이 과학의 목적
칸트	자연은 인간에 의하여 의미와 가치를 부여받는다고 주장
데카르트	이성을 가지고 있는 인간이 이성이 없는 자연을 지배

종차별주의 관점 예시

스포츠 활동은 인간의 이상을 추구하기 위한 것이고, 그 이상의 실현을 위해 동물은 수단으로 활용될 수 있는 게 아닐까?
승마의 경우 인간과 말이 훈련을 통해 기량을 향상시키고, 결국 사람 간의 경쟁에 동물을 도구로 활용한다고 볼 수 있잖아.

(2) 반종차별주의

정의	① 인간과 동물은 모두 생명을 갖는 대상 ② 인간 외 생명체에 대한 바람직한 윤리적 처우가 필요하다고 주장함
피터싱어	① '이익 평등 고려의 원칙'을 통해 인간이 아닌 동물과의 관계에도 적용되어야 할 보편타당한 도덕적 근거 ② 동물은 생명체로서 자신만의 고유한 삶을 살아갈 권리가 있는 존재
레건	모든 동물에게 자유를 보장하고 스포츠에 동물을 이용하지 않도록 함(동물권리권)
레오폴드	① 인간도 대지 공동체로 규정, 그 일원으로서 대지 윤리를 지켜야 한다고 주장 ② 대지에 대한 인간의 윤리적 기준을 생물공동체의 통합성과 안정성 유지
테일러	① 모든 생명체는 스스로 생존과 성장, 번식의 목적을 추구하는 '목적론적 삶의 중심' ② 인간은 다른 생물과 상호의존하는 체계이기 때문에 결코 우월하지 않고, 모든 생명체를 도덕적 주체로 인식
벤담	① 전체적인 고통을 상쇄하고 난 후 나머지 쾌락의 양을 가장 크게 해야 한다고 주장 ② '쾌락과 고통의 평등원칙' 강조

2 스포츠와 동물의 도덕적 지위 2015, 2018

(1) 스포츠와 관련된 종차별주의

동물을 경쟁의 도구로 이용	경마, 전쟁, 전차경주 등
동물을 유희의 도구로 이용	① 인간과 동물의 싸움 : 투우, 노예와 사자의 싸움 등 ② 동물과 동물의 싸움 : 소싸움, 개싸움, 닭싸움 등

(2) 연구 도구로 전락된 동물의 권리

연구 도구로 이용		치료제 개발을 위한 실험 대상에 흰쥐, 돼지, 원숭이 등 이용
동물실험의 윤리적 대안 (3R 원칙)	대체(Replace)	가능한 비동물실험으로 대체
	축소(Reduce)	실험에서 사용되는 동물의 수를 최소화
	순화(Refinement)	동물의 고통이 적도록 실험 순화

PART 04

스포츠와 폭력

01 스포츠와 폭력

1 스포츠폭력 2015, 2017, 2018, 2021, 2022, 2024, 2025

(1) 스포츠폭력의 의미와 분류

의미와 기능	① 스포츠와 관련하여 고의나 과실로 신체적·언어적·성적 폭력행위를 저지른 경우 ② 스포츠의 본성인 투쟁과 경쟁을 인간의 폭력성과 공격성으로 표출
분류	① 개인적 폭력 : 상대방의 공격 및 좌절 때문에 분노했을 경우 충동적으로 표출되는 폭력행위 ② 도구적 폭력 : 팀의 승리를 위한 수단으로 행하는 폭력행위

2022년 기출문제

지라르(R.Girard)의 '모방적 경쟁' 예시
자신이 닮고자 하는 운동선수를 모방하게 되듯이 인간 폭력의 원인을 공격 본능이 아닌 모방적 경쟁 관계에서 찾는다.

(2) 스포츠 고유의 공격성과 폭력성

스포츠에서 공격성이 나타나는 원인	① 자신의 한계를 넘으려는 도전정신 ② 자신의 탁월성을 남들에게 인정받고자 하는 시도 ③ 인간의 원초적인 본능과 살아온 환경으로부터 습득
스포츠에서 공격이 윤리적이어야 하는 이유	① 타인의 탁월성 발휘를 침해하지 않아야 하기 때문 ② 파괴적인 것이 아니라 합리적인 방법과 전술의 개발 등 생산적이어야 하기 때문 ③ 규칙의 범위 내에서 공격과 방어의 교환이라는 소통의 구조를 가져야 하기 때문

합격 Tip 한나 아렌트(H. Arendt)의 '악의 평범성'

- 역사 속의 악행들이 국가에 순응하며 자신들의 행동을 보통이라고 여기게 되는 평범한 사람들에 의해 행해진 것이라고 주장
- 스포츠 상황에서의 '악의 평범성'
- 스포츠계에서 오랫동안 폭행이 아무런 죄책감 없이 습관처럼 행해지고 있는데, 폭력으로 길들어지고 위계질서와 문화 때문에 폭력적이고 억압적인 행위가 지속될 수밖에 없다.

2025년 기출문제

게발트(Gewalt) – 스포츠 폭력의 이중성 예시
태권도 겨루기에서 소극적인 자세로 경기에 임하는 선수는 제재를 받는다. 적극적이고 공격적인 태도의 요구는 투쟁심을 독려하는 것이지만, 그 폭력적인 성향이 지나치면 또 다른 제재의 대상이 되기도 한다. 이처럼 스포츠는 폭력적인 성향의 분출을 자극함과 동시에 그것을 감시하고 제어한다.
※ 게발트(Gewalt) : 독일어로 폭력이라는 의미이다.

2024년 기출문제

스포츠폭력 유형과 특징 예시
- 직접적인 폭력은 가시적, 파괴적이다.
- 직접적인 폭력은 상해를 입히려는 의도가 있는 폭력이다.
- 구조적 폭력은 비가시적이며 장기간 이루어진다.

- 구조적 폭력은 의도가 노골적이지 않지만 관습처럼 반복된다.
- 문화적 폭력은 언어, 행동양식 등의 상징적 행위를 통해 가해진다.
- 문화적 폭력은 위해를 '옳은 것'이라 정당화하여 '문제가 되지 않게' 만들기도 한다.

2 격투스포츠의 윤리적 논쟁(이종격투기) 2015, 2023

찬성	① 경기장 안에서 행해지는 합리적인(합법적) 폭력 ② 인간의 공격성을 정화시키는 역할 ③ 신체의 탁월성을 표현할 수 있는 방법
반대	① 선수와 관중의 폭력성 증가 ② 폭력이 일반화되는 사회 조장 ③ 청소년이 폭력적 행동에 노출될 가능성이 높음 ④ 어떠한 경우라도 폭력은 정당화할 수 없음

2023년 기출문제

합법적 폭력 예시

- 예진 : 스포츠에는 규칙으로 통제된 [합법적 폭력]이 존재해. 대표적으로 복싱과 태권도와 같은 투기종목은 최소한의 안전장치가 마련되고, 그 속에서 힘의 우열이 가려지는 것이지. 따라서 스포츠 내에서 폭력은 용인된 폭력과 그렇지 않은 폭력으로 구분할 수 있어!
- 승현 : 아니, 내 생각은 달라! 스포츠 내에서의 폭력과 일상생활에서의 폭력은 본질적으로 동일하지. 그래서 [합법적 폭력]은 존재할 수 없어.

02 선수 폭력

1 선수 간의 폭력 2016

선수 체벌 금지 이유	① 인권을 침해하는 행위 ② 경기력 향상과 상관 없음 ③ 과도한 스트레스의 원인
대한체육회에서 규정한 선수 폭력	① 선수를 대상으로 구타하거나 상처가 나게 하는 것 ② 지속적으로 따돌림을 시키는 것 ③ 물품이나 돈을 갈취하는 것 ④ 어떠한 장소에 가둬두는 것 ⑤ 겁을 먹게 하거나 강요하는 것 ⑥ 인격적으로 모욕하거나 마음에 상처를 주는 것 ⑦ 다른 사람들 앞에서 창피를 주는 것

2 스포츠 폭력 예방 활동 강화 내용 2015

강화 내용	① 폭력적인 지도자는 체육현장에서 배제 ② 선수 지도 우수모델 확산 ③ 인성을 중시한 학교 운동부 정착 ④ 피해선수 보호 및 지원 강화 ⑤ 공정한 팀 운영 시스템 수립 ⑥ 폭력 예방 활동 강화 및 교육

1 관중 폭력의 발생과 예방 2016, 2019, 2022

관중 폭력의 특성	① 경기의 성격과 라이벌 의식, 응원 문화 등에 따라 형태가 다름 ② 개별성과 책임성을 갖지 않는 구성원이 집단행위에 민감해지는 몰개인화로 인해 발생 ③ 신체적 접촉이 많은 경기일수록 관중폭력이 증가 ④ 선수의 폭력은 관중의 동조의식을 조장하여 관중의 난동과 무질서한 폭력으로 발전
관중 폭력의 사례	훌리거니즘(hooliganism) : 스포츠팀 응원을 핑계로 폭력적 행동을 조장
관중 폭력의 예방	① 관중도 스포츠 참가자라는 인식을 심어주는 캠페인 필요 ② 관중 폭력을 예방할 수 있는 보다 구체적인 제도 마련 ③ 건전하고 긍정적인 응원 문화 필요 ④ 결과만 보는 스포츠문화가 아닌 과정을 중요하게 생각하는 스포츠문화 정착 필요

2022년 기출문제

훌리거니즘(hooliganism) 예시
- 1964년 리마에서 개최된 페루·아르헨티나의 축구 경기에서 경기장 내 폭력으로 300여 명 사망
- 1969년 온두라스와 엘살바도르의 축구 전쟁
- 1985년 벨기에 헤이젤 경기장에서 열린 리버풀과 유벤투스의 경기에서 응원단이 충돌하여 39명 사망

06 경기력 향상과 공정성

01 도핑

1 도핑의 의미 `2015, 2019, 2020, 2024, 2025`

정의	① 도핑은 운동수행 능력을 향상시킨다는 목적으로 선수나 동물에게 약물을 투여하거나 특수한 이학적 처치를 하는 것 ② 금지약물의 복용·흡입·주사·피부 접착 및 혈액제제·수혈·인위적 산소 섭취 등 금지된 방법의 사용 또는 사용 행위 은폐 및 부정거래 하는 모든 행위뿐만 아니라 그 행위의 시도까지 도핑 방지 규정 위반으로 정의
의미	도핑은 스포츠의 도덕적 기준인 공정성, 자연성, 공개성을 위반하는 행위
원인	① 선수의 경기력 향상　② 경쟁에서 승리 추구 ③ 경기 참여에 대한 욕구　④ 물질적 보상에 대한 욕구 ⑤ 선수로서의 사회적 인정 욕구
종류	① 약물 도핑　② 기술(기계) 도핑 ③ 브레인 도핑　④ 유전자 도핑

2 세계도핑방지기구(WADA)의 규정

세계도핑방지기구에서 규정한 금지 방법		
물리적 조작	화학적 조작	유전자 조작

3 도핑을 금지해야 하는 이유 `2016, 2018, 2022, 2023`

신체적 이유		① 신체적, 정신적 의존성을 높여 중독성 초래 ② 장기적 약물 남용은 영구적인 회복 불능 상태에 빠짐
윤리적 이유	공정성	스포츠의 도덕적 기준인 공정성 부정
	평등성	동등한 기회의 보장 부정
	존엄성	인간의 생명과 존엄성 위반
	수단화	선수의 몸을 의학적 수단으로 사용
	모방성	어린 선수들이 도핑을 모방할 가능성 증가

2023년 기출문제

국제수영연맹이 기술도핑 금지(공정성 추구 예시)

2008년 베이징올림픽 수영 종목에서는 25개의 세계신기록이 쏟아져 나왔다. 주목할 만한 것이 23개의 세계신기록이 소위 최첨단 수영복이라 불리는 엘지알 레이서(LZR Racer)를 착용한 선수들에 의해 수립되었다는 것이다. 그러나 이 같은 수영복을 하나의 기술도핑으로 간주한 국제수영연맹은 2010년부터 최첨단 수영복의 착용을 금지하였다.

2022년 기출문제

유전자 도핑을 반대하는 이유 예시
- 선수의 신체를 실험 대상화하여 기계나 물질로 이해하도록 만들기 때문
- 유전자 조작 인간과 자연적 인간 사이에 갈등을 초래하기 때문
- 생명체로서 인간의 본질을 훼손하고 존엄성을 부정하기 때문
- 선수를 우생학적 개량의 대상으로 만들기 때문

4 효과적인 도핑 금지 방안 2016, 2017

윤리·도덕교육의 강화	① 선수와 지도자들이 스스로 비윤리적인 행동을 하지 않도록 윤리 및 도덕교육 강화 ② 일회성 교육이 아닌 지속적인 교육이 더 효과적
도핑검사의 강화	① 일탈행동 방지를 위해 도핑검사를 강화 ② 도핑검사 강화를 위해 검사의 정밀도와 신뢰도를 높이는 방안 요구
강력한 처벌	① 강력한 처벌은 도핑검사를 강화하는 것과 같은 효과 있음 ② 강력한 처벌과 함께 도핑의 금지 범위 확대 필요

02 용기구와 생체 공학 기술 활용

1 스포츠에서 이용되는 과학기술 2016, 2021, 2022, 2023

(1) 매쉬케(K, Maschke)가 분류한 스포츠에서 이용되는 과학기술

안전을 위한 기술	① 매트류 : 부상 방지를 위한 기술(예 태권도, 유도, 체조, 높이뛰기 등) ② 신발류 : 경기력 보조용품 역할과 부상 방지를 위한 기술(예 운동화, 스파이크 등) ③ 모자류 : 부상을 예방하기 위한 기술(예 모자, 헬멧 등) ④ 호구류 : 신체를 보호하기 위한 기술(예 보호복, 글러브 등)
감시를 위한 기술	① 도핑검사 : 금지약물의 검출을 위한 기술 ② 사진판독 : 육안으로 확인이 어려운 부분을 정확하게 파악하기 위한 기술 ③ 기간계측 : 스포츠경기의 기록을 정확하게 측정하기 위한 기술
수행 능력 향상을 위한 기술	① 골프공 : 매끈한 골프공에 딤플을 만들어 비거리 향상 ② 유리섬유 장대 : 장대의 탄력 증가 ③ 전신수영복 : 물과 피부 사이의 마찰 감소 ④ 압축배트 : 내구성을 좋게 하여 반발력 강화
스포츠에 도입된 과학기술의 긍정적인 효과	① 기록의 객관성과 신뢰성을 높임 ② 운동선수의 안전과 부상 방지에 도움을 줌 ③ 오심과 편파 판정을 최소화하여 경기의 공정성을 향상시킴

2023년 기출문제

국제육상경기연맹 출전금지(기술적 불공정 예시)
2011년 대구세계육상선수권대회에서 남아프리카공화국의 의족 스프린터 피스토리우스(O. Pistorius)는 비장애인육상경기에 참가 신청을 했다. 하지만 국제육상경기연맹은 경기에 사용되는 의족의 탄성이 피스토리우스에게 유리하다는 이유로 출전을 허용하지 않았다.

2022년 기출문제

스포츠 경기와 과학기술 설명 예시
- 유전자 치료를 통한 스포츠 수행력의 향상은 일종의 도핑에 해당한다.
- 도핑 시스템은 선수의 불공정한 행위를 감시하고 적발하는 데 도움이 된다.
- 태권도의 전자호구, 축구의 비디오 보조 심판(VAR : Video Assistant Referees)은 기록의 객관성과 신뢰성을 높인다.

07 스포츠와 인권

01 학생 선수의 인권

1 학생 선수의 인권 문제 `2015, 2019, 2022, 2024`

(1) 인권의 사각지대인 학교 운동부

학습권 침해	학생의 기본 권리인 학습권을 보장하지 않고 훈련 및 경기 참여에 집중
학생 선수의 학습권 보장 (최저학력제도)	① 학습권은 선수이기 이전에 학생으로서 학습에 대한 권리 의미 ② 최저학력제는 학습보장 프로젝트이며, 학습권 보장제라고 함 ③ 운동선수의 학습권 보장과 운동의 병행을 위한 제도 ④ 운동선수의 다양한 진로 선택의 기회 제공
학생 선수의 학습권 보장 제도	① 정규수업 이수 원칙 ② 일정 운동 시간 제한 ③ 합숙 기간 축소 및 자제 ④ 경기대회 출전 횟수 제한 등

> **합격 Tip** 학습권 보장 규정
>
> • 한국 : 학교체육 진흥법 제11조(학교운동부 운영 등)에 따라 학교의 장은 학생 선수가 일정 수준의 학력기준(이하 "최저학력"이라 한다)에 도달하지 못한 경우에는 별도의 기초학력보장 프로그램을 운영하여 최저학력이 보장될 수 있도록 노력하여야 하며, 최저학력 미달 학생선수는 필요할 경우 경기대회 출전을 제한해야 한다.
> • 미국 : 전미대학체육협회(NCAA)는 학생선수의 학업 관리를 위해 고등학교 성적 2.0 이상(만점 4.0)의 고등학교 선수에 대해서만 대학 선수 선발을 인정하고, C⁺ 이상의 학생만 대회출전 자격을 부여한다.

> **2024년 기출문제**
>
> **학생 운동선수의 학습권 보호 제도**
> • 최저학력 제도
> • 주말 리그 제도
> • 학사관리 지원제도

02 스포츠지도자 윤리

1 스포츠지도자의 폭력과 해결 방안 `2016`

스포츠계의 4대 악습 (문화체육관광부, 2015)	① 승부조작 및 편파 판정 ② 폭력 및 성폭력 ③ 입시 비리 ④ 조직의 사유화
스포츠지도자 선수 폭력 예방	① 스포츠인권 교육 강화 ② 지도자의 자격 요건 강화 ③ 선수 폭력의 부정적 요인 인식 및 개선방안 모색 ④ 스포츠윤리센터 등 다양한 제도 활용 방안 안내

03 스포츠와 인성교육

1 새로운 학교문화를 위한 스포츠의 역할 `2015, 2021, 2022, 2025`

학교체육의 역할		① 스포츠 활동은 정서에 긍정적인 영향 ② 다른 사람과의 정서적 공감 능력 향상 ③ 집중력과 주의력 등 지적기능 발달에 도움 ④ 창의적 사고와 비판적 판단 능력을 갖는 데 도움 ⑤ 일탈 방지 ⑥ 사회성과 도덕성 함양
스포츠를 통한 도덕교육	루소 (J. Rousseau)	어린 시절부터 다양한 신체활동을 통해 성평등, 동료애, 공동체에서의 협력과 책임을 지는 습관을 길러줌
	위인 (E. Wynne)	스포츠 경기의 전통을 이해하고, 규칙 준수 등의 바람직한 행동을 습관화할 수 있도록 가르침
	콜버그 (L. Kohlberg)	스포츠에서 발생하는 도덕적 딜레마에 대한 토론을 통해 도덕적 갈등상황을 이해하고, 자율적으로 대처할 수 있도록 가르침

2025년 기출문제

뒤르켐(E. Durkheim)의 도덕교육론 예시
• 스포츠를 통한 도덕적 습관과 행동의 변화에 초점을 맞춘다.
• 스포츠윤리 교육을 스포츠 인성 교육의 유용한 틀로 활용한다.
• 스포츠맨십을 경험하는 실천적 교육으로 도덕적 인격 형성을 유도한다.

2021년 기출문제

맥페일(P. Mcphail)의 스포츠 도덕교육
[맥페일]은 "도덕적 가치들은 중요한 타자들이 어떻게 행동하고 있는가를 관찰하는 것에 의하여 학습된다."고 하였다. 스포츠 도덕교육에서 스포츠지도자는 중요한 타자에 해당된다. 스포츠의 도덕적 가치는 스포츠지도자의 도덕적 모범에 의해 학습되어지며, 참여자는 스포츠지도자를 통해 관찰학습과 사회적 모델링을 하게 된다.

01 심판의 윤리

1 심판의 도덕적 조건 2015, 2017, 2019, 2020, 2023, 2025

(1) 심판에게 요구되는 자질

공정성	객관적이고 중립적인 공정성
청렴성	성품과 행실이 바르고 탐욕이 없는 청렴성
자율성	지시나 간섭을 단호히 뿌리칠 수 있는 자율성
정직함	거짓이나 꾸밈이 없는 정직함
냉철함	침착한 판단과 단호한 결정을 위한 냉철함
전문성	정확한 판정을 내릴 수 있는 오랜 경험과 훈련의 전문성

2023년 기출문제

스포츠 심판윤리 예시
- 심판의 사회윤리는 협회나 종목단체의 도덕성과 밀접한 관련이 있다.
- 심판은 공정하고 엄격한 도덕적 원칙을 적용해야 한다.
- 심판의 개인윤리는 청렴성, 투명성 등의 인격적 도덕성을 의미한다.

(2) 심판의 오심과 편파 판정을 막기 위한 방안

오판 방지 방안	① 오심에 대한 심판의 징계 강화 ② 심판의 질적 향상을 위한 교육 기회 확대 ③ 판정 능력 향상을 위한 반복훈련 ④ 심판의 자질 제고를 위한 지속적인 윤리교육 ⑤ 상임 심판 제도의 확립과 적절한 보수를 통한 전문성 제도

02 스포츠조직의 윤리경영

1 스포츠조직의 불공정 행위와 윤리적 조직행동 2017, 2018, 2019, 2020, 2022, 2023, 2024, 2025

(1) 정의의 원칙 및 유형

① 정의의 원칙

평등의 원칙	기본권에 대해 모두가 평등해야 함을 의미
차등의 원칙 (최소 수혜자에게 최대의 이익)	㉠ '최소 수혜자에게 최대 혜택'을 주어야 한다는 의미 ㉡ 사회적 약자에게 더 많은 기회 제공을 의미
기회균등의 원칙 (개방된 지위와 직책)	㉠ 사회 구성원들에게 공정한 경쟁 조건을 제공하는 것을 의미 ㉡ 실질적인 기회의 평등을 보장하는 것을 의미
자유의 원칙	시민의 기본적인 자유가 동등하게 적용되는 것을 의미
원초적 원칙	자신의 사회적 지위와 능력 등에 대해 무지하며, 자신이 최악의 위치에 놓일 가능성을 두고 판단하는 것

② 정의의 유형

절차적 정의	어떤 것을 결정하고 판단하는 데 있어 공정했는가, 또는 그 과정이 공정했는가와 관련된 정의
평균적 정의	개인 상호 간에 균형을 이루게 하는 정의
분배적 정의	어떤 것을 분배 또는 나누고자 할 때 어떠한 방법으로 하는 것이 공정한가와 관련된 정의
법률적 정의	개인이 단체에 의무를 다했는가와 관련된 정의

2025년 기출문제

함무라비 법전의 탈리오 법칙(Lex Talionis) 예시
탈리오 법칙은 '눈에는 눈, 이에는 이'라는 처벌 방식이다. 무차별 · 무제한적으로 이뤄졌던 복수로부터 피해자가 입은 해와 동일한 정도의 보복만 가능하도록 법으로 제약함으로써 더 큰 싸움으로 번지는 것을 막을 수 있었다.
※ 예시 : 야구 경기에서 빈볼을 맞게 되면, 상대팀에게도 동일하게 빈볼을 던져 보복을 한다.

2022년 기출문제

정의의 유형 예시
• 평균적 정의 : 유소년 축구 생활체육지도자 A는 남녀학생 구분 없이 경기에 참여하도록 했다. 또한 장애 학생에게도 비장애 학생과 동일한 참여 시간을 보장했다.
• 절차적 정의 : 테니스 경기에서는 공정한 경기를 위해 코트를 바꿔가며 게임을 하도록 규칙을 적용한다.
• 분배적 정의 : B지역 체육회는 당해 연도에 소속 선수의 경기실적에 따라 연봉을 차등 지급하기로 결정했다.

2022년 기출문제

평균적 정의 예시
운동선수의 신체는 훈련으로 만들어지기도 하지만 유전적 요인으로 결정되는 경우가 많다. 농구와 배구선수의 키는 타고난 우연성에 해당된다. 일반적으로 스포츠 경기에서는 이러한 불평등 문제에 [평균적] 정의를 적용하지 않는다. 왜냐하면 스포츠는 전적으로 개인의 자발적인 선택의 문제이기 때문이다.

(2) 심정 윤리와 책임 윤리

심정 윤리	행위 결과를 중요하게 생각하지 않으며, 행위를 발생하는 도덕적 가치와 신념을 중요하게 판단하는 윤리
책임 윤리	행위 결과를 중요하게 생각하며, 선한 동기의 행위만으로 평가하는 것이 아니라 결과에 대한 책임도 있다고 판단하는 윤리

(3) 스포츠조직의 윤리 문제 발생 원인과 개선 방안

발생 원인	① 외부의 압력에 의한 원인 ② 비정상적인 조직일수록 비윤리적 행동 가능성이 높음 ③ 조직에서 개인의 일탈로 인한 비윤리적 행동이 원인 제공 ④ 조직의 이익을 우선하는 생각과 행동이 원인
개선 방안	① 국가와 관련 기관들의 의지와 노력 ② 체육 단체들과 시민 사회단체의 연대와 노력 ③ 투명한 의사결정을 위한 공정성 강화 ④ 스포츠조직 내부의 개선 의지와 노력 ⑤ 체육 관련 법적 제도의 보완과 개선 ⑥ 예산의 투명한 확보와 집행

스포츠조직의 윤리경영 예시
- 스포츠조직을 투명하고 합리적으로 운영한다.
- 과대 선전 등으로 스포츠 소비자를 속이지 않는다.
- 스포츠 시설 운영에서 공해, 소음 등으로 인한 사회적 비용을 고려한다.

스포츠윤리센터 예시
- 체육 관련 입시 비리에 관한 조사
- 스포츠 비리 및 스포츠 인권 침해 방지를 위한 예방 교육
- 승부 조작 또는 편파 판정 등 불공정에 관한 신고 접수와 조사

※ 체육인 인권보호 및 스포츠비리 근절을 위한 전담기구로 2020년 8월 5일 공식 출범했다. 스포츠윤리센터는 스포츠비리 및 체육계 인권침해에 대한 신고 접수·조사는 물론 피해자 보호를 위한 상담, 스포츠비리 및 체육계 인권침해 방지 예방 교육 등의 업무도 담당한다.

스포츠조직 윤리경영 예시
스포츠조직에서 [윤리경영]은 기업의 가치경영을 넘어 정성적 규범 기준까지 확장된 스포츠 사회·윤리적 가치체계를 의미한다. 이러한 체계가 실효성 있게 작동되기 위해서는 경영자의 윤리적 [실천의지]와 경영의 [투명성] 확보가 선행되어야 한다.

PART 04

스포츠윤리

※ 다음은 스포츠윤리를 학습한 후, 얼마나 이해하고 있는지 확인하는 주관식 문제입니다.
기본내용으로 구성된 주관식 문제로 최소 6개 이상 맞추지 못하면 이론을 1~2회 다시 학습한 후 다음 단계인 기출문제 풀이로 넘어가길 바랍니다.

01 레스트(J. Rest) 도덕성 구성요소를 쓰시오.

02 칸트(J. Kant)의 윤리적 사상 5가지를 쓰시오.

03 맹자의 성선설(性善說) 사단(四端)을 쓰시오.

정답

01 ① 도덕적 민감성(감수성) ② 도덕적 판단력
③ 도덕적 동기화 ④ 도덕적 품성화

02 ① 실천이성 ② 자유의지
③ 선의지와 의무 ④ 정언명령(정언적)
⑤ 가언명령(가언적)

03 ① 측은지심(惻隱之心) : 남을 불쌍히 여기는 마음
② 수오지심(羞惡之心) : 불의를 보면 부끄러워하는 마음
③ 사양지심(謙讓之心) : 겸손하고 양보하는 마음
④ 시비지심(是非之心) : 옳고 그름을 가리고자 하는 마음

04 카이요와(R. Caillois)의 4가지 놀이 분류를 쓰시오.

05 페어플레이의 구분 5가지를 쓰시오.

PART 04

06 테일러(P. Taylor)의 환경문제 해결을 위한 4가지 의무를 쓰시오.

07 스포츠폭력의 분류를 쓰시오.

정답

04 ① 아곤(경쟁놀이)
③ 알레아(우연놀이)
② 미미크리(역할놀이)
④ 일링크스(몰입놀이)

05 ① 구성적 규칙
③ 형식적 주의
⑤ 스포츠규칙의 원리
② 규제적(파생적) 규칙
④ 비형식적 주의

06 ① 불침해의 의무
③ 신의의 의무
② 불간섭의 의무
④ 보상적 정의의 의무

07 ① 개인적 폭력 : 충동적인 개인적 폭력행위
② 도구적 폭력 : 팀의 승리를 위한 수단으로 폭력행위

08 도핑을 금지하는 윤리적 이유를 쓰시오.

09 스포츠계의 4대 악습(문화체육관광부, 2015)을 쓰시오.

10 정의의 유형 4가지를 쓰시오.

성공의 커다란 비결은
결코 지치지 않는 인간으로 인생을 살아가는 것이다.
(A great secret of success is to go through life as a man who never gets used up.)

알버트 슈바이처(Albert Schweitzer)

PART

05

운동생리학

CHAPTER 01 운동생리학의 개관

CHAPTER 02 생체에너지학

CHAPTER 03 운동 대사

CHAPTER 04 신경 조절과 운동

CHAPTER 05 골격근과 운동

CHAPTER 06 내분비계와 운동

CHAPTER 07 호흡·순환계와 운동

CHAPTER 08 환경과 운동

운동생리학의 개관

01 운동생리학의 개념

1 운동생리학의 개념과 역사

개념	① 단 한 번의 운동과 프로그램을 통한 반복적인 운동이 인체의 세포, 조직 및 기관계에 미치는 영향을 조사하는 생리학의 한 분야 ② 건강한 사람과 질환이 있는 사람, 젊은 사람과 노인 모두를 대상으로 하여 운동을 꾸준히 하는 것이 질병 예방과 만성 질병으로부터 재활하는 데 미치는 영향을 이해
역사 (초창기, 1900-1950)	① 1920년대 호흡생리학의 권위자인 핸더슨(L. Henderson)이 설립한 하버드 피로연구소에서 시작 ② 이곳에서 최대산소 섭취량과 산소부채, 탄수화물과 지방대사, 환경생리학, 임상생리학, 노화, 혈액 및 체력 등 여러 분야의 연구 수행

2 운동생리학의 기능적 제공 `2017`

기능	① 신체적 활동 ② 체력 향상 ③ 경기력 향상 ④ 재활 프로그램 등에 생리학적 기초 제공

> **합격 Tip** 전문기관으로부터의 인증 시스템 기능
>
> • ACSM(American College of Sports Medicine, 미국스포츠의학회) : 현재 퍼스널 트레이너, 그룹운동 트레이너, 운동생리학 및 임상 운동생리학 분야의 자격제도 실시
> • NSCA(National Strength and Conditioning Association, 미국 체력관리학회) : 스트레스 및 컨디셔닝 전문가와 기타 자격제도 실시

02 운동생리학의 주요 용어

1 체력의 개념과 구분

개념			인간 활동의 기초가 되는 신체적 능력
구분 `2022, 2023, 2025`	건강 관련 체력	근력	근육에서 발생하는 힘의 최대근력
		근지구력	긴 시간 동안 근육이 일정한 힘의 수준으로 지속할 수 있는 능력
		심폐지구력	심장과 폐의 순환계에서 근육에 효율적으로 산소를 공급하는 능력
		유연성	부상 없이 최대 관절가동 범위에 걸쳐 부드럽게 관절을 움직이는 능력
		신체 조성	인체기관이나 조직 등을 정량적 또는 상대적인 값으로 나타낸 것
	기술 관련 체력	민첩성	운동의 목적에 따라 신체를 신속히 정확하게 조작하는 능력
		평형성	신체를 일정한 자세로 균형을 유지하는 능력
		협응성	신체의 움직임을 매끄럽고 정확하게 하는가에 대한 신체 각 분절의 조화
		스피드	움직임이 진행되는 빠르기
		순발력	근육이 순간적으로 빨리 수축하면서 내는 힘
		반응시간	자극이 주어진 순간부터 반응이 일어날 때까지의 시간

2 트레이닝의 원리 2022

특이성의 원리	근육에 대한 훈련의 효과는 사용되는 특정 움직임, 영역 및 훈련 형태에 따라 달라짐
과부하의 원리	신체의 적응 능력 이상의 부하를 주어야 적응 수준이 높아짐(빈도, 강도, 지속 시간 등을 늘림)
점증 부하의 원리	운동 상해 없이 트레이닝 효과를 극대화하기 위해서는 부하를 점진적으로 증가시켜야 함
가역성의 원리	운동을 꾸준히 하지 않으면 운동능력이 빠르게 다시 감소함
개별성의 원리	개개인의 체력 수준에 따라 트레이닝 양과 프로그램이 다르게 처방되어야 함
다양성의 원리	운동이 단조로우면 동기 저하가 오고 능력 향상에 방해가 되므로 다양한 훈련 방법을 구상해야 함

생체에너지학

01 에너지의 개념과 대사작용

1 에너지 2023

대사작용	생명체에서 일어나는 모든 화학 반응 ① 동화작용 : 작은 분자를 더 큰 분자로 합성(에너지 흡수) ② 이화작용 : 큰 분자를 더 작은 분자로 분해(에너지 발생)
에너지	전기적, 기계적, 화학적 형태로 존재. 모든 형태의 에너지는 상호교환적
에너지 생성	① 탄수화물, 지방, 단백질은 아데노신 3인산(ATP) 형태로 체내 저장됨 ② 체내의 잠재적 에너지원은 ATP와 PC, 혈청 글루코스, 간 및 근육의 글리코겐, 혈청 유리지방산, 근육 및 지방조직에서의 중성지질, 근육 단백질 등이 포함됨
에너지 전환 및 보존의 법칙	섭취한 음식물을 분해하고 생체 내 이용 가능한 에너지 형태로 전환시킬 때 그 형태는 변화하지만, 에너지의 총량은 변하지 않으며 보존됨

2 에너지원 2023

탄수화물	① 탄소, 수소, 산소로 구성. 신체에 가장 빠르게 에너지 제공 ② 1g당 4kcal의 에너지 생산. 결합 형태에 따라 3가지로 분류 • 단당류 : 포도당 = 혈당, 과당 • 이당류 : 2개의 단당류가 결합. 자당, 맥아당 • 다당류 : 3개 이상의 단당류 결합. 식물성(식물섬유소, 전분), 동물성(글리코겐) ③ 근육과 간에서 글리코겐으로 저장. 글루코스로 전환되어 신체의 모든 조직으로 운반 ④ 글리코겐의 양은 한정적이며, 운동의 강도가 높을수록 더 많은 양의 탄수화물이 공급됨
지방	① 1g당 9kcal의 에너지 생산. 물에 용해되지 않음 ② 무게당 많은 에너지를 포함하여 장시간 운동에 적합한 연료. 지방은 4가지 형태로 존재 • 지방산 : 신체 내에 중성지방으로 저장되어 있다가 에너지가 필요한 시기에 지방분해 과정을 거쳐서 지방산으로 변환되어 에너지로 사용됨. 지방산은 근육 및 다른 조직에 의해 연료 기질로 사용됨 • 중성지방 : 주로 지방세포에 저장되어 있지만 골격근을 포함한 여러 세포에도 저장 • 인지질 : 세포 내 지질과 인산이 결합하여 만들어진 것. 세포막 구조를 형성하고 신경세포 주위에서 절연체 역할을 함 • 스테로이드 : 가장 일반적인 스테로이드는 콜레스테롤(모든 세포의 막을 구성하고 세포막의 골격을 이룸). 에스트로겐, 프로게스테론, 테스토스테론을 합성 ③ 간과 근육에 저장된 탄수화물은 2,000kcal 이하이며, 지방의 저장량은 70,000kcal 초과 ④ 지방은 트리글리세라이드(TG)에서 글리세롤과 유리지방산으로 전환되며, 유리지방산이 ATP를 생성함 ⑤ 지방은 탄수화물보다 더 많은 양의 에너지를 제공하고, 중강도의 운동을 하는 동안 사용되는 에너지임
단백질	① 아미노산(amino acid)이라고 불리는 작은 하위 단위로 구성 ② 신체에 필요한 아미노산은 약 20여 종인데, 그중 9가지는 필수아미노산으로 체내에서 합성되지 않으므로 반드시 음식을 통해 섭취해야 함 ③ 1g당 4kcal의 에너지 생산 ④ 단백질은 운동 중 에너지원으로 사용이 제한됨(약 1~2% 정도만 에너지원으로 사용 가능)

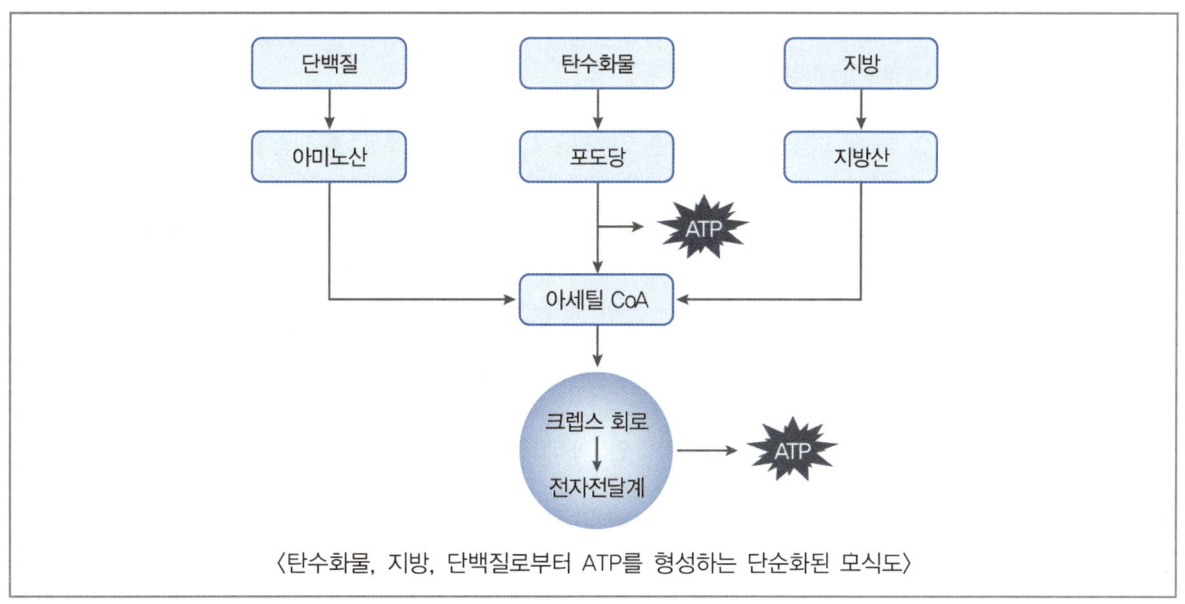

〈탄수화물, 지방, 단백질로부터 ATP를 형성하는 단순화된 모식도〉

02 인체의 에너지 대사

1 근수축 에너지원

아데노신 3인산 (ATP : adenosine triphosphate)	① 근수축을 위한 고에너지 인산염 ② ATP의 3가지 구성요소 : 아데닌, 리보스(ribose), 3인산 ③ ATP → ATPase(효소) → ADP + pi(인산) + 에너지

2 ATP 생성체계 `2020, 2021, 2022, 2023, 2024, 2025`

생체 에너지원	ATP 저장엔 한계가 있음. 그러나 근육활동을 위해 ATP가 지속적으로 공급되어야 함
3가지 ATP 합성 경로	① 크레아틴인산(phos-phocreatine, PC)에 의한 ATP 생성 – ATP-PC system(무산소 시스템) ② 해당작용에 의한 포도당이나 글리코겐의 분해로 ATP 생성 – 해당과정시스템 = 젖산시스템(무산소 시스템) ③ 산소를 이용한 산화작용에 의한 ATP 생성 – 산화적 인산화(유산소 시스템)
ATP-PC 에너지 시스템 (포스파젠체계 phosphagen system)	① ATP는 근육 내에 제한된 범위로 저장됨. 고에너지 결합이 분리되어 아데노신 2인산(ADP), 인산(P) 및 에너지를 방출함 ② 한 가지 효소에 의하여 ATP를 생산함으로써 빠른 동작에 필요한 에너지 생산 ③ 5초 이내의 고강도 운동이나 운동을 시작할 때 근수축에 필요한 에너지 제공 ④ 휴식시간에 PC 보충할 수 있으며 이때 ATP가 필요(예 50m 달리기, 높이뛰기, 역도 등) ⑤ PC + ADP → 크레아틴 키나아제 → ATP + C ⑥ 중요점 : 수초 이내에 이루어지는 순발력 운동에서 강력하고 힘찬 운동을 가능하게 하는 에너지 동원체계 ⑦ 제한점 : 양이 제한되어 수초 이내에 고갈
젖산 시스템 (무산소성 해당작용 : glycolysis)	① 근육 글리코겐은 산소의 이용 없이 분해될 수 있어서 무산소성 해당과정이라고 함 ② ATP는 신속하게 합성되지만, 젖산이 부산물로 생성되는데 젖산은 근육에서 피로의 주요 원인으로 작용함 ③ 1~3분 동안 최대효율을 발휘하면서 매우 높은 강도로 운동을 수행하는 과정에서 주로 이용됨 ④ 중요점 : ATP-PC system과 마찬가지로 에너지를 급속하게 공급함 ⑤ 제한점 : 근육과 혈액 내 젖산 축적되며(피로 유발), 비효율적 에너지 대사가 이루어짐(1분자 glucose → 2ATP)

유산소성 시스템 (유산소성 과정)	① ATP의 유산소적 생산은 미토콘드리아 안에서 만들어지며, 크렙스 회로 및 전자전달계의 대사경로들이 상호협력하여 이루어짐 ② 이러한 과정에서 산소는 전자에 대한 최종수용체이며, 많은 양의 ATP가 생성됨 ③ 4~5분 이상의 긴 시간 동안 지속되는 지구성 종목의 운동수행 과정에서 주로 이용됨 ④ 유산소성 과정으로 ATP가 생성되는 과정 = '산화적 인산화(oxidative phosphorylation)' ⑤ 중요점 : 산소가 충분하게 있어 젖산이 축적되지 않으며 효율적(38 ATP)임 ⑥ 제한점 : 유산소 시스템이 동원되기까지 시간적 여유가 있어야 하기 때문에 유산소 최대 능력의 한계가 있음
크렙스 회로 (Krebs cycle = 시트르산 회로)	① 수소를 운반하는 NAD와 FAD를 사용하여 탄수화물, 지방, 단백질의 수소이온을 제거하여 산화시키는 과정 ② 탄수화물과 지방, 단백질을 산화하며 전자전달계를 통과하면서 CO_2와 전자를 생산하여 유산소성 ATP를 생산하는 데 필요한 에너지 공급
전자전달계 (electron transport chain, ETC)	① 유산소성 ATP 생산을 '산화적 인산화'라고 하며, 이는 미토콘드리아에서 일어나는데 이런 과정에 중요한 역할을 하는 경로 ② 전자전달계는 ATP와 물을 생산하며 물은 전자를 수용하는 산소에 의해 형성됨 ③ 그러므로 산소는 유산소성 대사작용의 마지막 단계의 전자들을 수용하는 역할을 함

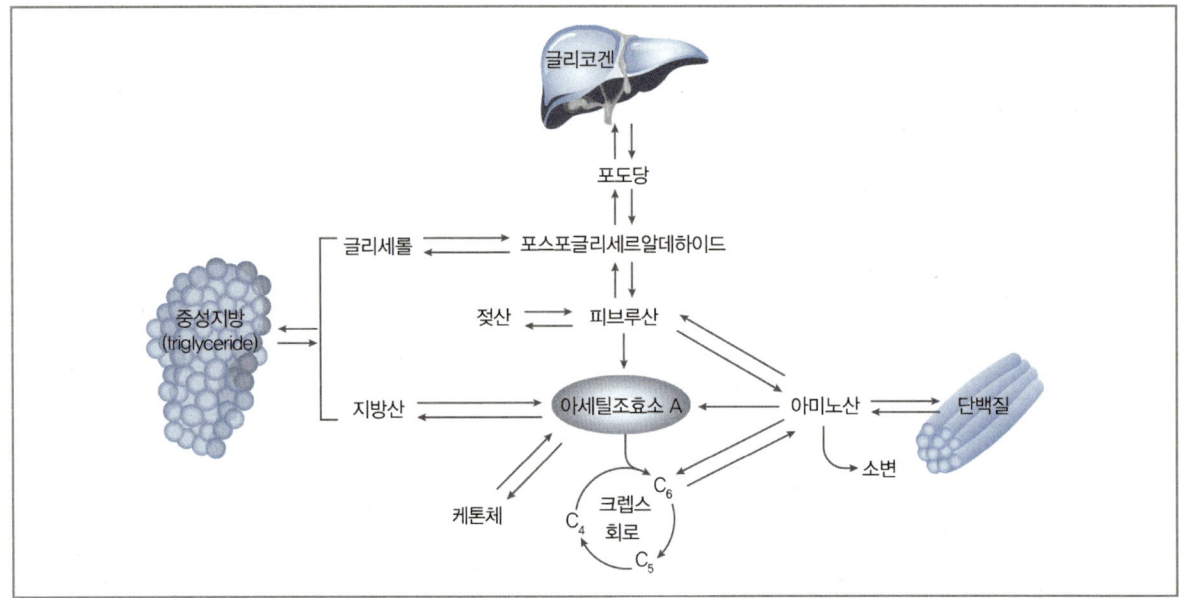

3 ATP 생성과 에너지 시스템의 특성 `2025`

구분	ATP-PC 시스템	해당과정과 젖산 시스템	유산소 시스템 (TCA회로, 전자전달계)
산소 사용 여부	X	X	O
반응 속도(합성률)	가장 빠름	빠름	느림
연료	화학적 연료 PC	음식물 연료 글리코겐	음식물 연료 글리코겐, 지방, 단백질
ATP 생성량	매우 적음	2ATP(무산소성)	많음(무한)
지속 시간	10~15초 이내	30~60초	무제한
피로	근에 한정적으로 축적	부산물인 젖산이 근피로 유발	피로 없음
장소	세포질	세포질	미토콘드리아
예	포환던지기, 원반던지기, 웨이트리프팅, 100m 달리기, 역도	200~400m 달리기	마라톤, 장거리달리기

4 유산소성 ATP 계산 `2023, 2025`

개념	① 포도당 또는 글리코겐의 유산소성 분해 결과로 생기는 전체적인 ATP 생산을 계산할 수 있음 ② 포도당 1mol의 유산소성 대사작용은 32개의 ATP를 생산하며 글리코겐은 33개의 ATP를 생산함			
	대사적 과정	고에너지 생산	산화적 인산화를 통한 ATP의 형성	ATP 소계
포도당의 유산소성 대사작용 시 ATP 생산량	해당작용	2 ATP	–	2(무산소성일 때)
		2 NADH*	5	7(유산소성일 때)
	피루브산에서 아세틸조효소 A까지	2 NADH	5	12
	크렙스 회로	2 GTP	–	14
		6 NADH	15	29
		2 FADH	3	32
				총 : 32 ATP

2024년 기출문제

유산소 트레이닝의 대사적 적용 예시
- 최대산소섭취량 증가
- 1회 박출량 증가
- 지근 섬유 비율 증가
- 미토콘드리아의 크기와 수 증가
- 모세혈관 밀도 증가

03 운동 대사

01 운동에 따른 대사적 반응

1 운동강도에 따른 에너지 대사 (2019, 2023)

고강도 운동(단시간)	인원질 과정 → 젖산 과정 → 유산소 과정(에너지지원 : 탄수화물 → 지방)
저강도 운동(장시간)	유산소 과정 → 젖산 과정 → 인원질 과정(에너지지원 : 지방 → 탄수화물)

2 운동시간에 따른 에너지 시스템

소요 시간	에너지 시스템	종목
30초 이내	인원질 과정	100m 달리기, 역도 등
30~90초	인원질 과정과 젖산 과정	200m 달리기 등
90~180초	젖산 과정과 유산소 과정	800m 달리기 등
180초 이상	유산소 과정	마라톤 등

3 에너지 소비량의 측정 및 평가 (2021, 2023)

측정 방식에 따른 분류	직접 측정법	① 직접 열량계를 사용하여 열 생산을 촉진함. 사용된 에너지를 역으로 추적 ② 장점 : 안정 시 에너지 측정에서 정확도가 높음 ③ 단점 : 운동과 활동 시 에너지 측정 한계
	간접 측정법	① 호흡한 산소와 이산화탄소의 농도를 측정하여 호흡 가스의 양과 성분 변화 측정 ② 장점 : 간단하고 경제적이며 측정 결과의 신뢰성 높음 ③ 단점 : 장비를 사용하거나 착용해야 함
호흡 교환율 2018, 2019, 2021, 2023	① 이산화탄소 생성량(VCO_2)과 산소섭취량(VO_2) 사이의 비율을 호흡지수(RQ, respiratory quotient)라 하며, 호흡 교환율(RER, respiratory exchange ratio)과 동일함 ② 운동강도가 올라가면 RER도 증가함 ③ 비단백성 호흡 : 단백질을 제외한 탄수화물, 지방의 호흡 교환율(실제 운동 시 탄수화물과 지방이 주로 에너지지원) ④ 비단백성 호흡률 0.85 = 탄수화물과 지방이 같은 비율로 사용 ⑤ 비단백성 호흡률 > 0.85 : 탄수화물이 주에너지원 ⑥ 비단백성 호흡률 < 0.85 : 지방이 주에너지원	
지방과 탄수화물 대사의 상호작용 2023, 2025	 <Cross-over concept>	
운동 중 젖산 역치 (무산소성 역치) 2019	① 동부하가 증가해서 젖산이 급속하게 증가하면 근육세포 주변에 쌓이기 시작함 ② 유산소성 에너지와 무산소성 에너지 생산 사이 분기점이 되는 운동 강도에서 발생함 ③ 원인 : 근육 내 산소량 감소, 속근섬유 사용량 증가, 젖산 제거 속도 저하	

① 1 METs = 3.5ml/kg/min(안정 시 1분에 체중당 3.5ml의 산소 사용)
② 대사 방정식 : (METs × 3.5 × kg)/200 = Kcal/min

02 트레이닝에 의한 대사적 적응

유산소 트레이닝의 대사적 적응 `2020, 2021, 2023, 2024, 2025`	① 최대산소섭취량 증가(1회 박출량 증가가 원인) ② 1회 박출량 증가 ③ 미토콘드리아 크기와 수의 변화 및 모세혈관 밀도 증가 ④ 미토콘드리아 적응 현상 ⑤ 골격근에서 지방산화로부터 얻을 수 있는 에너지 생성비율 증가 ⑥ 골격근으로의 모세혈관 수 증가로 운동 중 혈액 공급을 원활하게 함 ⑦ 지근섬유(ST섬유, type I섬유) 비율 증가
무산소 트레이닝의 대사적 적응 `2020, 2022, 2025`	① 속근섬유(FT섬유, type II섬유) 비율 증가 ② 근비대와 근섬유 증식(근육량과 근력 증가) ③ ATP-PC, 글리코겐 저장 능력 증가 ④ ATP-PC 시스템과 무산소성 해당 과정에 필요한 효소활동(PCr, PFK) 증가 ⑤ 근섬유당 모세혈관 밀도 증가 ⑥ 미토콘드리아 수와 크기 증가 ⑦ 건, 인대 조직의 양 증가(결합조직의 변화)

PART 05

04 신경 조절과 운동

01 신경계의 구조와 기능

1 신경계의 구조 2021

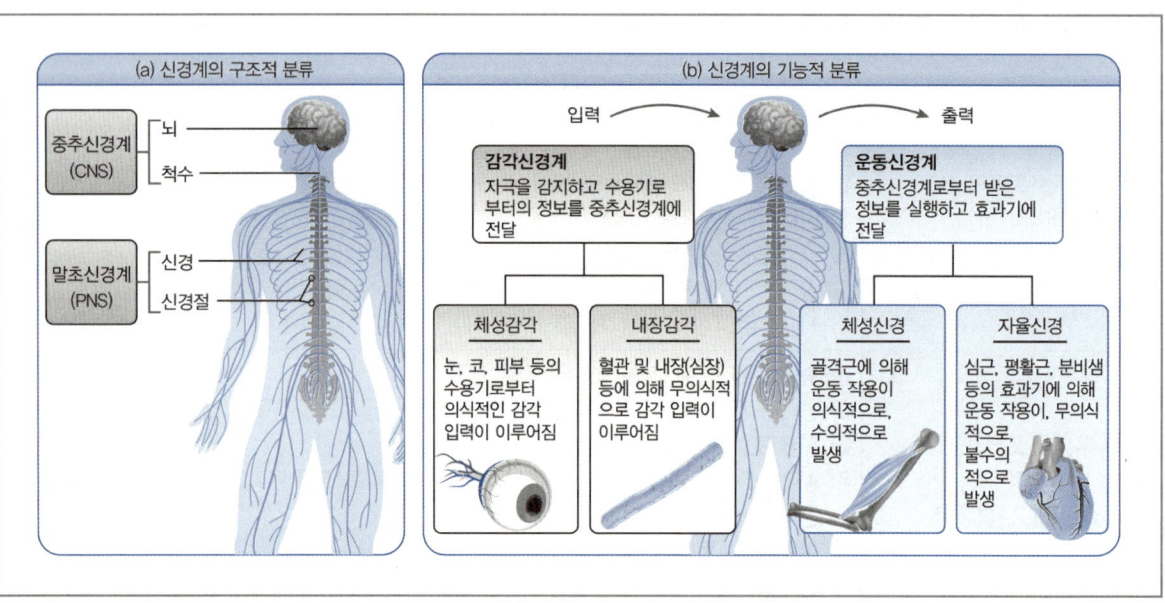

2 신경세포(뉴런)의 구조 2020

신경세포의 구조	신경세포 (뉴런)	신경계를 구성하는 주된 세포. 신경계의 기능적 단위
	세포체 (cell body)	핵과 세포질을 포함하고 있는 신경원의 활동 중추
	수상돌기	체세포로 자극 전달
	축삭돌기	수상돌기와 세포체를 거쳐 전달된 신호를 다른 신경세포에 전달하는 부분

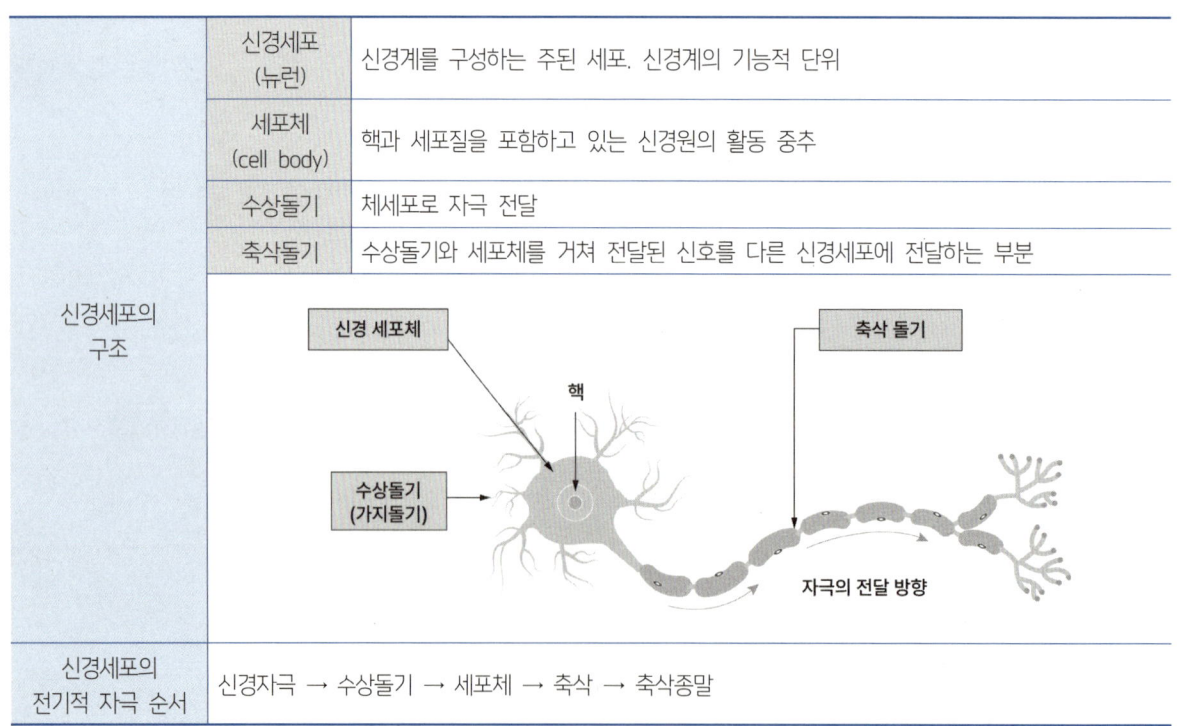

신경세포의 전기적 자극 순서	신경자극 → 수상돌기 → 세포체 → 축삭 → 축삭종말

02 신경계의 특성

1 신경세포의 전기적 특성 `2021, 2022, 2023`

안정 시 막전위	음(-)전압. 막을 통과하는 이온의 농도에 의해 결정(Na^+, K^+, Cl^-)
활동전위	① 탈분극이 임계치에 도달한 상태를 '역치'라 부르며 이때 나트륨 통로가 넓게 열리면서 활동전압 또는 신경자극이 형성됨 ② 막의 투과성 변화 → Na^+ 세포 안으로 이동 → 내부 전압은 양(+)전압으로 전환
재분극	막의 투과성 변화에 의해 안정 시 막전위로 돌아가는 것

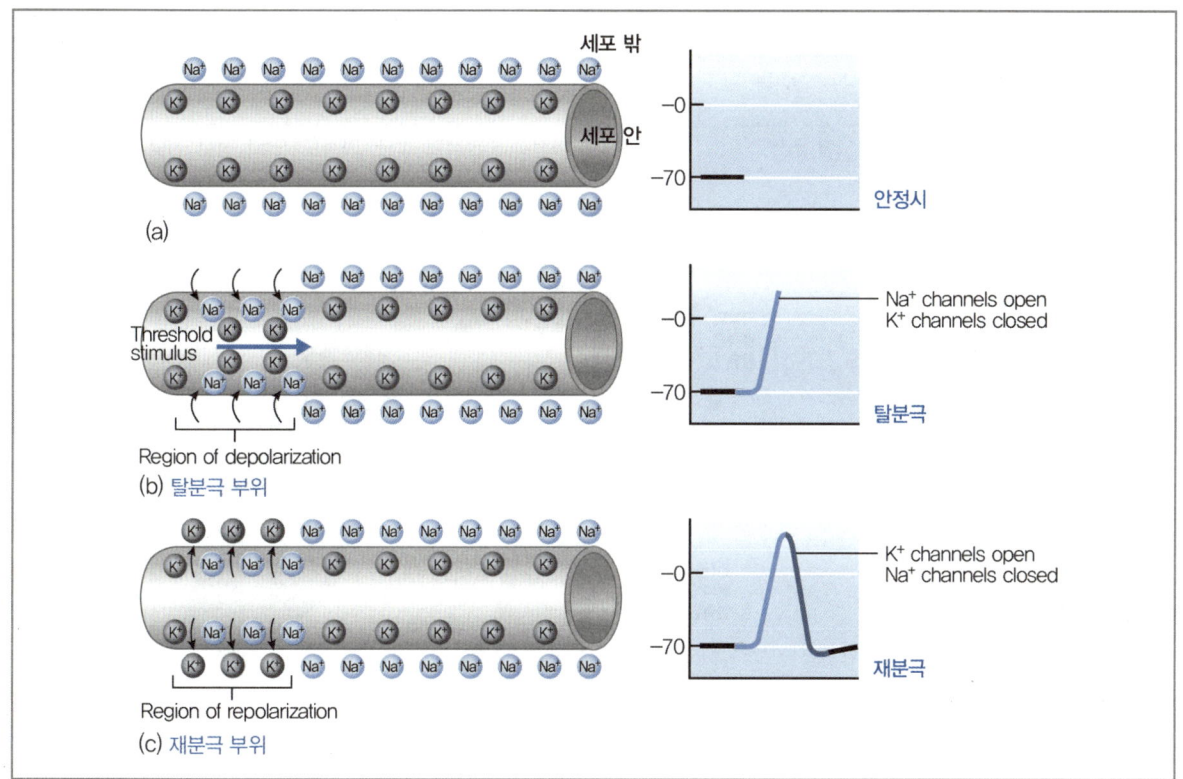

합격 Tip 실무율(all-or-none)

① 신경전달이 시작되고 전압이 축삭을 따라 전달될 때까지 유지됨
② 역치 이하의 자극에 대해서는 반응하지 않으며, 역치 이상의 자극일 경우 활동전위 생성

03 신경계의 운동기능 조절

1 중추신경계 `2022, 2023, 2024`

대뇌	① 복잡한 운동의 조직화, 학습된 경험의 저장, 감각정보의 수용 ② 운동피질 : 수의적 운동과 관련
소뇌	① 복잡한 운동에서 조정과 감시의 중요한 역할(신체 평형과 자세, 근육 통합 조절) ② 운동피질과 함께 역동적 움직임을 더욱 빠르게 함
간뇌	① 시상 : 감각 조절 중추(후각 제외) ② 시상 하부 : 항상성 유지, 자율신경계 조절(혈압, 심박수, 수축성, 호흡, 체온 등)

뇌간	중뇌, 교뇌, 간뇌, 연수로 구성. 뇌와 척수를 연결함
척추	① 뇌의 말초신경 사이의 자극과 명령을 전달하는 통로 ② 감각기능, 운동기능, 반사기능의 중추

2 말초신경계 2021, 2022, 2023, 2024, 2025

(1) 감각신경(구심성)

고유수용기	근육, 힘줄, 인대, 관절에서 오는 여러 감각정보를 중추신경계로 전달		
고유수용기의 종류와 역할	근방추	근육 섬유 내	근육의 길이에 반응, 감마 운동뉴런, 신장 반사 유발(근육 수축 촉진)
	골지건기관	근육 - 건 접합부	장력에 반응, 근의 수축에 관한 정보 전달, 과도한 수축 억제(손상 예방)
	관절 수용기	근육, 인대, 관절낭	관절의 각도, 가속도, 압력 정보 전달

(2) 근육 화학수용기

근육 화학수용기	근섬유 주변의 화학적 변화에 민감. 자극되었을 때, 화학수용기는 근육 활동의 대사율에 관한 정보를 중추신경에 전달하고 이러한 메세지는 운동에 대한 심혈관과 폐의 반응을 조절하는 데 중요함

(3) 운동신경(원심성) 2018, 2019, 2021

자율신경계	신체 내부 환경을 일정하게 유지하는 데 있어 중요한 역할을 함
교감신경계	노르에피네프린 방출, 기관을 흥분시킴
부교감신경계	아세틸콜린 방출, 기관을 억제시킴

골격근과 운동

CHAPTER 05

01 골격근의 구조와 기능

1 골격근의 분류 `2018, 2021`

기능에 따른 분류	수의근	가로무늬근	골격근 : 골격(뼈)에 붙어 있는 근육. 의지에 따라 움직임이 가능
	불수의근	가로무늬근	심장근 : 심장벽을 구성하는 근육. 오직 심장 내에서만 발견
		민무늬근	내장근(평활근) : 위와 장의 외벽을 구성하는 근육. 수축과 이완을 통해 음식물 이동
구조에 따른 분류	① 근세사 : 액틴필라멘트, 마이오신필라멘트 ② 근원섬유 : 액틴(가는세사)필라멘트 + 마이오신(굵은세사)필라멘트 ③ 근섬유 : 여러 가닥의 근원섬유로 구성, 근육을 구성하는 기본단위 • 근내막 : 근섬유의 밖에서 근섬유를 둘러싸고 있는 결합조직 ④ 근다발(근속) : 여러 가닥의 근섬유로 이루어진 근섬유다발 • 근다발막 : 근섬유의 바깥에서 근섬유를 둘러싸서 근다발 형성 • 근외막 : 근다발을 둘러싸서 골격근을 형성하는 결합조직 • 근막 : 골격근의 겉면을 둘러싸고 있는 섬유성 막, 피부와 근육 사이에 위치 ⑤ 근육 • 건(힘줄) : 근육을 뼈에 부착시키는 중개 역할		

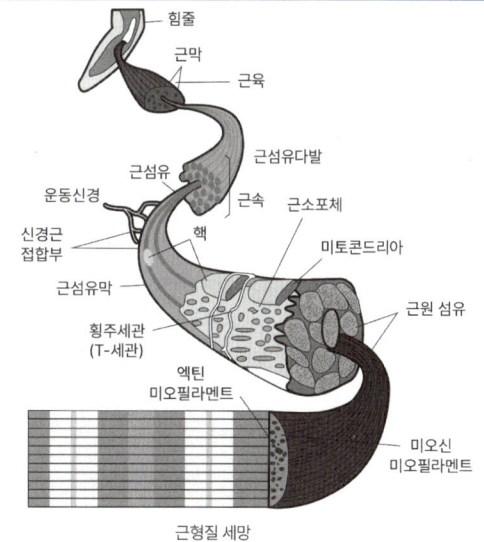

합격 Tip 운동단위(motor unit) `2025`

① 하나의 운동신경이 지배하고 있는 근섬유의 수
② 운동신경에 연결된 근섬유 수가 많을수록 큰 힘을 내는 데 유리
③ 자극비율(innervation ratio)이 낮은 근육은 정교한 움직임에 적합

2 근수축 시 구조 변화 `2025`

구조	수축 시 변화
A band	일정
I band	짧아짐

H zone	사라짐
Sarcomere	전체 길이 감소

02 근수축 기전

1 근수축 `2020, 2021, 2022, 2023, 2024, 2025`

근수축 단계	특징
안정	① 액틴과 마이오신은 결합되지 않음 ② 칼슘은 근형질세망에 많은 양이 저장됨
자극 및 결합 단계	① 신경 자극이 발생하면 근신경연접에서 아세틸콜린이 분비됨 ② 근형질세망의 소포에서 칼슘이 방출됨 ③ 트로포닌에 칼슘이 부착되고, 트로포마이오신 위치를 변화시킴 ④ 액틴과 마이오신이 결합하여 액토마이오신을 형성함
수축 단계	① ATP가 ATPase에 의해 분해되면서 에너지를 발생함 ② 에너지에 의한 십자형교의 회전이 일어남 ③ 액틴이 마이오신 쪽으로 미끄러져 들어가며 근육의 단축(수축)이 일어남
재충전 단계	① ATP 재합성(재충전)이 됨 ② 액토마이오신이 액틴과 마이오신으로 분해됨 ③ 액틴과 마이오신의 재순환이 일어남

> **합격 Tip** 근세사활주설(sliding filament theory)
>
> ① 근원섬유는 수축단백질을 포함하는 수많은 실과 같은 구조로 마이오신(myosin)이라는 굵은세사와 액틴(actin)이라는 가는세사로 구성됨
> ② 근수축은 마이오신 위로 액틴이 미끄러져 근육이 짧아지면서 장력을 발생시키는 필라멘트 활주 모형(sliding filament model)으로 설명 가능

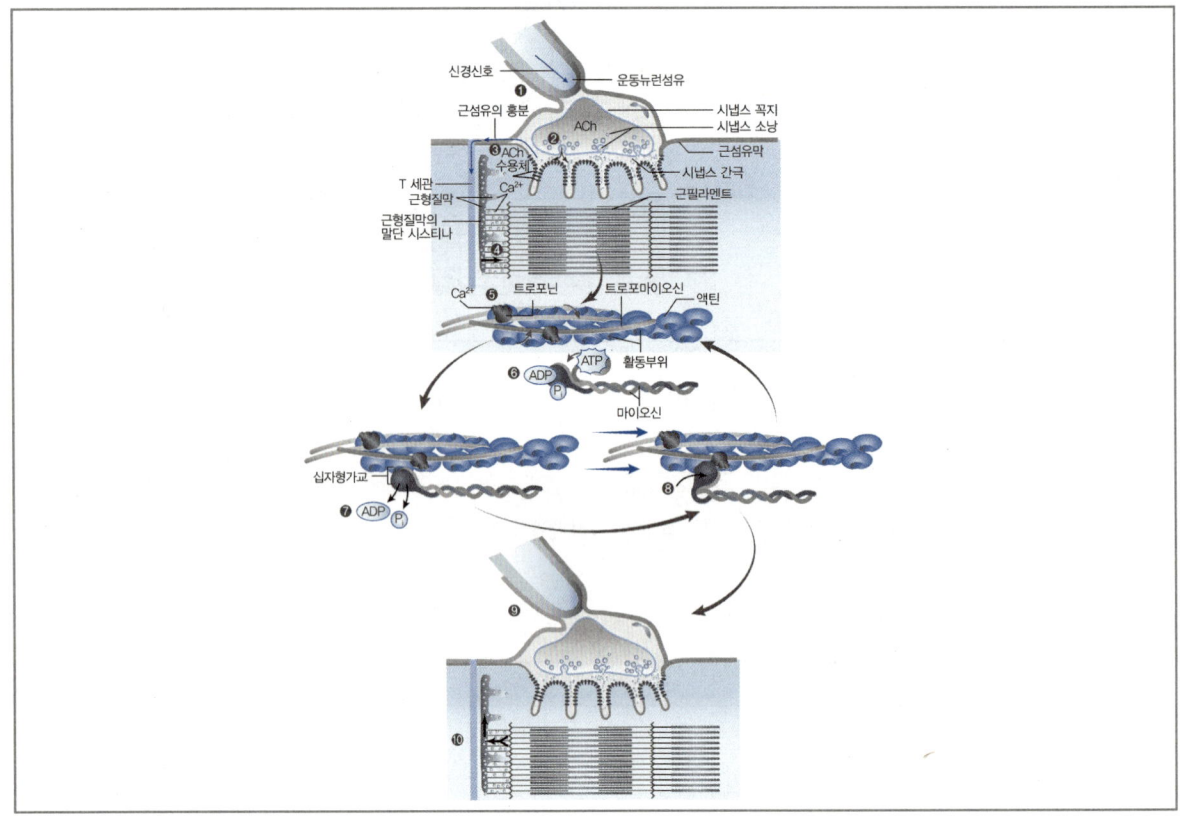

1 근섬유의 형태 및 특성 2019, 2020, 2021, 2023, 2024, 2025

특성	속근섬유 (백근)		지근섬유 (적근)
	Type IIx	Type IIa	Type I
미토콘드리아 수	적음	많음/중간	많음
피로도	낮음	높음/중간	높음
에너지체계	무산소	유·무산소	유산소
ATPase활동	가장 높음	높음	낮음
수축속도(Vmax)	가장 빠름	높음	낮음
효율성	낮음	중간	높음
장력	높음	높음	중간
스포츠 적용	100m 달리기	400m 달리기	1,500m 달리기 이상

2 근수축의 종류 2020, 2021, 2022, 2024

운동형태	근육활동	근 길이 변화	형태
동적	단축성	감소	저항에 비해 근수축력이 강한 경우
	신장성	증가	저항에 비해 근수축력이 약한 경우
정적	등척성	변화 없음	수축하면서 길이가 변하지 않음

3 저항성 훈련으로 인한 생리학적 적응 2023

생리학적 변인	저항성 훈련의 효과	비고
신경계	신경 구동(neural drive)의 증가 주동근/길항근 활성 비율 변화	저항성 훈련 시작 후 2~8주 이내 빠르게 발생
근육량	증가	저항성 훈련 시작 후 3주 이내에 관찰됨
근섬유 고유의 힘 생산량	증가	I형 근섬유에서만 발생
근섬유 유형	속근에서 지근으로 변경	I형 섬유의 증가 없이 IIx형에서 IIa형으로의 전환이 미세한 수준으로 발생
근육 산화능력	밝혀지지 않음	저항성 훈련의 형태에 따라 달라짐
근 모세혈관 밀도	밝혀지지 않음	저항성 훈련의 형태에 따라 달라짐
근육 항산화능력	증가	12주간의 훈련 이후 항산화효소의 활성화가 거의 100% 증가함
힘줄과 인대의 강도	증가	근력이 증가함에 따라 힘줄과 인대의 강도도 같이 증가함
골 무기질 함량	증가	골 무기질 함량이 증가함에 따라 골이 강화됨

> **합격 Tip** 근육군에서 발생되는 힘과의 관련성
>
> ① 동원된 운동단위의 형태와 숫자   ② 수축 전 근육의 초기 길이
> ③ 운동단위의 신경자극   ④ 근육의 수축력

2024년 기출문제

운동에 의한 골격근의 변화 예시
- 장기간의 지구력 훈련은 Type IIx에서 Type IIa로 전환
- 지구력 훈련과 저항성 운동에서 Type IIx와 Type IIa는 훈련 강도와 기간에 따라 상호 전환 가능
- 근지구력 훈련은 근육의 크기와 최대근력을 증가시키지는 않지만 미토콘드리아 수를 비롯한 근육의 유산소 대사 능력을 향상시킴

내분비계와 운동

CHAPTER 06

01 신경내분비학

1 호르몬의 정의와 기능

정의	내분비계에서 분비되어 세포나 기관으로 신호를 전달하여 신체를 조절하는 화학물질
기능	① 내적인 환경 유지 ② 스트레스 환경에 대응 ③ 성장 발달 유도 ④ 생식기능 조절 ⑤ 적혈구 생산조절 ⑥ 순환 및 소화기계 조절

02 호르몬 작용(조절과 활동) 2017, 2018, 2020, 2021, 2022, 2025

내분비선	호르몬	주요 기능
시상하부(간뇌)	성장호르몬 방출 호르몬(GHRH)	성장호르몬(GH) 분비 촉진
	성장호르몬 억제 호르몬(GHIH)	성장호르몬(GH) 분비 억제
	갑상샘(선) 자극 호르몬 방출 호르몬(TRH)	갑상샘(선) 자극 호르몬(TSH) 분비 촉진
	부신피질 자극 호르몬 방출 호르몬(CRH)	부신피질 자극 호르몬(ACTH) 분비 촉진
	생식선 자극 호르몬 방출 호르몬(GnRH)	여포 자극 호르몬(FSH), 황체 형성 호르몬(LH) 분비 촉진
	프로락틴 방출 호르몬(PRH)	프로락틴 분비 촉진
	멜라닌 세포 자극 호르몬 방출 호르몬(MSHRH)	멜라닌 세포 자극 호르몬(MSH) 분비 촉진
뇌하수체 전엽	성장호르몬(RH)	뼈 근육의 성장, 단백질 합성 유도, 대사기능 촉진, 지방 동원과 지방에너지 사용 증가, 지방조직으로의 당 이동 제한, 혈당량 증가
	갑상샘(선) 자극 호르몬(TSH)	갑상샘(선) 자극, 티록신과 트라이아이오드타이로닌 분비 촉진
	부신피질 자극 호르몬(ACTH)	부신피질을 자극, 코티졸(코르티코이드) 분비하도록 함
	여포 자극 호르몬(FSH)	난소를 자극하여 여포 및 난자 발달 촉진, 정소 자극
	황체 형성 호르몬(LH)	난소를 자극하여 황체 형성 촉진 및 배란유도, 정소 자극
	프로락틴	유방 발달, 유즙 분비 촉진
뇌하수체 후엽 2022	항이뇨 호르몬(바소프레신, ADH)	신장의 수분 재흡수 촉진을 통해 체내 수분량 조절
	옥시토신	분만 시 자궁 수축, 모유 분비 촉진하여 양성피드백

갑상선	티록신, 삼요오드티로닌	체내 물질대사 촉진, 세포호흡 촉진, 체온 증가, 유아의 성장, 중추신경계 발달 촉진, 당 분해
	칼시토닌	혈중 칼슘 농도 저하, 부갑상샘에서 나오는 파라토르몬과 길항작용
부신수질 2021, 2022, 2024, 2025	에피네프린 (아드레날린)	혈당량 증가(글리코겐 분해), 지방조직 및 근육의 지방 분해 촉진, 심박출량 증가
	노르에피네프린 (노르아드레날린)	지방조직 및 근육의 지방 분해 촉진, 혈관 수축, 혈압 상승, 세동맥과 세정맥 수축
	카테콜아민	에피네프린과 노르에피네프린 각각의 전구체인 도파민을 통틀어 지칭
부신피질 2021, 2022	코티졸 (당질 코르티코이드)	탄수화물·지방·단백질 대사조절, 혈당량 증가, 혈중 글루코스 농도 상승, 면역계 억제, 장기적인 스트레스에 대한 조절
	알도스테론 (무기질 코르디코이드)	신장에서 나트륨 재흡수를 촉진하여 수분 및 혈당 조절, 칼륨 분비 촉진, 혈압 상승
췌장(이자, 랑게르한스섬) 2022, 2023, 2024, 2025	인슐린	혈당량 감소(포도당을 글리코겐으로 저장), 랑게르한스섬의 베타세포에서 분비
	글루카곤	혈당량 증가(글리코겐을 포도당으로 분해), 랑게르한스섬의 알파세포에서 분비

03 운동 시 기질 동원을 위한 호르몬 조절

운동 중 글루코스 대사 조절	근육에서 글루코스 흡수를 촉진하는 방향으로 조절 ① 글루카곤 증가 : 글리코겐 분해, 글루코스 합성 촉진 ② 카테콜아민(에피네프린, 노르에피네프린) 증가 : 글리코겐 분해 촉진 ③ 코티졸 증가 : 단백질 분해 촉진 ④ 티록신 증가 : 글루코스 분해, 지질대사 증가 ⑤ 성장호르몬 증가 : 유리지방산 동원 증가 ⑥ 인슐린 감소, 혈당량 증가 ⑦ 혈장의 글루코스가 조직으로 흡수되는 것을 억제하여, 간으로부터 글루코스의 동원 촉진
운동 중 지방대사 조절	지방을 유리지방산으로 분해하여 에너지를 얻는 방향으로 조절 ① 탄수화물 이용이 증가하여 고갈되면 지방산화를 가속시켜 근육의 에너지 요구량 충족 ② 중성지방(트라이글리세라이드)이 라파아제(라이페이스) 효소에 의해 유리지방산+글리세롤로 분해 ③ 코티졸, 카테콜아민(에피네프린, 노르에피네프린), 성장호르몬이 지방산화 조절
운동 시 혈당의 항상성	① 천천히 작용하는 호르몬 : 코티졸, 티록신, 성장호르몬 ② 빠르게 작용하는 호르몬 : 에피네프린, 노르에피네프린, 인슐린, 글루카곤

2025년 기출문제

마이오글로빈 vs 헤모글로빈

구분	마이오글로빈	헤모글로빈
위치	근육 세포	적혈구
기능	산소 저장·운반 → 미토콘드리아 공급	산소 운반(폐 ↔ 조직)
친화력	높음	상대적으로 낮음

호흡·순환계와 운동

01 호흡계의 기능

1 호흡계의 구조 2021

전도영역 (conducting zone)	공기의 통로 역할, 공기의 온도 습도 조절, 실제 가스 교환에는 관여하지 않음(기도, 구강, 비강, 기관지)
호흡영역 (respiratory zone)	① 가스 교환을 위해 확산에 용이한 구역 ② 호흡 세기관지, 종말 세기관지, 허파꽈리(폐포)

2 폐의 구조와 기능 2022, 2024

폐용적	1회 호흡량	TV	1회 호흡 시 들이마시거나 내쉰 공기량	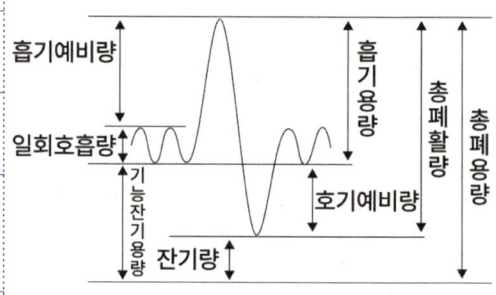
	호흡 예비 용적	IRV	TV에서 최대한 더 들여 마실 수 있는 양	
	호기 예비 용적	ERV	TV에서 최대한 배출시킬 수 있는 양	
	잔기 용적	RV	가능한 모두 배출한 상태에서 폐에 남아 있는 양	
폐용량	흡기 용량	IC	정상 호흡에서 최대한 흡입할 수 있는 양 (IC = TV + IRV)	
	기능적 잔기 용량	FRC	정상 호흡에서 TV를 배출하고 남아 있는 양 (FRC = ERV + RV)	
	폐활량	VC	최대한 공기를 들여 마신 후 최대한 배출 시킬 수 있는 공기의 양 (VC = IRV + TV + ERV)	
	총폐용량	TLC	최대 흡기 시 폐 내 총 가스량 (TLC = VC + RV)	

02 운동에 대한 호흡계 반응과 적응

1 가스 교환과 운반 2018, 2020

폐포 내에서의 가스 교환	① 기체의 분압차에 의한 확산작용을 통해 발생 ② 가스의 분압은 가스 농도에 비례
산소의 운반	① 혈액에 들어간 산소의 대부분은 헤모글로빈과의 화학적 결합 형태 ② 용해된 산소(산소분압이 100mmHg에서 용해 산소량은 0.3Vol%) ③ 산화 헤모글로빈(근육 내에서는 미오글로빈과 결합하여 미토콘드리아로 운반)
이산화탄소의 운반	① 세포의 대사 결과로 이산화탄소가 발생하여 혈액에 의해 폐포까지 운반 ② 혈장 및 적혈구 안에 물리적으로 녹아든 상태에서 운반하는 방법(10%) ③ 중탄산염이온(HCO_3^-) 형태로 이산화탄소 운반하는 방법(65%) ④ 카바미노화합물로 미오글로빈 혹은 단백질과 결합하여 운반하는 방법(25%)

① 호흡 : 산소를 들이마시고 이산화탄소를 배출하여 생명에 필요한 에너지를 만드는 작용
② 환기 : 폐를 통해 공기가 들어갔다 나오는 과정
③ 확산 : 농도 차에 의해 높은 곳에서 낮은 곳으로 분자가 이동하는 것

2 운동 중 산-염기 평형

운동 중 산-염기 평형 조절	① 최대하운동 중 근육과 혈액의 pH는 감소, 이는 근육에 생성되는 젖산이 증가하기 때문임 ② 운동 중 생성되는 젖산의 양은 운동 강도, 사용된 근육의 양, 운동 기간에 따라 좌우됨 ③ 세포완충체제 : 인산염(10~20%), 단백질(60%), 중탄산염(20~30%) ④ 혈액완충제제 : 중탄산염, 헤모글로빈, 단백질

3 산소-헤모글로빈 해리곡선 요인

요인	곡선 이동	결과
체온 ↑	오른쪽	산소 방출 ↑
CO_2 ↑	오른쪽	보어 효과
pH ↓(젖산 ↑)	오른쪽	산소 방출 ↑
CO_2 ↓, pH ↑	왼쪽	산소 친화력 ↑

4 운동을 통한 폐기능의 변화

폐기능의 변화	① 트레이닝 후 안정 시, 최대운동 시 모두 동정맥 산소 차는 증가 ② 동정맥 산소 차는 근육세포의 산소 소비량에 비례 ③ 동정맥 산소 차의 향상은 조직에서 보다 많은 산소를 추출하여 쓰며, 혈액을 보다 효율적으로 배분

03 순환계의 구조와 기능

1 순환계의 기능 2016, 2023

운반기능	제거기능	조절기능	방어기능
산소, 영양분, 호르몬 운반	이산화탄소, 대사노폐물 제거	체온유지, pH 유지, 체액 균형 조절	기관의 감염 방지

2 심장의 구조 2020, 2025

정의		심방 2개(좌심방, 우심방)와 심실 2개(좌심실, 우심실). 심중격에 의해 분리
판막 4개		혈액의 역류를 막고 한 방향으로 혈액이 흐르게 하는 막
	반월판 2개	대동맥판(좌심실-대동맥 사이), 허파동맥판(우심실-폐동맥 사이)
	이첨판 1개	좌심방-좌심실 사이
	삼첨판 1개	우심방-우심실 사이
동방결절		우심방과 상대정맥이 만나는 곳에 위치. 스스로 전기적 신호를 발생시킴(심장의 박동조율기, Pace maker)
방실결절		심장 사이막 근처 우심방 아래쪽 위치(심방과 심실 사이 활동전위 전도 발생) ① 동방결절에서 심방으로 전해진 흥분을 좌우판막, 퍼킨제섬유 등 방실계를 거쳐 양측의 심실 전체로 전달 ② 방실다발 : 사이방실결절 꼭지 근처에 있는 부분(방실결절 신호를 퍼킨제섬유로 전달하는 중간 전기신호 전도체제)
심실중격		좌심실과 우심실 사이에 존재하는 벽(혈액의 혼합 방지)

PART 05

심장의 구조

① 심외막 : 장액성 심막으로 윤활유 역할을 함
② 심근 : 근수축으로 심장의 혈액을 박출하고 좌우 관상 동맥으로 혈액공급을 받음
③ 심내막 : 심장의 방실과 밸브를 보호함

3 심혈관계 순환

폐순환	① 심장과 폐 사이의 혈액순환(이산화탄소 함유량이 많은 혈액을 폐로 보냄) ② 우심실 → 폐동맥 → 폐(폐포) → 폐정맥 → 좌심방
체순환	① 혈액이 온몸을 돌아 산소를 공급하고 다시 심장으로 돌아오는 순환(산소량이 많은 혈액을 몸으로 내보냄) ② 좌심실 → 대동맥 → 온몸(모세혈관) → 대정맥 → 우심방

4 심장의 자극전도 시스템 2020

자극전도 시스템	① 심근이 가지고 있는 능력으로 스스로 전기적 신호를 발생시키는 능력 ② 동방결절(심장탈분극, 심장수축) → 방실결절 → 방실다발(히스속) → 퍼킨제섬유(심실탈분극, 심실수축)

5 심전도(ECG) 2021

심전도의 개념	① 심근에 의해서 생성된 전기적 활동은 몸 전체에 걸쳐 전기장을 형성함 ② 심전도는 심장 주기 중 심근의 연속적인 전기적 변화에 대한 기록을 보여줌		
	P파	QRS	T파
	심방의 탈분극	심실 탈분극과 심방 재분극	심실 재분극
심전도의 파형	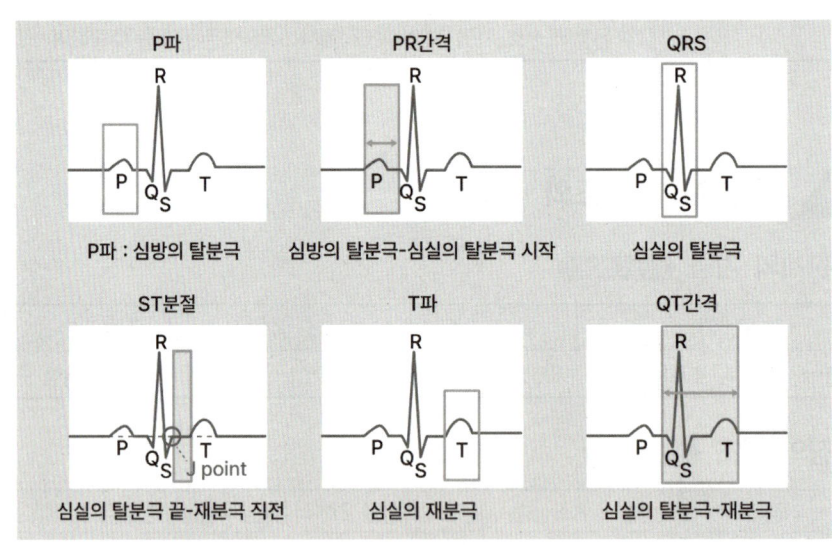		

합격 Tip 혈관의 종류

① 동맥 : 심장으로부터 혈액 운반
② 정맥 : 심장으로 들어오는 혈관
③ 모세혈관 : 소동맥과 소정맥을 이어주는 혈관

04   심장과 순환

1 심박출량 영향 요인

심박출량 2018, 2023	① 심장 수축에 의해 1분간 펌프되는 혈액량(심박출량 = 심박수 × 1회 박출량) ② 운동 중 심박출량은 운동 강도에 따라 비례 ③ 일반인에 비해 운동선수의 경우 운동 중 심박출량이 큼 ④ 안정 시 4~6L, 운동 중 4배 정도 증가
심박출량에 영향을 주는 요인 2021, 2023	① 정맥회귀량(심실이완기말 혈액량) ② 심장의 수축력 ③ 대동맥 및 폐동맥 혈압
1회 박출량 (Stroke volume) 2023	① 심실이 수축할 때 배출되는 혈액의 양 ② 1회 박출량 = 이완기말 용적(EDV, end diastolic volume) − 수축기말 용적(ESV, end systolic volume) ③ 최대하운동 부하에서 최대에 이르고 더 증가하지 않음 ④ 여자 선수 또는 일반인의 경우 남자 선수보다 항상 1회 박출량이 적음
1회 박출량을 결정하는 요인 2018, 2022, 2023, 2024	① 이완기말 용적(EDV) = 전부하(심실수축 이전 혈액의 양) ② 심장 수축력 : 심장근육을 수축할 수 있는 힘 ③ 후부하(afterload) : 심실 수축 시 심장에 걸리는 저항(부하)과 관련

2024년 기출문제

운동에 대한 순환계의 적용
- 심박수 증가
- 폐포수 증가
- 모세혈관 증가
- 헤모글로빈 수 증가
- 1회 박출량 증가

합격 Tip   운동 시 정맥회귀량이 증가하는 이유

① 정맥 수축
② 근육 펌프
③ 호흡 펌프

---

2 혈압·혈류·혈액의 변화   2022, 2025

운동 중 혈압 상승의 원인	① 1회 박출량 및 심박수의 증가 ② 혈액량 증가 ③ 혈액의 점도 증가 ④ 말초 저항의 증가
혈류의 증가 원인	① 운동 중 골격근 혈관 확장, 내장근 혈관 수축되어 혈류의 재분배 ② 산소공급 : 더 많은 산소를 근육으로 공급하여 에너지 생성, 대사활동 지원 ③ 대사부산물 제거 : 이산화탄소, 젖산 등 대사 부산물 제거 ④ 열 방출 : 더 많은 혈액 양으로 근육의 열을 피부로 운반하여 열을 방출함 ⑤ 혈소판 활성화 : 부상으로 인한 출혈 방지 위해 혈소판을 근육으로 보냄 ⑥ 혈관 내피세포 활성화로 이산화질소 생성, 혈관을 확장시켜 혈류량 증가 ⑦ 혈관벽 압력 상승하여 혈관 확장 ⑧ 카테콜아민 등 호르몬 작용

혈액의 변화 원인	혈장량 증가 **2024**	운동 → 항이뇨호르몬, 알도스테론 분비 증가 → 신장에서 수분재흡수 → 혈장량 증가
		운동 → 알부민 등 혈장 단백질 양 증가 → 삼투압 증가 → 수분재흡수 촉진 → 혈장량 증가
	적혈구 양 증가	운동 → 에피네프린 증가 → 적혈구 방출 증가

05 운동과 순환계의 반응

안정 시 순환계통의 변화	① 심장 크기의 변화 ② 심박수 감소 ③ 1회 박출량 증가 ④ 혈액량과 헤모글로빈량의 증가
최대하운동 시 순환계통의 변화	① 심장 박출량 변화와 1회 박출량의 증가 ② 심박수의 감소 ③ 근육 혈류량의 증가
최대운동 중 순환계통의 변화	① 최대 심장 박출량과 1회 박출량의 증가 ② 심박수의 변화(지구력 훈련에 관련된 선수의 최대 심박수는 감소) ③ 최대 유산소능력의 향상 ④ 총 근육혈류량의 증가
비훈련자의 운동 시 심혈관계 변화	① 최대 강도까지 운동강도에 비례하여 심박수 증가 ② 최대 강도까지 운동강도에 비례하여 심박출량 증가 ③ 최대 강도까지 운동강도에 비례하여 동정맥산소 차 증가

환경과 운동

01 체온조절 기전

1 체온 변화의 원인 (2021, 2022)

체온 증가 원인		기초대사, 근육 활동, 호르몬, 자세 변화
체온 감소 원인	복사	적외선 형태로 물리적 접촉 없이 고온에서 저온으로 열 전달
	전도	신체 표면과 직접적으로 접촉이 된 물체 사이에서 열 전달
	대류	공기, 액체분자의 운동에 의한 열 전달
	증발	피부와 공기의 수중기압 차이에 의한 열의 이동

2 환경에 따른 생리적 반응

고온 환경에서 운동 시 생리적 반응 2020, 2024	고온 환경 신체 변화	① 심부온도 증가, 피부 혈류량 증가, 발한량 증가 ② 교감신경계 자극 증가로 호르몬 조절기능 활성화 ③ 정맥혈 환류 감소, 땀으로 인한 체액 손실로 혈장량 감소 ④ 감소된 환류에 따른 보상작용으로 심박수 증가 ⑤ 1회 박출량 감소로 인한 최대유산소 능력 감소
	고온 환경에서 운동수행	① 운동 중 심부온도의 항정상태 도달 불가능 ② 체온이 높아지는 증상에 의해 수행력 제한 ③ 운동 중 증발에 의한 근혈류량 감소 ④ 근 글리코겐 사용과 젖산 생성에 의한 피로유발 및 근육 젖산 농도 증가
	열 순응 반응	① 피부 혈류량, 혈장량, 발한량 증가 ② 열충격 단백질 생성 증가 ③ 땀으로 인한 전해질 손실 감소로 균형 유지 ④ 운동 중 발한 시점의 조기화
저온 환경에서 운동 시 생리적 반응 2020	저온 환경 신체 변화	① 심부온도 저하, 심박수 감소 ② 혈액온도 저하, 산소운반능력 감소 ③ 최대 산소 섭취량 감소, 에너지 동원 능력 감소 ④ 말초혈관 수축, 근육 떨림으로 열 발생 ⑤ 근육 내 화학반응 속도 감소, 최대 근육 수축 도달 시간 증가 ⑥ 티록신, 에피네프린 등 호르몬 증가
	저온에서의 운동수행	① 신경이 전달되는 비율 감소 ② 피부혈관의 수축에 의한 피부 혈류량 감소 ③ 피부의 열손실 차단
	열 순응 반응	① 오한이 시작되는 평균 피부 온도 감소, 열을 생성하는 능력 증가 ② 대사와 관련된 호르몬 분비량의 증가로 대사적 열 생성 증가 ③ 말초혈관의 확장으로 손발 체온 유지 ④ 근 떨림 반응 감소 ⑤ 노출 부위의 피부 혈류량 증가로 피부 상해 예방 ⑥ 안정 시 대사율 증가

02 고지대 환경의 특성과 영향

1 고지대 환경의 특성

고지대 환경의 특성	① 산소분압 감소 : 공기 중 폐포 표면에서의 산소분압 감소로 산소 운반능력 저하 ② 고도가 상승할 때마다 온도 감소, 저체온의 위험 ③ 절대 습도가 낮아 호흡을 통한 증발열 증가 ④ 공기밀도와 저항 감소

2 고지대 환경에서 운동 생리적 반응 2021, 2025

고지대 환경에서 신체 변화	① 동맥혈 산화헤모글로빈 포화도 감소, 최대 산소 섭취량 감소 ② 산소 공급능력 제한에 따른 심박수 증가, 과호흡(폐환기량 증가) ③ 무산소적 에너지 동원 증가, 젖산 생성 증가 ④ 환기량 증가에 따른 호흡기 수분 손실 발생 ⑤ 인지능력 감소, 수면장애			
고지대 환경에서 운동 시	① 폐환기량 증가, 폐확산 능력의 증대 ② 적혈구 수, 헤모글로빈 농도, 근육 내 모세혈관, 근 미오글로빈 농도 증가 ③ 미토콘드리아, 미토콘드리아 산화효소 증가 ④ 최대 산소 섭취량 감소로 유산소 운동능력 감소 ⑤ 소변으로 중탄산염이온의 배출을 통해 pH 조절 ⑥ 동맥혈 산화헤모글로빈 포화도는 크게 감소하거나 변화를 보이지 않음			
	구분	안정 시	최대하운동	최대운동
	심박수	증가	증가	유지/감소
	일회박출량	감소	감소	감소
	심박출량	감소	감소	감소

운동생리학

※ 다음은 운동생리학을 학습한 후, 얼마나 이해하고 있는지 확인하는 주관식 문제입니다.
기본내용으로 구성된 주관식 문제로 최소 6개 이상 맞추지 못하면 이론을 1~2회 다시 학습한 후 다음 단계인
기출문제 풀이로 넘어가길 바랍니다.

01 대사작용(metabolism)을 정의하고 유산소성 ATP 생산에 대해 서술하시오.

02 운동을 위한 에너지원에 대해 서술하시오.

03 운동 후 초과산소섭취량(EPOC)에 미치는 요인들을 서술하시오.

정답

01 ① 대사작용(metabolism) : 인체에서는 매분마다 수천 개의 화학작용이 일어나는데 이러한 반응작용, 분자를 합성하는 동화작용
과 분해하는 이화작용이 있다.
② 산화적 인산화 또는 유산소성 ATP 생산은 크렙스 회로와 전자전달계 사이의 복합적인 상호작용으로 미토콘드리아에서 만들
어진다. 크렙스 회로의 주요 역할은 기질의 완전한 산화작용과 NADH와 FADH를 형성하여 전자전달계로 들어가게 하는 것이
다. 전자전달계는 ATP와 물을 생산하며 물은 전자를 수용하는 산소에 의해 형성된다. 그러므로 인간이 호흡하는 산소는 유산
소성 대사작용에서 마지막 단계의 전자들을 수용하는 역할을 한다.

02 ① 인체는 탄수화물, 지방, 단백질을 매일 섭취함으로써 안정 시나 운동 시 세포활동을 유지하기 위해 필요한 에너지를 공급받는
다. 운동 중에 주로 사용되는 에너지원은 지방과 탄수화물이며 단백질은 전체 에너지 소비량 중 적은 비율을 차지한다.
② 운동 중 에너지원으로 사용되는 주된 영양소는 지방과 탄수화물이고 단백질은 사용되는 전체 에너지에서 상대적으로 적은
양만 기여한다.
③ 포도당은 동물의 세포에 다당류인 글리코겐 형태로 저장되어 있다.
④ 지방산은 지방의 주요 형태로 세포의 에너지원으로 사용되며 근육과 지방 세포에 중성지방 형태로 저장되어 있다.

03 ① 산소부채는 운동 후 초과산소섭취량(EPOC)이라고도 하며 운동 후 산소섭취량이 안정 시보다 높은 것을 일컫는다.
② 운동 후 초과산소섭취량에 기여하는 요소는 첫째, 회복기 초기에 사용하는 산소는 근육 내의 PC를 재합성하는 데 사용되며
근육과 혈액의 산소를 재보충한다. 그밖에 운동 후 초과산소섭취량의 느린 부분에 기여하는 요인은 상승된 체온, 젖산을 혈당
(포도당신생합성)으로 전환하는 데 필요한 산소, 그리고 혈중 에피네프린과 노르에피네프린의 상승 등이다.

04 운동 중 연료이용의 평가에 대해 서술하시오.

05 호르몬과 수용체 상호작용에 대해 서술하시오.

06 체성운동 기능과 운동 뉴런에 대해 설명하시오.

07 트레이닝으로 인한 근신경연접부(neuromuscular junction, NMJ)에 대한 효과를 쓰시오.

정답

04 ① 운동 중 탄수화물이나 지방의 에너지대사량에 대한 백분율 기여도를 평가하는 데에 일반적으로 사용하는 비침습적인 기술로는 이산화탄소 생성에 대한 산소소비량의 비율이 있다. 이 비율을 호흡교환율(respiratory exchange ratio, R)이라 부른다.
② 호흡교환율은 피험자가 항정상태에 도달할 때 알 수 있다. 왜냐하면 오직 항정상태의 운동에서만 조직에서 이산화탄소와 산소의 대사적 가스 교환을 반영하기 때문이다.

05 ① 호르몬·수용체 상호작용은 세포에서 일어나는 일들의 시작점이며 호르몬 농도의 변화, 세포수의 수용체 수, 그리고 호르몬의 친화력에 따라서 효과의 크기가 달라진다.
② 호르몬은 유전자를 활성/억제하여 단백질 합성을 변형시키고, 2차 전령(예 순환성 AMP, 칼슘, 이노시톨 3인산, 다아실글리세롤)을 활성화시키며 막 수송을 수정(예 티로신 인산화효소)함으로써 그들의 효과를 유발한다.

06 ① 말초신경계의 체성운동 부분은 척수에서 골격근 섬유까지 신경정보를 전달한다. 운동뉴런과 골격근에 연결되어 있는 근섬유들은 운동단위라고 하고, 단일운동뉴런에 연결되어 있는 근섬유의 수를 신경지배비라고 하며 이는 근섬유의 수를 운동신경으로 나눈 값이다.
② 가벼운 무게를 들기 위해 근육이 처음 활성화될 때 점화된 최초의 운동단위는 크기가 작으며 이것은 힘의 생산량 제한을 가져온다. 그러나 더 많은 힘이 요구될 때 근력 생산을 증가시키기 위해 더 큰 운동뉴런의 동원이 점차적으로 증가하며 이것을 크기 원리라고 한다.

07 ① 지구력 훈련과 저항성 운동 훈련은 모두 다음을 포함하는 근신경연접부에 대한 긍정적인 자극을 한다.
㉠ 근신경 접합부의 크기 증가, ㉡ 시냅스 소포수의(아세틸콜린 포함) 확장, ㉢ 시냅스 후 막의 아세틸콜린 수용체 수 증가

08 운동 중 수소 이온의 생성과 산-염기 조절에 대해 서술하시오.

09 지구력 훈련과 훈련중단(detraining)에 대해 설명하시오.

10 근력 훈련과 지구력 훈련이 복합적으로 수행될 때 근력 증가를 억제하는 이유에 대해 설명하시오.

정답

08 ① 고강도 운동은 근육과 혈액 내의 pH를 감소시킨다. 운동으로 인한 근육 pH 감소는 ㉠ 탄산(휘발산)의 생산, ㉡ 젖산 생산의 증가, ㉢ ATP 분해 중 수소 이온의 분비와 같은 여러 요소들 때문이다.
② 인체는 완충제 조절체계에 의하여 산-염기의 항상성을 유지한다. 완충제는 수소 이온 농도가 증가하면 수소 이온을 제거하고 수소 이온 온도가 감소하면 수소 이온을 방출하여 pH 변화를 막는다. 세포 내 완충제의 주요소는 단백질, 인산, 중탄산염, 히스타틴-디펩타이드(㉠ 카르노신)이다. 그리고 주요 세포 외 완충제는 중탄산염, 헤모글로빈 그리고 혈액 단백질이다.

09 ① 운동 트레이닝 중지 후, 최대산소섭취량은 빠르게 줄어들기 시작하고 트레이닝 중단 후 12일 이내에 약 8%까지 감소할 수 있으며 훈련중단 84일 후에는 거의 20%까지 감소한다.
② 트레이닝 중단 후의 최대산소섭취량의 감소는 최대박출량의 감소 및 최대산소추출량의 감소, 트레이닝으로 발생하는 결과의 반대 상황으로 인한 것이다.
③ 최대하 운동 과제 중의 운동수행 역시 훈련중단 후 빠르게 감소하며 기본적으로 근섬유의 미토콘드리아 수의 감소가 그 원인이다.

10 ① 저항성 운동훈련과 지구력 훈련을 복합적으로 실시하게 되면 저항성 훈련을 단독으로 하는 것에 비해 근력 향상이 저해된다. 복합 훈련이 근력 향상을 저해하는 이유는 신경학적 요인, 과훈련 및 감소된 단백질 합성 작용이라는 세 가지 메커니즘에 의해 설명될 수 있다.
② 저항성 지구력 요소가 복합적으로 들어간 시합을 마친 선수가 저항성 운동을 실시한 이후에도 이론적으로 단백질 합성 작용이 저해될 수 있는데 저항성 운동 훈련이 전사를 증가시켜 단백질 합성을 촉진하는 mTOR 전달 경로를 활성화한다. 지구력 운동 훈련이 몇몇 2차 신호를 활성화해 PGC-1a의 증가와 미토콘드리아 생물발생을 촉진한다. 지구력 훈련에 의한 AMPK의 활성화가 결절경화증 1/2(TSC 1/2)을 통해 mTOR 신호를 억제하고 저항성 훈련에 의한 단백질 합성을 억압한다. 이 두 가지 세포 내 신호망 간의 상호작용은 저항성 훈련만 했을 때 관찰되는 근력 증가가 왜 저항성과 지구력 훈련 프로그램을 함께 했을 때 감소하는지를 설명한다.

PART

06

운동역학

CHAPTER 01 운동역학 개요

CHAPTER 02 운동역학의 이해

CHAPTER 03 인체역학

CHAPTER 04 운동학의 스포츠 적용

CHAPTER 05 운동역학의 스포츠 적용

CHAPTER 06 일과 에너지

CHAPTER 07 다양한 운동 기술의 분석

운동역학 개요

CHAPTER
01

01 운동역학의 정의 및 유사 개념

1 운동역학의 정의

정의	① 연구하는 대상의 움직임 상태에 따라 정역학(statics)과 동역학(dynamics)으로 구분
	② 연구하는 내용상으로 분류하면 운동학(kinematics)과 운동역학(kinetics)으로 구분

2 학문 영역 `2020, 2021, 2023`

정역학 (statics)	① 연구 대상이 정적인 상태. 정지해 있는 상태
	② 연구 체계가 받는 모든 힘의 합이 0일 때의 연구
동역학 (dynamics)	① 연구 대상이 동적인 상태. 움직이고 있는 상태
	② 연구 체계가 받는 모든 힘의 합이 0이 아닌 때의 연구(선운동, 각운동)
운동학 (kinematics)	① 인체 운동을 변위, 속도, 가속도, 무게중심 등을 이용하여 설명
	② 운동의 정량적 분석에 중점
운동역학 (kinetics)	① 운동 중 인체에 작용하는 원인인 힘에 대해 연구하는 학문
	② 운동의 정성적 분석에 중점

02 운동역학의 목적 및 내용

목적 `2019, 2021, 2022, 2025`	① 경기력 향상(기술 최적화, 효율적 움직임)
	② 손상 예방·재활(부하 분산, 안전한 동작)
	③ 운동기구·환경 개선(스포츠 장비, 경기 환경 설계)
	→ 과학적 원리를 활용해 경기력을 높이고, 부상을 예방하며, 스포츠 환경을 최적화하는 것
내용	① 운동 동작의 분석과 개발
	② 운동 기구의 개발과 평가 : 운동수행 능력 향상 측면 및 상해 예방 측면
	③ 측정 방법과 자료처리 기술의 개발

03 운동역학의 연구 방법

1 질적 분석방법과 양적 분석방법 `2022, 2025`

질적 분석방법	정성적 분석 (qualitative analysis)	영상 장비와 소프트웨어 등을 활용하여 움직임 관찰 분석
양적 분석방법	정량적 분석 (quantitative analysis)	다양한 장비를 활용하여 객관화된 수치 정보를 수집 및 분석

01 운동역학의 정의 및 유사 개념

1 해부학적 자세와 방향 `2021`

인체의 해부학적 자세	① 정면을 바라보며 양팔을 몸통 옆에 늘어뜨린 채 자연스럽게 선 자세 ② 양발은 11자로 나란히 하고, 손바닥이 전면을 향하도록 함			
인체 해부학적 방향 용어	내측	인체의 중심선에 보다 가까운 쪽	근위	몸통 부위에 보다 가까운 쪽
	외측	인체의 중심선에 보다 먼 쪽	원위	몸통 부위에 보다 먼 쪽
	표층	인체의 표면에 가까운 쪽	기점	근수축 시 움직이지 않고 있는 쪽
	심층	인체의 표면으로부터 안쪽	착점	근수축 시 움직이는 쪽

2 인체의 축(axis)과 운동면(plane) `2023`

운동축 (회전축)	좌우축	인체의 좌우를 통과하는 축(전후면과 직교)
	전후축	인체의 전후를 통과하는 축(좌우면과 직교)
	장축(수직축)	인체의 위아래를 통과하는 축(횡단면과 직교)
운동면 (평면)	전후면	인체의 전후로 형성되어 인체를 좌우로 나누는 평면
	좌우면	인체의 좌우로 형성되어 인체를 앞뒤로 나누는 평면
	횡단면(수평면)	인체를 횡단하여 인체를 상하로 나누는 평면
운동축과 운동면의 관계	좌우축과 전후면	사이클의 다리동작, 앞/뒤 공중돌기, 윗몸일으키기 등
	전후축과 좌우면	옆 돌기, 팔 벌려 뛰기 등
	장축과 횡단면	피겨스케이트의 스핀, 야구의 스윙, 좌우로 머리 돌리기 등

3 관절운동 `2018, 2019, 2020`

(1) 좌우축을 중심으로 전후면상에서의 운동

굴곡	관절을 형성하는 두 분절 사이의 각이 감소하는 굽힘 운동
신전	굴곡의 반대운동으로 두 분절 사이의 각이 증가하는 운동
과신전	과도하게 신전되는 동작
배측굴곡	발목관절 주위에서 발등이 하퇴에 가까워지는 동작
족저굴곡	발바닥이 하퇴로부터 멀어지는 동작

(2) 전후축을 중심으로 좌우면상에서의 운동

외전	중심선으로부터 인체 분절이 멀어지는 동작
내전	인체 분절이 중심선에 가까워지는 동작
내번	발의 장축을 축으로 발바닥을 내측으로 돌리는 동작
외번	발의 장축을 축으로 발바닥을 외측으로 돌리는 동작
거상	견갑대를 좌우면상에서 위로 들어올리는 운동
강하	거상의 반대로 견갑대를 아래로 내리는 운동
척골굴곡	해부학적 자세에서 손을 새끼손가락쪽으로 굽히는 운동

요골굴곡	해부학적 자세에서 손을 엄지손가락쪽으로 굽히는 운동
외측굴곡	척추가 좌우면상에서 측면으로 굽히는 동작
내측굴곡	외측굴곡의 반대 동작

(3) 장축을 중심으로 횡단면상에서의 운동

회전	인체 분절의 장축을 중심으로 분절 내의 모든 점이 동일한 각거리로 이동하는 운동
내측회전 또는 내선	몸의 중심선으로의 회전
외측회전 또는 외선	몸의 중심선으로부터 바깥쪽으로 하는 회전
수평외전	좌우면이 아닌 수평면에서 이루어지는 외전
수평내전	좌우면이 아닌 수평면에서 이루어지는 내전
회내	전완이 내측회전하는 동작(손등을 전방으로 돌림)
회외	전완이 외측회전하는 동작(손바닥이 바깥으로 향함)

(4) 회전축에 따른 가동 관절의 종류

무축 관절	평면 관절 (미끄럼 관절, 활주 관절)	 ① 표면이 서로 평평하거나 약간 오목하고 볼록한 표면이 마주보는 구조 ② 관절이 미끄러지며 운동이 발생 ③ 손목뼈, 발목뼈, 견쇄 관절
1축성 관절 (자유도 1)	경첩 관절 (접번 관절)	 ① 경첩처럼 볼록한 표면이 오목한 표면과 마주한 구조 ② 굴곡, 신전운동에 사용 ③ 팔꿈치, 무릎, 손가락 관절
	중쇠 관절 (차축 관절)	 ① 세로축 방향으로 형성된 오목한 뼈에 축 모양의 돌기를 가진 뼈가 회전하는 구조 ② 회전 운동에 사용 ③ 팔꿈치에서 아래팔이 회내 혹은 회외 동작 시
2축성 관절 (자유도 2)	타원 관절 (과상 관절)	 ① 타원 모양의 오목한 뼈의 면이 타원형의 볼록한 뼈의 면과 만나는 형태 ② 타원의 장축과 단축을 중심으로 회전하는 운동에 사용 ③ 손목 관절

	안장 관절 (안상 관절)	① 한쪽 관절 표면이 한 방향은 오목하게 들어가 있고, 다른 쪽은 볼록하게 나와 있는 구조 ② 굽힘, 신전, 모음, 벌림 운동에 사용 ③ 손목, 손바닥뼈, 관절
3축성 관절 (자유도 3)	절구 관절	① 공 모양의 뼈 머리가 절구처럼 오목하게 들어가 뼈에 끼워진 구조 ② 모든 운동면에서 회전이 가능한 운동에 사용 ③ 어깨 관절, 엉덩 관절

※ 자유도란, 관절에서 허용되는 독립적인 움직임 방향의 수를 의미함. 이는 하나의 관절이 움직일 때 몇 개의 운동면에서 관절운동이 가능한지를 뜻함

02 운동의 종류

1 운동의 형태 2020, 2021, 2023, 2024, 2025

선운동 (병진운동)	물체의 모든 부분이 동일한 시간에 동일한 거리, 동일한 방향으로 움직이는 운동	
	직선 선운동	달리기, 스케이트 등 신체의 중심이 직선으로 움직이는 운동
	곡선 선운동	다이빙, 멀리뛰기의 공중동작 등 신체 중심이 곡선으로 움직이는 운동
각운동 (회전운동)	일정한 축을 중심으로 물체의 모든 부분이 일정한 시간 동안 같은 각, 같은 방향으로 움직이는 운동	
	내축에 대한 회전	던지기의 팔 동작, 축구의 킥 동작 등
	회축에 대한 회전	뜀틀, 철봉 등
복합운동	① 선운동(병진운동)과 각운동(회전운동)이 동시에 일어나는 운동 ② 걷기나 달리기를 할 때 다리는 회전운동을 하지만 몸 전체는 병진운동을 함	

2 운동역학 사슬(kinetic chain) 2025

구분	닫힌형 운동사슬(Closed Kinetic Chain)	열린형 운동사슬(Open Kinetic Chain)
말단	고정	자유롭게 이동
관절	다관절	단관절
안정성	높음	낮음
기능성	일상·스포츠 동작 유사	특정 근육 강화
예시	스쿼트, 푸시업	레그 익스텐션, 바벨 컬

03 인체역학

01 인체의 물리적 특성

1 운동역학의 단위 `2021, 2022, 2024`

질량	① 물질이 가지고 있는 고유한 역학량으로 장소에 관계없이 항상 같은 값(kg) ② 스칼라(scalar)의 특성을 지님
무게	① 중력에 의해 받는 힘, 장소에 따라 달라지는 상대적인 값 ② 무게(W) = 질량(m) × 중력가속도(g) ③ 벡터(vector)의 특성을 지님
스칼라(scalar)	방향 없이 크기만 존재(길이, 거리, 넓이, 시간, 속력, 질량, 에너지 등)
벡터(vector)	크기와 방향이 모두 존재(힘, 속도, 가속도, 변위, 운동량, 충격량 등)

2 인체의 무게중심 `2020, 2021, 2022, 2023, 2024`

무게중심	① 물체 각 부분의 무게로 인한 회전력은 무게중심점에 대하여 균형을 이룸 ② 무게중심(회전축)에 대한 회전력의 합은 0이 됨
인체의 무게중심	① 인체의 각 부위에 분포된 질량의 평균 위치 = 질량 중심 ② 자세에 따라 분절의 상대적 위치와 무게중심이 변하며 신체 외부에도 존재
인체운동과 신체중심	① 신체중심은 전신의 운동을 대표 ② 각 분절에 작용하는 중력의 영향을 모두 합하면 전신의 무게가 신체중심에 작용한 효과와 동일. 공중 동작에서 회전축은 신체중심을 지님

02 인체의 평형과 안정성

안정성의 개념	물체가 정적, 동적 자세의 균형을 잃지 않고 평형을 유지하려는 상태	
	정적안정	정지한 상태의 균형이 유지된 상태(사격 양궁의 조준자세 등)
	동적안정	움직이고 있는 상태에서 균형이 유지된 상태(쇼트트랙의 코너링 자세)
	선안정성	정지해 있던 물체를 움직이게 하거나 움직이는 물체의 방향이나 속도를 바꾸려는 힘에 저항하는 힘
	회전안정성	정지해 있던 물체를 기울이기·뒤집기 또는 원 주위를 회전시키려는 외력에 저항하는 힘

안정성을
결정하는
요인
`2021, 2023`
`2024, 2025`
	기저면	① 인체 또는 물체가 지면과 접촉하는 각 점들로 연결된 전체 면적
		② 기저면이 넓을수록 물체의 안정성이 높아짐

	무게중심의 높이	무게중심의 높이가 낮을수록 안정성이 높음
	무게중심선의 위치	무게중심의 연직선(수직선)이 기저면의 중앙에 가까울수록 안정성이 높음
	안정성에 영향을 미치는 그 밖의 요인	① 동일한 조건일 때, 질량이 클수록 안전성이 증가 ② 지면과의 마찰력이 클수록 안정성이 증가
안정성을 높이는 동작 전략	① 신체중심을 낮게 유지 ② 기저면을 넓게 유지 ③ 신체중심을 기저면의 중앙에 근접하게 유지	

03 인체의 구조적 특성

1 인체 지레의 3요소 `2020, 2021, 2022, 2023, 2024`

작용점(저항점)	지레가 물체에 힘을 가하는 지점
받침점(축)	지레를 받쳐주는 지점
힘점	지레에 힘을 가하는 지점

2 지레의 종류와 특징

1종 지레	받침점(축)이 작용점과 힘점 사이에 존재 ① 가위, 시소, 저울, 연탄집게 등 ② 힘점과 작용점의 움직이는 방향이 반대, 힘의 방향 전환 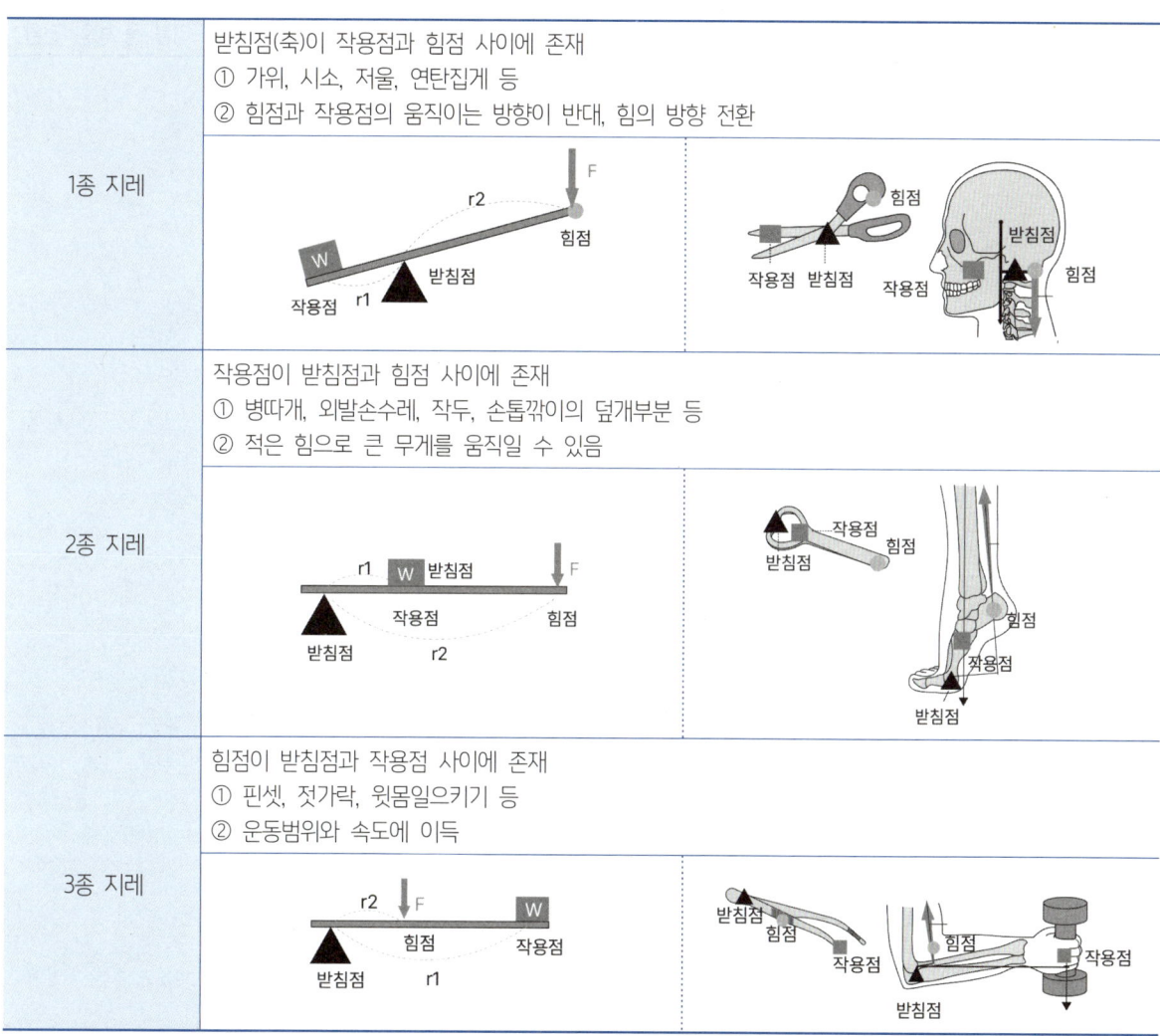
2종 지레	작용점이 받침점과 힘점 사이에 존재 ① 병따개, 외발손수레, 작두, 손톱깎이의 덮개부분 등 ② 적은 힘으로 큰 무게를 움직일 수 있음
3종 지레	힘점이 받침점과 작용점 사이에 존재 ① 핀셋, 젓가락, 윗몸일으키기 등 ② 운동범위와 속도에 이득

2024년 기출문제

자유도

• 관절에서 허용되는 독립적인 움직임 방향의 수를 의미하며 이는 하나의 관절이 움직일 때 몇 개의 운동면에서 관절 운동이 가능한지를 뜻함

1 역학적 부하 유형과 스포츠 사례 2025

부하 형태	설명	스포츠 예시
압축(compression)	누르는 힘	역도 스쿼트, 점프 착지
인장(tension)	잡아당기는 힘	팔꿈치 굴곡, 햄스트링 스트레칭
전단(shear)	미끄러지는 힘	무릎 전방십자인대 손상
굽힘(bending)	압축 + 인장	킥 동작에서 정강이 힘
비틀림(torsion)	회전하며 꼬이는 힘	스키 부상, 축구 드리블 중 방향 전환

운동학의 스포츠 적용

01 선운동의 운동학적 분석

1 거리와 변위 2022, 2023, 2025

거리	물체가 실제로 이동한 경로의 길이. 크기가 나타내는 스칼라량 ① 거리는 방향성은 없고 크기만 존재 ② 20m 왕복달리기를 해 원래 위치로 돌아온 경우, 방향성이 없는 거리는 이동 거리를 모두 합친 40m가 됨
변위	물체의 시작점과 도착점을 연결한 직선거리와 방향. 크기와 방향을 갖는 벡터량 ① 변위는 방향성과 크기 모두 존재 ② 방향성을 지닌 변위는 처음 이동한 변위(+20m)와 원래 위치로 돌아온 변위(-20m)가 합쳐져 0m가 됨

2 속력과 속도 2025

속력 (speed)	단위시간에 움직인 거리. 단위는 m/s, cm/s, m/min, km/h ① 크기만 나타내는 스칼라량으로, 속력 = 이동거리/소요시간 ② 20초에 20m 왕복달리기를 한 경우, 속력은 초속 2m/s(40m/20초)
속도 (velocity)	단위시간에 움직인 변위(직선거리). 속도의 단위는 속력과 동일 ① 크기와 방향을 나타내는 벡터량으로, 속도 = 변위/소요시간 ② 20초에 20m 왕복달리기를 한 경우, 속도는 초속 0m[0m/20초 또는 2 + (-2)m/s]

3 가속도와 중력가속도 2020, 2023, 2024

가속도	① 단위시간에 일어나는 속도의 변화율(거리 방향을 고려하는 벡터량) ② 가속도의 단위 : m/s^2
중력 가속도	① 가속도 중에 물체가 중력만 받고 움직일 때 생기는 가속도 ② 중력가속도 = $9.807m/s^2$

4 포물선 운동(투사체 운동) 2019, 2022, 2023

투사체의 포물선 운동	① 중력이 작용하는 공간에서 던져진 물체가 포물선을 그리며 이동하는 운동 ② 투사체 운동은 수평과 수직운동으로 구분, 두 운동이 합쳐져 궤적이 결정 ③ 수평운동 : 작용하는 힘 없음, 가속도 없음, 등속도 운동, 투사체의 이동거리 결정 ④ 수직운동 : 중력의 영향($9.81m/s^2$)으로 중력가속도 적용, 등가속도운동, 최고점에서 속도는 0m/s, 투사체의 최대높이 결정
투사체 운동에 영향을 미치는 요인	① 투사속도 : 수직속도와 수평속도의 합력, 투사속도가 빠를수록 투사거리 증가 ② 투사높이 : 투사높이가 길어지면 투사거리 증가 ③ 투사각도 : 45도 이상에서는 거리보다 높이 유리. 45도 이하에서는 높이보다 거리 유리
투사위치와 투사 각도	① 던지는 위치와 떨어지는 위치 같을 때 : 45도 각도일 때 가장 멀리 감 ② 던지는 위치가 떨어지는 위치보다 높을 때 : 45도보다 작은 각도일 때 가장 멀리 감 ③ 던지는 위치가 떨어지는 위치보다 낮을 때 : 45도보다 높은 각도일 때 가장 멀리 감

02 각운동의 운동학적 분석

1 각운동 2019, 2020, 2022, 2024, 2025

개념	① 각운동의 운동학은 회전운동이나 각운동을 다루게 되는데, 기본 개념은 직선운동과 매우 밀접한 관계가 있음 ② 단위는 도(degree), 라디안(radian), 쎄타(θ), 회전(revolution)
각위치	축을 따라 움직이는 병진운동에서 회전축을 기점으로 하는 기준선과 물체의 위치가 특정 시점에서 이루는 각도(방향을 갖는 벡터량)
각거리	회전하는 물체가 움직인 전체 각도. 방향을 가지지 않음(스칼라량)
각변위	회전하는 물체의 각위치의 변화량. 방향을 가짐(벡터량)
각속력	각 거리의 시간에 대한 변화율을 나타내는 스칼라량. 각속도의 절대값으로 항상 양의 값
각속도	각 변위의 시간에 대한 변화율을 나타내는 벡터량
각가속도	각속도의 시간에 대한 변화율을 나타내는 벡터량

2 선속도와 각속도 2022, 2023, 2025

선속도	각속도 × 회전반경(원의 반지름)
각속도가 일정할 때	① 물체 선속도는 회전반경의 길이에 비례($v = rw$) ② 트랙 경기에서 같은 각속도로 이동하려면 중심으로부터 바깥쪽에 있는 선수가 더 많은 거리를 이동해야 함
선속도가 일정할 때	① 물체 각속도는 회전반경의 길이에 반비례($w = r/v$) ② 바퀴의 지름이 다른 자전거로 같은 거리를 이동하려면 바퀴의 지름이 작은 것이 더 많이 회전해야 함
회전반경이 크면 유리할 때	① 신체 분절의 각속도가 최대일 때 선속도는 회전반경의 길이를 길게 해서 증가 ② 배구의 스파이크, 테니스의 서브, 골프의 스윙 : 팔꿈치 관절을 곧게 펴 회전반경을 길게 하여 선속도를 증가시킴
회전반경이 짧으면 유리할 때	① 회전반경이 짧을수록 각속도는 증가함 ② 체조의 공중회전, 수영의 다이빙 : 사지를 웅크린 터크 자세를 취하여 회전반경을 짧게 함으로써 각속도를 증가시킴

운동역학의 스포츠 적용

01 선운동의 운동역학적 분석

1 힘의 특성과 작용 〔2020, 2021, 2022, 2023, 2024〕

개념		물체의 형태를 변형시키거나 운동상태를 변화시키는 원인(벡터 물리량)
단위		N(뉴턴) 또는 kg·m/s², 1N = 1kg x 1m/s²
특성		크기와 방향이 존재(힘, 변위, 속도 등)하는 벡터. 합성과 분해가 가능
구성	크기	거리, 속도 결정
	방향	물체의 이동방향 결정
	작용점	물체의 능률, 회전 결정

2 힘의 종류 〔2020, 2021, 2022, 2023, 2024, 2025〕

중력		지구의 만유인력과 자전에 의한 원심력을 합한 힘. 물체를 수직 아래 방향으로 당기는 힘. 중력가속도 (약 9.8m/s²)의 곱으로 결정
근력		근육의 수축에 의해 발생하는 힘
	등척성 수축	근육의 길이가 변화하지 않으면서 장력을 발생
	등장성 수축	근육의 길이가 짧아지면서 장력을 발생하는 단축성 수축, 근육의 길이가 길어지면서 장력을 발생시키는 신장성 수축
	등속성 수축	일정한 관절가동 범위에서 동일한 속도로 근육이 수축하며 장력을 발생
마찰력		물체가 어떤 면과 접촉하여 운동할 때 운동방향의 반대방향으로 작용하며 운동을 방해하는 힘
내력		근육·인대·관절 내부에서 발생
외력		중력, 마찰, 지면반력
부력		중력에 대항해 유체(액체, 기체)로부터 윗방향으로 받는 힘
항력		유체 속에서 운동하는 물체의 운동 반대방향으로 작용하는 힘(= 유체저항)
양력		유체 속에서 운동하는 물체의 운동방향에 대해 수직방향으로 작용하는 힘
	베르누이의 원리	유체의 흐름이 빠른 곳이 느린 곳보다 상대적으로 압력이 낮아져서 양력 발생 예 비행기의 날개는 위쪽이 아래쪽보다 굴곡이 있어서 위쪽 공기 흐름이 더 빨라서 압력이 낮음. 압력이 높은 날개 아래쪽에서 위쪽으로 밀어올리는 양력 발생

	마그누스의 효과	커브볼에 적용된 베르누이의 원리. 유체 속에서 회전하는 물체에 양력이 작용하여 경로가 휘어짐 例 야구투수의 커브볼, 축구의 코너킥, 백스핀, 테니스나 배구의 탑스핀

3 뉴턴의 선운동 법칙 2021, 2022, 2024

제1운동법칙	관성의 법칙	① 물체에 외력이 없을 때 현재의 상태를 계속 유지하려는 성질. 정지상태는 계속 정지, 운동상태는 등속도 운동 ② 영향 : 정지상태 물체 질량에 비례, 운동상태 물체 질량과 속도에 비례 例 차가 급히 출발할때 몸이 뒤로 넘어짐(정지 관성), 차가 급제동할 때 몸이 앞으로 넘어짐(운동 관성)
제2운동법칙	가속도의 법칙	① 움직이는 물체에 힘을 작용하면 그 힘만큼 가속도 발생함 ② 공식 : 가속도 = 힘/질량($F = ma$) ③ 영향 : 힘의 크기에 비례, 질량에 반비례 例 볼링에서 속도가 일정할 경우 무거운 무게의 공을 사용하는 것이 유리함
제3운동법칙	작용-반작용의 법칙	모든 힘의 작용에는 항상 크기가 같고 방향이 반대인 반작용 힘이 존재함 例 농구공을 바닥에 튀기면 공이 튀어 오름, 단거리 달리기에서 스타팅 블록 사용

합격 Tip 뉴턴의 운동법칙 달리기에 적용하기

제1운동법칙(관성)	가속을 하는 경우 추진력에 의해 계속 앞으로 전진
제2운동법칙(가속도)	지면을 강하게 밀수록 외력이 더해져 가속이 커짐
제3운동법칙(작용-반작용)	지면을 후방으로 밀면 그 반작용에 의해 앞으로 추진

4 선운동량과 충격량 2020, 2024, 2025

선운동량	① 물체가 가지고 있는 운동의 양으로 질량과 선속도의 곱으로 결정 ② (선)운동량 = 질량 × 속도, kg·m/s ③ 질량과 속도가 클수록 물체의 운동량은 증가
충격량(Impulse)	① 일정 시간 동안 어떤 물체에 작용한 힘의 총합 ② (선)충격량 = 힘 × 작용시간, kg·m/s, N·s ③ 큰 힘을 물체에 작용할수록 충격량은 증가
운동량과 충격량의 관계	추진 방향의 충격량은 운동량을 증가시키고, 반대 방향은 감소시킴

2024년 기출문제

선운동량 보존의 법칙 예시
• 외력이 작용하지 않는 한 시스템 내에서 어떠한 힘이 상호작용하고 있더라도 총운동량은 변하지 않는다.

5 탄성충돌 `2020, 2022, 2025`

탄성	물체에 힘이 가해졌을 때(충돌) 변형된 물체가 원래 상태로 돌아가려는 성질	
탄성계수	충돌 후의 상대속도/충돌 전의 상대속도	
충돌의 종류	완전 탄성충돌	두 물체의 충돌 전후 운동에너지의 합이 보존(탄성계수 = 1) 📖 당구
	불완전 탄성충돌	충돌 시 물체가 변형되었다 다시 복원(0 < 탄성계수 < 1) 📖 바운드된 공
	완전 비탄성충돌	충돌 물체가 충돌 후 서로 분리되지 않음(탄성계수 = 0) 📖 양궁

02 각운동의 운동역학적 분석

1 모멘트 `2021, 2025`

개념	물체를 회전시켜 각운동량을 만드는 힘(= 회전효과, 돌림힘)
토크의 크기	① 토크의 크기는 힘의 크기와 모멘트암의 곱으로 결정. 토크(T) = 모멘트암(d) × 힘(F) ② 모멘트암 : 힘의 작용선부터 회전축까지의 거리. 모멘트암이 짧을수록 회전력은 커짐

2 관성모멘트(회전관성) `2021, 2022, 2023, 2025`

개념	회전 중 외부에서 힘이 작용하지 않는 한 그 상태를 지속하려고 하는 성질	
관성모멘트	질량 × 회전반경^2(단위 : kgm^2)	
결정요인	물체의 질량	질량 클수록 회전관성 큼
	질량분포	회전축으로부터 질량분포가 멀수록 회전관성 큼
	외력 없는 경우	관성모멘트가 클수록 각속도가 작아짐

3 뉴턴의 각운동법칙

제1법칙	각관성의 법칙 (각운동량 보존의 법칙)	① 외적 토크가 작용하지 않는 한 회전체는 동일 축을 중심으로 일정한 각 운동량을 가지고 회전상태를 계속 유지함 ② 각운동량 = 관성모멘트 × 각속도 = 질량 × 회전반경^2 × 각속도
제2법칙	각가속도의 법칙	① 강체에 토크를 가하면 가해진 토크에 비례하고 관성모멘트에 반비례하는 각가속도가 토크의 방향과 동일한 방향으로 발생함 ② 가해진 토크(T) = 관성모멘트(I) × 각가속도(a)
제3법칙	각반작용의 법칙	어떤 물체에 각운동량을 유발시키는 토크를 가하면 그 물체에 토크와 반대 방향으로 각운동량을 유발시키는 크기가 같고 방향이 반대인 반작용 토크가 발생함

4 각운동량과 회전충격량 2020, 2023, 2024

각운동량	① 회전하고 있는 물체의 운동량 ② 관성모멘트 × 각속도 ③ 회전속도(각속도)는 각운동량과 회전충격량에 비례, 관성모멘트와 각속도는 반비례

5 각운동량의 보전과 전이 2018, 2020, 2023

각운동량의 보존 법칙	회전운동을 하고 있는 물체에 외력이 없는 경우 물체들의 총운동량은 항상 일정하게 보존됨
각운동량의 전이 법칙	전체 운동량이 변하지 않는 상태에서 각운동량 간 또는 각운동과 선운동량이 서로 전환되는 현상

6 구심력과 원심력 2020, 2024

구심력	① 원운동 시 원 중심 방향으로 작용하는 힘 ② 구심력은 질량과 선속도의 제곱에 비례하고, 반지름에 반비례
원심력	① 원운동 시 물체가 바깥으로 벗어나려고 하는 경향을 나타내는 힘 ② 구심력에 작용할 때 발생하는 힘으로 구심력이 사라지면 원심력도 사라짐
성질	① 원심력 > 구심력(회전 반경이 커짐) ② 원심력 < 구심력(회전 반경이 작아짐)

01 일과 일률

1 일(Work)의 구분 2021, 2023, 2024

정의	힘을 가했을 때 일어난 변화의 크기. 단위는 J(Joule, 주울) 또는 Nm/1J = 1Nm
양의 일	힘의 방향과 이동방향이 같게 일을 함
음의 일	힘의 방향과 이동방향이 다르게 일을 함

2 일률(Power) 2019, 2021, 2022, 2023, 2024, 2025

정의	단위시간당 수행한 일의 양(파워, 순발력). 단위는 Watt 혹은 J/s		
일률과 일의 양, 시간, 속력과의 관계	일률과 일의 양	일률과 속력	일률과 걸린 시간
	비례	비례	반비례

02 에너지

1 에너지의 정의와 종류 2019, 2021, 2023, 2025

정의		물체가 일을 수행할 수 있는 능력
종류	운동에너지	① 운동 중인 물체가 가지고 있는 에너지 ② 선운동의 운동에너지(KE) = 1/2 × 질량(m) × 속도^2(v^2) ③ 각운동의 운동에너지(KE) = 1/2 × 질량(m) × 회전축으로부터의 거리^2(r^2) × 각속도^2(w^2) ④ 풍력발전, 요트, 볼링, 풍차, 야구방망이로 공을 침
	위치에너지	① 물체의 위치에 따른 중력에 의해 갖는 에너지 ② 위치에너지(PE) = 질량(m) × 중력가속도(g) × 높이(h) ③ 수력발전, 물레방아, 디딜방아, 널뛰기
	정지에너지	① 어떤 것의 질량 때문에 갖고 있는 에너지 ② 정지에너지(E) = 질량(m) × 빛의 속도^2(C^2)
	탄성에너지	① 탄성이 있는 물체가 변형되었을 때 본래의 형태로 되돌아가려는 탄성력에 의해 갖는 에너지 　(위치에너지의 한 유형) ② 탄성에너지(E) = 1/2 × 탄성계수(k) × 변형의 크기(l) ③ 양궁, 트램펄린, 완력기, 다이빙, 장대높이뛰기, 번지점프, 고무동력기, 고무줄 새총

2 에너지보존의 법칙

개념	① 외력이 작용하지 않을 때 에너지의 총합은 일정함 ② 위치에너지와 운동에너지는 서로 전환되며 그 합은 항상 일정함
역학적 에너지	역학적 에너지 = 위치에너지(PE, mgh) + 운동에너지(KE, 1/2mv^2)

3 인체 에너지 효율

개념	① 소모한 에너지 양과 역학적인 일이 같아지면 에너지 효율이 높아짐 ② 운동에너지를 위치에너지로, 위치에너지를 운동에너지로 전환하면서 에너지 효율을 높임

07 다양한 운동 기술의 분석

01 영상(동작) 분석

1 영상 및 동작 분석의 개념 2021. 2022

개념	기록된 영상으로부터 인체의 움직임과 관련된 자료를 수집 분석해서 변인을 계측
영상 분석의 장점	① 인체의 움직임을 바로 기억해서 분석할 수 없기에 보완하기 위한 방안 ② 난이도가 높은 기술 요인에 대한 다각적 분석을 통해 선수 훈련에 활용 ③ 우수 선수의 기술 내용이나 전술과의 비교분석이 쉬움 ④ 촬영한 내용을 저장하여 적절한 시기와 조건에 따라 쉽게 활용 가능 ⑤ 정성적 피드백과 연계하여 분석의 효율을 높일 수 있음
영상 분석의 활용 영역	경기력 향상, 운동장비 개발, 보호장구 개발

2024년 기출문제

영상 분석으로 추출 가능한 변인 예시
- 각도(자세)
- 가속도
- 속도

2 동작 분석의 차원 2020. 2024

2차원 영상 분석	① 1개의 영상 기록을 통해 2차원의 평면상의 운동 분석 ② 운동 평면상의 실제 좌표와 영상 좌표 사이의 일정한 배율 관계를 이용
3차원 영상 분석	① 2개 이상의 영상 기록을 통해 입체적인 3차원 공간상의 운동 분석 ② 2차원의 영상정보들 간의 관계를 이용해 3차원 공간 정보 추출

02 힘 분석

1 다양한 힘 측정 방법 2020, 2022, 2023

지면반력기	인체가 지면에 작용한 힘에 대한 반작용력인 지면반력을 측정
압력분포 측정기	접촉면에 가해지는 압력 부분의 전체나 크기 등을 측정
등속성 동력계	관절의 회전운동 시 특정 각도에서 발생하는 토크를 측정하여 근력을 평가

2 압력중심점(Center of Pressure, COP) 2025

정의	지면반력이 작용한다고 가정되는 지점
관련 개념	무게중심(CG)과 구분 필요
측정 도구	지면반력기, 압력분포 측정기
주요 활용	균형능력 평가, 보행 분석, 착지 안정성, 재활 훈련
스포츠 사례	골프 퍼팅 체중 이동, 체조 착지
임상 사례	노인 낙상 위험 예측, 뇌졸중 환자 균형 평가

※ 즉, COP는 균형 능력과 안정성을 정량적으로 평가하는 핵심 지표로 무게중심(CG)과는 다른 개념임을 강조. 스포츠 기술 분석과 임상 재활 모두에 활용 가능한 다학제적 개념이다.

03   근전도(EMG)

1   근전도의 개념 및 측정   2019, 2020, 2021, 2022

개념		근육의 수축활동에서 발생하는 전기적 신호를 그래프로 나타낸 것
측정방식	표면전극법	피부 표면에 전극을 부착하여 측정
	침전근 및 극세선전극법	바늘이나 가는 전선을 근육에 직접 삽입하여 측정
분석과 활용	근육의 활동 여부	특정 동작에서 근육의 활동 여부
	근육의 활동 정도	특정 동작에서 근육이 어느 정도 활동을 하는지 여부
	근육의 피로 정도	근육의 피로 상태 여부

운동역학

※ 다음은 운동역학을 학습한 후, 얼마나 이해하고 있는지 확인하는 주관식 문제입니다.
기본내용으로 구성된 주관식 문제로 최소 6개 이상 맞추지 못하면 이론을 1~2회 다시 학습한 후 다음 단계인
기출문제 풀이로 넘어가길 바랍니다.

01 운동역학의 학문 영역을 쓰시오.

02 정역학 범주에 대해 쓰시오.

03 선운동의 사례를 들어서 설명하시오.

04 운동의 종류에 대해 설명하시오.

05 인체의 무게중심과 경기력 향상을 위한 무게중심의 활용사례를 들어 설명하시오.

정답

01 ① 운동학 : 공간이나 시간을 고려하여 움직임을 기술하는 학문
② 운동역학 : 힘의 작용을 연구하는 학문
③ 정역학 : 힘의 평형을 연구하는 학문
④ 동역학 : 가속에 영향을 받는 시스템을 연구하는 학문

02 ① 물체에 작용하는 모든 힘이 평형을 이루고 있고 회전이 발생하지 않을 때
② 물체가 일정한 속도로 움직일 때
③ 물체가 정지하고 있을 때

03 ① 스키점프 비행구간에서 신체중심의 이동궤적
② 선수의 손을 떠난 투포환 질량중심의 투사궤적
③ 100m 달리기 시 신체중심의 이동궤적

04 ① 철봉 대차돌기는 회전운동 형태이다.
② 각운동은 중심선(점) 주위를 회전하는 운동이다.
③ 선운동(병진운동)에는 직선운동과 곡선운동이 있다.
④ 대부분의 인간의 움직임은 각운동과 선운동 요소가 결합되어 나타난다.

05 ① 무게중심의 위치는 안정성에 영향을 줄 수 있다.
② 무게중심은 회전력(토크)의 합이 '0'인 지점이다.
③ 무게중심은 인체 외부에 위치하기도 한다.
④ 성별, 나이, 인종에 따라 무게중심 높이가 달라진다.

활용사례
① 높이뛰기 선수가 바를 효과적으로 넘기 위해 배면뛰기 기술을 구사한다.
② 레슬링 선수가 안정성 증가를 위해 무게중심을 낮춘다.
③ 배구에서 스파이크 시 타점을 높이기 위해 무게중심을 높인다.

06 공의 포물선 운동에 대해 설명하시오.

07 뉴턴의 선운동법칙의 사례를 서술하시오.

08 각운동량의 보존과 전이(공기저항 무시)에 대해 서술하시오.

09 역학적 일을 구하는 공식과 하나의 운동상황을 예를 들어 설명하시오.

10 영상 분석으로 추출할 수 있는 변인을 쓰시오.

정답

06 ① 최고 높이까지는 속도가 점차 감소하고 중력의 영향으로 떨어지기 시작하면서부터는 등가속도 운동을 한다.
② 공의 수평가속도는 0m/s^{2}이다.
③ 공의 수직가속도는 중력가속도와 같다.
④ 공의 투사각도, 투사속도, 투사높이는 투사거리에 영향을 미친다.

07 ① 관성의 법칙 : 버스가 급출발하거나 급정거할 경우 승객들이 뒤로 혹은 앞으로 쏠리는 것은 버스의 운동과 달리 승객들은 원래 운동 상태를 유지하려고 함이다.
② 가속도의 법칙 : 자전거를 타고 페달을 강하게 밟을수록 자전거는 외력이 커져 가속되면서 앞으로 간다.
③ 작용과 반작용의 법칙 : 보트를 타고 노로 물을 뒤로 밀면 배는 앞으로 간다.

08 ① 다이빙의 공중 동작에서 각운동량은 보존된다.
② 축구의 인프론트킥에서 발끝 속도는 몸통의 각운동량이 하지로 전이되어 발생한다.
③ 높이뛰기에서 이륙 후 인체의 총 각운동량은 일정하다.

09 ① 일 = 작용한 힘 × 변이
② 배구선수가 20N의 힘으로 배구공을 수직으로 2m 들어 올렸을 때 역학적 일(work)의 크기는 40N·m(J)이다.

10 ① 가속도   ② 각도(자세)   ③ 속도

PART

07

1주
완성

스파르타
스포츠
지도사

2급 필기 기본서

한국체육사

CHAPTER 01 체육사의 의미

CHAPTER 02 선사 및 삼국시대의 체육

CHAPTER 03 고려 및 조선시대의 체육

CHAPTER 04 개화기의 체육

CHAPTER 05 일제강점기 및 광복 이후의 체육 및 스포츠

01 체육사의 의미

01 체육사 개관

1 체육사의 역사와 발전 단계

역사와 발전 단계	① 1794년 독일의 게르하르트 울리히 안톤 피트(Gerhard Urlich Anton Vieth)의 '체육운동사에의 기여'에 의해 체계적 연구 시작 ② 우리나라는 1958년 나현성의 『한국스포오츠史』 이후 새로운 전기를 맞음 ③ 1967년 체코에서 구성된 국제체육사학회(ICOSH : International Committee for History of Sport and Physical Education)와 1973년 스위스에서 구성된 국제체육사협회(HISPA : International Association for the History of Physical Education and Sport)로 양분 ④ 1989년 국제체육스포츠사학회(ISHPES : International Society for the History of Physical Education and Sport)로 통합. 이후 1959년 국제체육협회 산하의 기구로 가입

2 체육사의 정의 및 연구 영역 2017, 2022

정의 및 의의	① 사회적·시간적 변화에 따른 각 시대의 체육관이나 그 방법 등을 사(史)적으로 연구하는 분야 ② 인간이 수행해 온 신체운동을 대상으로 한 역사적 연구 ③ 신체를 통한 운동, 수련, 교육 및 문화를 고찰, 의의를 이해하는 학문 ④ 현재와 미래의 체육을 위하여 과거의 체육 연구
연구 영역 2016, 2017, 2018 2022, 2024	① 통사적, 세계사적 연구영역 : 전 시대와 전 지역에 걸쳐 통관한 종합적 연구 ② 시대적, 지역적 연구영역 : 어떤 시대나 특정 지역을 한정하여 시도하는 연구 ③ 개별적, 특수적 연구영역 : 스포츠의 사적 내용을 연구할 때의 개별적이고, 특수한 상황적 측면을 연구

02 체육사의 연구 방법

기술적 연구 2021, 2022, 2025	과거의 사실을 객관적으로 밝히는 연구로, 모든 역사 연구의 기초적인 단계. 사료(史料)에 근거하여 규명		
	사료(史料)	과거를 연구하는 데 사용되는 역사적 자료	
		물적 사료	유물, 유적, 현존하는 모든 물질적 유산 등 예 고구려 고분벽화 가운데 각저총(角抵塚)의 널방 동벽에 그려진 '씨름(각저)도'가 고구려 씨름을 보여주는 대표적 물적 사료이다. 각저(角抵)라는 한자 명칭 자체가 씨름을 가리키며, 이 벽화로 인해 해당 고분이 '씨름 고분'이라 불리게 되었다는 점이 증거가 된다.
		기록 사료	문헌, 구전 등
		구술 사료	과거 기억에 대한 증언 등
해석적 연구 2023, 2025	과거의 사실에 대한 의미를 해석하는 것으로 평가와 해석의 기준을 중요시하는 것		
	사관(史觀)	역사가의 역사에 대한 의식으로 과거의 사실을 확인할 때 역사가의 가치관과 해석 원리에 따라 그 기준이 달라지는 것	

체육사관(史觀)

역사가의 가치관에 따라 체육사 해석 달라짐(진보사관, 순환사관 등)

- 진보사관 : 역사는 직선적 · 발전적 → 체육도 점차 발전
- 순환사관 : 흥망성쇠 반복 → 체육 발전도 순환
- 체육사 해석 = 사실 기록 + 역사가의 관념/가치관

합격 Tip 사료학과 사료 비판

사료학(史料學)		역사학의 대상인 각종 재료로서의 사료에 관한 학문
사료 비판(史料批判)	외적 비판	사료 그 자체 진위(眞僞) 여부, 원사료(原史料)에 대한 타인의 첨가 여부, 필사(筆寫)인 경우의 오류 문제, 혹은 사료가 만들어졌을 단계에서 작자·장소·연대 및 전거(典據) 등에 관해 사료의 가치 음미 또는 판단
	내적 비판	사료의 기술(記述)을 분석하고 신뢰할 수 있는 이유의 유무를 조사함. 역사 연구법이란 본질적으로 사료의 비판과 해석에 의해 이루어짐

선사 및 삼국시대의 체육

01 부족국가시대의 체육

1 부족국가시대의 신체활동 2020, 2021, 2022, 2024, 2025

생활	농경 사회의 발달로 생산 기술과 전투 기술이 분화(농민과 병사가 점차 분리)
신체활동	무기가 생산되기 시작하여 궁술(弓術)과 기마술(騎馬術)이 발달
제천행사	파종과 수확을 할 때 하늘을 숭배하고 제사하는 원시 종교의식. 각종 무예, 유희, 음주가무 등 실시 ① 고구려의 동맹 : 10월(시조인 동명왕과 그 어머니 유화에게 제사를 올리는 의식) ② 부여의 영고 : 12월(추수 후, 농경과 목축이 주요 산업인 부여에 필수적 행사) ③ 동예의 무천 : 음력 10월경 ④ 삼한 : 5월(수릿날), 10월(계절제)
민속놀이	저포(樗蒲), 기마(騎馬), 수박(手搏), 격검(擊劍), 씨름(각저총 씨름 벽화 : 현존하는 고구려 민속놀이 실물 자료(= 물적 사료)) 등을 즐김

> **합격 Tip** 삼한(三韓)
>
> • 삼국 시대 이전 한반도에 자리 잡고 있던 마한(馬韓), 진한(辰韓), 변한(弁韓)을 통칭하는 말. 이후 마한의 백제국(伯濟國)이 백제로, 진한의 사로국(斯盧國)이 신라로, 변한의 구야국(狗邪國)이 가야가 되었다는 설이 일반적임
> • 삼국시대 후기부터 삼한이 고구려, 백제, 신라의 삼국을 의미하는 단어로 치환되어 이해되는 경향이 생겨남. 고구려, 백제, 신라를 뜻하는 동음이의어가 됨

02 삼국시대의 교육과 민속 스포츠 및 오락

1 삼국시대의 교육과 체육제도 2021, 2022, 2023, 2025

국가	교육기관	체육활동
고구려	① 태학 : 최초의 관학으로 국가의 관리 양성을 목적으로 설립된 고등교육기관 ② 경당 : 서민을 대상으로 한 사립 초등기관, 『구당서』 기록 : 경당에서 독서 + 궁술 수련	궁술, 각저, 기마술
백제	교육 담당관 직책인 박사제도	기사(騎射), 궁술
신라	① 화랑도(540~576년 진흥왕 때 정식 제정) : 화랑을 우두머리로 한 청소년 수련단체 혹은 군사 관련 교육 실시 ② 국학 : 관리의 양성에 목적을 둔 귀족 자제의 대표적 교육기관	세속오계, 무예, 편력

> **합격 Tip** 박사의 제(制)
>
> 백제에서는 일찍부터 고등교육으로 「박사의 제(制)」가 있어 시(詩) ·서(書)·역(易)·예기(禮記)·춘추(春秋)의 5경(五經) 박사와 기타 각종 전문에 관한 박사를 두어 교육을 맡아보게 했으며, 일본에 초빙되어 가기도 함

2 삼국시대의 무예 교육 `2016, 2017, 2018, 2021`

기마술(騎馬術)	말을 타고 달리며 활을 쏘는 것
궁술(弓術)	교육 활동의 한 분야로 고구려의 경당, 신라에서는 궁전법, 백제에서도 기사를 중요하게 취급
각저(角觝)	두 사람이 서로 맞잡고 힘을 겨루는 경기로 각력, 각희, 상박, 쟁교 등으로 불림
수박(手搏)	겨루기 형식의 투기 스포츠
입산수행	산에 들어가 신체적 고행을 통해 신체와 정신을 강화하는 수련
편력(遍歷)	야외 교육 활동의 교육과정으로 산과 강을 순회하며 신체적, 정신적 수양

3 삼국시대의 민속 스포츠와 오락 `2021, 2022, 2023, 2024`

수렵(狩獵)	사냥 활동으로 군사적 수렵과 레저 스포츠로의 수렵 등 다양함
축국(蹴鞠)	가죽 주머니로 공을 만들어 발로 차고 노는 게임
석전(石戰)	동편과 서편으로 나누어서 하는 돌팔매질(돌싸움) 놀이
투호(投壺)	일정한 거리에 항아리를 놓고 화살을 던져 넣는 오락
격구(擊毬)	말을 타고 달리거나 뛰어다니며 막대기로 공을 쳐서 승부를 겨루는 놀이
방응(放鷹)	매를 길러 꿩이나 새를 사냥하는 일종의 수렵인 매사냥
마상재(馬上才)	달리는 말 위에서 여러 가지 동작을 보이는 것
저포(樗蒲)	윷가락 같이 만든 다섯 개의 나무를 던져 승부를 겨루는 놀이
악삭(握槊)	주사위를 던져 여러 개로 된 말을 사용하여 두 사람 중 먼저 궁에 들어가는 게임
농주(弄珠)	여러 개의 구슬을 공중에 던져 그것을 기술적으로 받아서 돌리는 놀이
풍연(風鳶)	종이에 댓가지를 가로세로 붙이고 실로 벌이줄을 매어 공중에 날리는 놀이
죽마(竹馬)	대나무를 휘어 가랑이에 넣고 달리는 놀이
위기(圍碁)	흑백의 돌로 집 싸움을 하는 바둑 게임
도판희(跳板戲)	널반지 양쪽 끝에 한 사람씩 올라가서 번갈아 뛰어오르는 놀이('축판희'라고도 함)
척사희(擲柶戲)	'사희(柶戲)'라고도 하며 편을 갈라 윷으로 승부를 겨루는 놀이. 부여의 사출도라는 관직의 이름에서 연유

---

03 신라 화랑도 체육

1 신라 화랑도 체육의 특징 `2020, 2021, 2022, 2023, 2025`

화랑도 체육의 의미		① 심신일체론적 사상에 기반한 전인교육 지향 ② 역동적인 국민성 함양 추구, 우리 민족의 정신적 양식이 됨 ③ 풍류도(風流徒), 국선도(國仙徒), 원화도(源花徒)
화랑도의 의미		세속오계(= 전인교육 강조)를 바탕으로 문무를 겸비한 우수 인재 양성에 목적을 둔 교육 단체. 즉, 무과 응시 목적이 아닌 덕효신군사정신을 강조
세속오계 (世俗五戒)	사군이충(事君以忠)	충성으로 임금을 섬김
	사친이효(事親以孝)	부모를 효로써 섬김
	교우이신(交友以信)	신의로 벗을 사귐
	임전무퇴(臨戰無退)	전쟁에 임하여 후퇴를 삼감
	살생유택(殺生有擇)	생명체를 함부로 죽이지 않음

2 화랑도의 체육사상 2022, 2023

신체미의 숭배 사상	신체의 미와 탁월성 중시(신체 자체에 높은 가치를 부여하며 신체의 미를 중시)
심신일체론적 신체관	신체활동을 통한 수련 자체를 덕(德)의 함양 수단으로 생각
군사주의 체육사상	국가를 위해 자신을 희생할 수 있는 인재 육성 요구
불국토 사상	① 이 땅이 불국토(부처님이 교화하는 국토)라고 여기는 불교 교리. 신라의 자장 율사가 당나라 유학 후 전개한 호국 사상 ② 편력(명산 대천을 돌아다니며 시와 음악, 신체활동을 하는 야외 교육 활동)과 연계함

고려 및 조선시대의 체육

01 고려시대의 체육

1 고려시대 교육기관 2021, 2022, 2024

관학	국자감(國子監)	문무관 8품 이상의 귀족 자제를 위한 고려시대 최고의 종합교육기관(7재라는 교육과정 존재)
	향교(鄕校)	유학의 전파와 지방민의 교화 목적으로 지방에 설치된 관립학교
	학당(學堂)	서민을 위한 순수유학기관으로 지방의 향교와 유사한 교육기관
사학	12도(十二徒)	인격 완성과 과거 준비의 목적으로 최충에 의해 설립된 교육기관
	서당(書堂)	향촌의 부락에 설치된 초보적인 교육을 가르치는 민간사설 교육기관

2024년 기출문제

고려시대의 교육 예시
- 관학 : 국자감, 향교, 학당
- 사학 : 12도, 서당
- 과거 제도 : 제술업, 명경업, 잡업

02 고려시대의 무예 체육

국학 및 향학의 무예 체육 2020, 2021, 2022, 2024	국학의 체육	국자감에 설치된 강예재(講藝齋)는 국학의 7재(七齋) 중 무학(武學)을 통해 장수(將帥)를 육성하는 무학교육기관
	향학의 체육	향학에서 궁사와 음악을 즐김
무예 체육 2021, 2023	수박(手搏)	맨손과 발을 이용한 격투기. 인재 선발을 위한 기준으로 승자에게 벼슬을 주어 출세를 위한 방법으로 활용. 그러나 무신반란의 주요 원인 중 하나가 됨
	궁술(弓術)	관직의 자질을 평가하기 위해 활쏘기 능력이 영향을 미침
	마술(馬術)	말을 타고 여러 가지 자세나 기예를 보여주는 것

03 고려시대의 민속 스포츠와 오락

귀족 사회의 민속 스포츠와 오락 2020, 2021, 2023 2024, 2025	격구(擊毬)	폴로 경기에서 유래. 군사훈련인 기창, 기검, 기사를 능숙하게 하기 위함
	방응(放鷹)	매를 잡았다가 놓아주면서 사냥하는 수렵 활동 및 무예 훈련의 성격(응방도감 관할) • 응방도감 : 고려·조선시대 매(응 : 鷹)의 사육과 사냥을 맡은 관청
	투호(投壺)	화살 같은 막대기를 일정한 거리에 있는 항아리 안에 던져 넣는 게임

	씨름	각저(角觝), 각력(角力), 상박(相撲), 각지(角支), 각희(角戱) 등으로 불림. 충혜왕 때 전국적으로 성행. 공민왕 때 씨름꾼에게 벼슬을 주기도 함
서민 사회의 민속 스포츠와 오락 2018, 2019, 2023 2024, 2025	추천(鞦韆)	그네를 타고 노는 놀이로 단오절 행사에 인기. 귀족과 서민 모두에게 민속 유희로 성행
	석전(石戰)	두 편으로 나뉘어 서로 돌팔매질을 하여 승부를 겨루던 놀이. 음력 정월 대보름날 각 지방에서 행해지며, 편쌈·변전(邊戰)·편전(便戰)이라고 함
	연날리기	지연(紙鳶) 또는 풍연(風鳶)이라고 함. 군사적 목적이나 놀이의 성격

04 조선시대의 체육

1 조선시대의 사회

특징	① 과거제도 중심으로 국가에서 운영하는 관학(官學), 개인이 운영하는 사학(私學)으로 분류 ② 정치, 경제, 사회, 문화, 교육 등 유교주의 국가 이념을 중시하였고 성리학이 발전 ③ 신분제를 기반으로 한 계급사회 ④ 숭문주의 사상으로 신체활동 위축. 임진왜란, 병자호란 같은 전쟁 발생

2 조선시대의 교육 2017, 2018, 2020

관학 (官學)	성균관 (成均館)	고려 국자감 계승. 중앙, 초시에 합격한 유생(생원, 진사) 교육 ① 유교 덕목을 갖춘 인재 양성 및 과거를 통한 관리의 모집 ② 덕(德)의 함양을 위해 활쏘기를 실시. 육일각(六一閣)에서 대사례를 거행 ③ 대사례에서 사용된 궁은 예궁(禮弓) 또는 각궁(角弓) • 대사례 : 국가에 행사가 있을 때 임금과 신하가 한자리에 모여서 활쏘기를 하는 의례
	사학(四學)	서울의 네 곳에 세운 교육기관으로 인재를 기르기 위해 설립된 기관
	향교(鄕校)	지방에서 유학을 교육하기 위해 설립된 기관
	기술교육기관	잡학교육(역학, 율학, 의학, 천문학 등)과 무예교육을 가르침
사학 (私學)	서원	고등교육기관으로 학통에 따라 학문을 연마(과거 준비)
	서당	천자문, 사서오경의 강독, 문장 공부인 제술, 실용적인 글쓰기 등을 가르치는 초등교육기관
과거제도	문과	① 문관 채용. 소과(생원과, 진사과)와 대과로 나뉨. 순수 양반만이 합격 가능 ② 소과는 유교 경전을 시험 보는 생원시와 시와 문장을 시험 보는 진사시로 구성 ③ 대과는 유교 경전과 역사, 시와 문장 등을 시험
	무과	무관 채용. 식년무과 : 초시·복시·전시로 진행(전시는 무예실기, 병서시험 포함). 양반과 상민 자제 응시
	잡과	기술관 채용. 역과, 의과, 음양과, 율과로 나뉘며, 중인(향리) 자제들이 주로 응시

05 조선시대의 무예와 체육

1 조선시대의 무예

무예 교육기관 2021, 2022, 2023 2024, 2025	훈련원	무예 연습과 병서 강습을 가르치는 무인 양성 관련 공식 교육기관
	사정(射亭)	전국 각지에 세운 정자로 평상시 무과 준비와 훈련을 하는 비공식 교육기관

	고병서해제	병서에 대한 연구 서적
무예서적 2021, 2022, 2023, 2024	무예제보 (武藝諸譜)	1598년 한교(韓嶠)가 편찬된 우리나라에서 가장 오래된 무예서로 6기(六技 : 곤봉, 등패, 장창, 당파, 낭선, 쌍수도) 수록
	무예신보 (武藝新譜)	1759년 사도세자가 모든 정사를 대리하던 중 기묘년(1759)에 명하여 12가지 기예를 넣어 편찬한 무예서
	무예도보통지 (武藝圖譜通志)	1790년 정조가 직접 편찬. 무예제보(武藝諸譜)와 무예신보(武藝新譜)를 근간으로 한중일 서적 145종 참고. 24기 무예 그림을 수록한 무예 훈련 교범 ① 조선무서 출간의 흐름은 무예제보 → 무예제보번역속집 → 무예신보 → 무예도보통지 ② 규장각 검서관 이덕무·박제가·장용영·백동수 등에게 명령하여 작업
	무경칠서	무과 시험과목으로 사용되기도 한 중국의 일곱 가지 대표 병서를 묶은 명칭

2 조선시대의 체육 2019, 2020, 2023

	교육적 궁술	육예(六藝)의 하나로 활쏘기를 통한 인간 형성을 지향하는 유교적 교육
궁술(弓術)	스포츠 성격의 궁술	전쟁 기술이 아닌 일종의 게임으로 승부
	편사(便射)	5인 이상 편을 구성하여 각 선수가 맞힌 화살 수로 승부를 겨루는 궁술대회
격구(擊毬)		① 나무 공을 장시라는 채로 쳐서 구문에 공을 넣는 경기. 오늘날 하키와 같은 형태의 스포츠 ② 승마기술과 무예적 기량이 필요한 국방훈련 성격. 무예 훈련 교범인 무예도보통지에 수록
수박(手搏)		맨손과 발을 이용하여 상대방을 공격하고 방어하는 격투

> **합격 Tip** 육예(六藝)
>
> 예(禮)는 예용(禮容), 악(樂)은 음악(音樂), 사(射)는 궁술(弓術), 어(御)는 마술(馬術), 서(書)는 서도(書道), 수(數)는 수학(數學)

06 조선시대의 민속 스포츠 오락

	궁도(弓道)	민속무예, 스포츠, 오락의 성격으로 편사(便射)로 주로 시행
귀족 사회의 민속 스포츠 2023, 2024	봉희(棒戱)	공중에서 공을 쳐서 구멍에 넣는 놀이로 골프와 유사
	방응(放鷹)	매를 훈련시켜 꿩이나 토끼 종류의 사냥감을 잡는 것
	격구와 투호	궁정에서 행해진 유희적 스포츠
민중 사회의 유희와 스포츠 2019, 2021, 2024	장치기	긴 막대기를 쳐서 상대편 문 안에 넣는 경기
	석전(石戰)	양편으로 나누어 서로 마주 보고 돌을 던지던 놀이
	씨름	삼국 시대부터 지금까지 행하여지고 있는 대표적인 민속 스포츠
	추천(鞦韆)	그네뛰기를 말하는 것으로, 단오절에 여성 중심의 민속놀이
	기타	제기차기, 연날리기, 팽이치기, 썰매, 널뛰기, 그네뛰기, 줄넘기, 줄다리기(삭전[索戰], 갈전[葛戰]으로도 불리며, 촌락공동체의 의례적 연중행사로 성행) 등

숭문천무와 문무겸전의 대립	숭문천무 (崇文賤武)	① '글을 숭상하고 무력을 천시한다'는 뜻. 유교와 성리학은 도덕과 인을 중시 ② 문과에 비해 무인교육에 소홀. 신체적 힘은 전쟁이나 폭력을 유발할 수 있다고 판단
	문무겸전 (文武兼全)	① '문식(文識)과 무략(武略)을 다 갖춘다'는 뜻 ② 정조시대 이후 발전. 무에 대한 새로운 인식을 끌어내 국정 운영의 철학으로 발전
보건의 개념 발생 **2025**		① 활인심방(活人心方) : 퇴계 이황이 도교의 양생사상을 바탕으로 구성한 의학서적(조선시대 보건서) ② 도인법(導引法) : 도교의 수행법, 건강법으로 치료보단 예방을 위한 보건체조

CHAPTER

04 개화기의 체육

01 개화기의 사회와 교육

1 개화기의 시대의 구분과 특징

시대 구분	제1시기	1870년대	개화와 개국을 같은 개념으로 사용. 외국과의 교류 증가
	제2시기	1880년대	외국의 선진기술을 받아들여 국가의 부강을 이루려던 시기
	제3시기	1890~1900년대	서국 열강의 이권 침탈에 대해 국가의 자주적 독립과 국민의 권리 주장
특징	① 신문발간 ② 교육의 확대 ③ 국학운동 전개 ④ 기독교 정착		

2 개화기의 교육 `2020, 2021, 2023, 2024, 2025`

관립 교육기관		주로 통역관을 양성하기 위한 목적으로 설립(동문학, 통변학교, 육영공원)
민간 교육기관	을사늑약 이전	일본 제국주의에 대한 위기의식으로 설립(원산학사, 흥화학교, 낙영의식, 중교의숙)
	을사늑약 이후	을사늑약을 계기로 설립(보성학교, 대성학교, 오산학교)
	선교단체 교육기관	외국 선교단체가 기독교 확장 수단으로 설립(광혜원, 배재학당, 이화학당, 경신학교)

> **합격 Tip 원산학사**
>
> ① 1883년(고종 20) 민간인에 의해 설립된 중등학교. 한국 최초의 학교로 알려진 배재학당보다 2년 앞서 설립된 한국 최초의 근대식 사립학교
> ② 교과과정은 문무반 공통으로 산수·과학·기계·농업 등이며, 특수과목으로 문예반에서는 경서를, 무예반에서는 병서를 가르침. 문예반 50명, 무예반 200명을 선발함

> **합격 Tip 개화기 교육기간**
>
> | 오산학교 | 1907년 이승훈이 민족 교육을 위해 평안북도 정주에 세운 4년제 중등 과정의 학교 |
> |---|---|
> | 대성학교 | 1908년 도산 안창호가 평양에 설립한 교육기관으로, 인재 양성을 통한 애국계몽운동을 펼침 |
> | 배재학당 | 1885년 아펜젤러가 일반교육을 목적으로 설립한 최초의 근대적 사립학교 |
> | 이화학당 | 1886년 스크랜튼(Scranton)에 의해 설립된 최초의 사립여성교육기관. 1887년 2월에는 고종황제가 '이화학당(梨花學堂)'이라는 교명과 현판을 하사하였고, 1925년 이화여자전문학교로 개편 |

3 개화기의 교육개혁 `2017, 2019, 2023, 2024`

고종의 '교육입국조서(敎育立國詔書)' 1895년 반포	① 덕양(德養), 체양(體養), 지양(智養) 즉, 삼양(三養)을 강조 ② 소학교 및 고등과정에 체조가 정식과목으로 채택되는 데 영향
갑오개혁(甲午改革) [= 갑오경장(甲午更張)]	① 1894년(고종 31) 7월부터 1896년 2월까지 3차에 걸쳐 추진된 일련의 개혁운동 ② 을미사변을 계기로 추진된 제3차 개혁을 따로 분리하여 '을미개혁'이라고 부름 ③ 신분계급을 타파한 인재 등용과 과거제 폐지 등

PART 07

02 개화기의 체육

1 개화기 체육의 발전 단계 `2019, 2025`

제1기 근대 체육의 태동기	1876~1884	무예학교와 원산학사의 정규 교육과정에 무예 체육 포함
제2기 근대 체육의 수용기	1885~1904	① 기독교계 사립학교와 관립학교의 정규 교과과정에 체조 과목이 편성되고 과외활동으로 서구 스포츠가 도입됨. 운동회 및 체육 구락부의 활동 활성화 ② 1885년 배재학당, 1886년 이화학당, 1886년 경신학당 등과 같은 미션 스쿨 설립 ③ 1895년 관립 외국어학교 설립과 1903년 황성 YMCA 조직으로 서구 스포츠 유입
제3기 근대 체육의 정립기	1905~1910	① 기독교계 사립학교를 비롯하여 일반학교체계에 학교체조, 병식체조(군사적 목적), 유희 등이 필수교과로 지정 ② 1905년 을사조약의 체결로 대한제국의 교육제도를 대대적 개편

2 근대체육의 정착 과정

고종 교육입국조서 반포(1895)	학교 관련 규약 제정
최초의 화류회 개최(1896)	근대적 운동회 기원, 영국인 선교사 허치슨
황성기독교청년회 발족(1903)	YMCA 전신, 근대적 스포츠 보급에 기여
최초의 연합 운동회 개최(1905)	황성기독교청년회가 개최, 본격적 운동회 시대 개막
대한 체육 구락부 발족(1906)	최초의 스포츠 단체, 스포츠 클럽 시대 개막
대한국민체육회(1907)	체육 정책 개혁 추구

03 개화기의 스포츠

1 운동회의 확산 `2023, 2024`

확산 양상	① 최초의 운동회는 1896년 영어 학교에서 개최한 화류회(花柳會) ② 운동회에서 실시된 종목은 주로 육상에서 축구, 씨름 등으로 확산

2 근대스포츠의 도입과 보급 `2020, 2022`

테니스	1884년 미국인 푸트에 의해 소개. 1908년 탁지부(재무부) 운동회 때 종목 채택
축구	1890년 구기 종목 중 우리나라에 가장 먼저 소개. 1896년 운동회 종목으로 채택. 최초 경기는 1899년 황성기독교청년회와 오성학교의 경기
빙상	1890년대 후반 미국인 알렌 부부에 의해 소개
체조	1895년 한성사범학교의 교과목을 채택 후 정식과목으로 채택
육상	1896년 운동회(화류회)에서 처음 시작
검도	1896년 경무청에서 검도를 경찰 교습 과목을 채택
수영	1898년 「무관학교칙령」에서 수영 도입의 기록 확인
씨름	1898년 관립·사립학교 운동회에서 정식 종목 채택
사격	1904년 육군연성학교에서 정규 교과목으로 선정
야구	1905년 황성기독교청년회(YMCA) 회원들에게 야구를 가르침
농구	1907년 황성기독교청년회(YMCA) 질레트에 의해 소개

사이클	1906년 첫 사이클 경기 개최. 1913년 대회서 엄복동이 승리함
유도	1906년 일본인 우치다료헤이에 의하여 소개
승마	1909년 근위 기병대 군사들이 기병 경마회를 개최

2024년 기출문제

개화기의 스포츠 특징 예시
- 근대적 스포츠로의 전환기
- 민족주의적 근대 스포츠
- 민족주의적 노력

3 체육단체의 결성 2021, 2023, 2024

대한체육구락부(1906)	우리나라 최초의 근대적인 체육단체
황성기독교청년회 운동부(1906)	선교사 회장 터너와 총무 질레트 등에 의해 설립
대한국민체육회(1907)	근대 체육의 선구자 노백린 등이 창립. 체육의 올바른 이념 정립과 체육 관련 정책의 개혁을 목표로 체육단체 운영
대동체육구락부(1908)	사회진화론적 자강론에 입각. 권성연, 조상호 등에 의해 조직
회동구락부(1908)	우리나라에서 연식 정구(테니스)를 제일 먼저 행한 단체로 알려짐
무도기계체육부(1908)	이희두와 윤치오에 의하여 조직된 단체. 최초의 기계체조 단체
체조연구회(1909)	조원희 등에 의해 조직. 병식체조에서 학교체육으로의 개혁에 이바지
청강체육부(1910)	최성희, 신완식 등에 의해 조직. 우리나라 최초 교내 체육활동

04 개화기 체육의 사상 2016, 2018

1 사회진화론적 민족주의 체육

민족주의	식민지배에 맞선 민족 감정의 표출 수단으로 체육 활용
애국계몽운동	애국계몽운동의 일환으로 서구의 신문물과 함께 서구 스포츠 도입 장려
국권회복운동	민족주의 계열의 사립학교들이 설립되고 군사교육과 체력단련이 수업과정에 포함

2 체육 사상가 2020, 2024

문일평 (1888~1939)	① 태극화보에 「체육론」을 실었고, 신체의 중요성은 정신에 선행한다고 했으며, 육체의 단련은 정신의 그릇에 대한 단련이라고 평가함. 지덕체 중 '체'를 강조 ② 체육학교 설치 및 체육교사 양성, 학술 연구를 위한 청년 해외 파견 등을 주장
노백린 (1875~1926)	신민회 조직. '대한민국체육회'의 설립 과정에 발기인으로 참가. 병식체조 일변도의 학교체육 문제점을 바로 잡기 위하여 1907년 우리나라 최초의 체조강습회 개최
조원희	개화기 학교체육의 발전에 공헌. 병식체조의 문제점을 지적했으며 근대식 학교 체조를 보급함
여운형 (1886~1947)	조선체육의 아버지. '체육조선의 건설' 강조. 대한올림픽위원회 초대 위원장
서상천 (1902~미상)	역도 도입, 조선체력증진법연구회 설립

일제강점기 및 광복 이후의 체육 및 스포츠

01 일제강점기의 사회와 교육

1 일제강점기의 사회

무단통치기	1910~1919	자유박탈, 강압적 비인도적 통치
문화통치기	1919~1931	자유 부분적 허용, 회유정책, 민족신문 간행 허가(조선동아일보)
민족말살기	1931~1945	황국신민화 정책, 병참기지화 정책

2 일제강점기의 교육 `2020`

1차 조선교육령	1911~1922	① 천황에게 충성하는 신민 육성, 민족우민화 ② 사범학교 폐지. 교육 연한 단축. 일본 문화와 생활양식 동화(일본어 강요)
2차 조선교육령	1922~1938	① 3·1운동 이후 한국인들의 불만 무마하기 위함 ② 일본과 유사하게 학교의 편제와 수업 연한을 조정 ③ 경성제국대학 설립(대학교육의 기회 제공). 일본어·일본사 교육 강화
3차 조선교육령	1938~1945	① 한국민족 말살 정책기 또는 황국신민화 정책기 ② 황민화의 수단으로 적극 활용하는 '내선일체' 교육. 소학교·중학교·고등학교로 개칭
4차 조선교육령	1943~1945	① '황국의 도에 따른 국민연성'을 교육목적의 주안점 ② 중등 과목에서 조선어 삭제. 학교 수업 연한 1년씩 단축. 국가 유용 인물 양성 목적

02 일제강점기의 체육

1 일제강점기의 체육교육 `2020, 2025`

제1기	조선교육령 공포의 체육 (1911~1914)	① 일제에 순응하는 국민을 양성하도록 하는 데 체육의 목표를 설정 ② 병식체조가 스웨덴 체조로, 학교체조가 보통체조로 변경. 각종 놀이(유희) 도입
제2기	학교체조 교수요목의 제정과 개정기의 체육 (1914~1927)	① 학교 체조 교육 통일/필수. 총독부에서 편찬 교재 사용. 운동의 생활화 ② 보통체조 → 체조, 병식체조 → 교련·유희. 과외활동 권장(야구, 수영, 테니스) ③ 총독부가 식민주의 교육정책을 토대로 민족주의 체육을 억제
제3기	학교체육 교수요목기의 개편기 (1927~1941)	① 체조 중심에서 유희 및 스포츠 중심으로 전환. 각종 운동경기대회가 성행 ② 황국신민체조 보급 : 병식체조(체육교육이 군사훈련·교련 형태로 변모), 황국신민체 조 + 검도·유도 여학생 교육 실시 ③ 일제에 충성할 군인정신을 소유한 식민지인 양성 목적
제4기	체육 통제기 (1941~1945)	① 태평양전쟁 이후 전시동원 체제에 맞는 학제 개편(체조과를 체련과로 변경) ② 체육 군사화. 각종 체육경기 통제. 민족말살 정책

> **합격 Tip** 교수요목
>
> 교과에서 다루게 되는 내용을 교수에 편리하도록 논리적으로 체계를 세워서 조직해둔 것

1 일제강점기 체육단체 2021, 2022, 2023, 2024

YMCA의 스포츠와 운동	① 1903년 회장 터너와 총무 질레트로 '황성기독교청년회' 창설. 1906년 체육부 조직 ② 일제의 무단통치기에 비교적 활발히 스포츠 활동을 전개할 수 있었던 단체 ③ 1916년 YMCA에 한국 최초로 실내체육관이 건립. 스포츠에 참여하는 계기 제공 ④ 일본의 탄압에도 불구하고 한국 스포츠 발달에 기여. 많은 스포츠지도자를 배출 ⑤ 서구 스포츠(야구, 농구, 배구 등) 도입. 조직망을 통해 스포츠를 전국으로 확산 기여	
YMCA나 일본인을 통한 스포츠 소개 2020, 2021, 2022 2023, 2025	권투	1912년 박승필 유각권투구락부설립. YMCA체육부 실내 운동회 정식종목 채택
	탁구	1914년 조선교육회와 경성구락부 원유회의 탁구 시합으로 시작
	배구	1916년 기독교청년회에서 도입하여 보급
	스키	1921년 일본인 나카무라에 의해 소개
	골프	1921년 영국인 던트에 의해 효창원 골프코스가 만들어지면서부터 시작
	럭비	1924년 조선철도국 사카구치에 의해 소개
	역도	1926년 일본 체조학교를 졸업(1923년)한 서상천에 의해 국내 소개
	레슬링	1937년 YMCA 레슬링부 창단
조선체육회 (1920년)	① 현 대한체육회(1948)의 전신 조선체육회 창립. 현대 올림픽 스포츠 발전 주도 ② 1920년 첫 사업으로 제1회 전조선야구대회 개최(오늘날 전국체육대회의 시작) ③ 1938년 일제에 의해 해산되어 조선체육협회로 통합	
관서체육회	① 1925년 평양기독교 청년회관에서 결성. 민족주의적 체육단체 ② 씨름, 수상, 야구, 탁구 대회를 개최. 관서체육회체육대회, 전평양농구연맹전 등	

2 일제강점기의 체육과 스포츠의 탄압 2019, 2021, 2023

민족주의 체육	① 민족독립운동가, 체육교사, 체육단체 및 청년회(YMCA, 조선체육회) ② 전국적으로 조직된 청년회는 일제 탄압에 대한 저항 문화운동으로 체육활동 장려 ③ 학교체육을 군사훈련화하려는 움직임에 대응. YMCA 단체 중심으로 순수체육 지향 ④ 전통 스포츠 보존운동(국궁, 씨름), 민족의 전통경기 부활 ⑤ 민중스포츠 발달 및 보건체육의 민중화 운동 ⑥ 연합운동의 개최 : 민족독립의식 고취 ⑦ 일장기 말소사건 : 동아일보 이길용 기자가 손기정 선수의 사진에서 일장기를 지워버린 채 보도해서 동아일보는 무기정간 당함
일제의 체육 정책	① 각종 체육활동 탄압(일장기 말소사건 계기) ② 체육단체의 해산과 통합(조선체육회, 조선학생체육총연맹 → 조선체육협회로 통합) ③ 군사 훈련화, 황국신민화 : 조선인의 자주성 말살 정책

04 　일제강점기의 체육 사상

민족주의 체육활동	① 일제 탄압에 대한 저항 문화운동의 일환으로 체육활동 장려 ② YMCA 및 체육단체를 중심으로 순수체육 지향 ③ 민족 전통경기를 부활하고 보급 시도
민족주의적 체육활동의 결실	① YMCA와 청년단체 등이 근대 스포츠 보급 및 확산 ② 활쏘기, 씨름 부활을 통해 민속 스포츠 계승 발달 ③ 민족주의 체육활동을 통해 민중 스포츠 발달 ④ 민족주의적 경향을 바탕으로 체육을 일제의 탄압에 저항하는 수단으로 이용

05 　광복 이후의 체육 및 스포츠

광복 이후의 스포츠	① 국가주의적 경향을 띤 스포츠 내셔널리즘 정책의 결과 ② 엘리트 스포츠 중심으로 스포츠 문화가 확산된 이후, 대중 사회에 스포츠가 확산됨
학교 스포츠의 발달 2016	박정희 정권 이후 강조된 체력 강화를 위한 체육 정책 및 엘리트 스포츠 정책 ① 교기육성제도 : 청소년의 체력 강화를 위한 체육 정책. 지역에 적합한 스포츠 종목 선택 ② 소년체전 : 우수 선수를 육성하기 위한 엘리트 스포츠 정책

06 　사회 스포츠의 발달

미군정기 2025	1945년~ 1947년	조선체육회의 부활	조선체육동지회가 결성(1945년)
		경기단체의 설립	조선체육회의 개건과 함께 각종 경기단체가 설립
		전국체전	1920년 전조선 야구대회를 자연히 제1회 전국체전으로 취급
		국제 활동	대한올림픽위원회(KOC) IOC에 가입 및 국제 대회 참가(1947년)
이승만 정권기 2016	1948년~ 1960년	제1공화국 시대로 스포츠 문화의 발흥기나 뚜렷한 스포츠 진흥정책은 없음	
		최초로 제14회 런던 하계 올림픽에 출전. 조선체육회가 '대한체육회'로 변경(1948년)	
		보스턴 마라톤대회에서 함기용, 송길윤, 최윤칠 선수가 1위, 2위, 3위 차지(1950년)	
		한국전쟁으로 1951년 제1회 아시안게임과 1950년 제31회 전국체육대회 무산	
박정희 정권기 2020, 2023	1960년~ 1979년	제2·3·4공화국 시대 한국 스포츠 문화 급속도로 발달. '스포츠 혁명'으로 불림	
		'체력은 국력'이라는 슬로건 채택, '국민재건체조' 개정(1961년)	
		체육의 날 제정, '체육주간' 제정(1962년)	
		장충체육관 개관 및 각 시·도청 소재에 체육관 건립(1963년)	
		태릉선수촌 완공 및 대한체육회관 개관(1966년)	
		체육조직 일원화 공포, 대한체육회, 대한올림픽위원회, 대한학교체육회를 대한체육회로 통합 (1968년)	
		학생들의 기초체력을 향상시키기 위해 체력장 제도 실시(1971년 10세~17세 대상 체력검사 실 시. 1972년부터 상급학교에 진학하고자 하는 중·고등학생 대상 체력장 제도 실시)	
		메달리스트 종신연금계획 확정, 우수선수병역면제제도 도입(1974년)	
		사회체육진흥 5개년 계획 발표 : 지역사회와 직장 체육진흥(1976년)	
		대한체육회 산하 사회체육위원회 설치(1977년)	
전두환·노태우 정권기 2020, 2021, 2022, 2025	1981년~ 1993년	사회 스포츠 진흥운동이 '엘리트 스포츠' 중심에서 '대중 스포츠' 중심으로 전환	
		아시안게임과 올림픽게임 유치를 통한 한국 엘리트 스포츠 운동 발달의 촉진	
		대중 스포츠 운동(Sports for All Movement)으로 생활체육의 확산에 관심	
		복싱과 골프(1980년), 프로야구(1982년), 프로축구(1983년), 프로씨름의 시대(1983년) 열림	
		'호돌이 계획'으로 불리는 '국민생활체육진흥 3개년 종합계획'을 위해 '국민생활체육협의회' 창설(1990년), 지역·직장 단위 생활체육 활성화	

07　국제스포츠대회 참가 역사

1 한국의 올림픽경기대회 참가 역사 `2021, 2022, 2023, 2025`

1948년	제5회 스위스 생모리츠 동계올림픽경기대회 참가(광복 이후 최초 참가 올림픽) 및 제14회 런던 올림픽경기대회에 'KOREA'라는 이름으로 태극기를 들고 참가
1952년	한국전쟁 중 제15회 헬싱키 올림픽경기대회 참가
1976년	제21회 몬트리올 올림픽경기대회에서 양정모(레슬링) 선수가 첫 올림픽 금메달 획득
1984년	LA 올림픽에서 우리나라 여성 최초로 금메달 획득(서향순 양궁 개인전)
1986년	한국 첫 제10회 아시안경기대회 개최
1988년	한국 첫 제24회 올림픽경기대회 서울에서 개최. 태권도 시범종목 채택
1992년	제16회 알베르빌 동계올림픽경기대회에서 김기훈(쇼트트랙) 첫 금메달 획득. 바르셀로나 올림픽 사상 처음 도입된 배드민턴 종목에서 한국이 금메달 2개, 은메달과 동메달 획득. 마라톤에서 황영조 선수 우승
1999년	한국 첫 제4회 동계아시안경기대회 강원도에서 개최
2000년	제27회 시드니 올림픽경기대회에서 태권도 정식 종목으로 채택
2014년	제17회 인천 아시안경기대회 개최
2018년	한국 첫 제23회 동계올림픽경기대회 평창에서 개최

08　남북체육 교류 `2021, 2023, 2025`

1990년	남북통일축구대회(평양과 서울에서 번갈아 열림)
1991년	제41회 지바세계탁구선수권대회 여자단체전 우승, 포르투갈 세계청소년 축구선수권대회 남북단일팀 구성(8강 진출)
1999년	남북통일농구대회, 남북노동자축구대회
2000년	남북통일탁구대회, 시드니올림픽 공동 입장
2002년	태권도 시범경기
2003년	제주도 민족통일 평화축전
2004년	아테네 올림픽 공동 입장

09　광복 이후의 체육 사상 `2025`

건민주의	① 박정희 정권은 '국가 발전의 열쇠는 강건한 국민성이다'라는 의미의 건민주의 강조 ② 20세기 후반 한국의 체육과 스포츠 진흥운동의 사상적 토대 ③ 강인한 국민성 중시, 대중스포츠의 보급, 국민의 신체와 정신의 단련
국가주의와 엘리트주의	체육진흥운동을 하나의 민족주의 운동으로 생각, 엘리트 스포츠 육성으로 이어짐

한국체육사

※ 다음은 한국체육사를 학습한 후, 얼마나 이해하고 있는지 확인하는 주관식 문제입니다.
기본내용으로 구성된 주관식 문제로 최소 6개 이상 맞추지 못하면 이론을 1~2회 다시 학습한 후 다음 단계인
기출문제 풀이로 넘어가길 바랍니다.

01 체육사연구에서 기술적 연구와 해석적 연구로 사관과 사료(史料)에 대해 정의하시오.

02 신라의 화랑도에 대한 특징을 서술하시오.

03 원광의 세속오계(世俗五戒)를 쓰시오.

정답

01 ① 사관 : 역사가의 역사에 대한 의식으로 과거의 사실을 확인할 때 역사가의 가치관과 해석 원리에 따라 그 기준이 달라지는 것
② 사료 : 과거를 연구하는 데 사용되는 역사적 자료(유물, 유적, 현존하는 모든 물질적 유산 등의 물적사료, 문헌, 구전 등의 기록사료, 과거의 기억에 대한 증언 등의 구술자료

02 ① 귀족 자제들 참여
② 단체생활을 통해 심신 연마
③ 야외교육활동 '편력' 수행
④ 풍류도, 국선도, 원화도라고도 함
⑤ 원광의 세속오계를 기존 정신으로 함
⑥ 무예수련을 통해 인재 양성

03 ① 사군이충(事君以忠) : 충성으로 임금을 섬긴다.
② 사친이효(事親以孝) : 부모를 효로써 섬긴다.
③ 교우이신(交友以信) : 신의로 벗을 사귄다.
④ 임전무퇴(臨戰無退) : 전쟁에 임하여 후퇴를 삼간다.
⑤ 살생유택(殺生有擇) : 생명체를 함부로 죽이지 않는다.

04 고려시대 관학인 국자감(國子監)에 대해 자세히 설명하시오.

05 조선시대 무예 중 편사(便射), 기창(騎槍), 본국검(本國劍)에 대해 쓰시오.

06 조선시대의 민족스포츠와 민속놀이에 대한 특징을 설명하시오.

정답

04 문무관 8품 이상의 귀족 자제를 위한 고려시대 최고의 종합교육기관으로 7재에 강예재를 두어 무예를 실시하던 기관
① 주역을 공부하는 여택재(麗澤齋)
② 상서를 공부하는 대빙재(待聘齋)
③ 모시(毛詩)를 공부하는 경덕재(經德齋)
④ 주례를 공부하는 구인재(求仁齋)
⑤ 대례를 공부하는 복응재(服膺齋)
⑥ 춘추를 공부하는 양정재(養正齋)
⑦ 무학(武學)을 공부하는 강예재(講藝齋) * 제1재에서 6재까지는 유학재, 제7재는 무학재로 구성

05 ① 편사(便射) : 무사 시험 과목의 하나로 각 가정을 대표하는 궁수 5인 이상이 편을 나누어 활 실력을 겨루는 단체경기
② 기창(騎槍) : 조선시대 병조에서 실시한 무술시험으로 말을 몰며 목표를 창으로 찌르는 동작으로 평가함
③ 본국검(本國劍) : 신라시대 화랑도들을 중심으로 무술을 연마하기 위해 사용한 우리 고유의 검술

06 ① 특징 : 고려시대 귀족의 민속놀이가 대중화, 새로운 놀이의 형태가 출현, 일부 민속스포츠가 연중행사로 정착
② 민속스포츠
　㉠ 방응 : 매사냥으로 매 사육과 사냥을 담당하는 응방 존재
　㉡ 편사 : 경기의 성격을 띤 궁술대회(단체전)
　㉢ 석전 : 돌을 들고 싸우는 집단 놀이, 변전 혹은 편싸움이라고도 함
③ 민속놀이
　㉠ 세시풍속 : 농경문화를 반영, 농경의례라고도 함
　㉡ 기풍의례 민속놀이 : 지신밟기 쥐불놀이, 사자놀이, 차전놀이 등
　㉢ 여성 중심의 민속놀이 : 도판희(널뛰기), 추천(그네놀이)

07 개화기에 발생한 체육사적 사실과 역사적 의미에 대해 서술하시오.

08 일제강점기 시기별 학교체육에 대해 서술하시오.

09 광복 이후 체육사상과 운동에 대해 서술하시오.

10 1988년 서울 올림픽 대회의 역사적 의의를 쓰시오.

가장 위대한 영광은 한 번도 실패하지 않음이 아니라
실패할 때마다 다시 일어서는 데 있다.

공자(孔子)

PART

08

특수체육론

CHAPTER 01 특수체육의 의미

CHAPTER 02 특수체육에서 사용하는 사정과

측정 도구

CHAPTER 03 특수체육의 지도 전략

CHAPTER 04 장애 유형별 체육 지도 전략 I

CHAPTER 05 장애 유형별 체육 지도 전략 II

CHAPTER 06 장애 유형별 체육 지도 전략 III

특수체육의 의미

01 특수체육과 장애

1 특수체육과 장애의 정의

특수체육 정의	'특수'는 장애인 또는 특수 교육 대상자를 의미함	
WHO 장애 정의 2020	1980년의 장애 정의	① 장애와 질병은 동일한 것이 아님(장애는 질병의 결과) ② 장애는 3개의 차원(손상, 장애, 핸디캡)으로 분류가 가능하며, 서로 연관성이 있음
	2001년의 장애 정의	① 핸디캡 등의 부정적인 용어 사용 규제 ② '손상'은 신체 기능과 구조, '장애'는 활동의 제한, '핸디캡'은 참여 제약으로 용어를 변경하여 사용 ③ 환경적·개인적 요인에 의해 누구에게나 발생할 수 있는 일반적이고 총체적 현상으로 이해하기 시작

2 장애인스포츠대회 2025

구분	패럴림픽	스페셜 올림픽	데플림픽 (농아인 올림픽)
자격 요건	지체장애, 지적장애, 뇌병변장애인	만 8세 이상의 지적·자폐성 장애인	보청기나 달팽이관 이식 등을 하지 않은 청각장애인(55dB 이상)
개최 목적	신체적·감각적 장애가 있는 운동선수들의 스포츠를 통한 경쟁 도모	지적·자폐성 장애인의 지속적인 스포츠 훈련 기회 제공	스포츠를 통한 심신 단련. 세계 청각장애인들의 친목 도모와 유대 강화
경기 기간	동·하계 올림픽과 같은 해 개최	4년마다 동·하계 대회로 개최	4년마다 동·하계 대회로 개최(올림픽 다음 해에 개최)
경기 방식	신체 장애 구분에 따라 분류하여 진행	선수들의 나이, 성별, 운동 능력에 따라 디비전 그룹이 나뉘어져 본 경기를 진행하는 디비저닝(divisioning)	신체 장애 구분에 따라 분류하여 진행
순위 선정	올림픽과 같음	1등부터 3등까지는 올림픽과 마찬가지로 금메달·은메달·동메달을 수여하고, 4등부터는 리본을 수여	올림픽과 같음
경기 종목	동계 6개 종목, 하계 22개 종목	동·하계 포함해 총 32개	동계 18개 종목, 하계 5개 종목
국제 기구	IPC (International Paralympics Committee)	SOI (Special Olympics International)	ICSD (International Committee of sports for the Deaf)

1 특수체육 2023, 2025

특수체육의 정의 (Joseph P. Winnick)	체육의 하위 분야로 장애가 있거나 신체활동에 어려움이 있어 심동적 문제를 갖는 사람들을 대상으로 하는 체육을 의미함	
특수체육의 목표	정의적 영역	긍정적 자아, 사회적 능력 향상, 즐거움과 긴장 이완 사례 : 팀워크, 긴장완화
	심동적 영역	운동 기술과 패턴, 체력 향상, 여가활동에 필요한 기술 사례 : 걷기, 점프, 공놀이
	인지적 영역	놀이와 게임 행동, 인지-운동 기능과 감각 통합, 창조적 표현 사례 : 규칙 이해, 게임 전략

2 통합 체육(스포츠)

통합 관련 개념	정상화	장애인이 일반 사회에 적응하고 존엄성을 존중해야 한다는 신념
	주류화	장애 학생을 분리하여 교육하지 않고 제한적인 요소를 최소화 하는 데 초점
	통합	장애 학생과 비장애 학생이 같은 공간에서 교육을 제공받는 환경
통합 교육 시 주의점	① 수업을 실시할 때 교수적 통합이 용이한 방향으로 진행할 것 ② 장애 학생과 비장애 학생이 함께할 수 있도록 수업 실시	

3 스포츠 통합의 연속체(J. Winnick)

단계	명칭	내용
Level 1	일반 스포츠	일반 스포츠 환경에서 장애인이 비장애인 선수들과 동등한 자격 조건으로 참여할 수 있는 경기
Level 2	조정한 일반 스포츠	장애 유무가 경기력에 직접적인 영향을 주지 않는 수준에서 상호 합리적인 방법 제공을 통해 적응하며 스포츠에 참가할 수 있도록 하는 경기
Level 3	일반 스포츠와 장애인 스포츠	① 부분 통합 또는 완전 통합 스포츠 환경에서 진행되는 스포츠를 포함 ② 장애인 선수와 비장애인 선수가 한 팀이 되어 상대 선수들과 경기하는 경우
Level 4	통합 환경의 장애인 스포츠	① 장애인 선수와 비장애인 선수가 장애인 스포츠 종목에 함께 참가하는 경우 ② 비장애인 선수가 장애인 스포츠 규칙을 그대로 적용받으며 참가하는 경우
Level 5	분리 환경의 장애인 스포츠	① 장애인 선수만 참가하는 환경을 의미하며, 등급 분류에 따른 지정된 선수만 경기에 참가하는 경우 ② 장애인 스포츠 경기 단체가 주최하는 거의 모든 대회를 포함

CHAPTER 02

특수체육에서 사용하는 사정과 측정 도구

01 사정과 측정 평가 도구

1 사정의 개념과 분류 2024

개념	① 교육적 의사 결정에 필요한 자료를 수집하는 과정. 양적과 질적 자료를 모두 포함 ② 측정 활동을 통해 목적을 달성하기 위한 근거 자료 수집에 중점을 둠
분류 2017	공식적 사정	특정 목적을 갖고 표준화된 검사(절차)를 사용하는 것
	비공식적 사정	표준화된 절차보다는 관찰을 통한 비표준화 절차를 사용하는 것
	직접 사정	대상자와 직접적인 접촉을 통해 대상자의 정보를 수집하는 것
	간접 사정	대상자에 대한 정보를 가족 또는 보호자 등을 통해 수집하는 것

2024년 기출문제

측정 평가 도구의 종류 예시
- 루브릭 : 명확한 수행 준거를 바탕으로 동작이나 기술의 다양한 등급을 구분하기 위한 평가 방법의 일종
- 포트폴리오 : 작업 결과나 작품 혹은 어떤 수행의 결과를 모아 놓은 자료집이나 서류철을 보고 평가하는 방법
- 생태학적 평가 : 대상자가 처해진 환경에서 상호작용하며 일으키는 행동과 관련된 정보를 수집하는 평가 과정
- 과제 분석 : 목표 과제를 시작 단계부터 최종 단계까지 작은 단계로 나누거나 쉬운 단계부터 어려운 단계로 분석하여 제시하는 것

2 측정 평가 도구의 종류 2020, 2025

표준화 검사	① 표준화된 결과를 도출하기 위해서는 표준화 검사(규준 지향 검사) 실시 ② 구성 요소, 실시 과정, 채점 방법, 결과 해석 등 구조적인 과정을 거쳐 제작된 검사
수정된 검사(비표준화)	장애인의 특성에 맞춰 능력을 알아보기 위해 절차를 수정 및 보완하여 사용
규준 지향 검사 (상대평가)	① 동일한 특성(성별, 연령 등)을 가진 사람들의 객관적인 점수 분포인 규준 지향 ② 대상자의 점수를 비교하여 동일 집단에서의 상대적 위치를 검사하는 것
준거 지향 검사 (절대평가)	사전에 설정한 준거에 대상자의 점수를 비교하여 대상자 수준을 검사하는 것

3 검사 도구의 선택 기준 2020

타당성	스포츠 기술 등의 신체 능력뿐 아니라 인지적, 정의적 능력이나 특성을 충실하게 측정하는 정도
신뢰성	동일한 검사를 반복하여 실시할 때마다 일관성 있게 같은 결과를 얻는 것
객관성	두 명의 평가자가 측정한 결과가 동일한 점수를 나타내야 함
적합성	나이, 성별, 장애와 관련하여 검사 시 동일한 유형의 대상을 포함해야 함
변별성	검사를 잘 수행하는 사람과 수행하기 어려운 사람을 구분하여 실시해야 함
용이성	측정은 가능한 쉽게 실행 가능해야 하며, 대상자들이 수행하는 데 어려움이 적어야 함. 측정 결과 역시 지도자가 쉽게 이해하고 지도에 활용해야 함

장애인을 대상으로 하는 평가 및 사정

1 장애인 및 비장애인 아동 대상 운동 기술 검사 도구 2018, 2019, 2024, 2025

검사 도구	검사 목적	항목	검사 분류	대상
AMPS	운동 기술 숙련	36개	준거 지향	모든 연령
BOTMP	기본 운동 기술 및 특정 운동 검사	46개	규준 지향	약 5~15세
BPFT	건강 관련 체력	27개	준거 지향	약 10~17세
Denver II	유아 신체 발달 지표 및 기본 움직임 기술	61개	규준 지향	출생~6세
EMPDDC	기본 움직임 기술과 자세	10개	준거 지향	5세 이상
Fitnessgram	건강 관련 체력	13개	준거 지향	(학령기)장애・비장애 아동
GMPM	영유아 움직임 발달 및 기본 운동 기술	20개	준거 지향	20세 미만 뇌성마비인
MABCT	기본 운동 기술 및 특정 운동 기술	32개	준거 지향	4~12세
MDC	영유아 움직임 발달	35개	준거 지향	대상 미확정
OSUSGMA	기본 운동 기술	11개	준거 지향	약 2.5~14세
PAPS-D	장애 학생 건강 체력(장애 유형 6개로 구분)	21개	준거/규준	초등학생 시기의 장애인
PDMS	기본 운동 기술 및 움직임 발달	12개	준거/규준	출생~6세
TGMD	기본 운동 기술	12개	준거/규준	3~10세
TGMD-2	기본 운동 기술 중 이동/조작 기술	12개	준거/규준	3~10세
YMCAYFT	건강 관련 체력	5개	준거 지향	6~17세

03 **과제 분석**

1 과제 분석의 개념과 유형 2016, 2020

개념		목표 과제를 시작 단계부터 최종 단계까지 세부적인 단계로 구분하여 쉬운 단계부터 어려운 단계로 제시하는 것을 의미함
유형	동작 중심의 과제 분석	동작의 질적인 향상이 목적
	유사활동 중심의 과제 분석	특정 목표와 연관된 활동을 병렬식으로 구분
	영역 중심의 과제 분석	과제 활동에서 분류의 구분을 넓게 할 필요가 있는 경우
	생태학적 과제 분석	학생의 특성과 선호도, 운동 기술이나 움직임의 수행에 영향을 줄 수 있는 환경 요소를 고려한 것

PART 08

CHAPTER 03 특수체육의 지도 전략

01 개별화 교육 계획

1 개별화 교육 계획(IEP) 및 지도 전략 `2022, 2023, 2024, 2025`

개별화 교육 계획	특별한 요구를 가지고 있는 장애 학생 개개인의 학습 능력에 맞도록 조정된 교육 내용을 지도하는 과정. 이를 반영한 프로그램의 과정과 문서를 '개별화 교육 계획(IEP, Individualized Education Plan)'이라고 함		
개별화 교육 계획 및 지도 전략 `2018, 2020`	또래 교수법	동급생 또래 교수	같은 연령의 학생을 보조 교사로 이용
		상급생 또래 교수	대상 학생보다 나이가 많은 학생을 보조 교사로 이용
		양방/상호 또래 교수	장애 학생과 비장애 학생이 짝꿍이 되어 역할을 변경하는 유형
		일방 또래 교수	학습 전 보조 교사로 선택된 학생이 지도
		전 학급 또래 교수	전 학급의 학생들을 소규모 집단으로 구성하여 상호 피드백 제공
	팀 티칭		체육활동을 지도할 때 두 명의 지도자가 협력하여 수업을 진행하는 것
	스테이션		소규모의 집단으로 분류하여 각 스테이션을 구성해 순환하는 수업 형식
	활동 변형과 촉구(보조)		장애인 개개인의 특성에 맞도록 학습 과제를 변경하여 운영하는 수업
	협동 학습		학생들끼리 서로 돕기 위해 팀이나 소집단으로 공부하는 수업 형태
	역주류화 수업		일반 학생이 장애가 있는 학생들과 함께 수업에 참여하는 형태

2024년 기출문제

운동 발달의 순서 예시
- 반사·반응 행동 감각 운동 반응 – 운동 양식 – 운동 기술
- 과제 분석 : 목표 과제를 시작 단계부터 최종 단계까지 작은 단계로 나누거나 쉬운 단계부터 어려운 단계로 분석하여 제시하는 것

02 장애인 스포츠의 활동 변형 전략

1 장애인 스포츠의 활동 변형 전략의 의미와 구분 `2021`

전략의 의미		장애 학생의 신체적, 정신적 발달 특성에 맞는 신체활동을 제공하기 위해서 활동의 내용 및 환경 요소를 변형시키는 것
전략의 구분	환경 변형	공간은 효과적인 스포츠 활동을 위한 중요한 요건으로 접근성, 안정성, 흥미성, 효율성을 고려해야 함
	용·기구 변형	장애 아동이 부담을 느낄 수 있으므로 도구를 변경하여 사용해야 함
	규칙 변형	난이도 조정, 기술 대체, 경기장 변형 등 상황을 고려하여 변형해야 함

2 장애인 스포츠의 활동 변형 시 고려사항 `2020`

고려사항	① 최소한의 규칙을 사용해야 함 ② 참여 극대화를 유도해야 함 ③ 협동심이 필요한 활동을 제시해야 함 ④ 스포츠의 본질을 유지해야 함 ④ 활동 변형에도 어려워하면 수정 및 보완 후 다시 시도해야 함

03 장애 유형별 스포츠 활동 변형

유형	활동 변형
지체장애인	휠체어, 브레이스, 클러치, 의족, 의수 등의 보조 기구를 사용하여 신체활동에 제약 발생
지적장애인 `2023`	단기 기억 및 인지적 능력에 어려움이 있고, 운동 학습 능력·주의 집중·체력이 낮으며, 체격 이상 등의 문제를 가지고 있음
자폐성 장애인	공격적 행동, 부적절한 언어 사용, 사회적 부적응, 인지 능력 저하 등의 문제를 가지고 있음
시각장애인 `2023`	이동과 방향 탐색에 어려움이 있으나, 청각과 촉각을 충분히 활용할 수 있음
청각장애인	평형을 유지하는 능력, 방향 감각, 협응 능력에 문제를 가지고 있음

> **합격 Tip** 장애 학생 지도 시 효과적 보조를 위한 유의 사항
>
> ① 장애 학생의 개별적 특성을 고려해야 함
> ② 잘못된 보조에 주의하고, 지나친 보조는 지양해야 함
> ③ 보조보다는 활동 과제에 집중할 수 있도록 유도해야 함
> ④ 제공된 보조 효과에 대한 확신이 있어야 함
> ⑤ 제공된 보조 수준을 고려해야 함
> ⑥ 점차적으로 보조를 줄여야 함
> ⑦ 언어적 보조 외 비언어적 보조, 도구를 이용한 다른 보조 활용
> ⑧ 점차적으로 언어적 보조를 늘려야 함

04 특수체육 지도 시 행동관리

1 행동 관리의 의미와 필요성

의미	지적장애인 또는 자폐성 장애인들의 운동 기술, 체력 등을 지도하는 데 중요한 지도 전략. 부적절한 언행을 적절하게 관리하는 것을 의미함
필요성	① 체벌과 정학 등 문제 행동의 결과론적인 행동 관리 방법보다는 지도자가 사전에 학습자의 문제 행동에 조치를 취하는 것이 필요함 ② 사전 조치를 취할 경우 대부분의 문제 행동은 예방될 수 있으므로 체벌, 정학 등의 비교육적인 방법을 실시하지 않아도 됨

2 행동 관리의 주요 이론

행동주의	학습은 경험의 결과로 나타나는 관찰 가능한 행동의 변화
조작적 조건 형성	특정 환경에서 발생하는 다양한 행동과 그 행동으로 초래되는 긍정적 또는 부정적 결과와 연합되어 추후의 행동이 증가하거나 감소하는 형태의 학습
A-B-C 모델	특정 행동과 관련하여 자극이 먼저 일어난 후(Activating event), 이와 연관된 행동(Belief system)이 나타나서 그에 따른 결과(Consequence)를 획득하거나 보상을 받는 형태로 행동이 나타남

3 행동 관리 강화 기법 `2016, 2018, 2024, 2025`

정적 강화	올바른 행동이 일어난 뒤 이를 유지하거나 증가시킬 수 있는 것을 제시하는 방법	
	토큰 경제 체계	미리 결정된 행동 기준에 대상자가 도달했을 경우 이에 대한 대가를 지불하며, 대가로 받은 토큰이나 점수는 어떤 강화물로도 교환이 가능
	프리맥 원리	빈도가 높은 행동을 활용하여 올바른 행동을 유도하는 강화 체계
	칭찬	바람직한 행동에 대한 격려 및 지지
	행동 계약	지도자와 학생 혹은 부모와 학생이 서로 계약서를 써서 보관하는 방법
	촉진	과제를 수행하는 데 부모 또는 교사가 도와주는 방법
	용암법	지원 혹은 도움을 점진적으로 제거하는 것
부적 강화	문제 행동이 발생했을 때 대상자가 싫어하는 자극을 감소시킴으로써 올바른 행동을 강화하는 방법	
	타임아웃	정해진 시간에 정적 강화의 환경에서 대상자가 문제 행동을 나타낼 경우, 대상자를 그 환경에서 퇴출시켜 제외하는 방법
	과잉 교정	대상자에게 문제 행동에 대한 책임을 지게 하거나, 원래 상태보다 더 개선된 상태로 강화하는 방법
	소거	문제 행동에 대한 강화 원인을 알아보고, 문제 행동을 제거하는 방법
	벌	야단 혹은 벌을 주는 방법으로 좋아하는 것을 못하게 하는 것
	체계적 둔감법	대상에게서 느끼는 불안 혹은 공포감을 점차 감소시키는 방법
	박탈	원하는 물건 혹은 강화를 박탈시키거나 중지하도록 하는 방법
	포화	문제 행동에 대해 싫증을 느낄 때까지 반복시키는 방법

05 장애와 체력 육성

1 장애 유형별 운동 특성과 체력 훈련 시 고려사항 `2016, 2018, 2019`

유형	체력 훈련 시 고려사항
뇌성마비	① 수의적 운동과 운동 제어에 손상을 갖는 증상 ② 훈련 전에 관절 가동 범위, 근장력, 균형, 협응력 등을 반드시 평가 ③ 근력의 증가보다는 신체적인 제어 능력이나 협응력 향상에 중점 ④ 기능적으로 잡기 능력이 부족한 경우, 랩 어라운드 중량을 사용해 대상자가 수동으로 운동할 수 있도록 도움 ⑤ 빠른 움직임이나 반동은 근 경련을 일으킬 수 있으므로 주의 ⑥ 운동량에 비해 높은 비율의 산소를 소비하기 때문에 피로감을 빨리 느낌

외상성 뇌손상	① 주원인은 교통사고로 운동과 협응력 손상, 움직임 손상, 비규칙적인 근육 움직임, 인지적 손상, 행동의 문제, 발작 등이 발생함 ② 뇌성마비의 특성과 유사하기 때문에 뇌성마비 체력 훈련 시 고려사항을 참고해야 함
척수장애	① 척수 외상에 기인한 것으로 척수 조직이 손상되어 나타나는 증상 ② 훈련 전에 기능적 관절 가동 범위, 근력, 근장력, 평형성, 유산소 운동에 대한 내성 등을 반드시 평가 ③ 전 관절 가동 범위의 능동적인 움직임이 어려울 경우 중력-감소 운동, 지지 탁자, 보조자 이용 ④ 장시간 운동에 앞서 기립성 저혈압의 병력 확인 ⑤ 사지 마비의 경우, 유산소 운동에 앞서 휠체어 롤러 또는 암 크래킹으로 2분 내외의 준비 운동 실시 ⑥ 동체 균형이 부족할 경우, 스트랩 또는 벨트를 이용해 몸을 고정시키고 운동 실시 ⑦ 마비된 부위의 움직임을 보충하기 위한 운동에서 스프린트를 지속적으로 사용하면 약한 근육의 근력을 향상시키지 못하기 때문에 장기적 사용은 피해야 함 ⑧ 휠체어를 앞으로 기울인 자세 지양
회백수염	① 위나 내장에 바이러스가 혈류로 침투하여 뇌의 부위 또는 전각 세포에 영향을 주어 영구적 마비를 가져오는 증상 ② 훈련 전에 기능적 관절 가동 범위, 근력, 평형성, 동체 안정 정도를 평가 ③ 교감 신경계는 영향을 받지 않아 척수장애인보다 더 높은 운동 심박수를 보임 ④ 회백수염 진단 후 3년 이내는 회복 중이므로 이를 고려하여 운동 실시 ⑤ 사지에 구축 또는 골다공증이 있을 시, 스트레칭과 근력 강화 운동이 가능한지 의학적 진단 필요
절단장애	① 신체 부위 중 하나 이상의 사지 또는 전체가 없는 증상 ② 훈련 전에 근력, 기능적 관절 가동 범위, 동체 안정, 절단 유형, 평형성, 피부 보호 등을 평가 ③ 관절 가동 범위의 감소는 규칙적인 스트레칭 등 다양한 훈련을 통해 예방 가능 ④ 규칙적인 동체와 자세 운동으로 척추 측만증 또는 머리 위치 변화 등을 예방 ⑤ 보장구를 착용한 훈련 필요(수영 훈련 시에는 의족 착용 지양) ⑥ 선천성 또는 외상에 의한 절단인 경우 운동에 대한 특별한 제약은 없음 ⑦ 당뇨, 고혈압, 심장질환 등으로 인한 절단은 의학적 검사 실시 ⑧ 절단된 부위의 2차 상해 방지를 주의하여 훈련 실시
시각장애	① 안구, 시신경 또는 대뇌 중추 등 시각 기관에 손상이 나타난 증상 ② 시각장애인을 위한 운동 프로그램의 처방은 비장애인 지침 참고 ③ 신체활동을 통해 근력과 감각 단서 활용 능력이 향상되어 보행에 도움이 됨 ④ 선천성 장애인보다 후천성 장애인의 이동 능력이 뛰어남 ⑤ 시각장애 중 망막 박리는 추가 분리 위험이 있으므로 보호용 안경 또는 헬멧을 착용할 것 ⑥ 녹내장은 운동 강도가 높을 시 안압이 증가할 수 있으므로 피해야 함 ⑦ 운동 시 지도자와 자신이 서 있는 위치, 물체와의 거리, 기구의 크기, 모양 등을 확인시켜 줌 ⑧ 달리기 활동은 가이드 와이어, 로프, 보조자 등 활용 가능

04 장애 유형별 체육 지도 전략 Ⅰ

01 지적장애(정신지체)

1 지적장애의 정의 2020, 2024

「장애인복지법」에 의한 정의	정신 발육이 지속적으로 지체되어 지적 능력의 발달이 불충분하거나 불완전하고, 자신의 일을 처리하거나 사회생활에 적응하는 것이 곤란한 사람
「장애인 등에 대한 특수교육법」에 의한 정의	지적 기능과 적응 행동상의 어려움이 함께 존재하여 교육적 성취에 어려움이 있는 사람
미국 지적장애 및 발달장애협회의 정의	① 미국 지적장애 및 발달장애협회(AAIDD, 2010)가 제시한 지적장애는 지적 기능과 개념적·사회적·실제적 적응 기술로서 표현되는 모든 적응 행동에서 제한적인 면이 명백히 나타나는 특징이 있음 ② 18세 이전에 시작됨

2 시기에 따른 지적장애의 원인

시기	지적장애의 원인
출생 전	염색체 이상(다운 증후군), 수두증, 소두증, 대사 이상, 산모의 질병, 부모의 혈액형, 산모 중독 등
출생 시	미숙아, 조숙아, 저체중아, 난산 등
출생 후	질병, 발달상 지체, 환경적 문제, 중독, 대사 장애 등
복합적 발생 (출생 전·중·후)	사고, 대뇌 산소 결핍, 종양, 매독, 특발성 증상 등

3 지적장애의 원인별 구분

원인	구분과 특징	
염색체 이상	터너 증후군	45번 염색체에 성염색체인 X자 하나만 있어서 나타나는 증상
	윌리엄스 증후군	7번 염색체 이상과 관련한 증상으로, 모든 연령대에 걸쳐 나타나는 흔한 불안 장애 증상
	다운 증후군	지적장애의 가장 큰 원인 중 하나로, 정상 염색체 외에 21번 염색체를 하나 더 가지게 되어 나타나는 증상
유전자 오류	약체 X 증후군	지적장애의 주요 원인 중 하나로, X염색체에서 발견되는 1개 이상의 유전자가 관여하는 열성 질환. 보통 남성에게 더 많음
	프라더·빌리 증후군	부(父)로부터 원인이 되는 유전학적 증후군으로, 15번 염색체의 일부가 소실되어 발생
	페닐케톤뇨증	유전자에 의한 단백질 대사 이상으로 선천성 대사 장애가 원인

다운 증후군의 유형 예시
- 삼염색체성 다운 증후군
- 전위형 다운 증후군
- 모자이크형 다운 증후군

4 지적장애인의 등급 분류 기준 2015

「장애인복지법」의 분류 (지원 요구 강도)	1급	지능 지수 34 이하	일상생활과 사회생활에 적응이 불가능하며 타인의 보호가 필요한 사람
	2급	지능 지수 35~49 이하	일상에서의 단순한 행동 가능. 어느 정도 감독과 도움이 있다면 일상생활이 가능한 사람
	3급	지능 지수 50~70 이하	교육과 훈련을 통해 사회적, 직업적으로 재활이 가능하다고 보는 사람

5 지적장애의 특성 및 지도 전략 2019, 2020, 2025

신체활동 특성	① 운동수행 능력 및 체력 수준 낮음 ② 주의 집중 어려움 ③ 과제의 중요도 판단 미흡 ④ 신체적 제어 부족
체육활동 지도 전략	① 운동수행의 발달 정도에 따라 꾸준히 지도 ② 현재 수행 능력의 세밀한 파악 후 지도(과제 분석) ③ 안전 지도 방안 구체화 ④ 언어 지도, 시범 지도, 직접 지도 등 활용 ⑤ 필요에 따라 용·기구 변형 ⑥ 간단한 언어 및 단어 사용 ⑦ 단순한 규칙 놀이 제공 ⑧ 독립적 경험 제공 ⑨ 주의 집중할 수 있도록 관련 단서 제공 ⑩ 고관절 과신전 부상 주의 ⑪ 직접 지도 시 최소한의 신체 접촉 유지 ⑫ 쉬운 과제에서 어려운 과제 순으로 또는 익숙한 과제에서 새로운 과제 순으로 제공 ⑬ 반복 학습을 하면서 지도 ⑭ 다양한 감각적 단서를 제공하면서 지도

1 정서장애의 정의 (2023)

「장애인복지법」에 의한 정의	직접적인 정의보다는 자폐성 장애와 정신장애로 구분하여 정의
자폐성 장애인	소아기 자폐증, 비전형적 자폐증에 따른 언어·신체표현·자기 조절·사회 적응 기능 및 능력의 장애로 인하여 일상생활이나 사회생활에 상당한 제약을 받아 다른 사람의 도움이 필요한 사람
정신장애인	지속적인 정신분열증(조현병), 분열형 정동 장애(여러 현실 상황에서 부적절한 정서 반응을 보이는 장애), 양극성 정동 장애 및 반복성 우울 장애에 따른 감정 조절·행동·사고 기능 및 능력의 장애로 인하여 일상생활이나 사회생활에 상당한 제약을 받아 다른 사람의 도움이 필요한 사람

합격Tip 정서 및 행동 장애 유형 (2018)

주의력 결핍 과잉 행동장애 (ADHD : Attention Deficit Hyperactivity Disorder)	① 주로 학령기에 나타남. 성인들에게서도 나타나며, 여아보다 남아에게서 많이 나타남 ② 과잉 행동, 부주의, 충동성이 주요 특징 ③ 주의력 결핍은 주의력을 조절하지 못해 학습의 문제를 나타냄
품행장애 (CD : Conduct Disorder)	① 여자보다는 남자에게서 많이 발생 ② 사람과 동물에 대한 공격성, 재산의 파괴, 사기 또는 도둑질, 심각한 규칙 위반 등의 행동 양상을 최소 6개월 지속하는 경우(공격 행동은 타인에 대한 언어 및 신체적 공격 행동을 의미하는 반면, 반사회적 행동은 재산의 파괴, 도둑질 등을 의미함)

2 정서장애의 행동 특성 및 지도 전략 (2017, 2025)

행동 특성		① 품행 장애 ② 사회화된 공격 ③ 운동 과잉 ④ 정신병적 행동 ⑤ 불안(회피) ⑥ 주의력 문제(미성숙)
지도 전략	신체활동 특성	① 자기-방임 행동 문제 ② 불순종적 행동 ③ 공격적 행동 ④ 자기-자극 행동 등이 스포츠 활동을 방해
	체육활동 지도 전략	① 구조화된 체육활동 프로그램 기획 ② 비경쟁적인 자기 향상 활동에 우선적 참여 유도 ③ 구조화된 환경 내에서의 교사 통제력 발휘 ④ 기분 상태 조절 방안 ⑤ 긍정적 피드백 제시 ⑥ 안정적이고 편안한 호흡 운동을 위주로 함 ⑦ 유산소 운동과 무산소 운동의 균형적 조화 ⑧ 스포츠를 통한 성공 경험을 할 수 있는 환경 조성 ⑨ 격렬한 스포츠 활동 시 주의 ⑩ 스포츠 활동 시 스트레스의 최소화

자폐성 장애

1 자폐성 장애의 정의와 원인

미국 자폐협회에 의한 정의	생후 3년 이내에 나타나는 증상으로 정상적인 기능에 영향을 미침으로써 발생함. 자폐는 통상적으로 의사소통, 사회적 상호작용, 놀이 활동 등에서 어려움을 나타내는 것을 의미함
자폐성 장애의 원인	① 장애의 원인은 유전적 요인과 신경계 손상으로 나눔 ② 유전적 요인으로는 X 증후군이 있음 ③ 정신 분열(정상적인 발달 과정에서 나타나는 증상)과는 다름

2 자폐성 장애의 특성 및 지도 전략 `2016, 2017, 2020`

신체활동 특성	① 인지적장애 ② 외부 세계와의 단절로 다양한 문제 행동 발생 ③ 감각, 회피, 관심 끌기, 선호 물건·행동 등으로 구분 가능
체육활동 지도 전략	① 소음과 활동에 저해되는 환경 관리 ② 지시의 패턴화 ③ 연속된 동작의 스포츠에 적합(수영, 사이클, 인라인스케이트 등) ④ 언어 지시와 시각적 단서를 제공 ⑤ 환경적 단서가 효과적일 수 있음 ⑥ 학습자의 행동을 언어로 설명 ⑦ 사회적 관계 형성을 도움 ⑧ 선호하는 스포츠를 우선 선정 ⑨ 접하기 쉬운 스포츠를 선정 ⑩ 같은 스포츠 활동 시 같은 환경과 장비들로 구성할 것
지적장애인, 정서장애인, 자폐성 장애인의 지도 전략 방안	① 참가자 주변 지인들과 정보를 공유하여 정보를 습득 ② 지적장애는 운동수행의 가능성이 있으나, 운동수행 능력을 파악하는 것이 중요 ③ 참가자의 안전 확보를 위해 주변 안전 관리 및 참가자의 의학적 정보 및 사회적 능력 등 숙지 ④ 참가자의 특수한 요구에 맞는 적절한 구조와 절차를 고안하여 활동을 제시 ⑤ 능동적 참여를 위한 소음, 조명, 온도 등의 환경적인 요인을 고려 ⑥ 참가자들의 목표 성취를 위해 과제 분석, 반복된 경험 제시 등을 마련하여 제공

장애 유형별 체육 지도 전략 Ⅱ

01 시각장애

1 시각장애의 정의와 원인

국내 시각장애	「장애인복지법」과 「장애인 등에 대한 특수 교육법」에 의해 다르게 정의되고 있음	
「장애인 등에 대한 특수 교육법」에 의한 정의	시각장애	시각을 이용한 학습 수행이 힘든 상황으로 용·기구, 특별한 학습 매체의 이용이 필요하다고 판단되는 사람으로 맹과 저시각 포함
	맹	시각계 손상이 심해 시각적인 기능을 전혀 하지 못하는 상태
	저시각	보조 기구를 활용해야 시각적인 기능을 할 수 있는 상태
시각장애의 원인	① 산전 원인, 전염병, 상해, 종양 등으로 다양하게 나타남 ② 노화나 사고에 의한 장애 증가 추세 ③ 근시, 원시 등의 굴절 이상에 의한 질환이 흔함	

2 시각장애의 분류

「장애인복지법」에 의한 분류	장애의 정도가 심한 장애인	1급 1호	좋은 눈의 시력이 0.02 이하인 사람
		2급 1호	좋은 눈의 시력이 0.04 이하인 사람
		3급 1호	좋은 눈의 시력이 0.06 이하인 사람
		3급 2호	두 눈의 시야가 각각 모든 방향에서 5° 이하로 남은 사람
	장애의 정도가 심하지 않은 장애인	4급 1호	좋은 눈의 시력이 0.1 이하인 사람
		4급 2호	두 눈의 시야가 각각 모든 방향에서 10° 이하로 남은 사람
		5급 1호	좋은 눈의 시력이 0.2 이하인 사람
		5급 2호	두 눈의 시야가 각각 정상 시야의 1/2 이상 감소한 사람
		6급	나쁜 눈의 시력이 0.02 이하인 사람
스포츠 등급 분류 2015	B1		빛을 감지 못하는 상태
	B2		시력이 2m/60m 이하 혹은 시야가 5° 이하로 물체나 그 윤곽을 인식하는 경우
	B3		시력이 2m/60m~6m/60m 또는 시야가 5°에서 20° 사이인 경우

3 시각장애인의 영역별 특성 및 지도 전략 2017, 2018, 2019, 2020, 2024, 2025

신체활동 특징	① 발달 속도가 지체되는 특징을 가짐 ② 발을 땅에 끌거나 앞으로 기울인 자세, 움츠린 어깨 등 ③ 비장애인보다 체력 수준이 낮게 나타남 ④ 운동 기술 습득이 상대적으로 느리고 질적으로 다른 패턴을 보임 ⑤ 시각을 제외한 청각, 촉각 등을 활용해 신체상을 형성 ⑥ 비장애인에 비해 걷는 속도가 느리고 보행의 자세, 방향성, 정확성이 낮음 ⑦ 비장애인보다 보폭이 좁음 ⑧ 비장애인에 비해 감각 운동, 협응력 운동 수준이 낮음 ⑨ 상동 행동이 나타날 수 있음

체육활동 지도 전략	① 언어적 설명 : 간단한 용어와 한두 가지를 포함한 피드백을 제공 ② 시범 : 잔존 시력의 정도를 파악 후 동작을 반복적으로 보여줌 ③ 신체 보조 : 참여자가 신체활동을 원활하게 할 수 있도록 곁에서 도움을 주며, 고글 등 눈을 보호할 수 　있는 장비 착용 ④ 시·청각 단서 활용 : 소리가 나는 기구를 활용하며 색의 대비나 조도를 조절하여 활용하고, 장비들의 위치 　가 바뀌지 않게 해야 함 ⑤ '언어 지도 → 촉각 탐색 → 직접 지도'의 단계를 따름 ⑥ 지도자와 성별이 다른 경우에는 신체 접촉에 대해 주의 ⑦ 놀라지 않도록 신체적 가이던스(physical guidance)를 제공하기 전에 미리 공지 ⑧ 전맹일 경우 지도자의 시범을 자신의 손으로 확인할 수 있도록 함

4 시각장애인 스포츠 종목 2025

종목	특징	참가방식
골볼	종소리 나는 공, 팀 스포츠	3:3
쇼다운	테이블 스포츠, 소리 나는 공	1:1
보체	표적구에 근접	개인·팀

02 청각장애

1 청각장애의 정의와 분류 2017

「장애인 등에 대한 특수 교육법」에 의한 정의	청력 손실이 심하여 보청기를 착용해도 청각을 통한 의사소통이 불가능 또는 곤란한 상태이거나, 청력이 남아 있어도 보청기를 착용해야 청각을 통한 의사소통이 가능하여 청각에 의한 교육적 성취가 어려운 사람		
「장애인복지법」에 의한 분류 (청각장애 등급 판정 기준)	청각 기능	2급	두 귀 청력 손실이 각 90dB 이상인 경우
		3급	두 귀 청력 손실이 각 80dB 이상인 경우
		4급	두 귀 청력 손실이 각 70dB 이상인 경우, 두 귀에 들리는 보통 음성 명료도 50% 이하
		5급	두 귀 청력 손실이 60dB 이상인 경우
		6급	한 귀 청력 손실이 40dB 이상, 다른 한 귀 청력 손실이 80dB 이상인 경우
	평형 기능	3급	양쪽 평형 기능 소실로 인해 두 눈을 뜨고 10m 거리를 직선으로 걸을 수 없는 경우
		4급	양쪽 평형 기능 소실 또는 감소로 10m 거리를 직선으로 걸을 때 균형 잡기가 힘든 경우
		5급	양쪽 평형 기능 감소로 10m 거리를 직선으로 걸을 때 중심에서 60cm 이상 벗어나며, 복합 적인 신체활동이 어려운 경우

2 청각장애의 정도와 유형

장애 정도	경도 (26~40dB)	약간의 소리 인지, 일정 거리 유지 시 음을 이해, 언어 발달 약간 지연
	중등도 (41~55dB)	사람의 입술 모양을 읽는 훈련 필요, 보청기 사용, 언어 습득과 발달 지연
	중도 (56~70dB)	일반 학교에서 수업 어려움, 개별 지도 필요, 또래 도움 학습 필요

	고도 (71~90dB)	특수 교육 지원에 의한 학습 지원 필요, 큰소리 이해 불가, 보청기 의존 불가
	농(91dB) 이상	특수한 의사소통 필요, 음의 수용 어려움, 어음 명료도와 변별력이 현저히 낮음
난청 유형 2023	전음성	소리가 전달되지 못하는 일반적인 청력의 손실 상태
	감음 신경성	청각과 관련된 신경 손상에 의한 손실 상태
	혼합성	전음성과 감음 신경성 난청이 혼합된 상태

3 청각장애인의 영역별 특성 및 지도 전략 `2016, 2019, 2020, 2025`

신체활동 특성		① 선천적인 청각장애로 인한 체력 또는 운동 기술 부분에서의 문제는 적음 ② 출생 이후 기본 운동 습득에 따라 심동적 영역의 완성 정도에 차이 발생 ③ 언어 발달의 미흡으로 학업 성취 수준이 비장애 학생에 비해 낮음 ④ 의사소통 및 표현 부족 ⑤ 어휘력 부족으로 신체활동 이해력 저하 및 운동 경험 부족
체육활동 지도 전략	신체적	시각적 자료 적극 활용, 수화 및 구화 사용 유도, 주변 소음 주의
	인지적	또래와 함께 참여 권장, 메시지 전달 시에는 필요한 단어 동작 사용, 천천히 말하기, 아동과 가까운 거리 유지, 필기구 사용, 교사의 입모양을 볼 수 있는 대형 선택
	정의적	활동 전 시설 및 기구를 충분히 숙지할 수 있게 제공, 넘어지는 방법 지도, 시각 및 촉각 신호 사용, 낙천적이고 긍정적인 모습을 통한 활동을 재미있게 구성
	기타	스포츠 참여 시 인공 와우 및 외부 장치를 반드시 제거, 수중 활동 시 외부 장치 습기를 방지하기 위해 방수 처리 필수

CHAPTER 06

장애 유형별 체육 지도 전략 Ⅲ

01 지체장애

1 지체장애의 정의와 유형

정의		「장애인 등에 대한 특수교육법」에 의한 정의 : 기능·형태상 장애를 가지고 있거나 몸통 지탱 또는 팔다리의 움직임 등에 어려움을 겪는 신체적 조건이나 상태로 인해 교육적 성취에 어려움이 있는 사람	
유형 2020, 2023	척수 손상 2024	척추골 혹은 척추 신경의 질환이나 상해로 유발되는 증상	
		회백수염	소아마비라고도 하며, 바이러스성 감염에 의한 마비 형태
		이분 척추	태아가 자라는 처음 4주 동안 신경관이 완전하게 닫히지 않아서 발생하는 선천적인 결함
		척추 편위	척추 옆 굽음증 현상으로, 구조적·비구조적으로 분류됨. 이는 척추측만증, 척추전만증, 척추후만증으로 구분
	절단장애 2017, 2020	① 사지의 일부 또는 전체가 제거되거나 잃은 상태로 선천성과 후천성으로 구분 ② 절단장애는 사지 결손의 부위와 정도에 따라 9등급으로 분류 ③ 상지절단장애인은 일상생활에서의 어려움이 거의 없음 ④ 하지절단장애인의 경우 근력이 거의 없기 때문에 보조 기구 적극 사용(활동량이 거의 없기 때문에 산소 소비량과 근육량이 적음) ⑤ 하지절단장애인이 상지절단장애인보다 유산소 능력 수준이 낮게 나타남	

2 지체장애인의 발현 유형별 구분 2020

회백수염	폴리오바이러스의 감염으로 인한 급성 전염병. 입을 통하여 바이러스가 들어가 척수에 침범하여 손발의 마비를 일으키며, 어린이에게 잘 발생함(소아마비)
절단장애	사지의 일부 혹은 전체가 상실된 상태로, 선천성과 후천성으로 구분
다발성 경화증	몸의 여러 곳에 동시 다발적으로 염증이 발생하여 근육이 굳어지며 전반적인 무력감이 나타나는 증상
근이영양증 2024	여러 근육군의 퇴화가 서서히 진행되는 유전성 질환으로, 호흡 장애와 심장질환 등의 합병증 유발

3 지체장애인 스포츠 지도 시 고려사항 2020, 2024, 2025

고려사항	① 욕창 예방을 위해 체중의 중심을 자주 옮겨야 하며, 수분을 흡수할 수 있는 의복 착용 ② 상해 부위에 보호용 커버를 사용 ③ 흉추 6번 이상의 척수 손상자는 혈압 증가와 심박수 감소 등의 문제가 나타날 수 있으므로 체온 조절 유의(척수 손상자는 경기 전 방광을 비우도록 함) ④ 기립성 저혈압이 나타날 경우 몸을 앞으로 완전 숙이거나 앞쪽으로 서 있도록 조치

4 지체장애의 특성화 지도 전략

신체활동 특성		① 상지절단과 하지절단에 따른 운동 기술 수준 차이 발생 ② 하지 소실된 절단장애의 경우 걷기, 달리기 등 대근육 운동 기술 습득 장기간 소요 ③ 의지 보조기 사용
체육활동 지도 전략	언어적 지도 방법	간단한 언어 사용. 한 번에 한 가지 단어 사용 및 지시. 지시 반복. 시범 및 구두로 지시 후 보조하기 등
	시범	정확한 동작으로 천천히 시범을 보임

주의 산만 요소 제거	주변의 잡음, 체육활동 내 외부 소음과 물체 제거. 충분한 촉진 신호 및 강화 제공	
난이도 수준	운동 능력 수준을 고려한 난이도 조절	
동기 유발 수준	동기 유발이 어렵고 격려가 필요. 칭찬, 특권 부여 등 토큰 강화와 같은 방법 실시	
응급 처치	수시로 안전 체크. 응급 처치 과정 숙지	

5 휠체어 스포츠 경기 `2025`

종목	특징
휠체어 농구	실제 규칙은 공을 잡고 휠체어 2번 밀기까지 허용, 이후는 드리블 또는 패스 필요
휠체어 럭비	패럴림픽 정식 종목. 성별 구분 없이 한 팀이 4명 출전(혼성팀 경기 특징)
휠체어 컬링	투구 시 도우미가 투구자의 휠체어를 잡으면 안됨. 모든 투구는 선수 본인만
휠체어 테니스	투 바운드 허용되며, 두 번째 바운드는 반드시 코트 안이어야 한다. 코트를 벗어나면 실점

02 뇌병변장애

1 뇌병변장애의 정의

「장애인복지법」에 의한 정의	뇌성마비, 외상성 뇌손상, 뇌졸중(腦卒中) 등 뇌의 기질적 병변으로 인하여 발생한 신체적 장애로 보행이나 일상생활의 동작 등에 상당한 제약을 받는 사람

2 뇌성마비 `2020, 2024, 2025`

정의		출생 시 또는 출생 이후 2년 이내에 뇌 손상 또는 결함으로 움직임에 만성적 장애를 갖는 상태
임상적 분류 (운동 능력의 제한 정도에 따른 분류) `2016, 2017`	경련성	근육의 장력이 증가하는 것에 따라 근육의 움직임이 둔해지고, 과긴장 상태가 되는 것
	무정위 운동성	대뇌 중앙에 위치한 기저핵 부분이 손상되면서 사지가 불수의적으로 불규칙하게 움직임
	운동 실조성	소뇌에 손상을 입어 몸의 평형성과 협응력에 영향을 미치는 것
	강직성	심한 정신지체를 동반, 수축근과 길항근에서 모두 근육의 강직을 보임
	진전성	운동에서 신체의 일부가 불수의적으로 떠는 증상
	혼합형	경직성과 무정위 운동증이 함께 나타나는 증상
기능적 분류 `2022`		① 국제뇌성마비 스포츠레크리에이션협회는 뇌성마비인을 8등급 분류 ② 1~4등급은 휠체어 사용, 5~8등급은 보행 가능한 상태
뇌성마비 장애인의 체력 프로그램에서 고려할 사항 `2020`		① 훈련 전에 관절 가동 범위, 근장력, 균형, 협응력 등을 반드시 평가 ② 근력 증가보다 신체적인 제어 능력이나 협응력 향상에 중점 ③ 기능적으로 잡기 능력이 부족한 경우, 랩 어라운드 중량을 사용해 대상자가 수동으로 운동을 할 수 있도록 돕기 ④ 빠른 움직임이나 반동은 근경련을 일으킬 수 있으므로 주의 ⑤ 운동량에 비해 높은 비율의 산소를 소비하기 때문에 피로감을 빨리 느낌

3 외상성 뇌손상

정의		외부의 물리적인 힘에 의해 손상을 입어 나타나는 장애
구분	개방형	사고, 물체에 의한 충격 등으로 신체 외관상 상처가 생긴 경우
	폐쇄형	심한 흔들기, 무산소증, 뇌출혈 등에 의해 발생한 경우

4 뇌졸중

정의	중풍이라고도 하며, 성인기 뇌혈관 내의 벽이 막혀서 혈관에 손상을 입거나 혈액이 원활하게 이동하지 못해 신경 계통에 문제가 생기는 경우	
원인	고혈압, 당뇨, 식이 문제, 약물 남용, 비만, 흡연, 알코올 중독 등	
구분	출혈성	동맥이 탄력을 잃거나 파열되어 나타나는 증상으로 뇌출혈 동반
	허혈성	뇌의 조직에 적절한 혈액이 공급이 되지 못해 나타나는 증상으로 일시적 증상인 경우 일과성 뇌허혈증이라고 하며, 이는 뇌졸중이 일어나기 전에 발생
행동 특성	① 언어에 대한 이해력이 낮고, 기억 중추가 손상되어 반복적인 행동 또는 충동 행동을 보임 ② 자신을 과대평가하고 불안정한 감정 기복을 보임 ③ 협응력 부족, 운동 제어와 발달을 지체시키는 원인으로 나타남 ④ 자주 넘어지기 때문에 보호 방법 숙지가 요구됨	

5 뇌병변장애의 영역별 특성 및 지도 전략

신체활동 특성	① 비장애인의 체력에 비해 체력 수준 낮음 ② 근력, 유연성, 심폐 지구력 수준이 낮아 독자적인 움직임이 어려움 ③ 불균형적 근육을 갖고 있음 ④ 신경망의 훼손으로 근력, 평형성, 협응력 등 신체활동에 문제가 발생	
체육활동 지도 전략	심동적 영역	근력 운동을 위한 중량 들기 및 유연한 튜브 이용, 넘어지는 법 가르치기, 규칙적인 체육 활동 계획 제공, 한 과제에 하나의 목표 제시, 기본 운동 유형의 단계적 발달 촉진
	인지적 영역	동작에 대한 정확한 이해 제공, 반복적 학습 제공
	정의적 영역	성공적인 운동 경험 제공, 혼자 힘으로 운동 참여 유도, 적절한 환경 조성, 개인 유형에 맞는 체육활동 실시

특수체육론

※ 다음은 특수체육론을 학습한 후, 얼마나 이해하고 있는지 확인하는 주관식 문제입니다.
기본내용으로 구성된 주관식 문제로 최소 6개 이상 맞추지 못하면 이론을 1~2회 다시 학습한 후 다음 단계인 기출
문제 풀이로 넘어가길 바랍니다.

01 세계보건기구(WHO)는 1980년 장애는 3개의 차원(손상, 장애, 핸디캡)으로 분류가 가능하다고 정의하였으나,
2001년 '손상'은 (   ), '장애'는 (   ), '핸디캡'은 (   )으로 용어를 변경하였다.

02 범주적 장애인 분류를 쓰시오.

03 특수체육의 목표로 3가지 영역을 쓰시오.

04 기능적 움직임의 생태학적 과제 분석 모형 4단계를 쓰시오.

05 개별화 교육 계획의 기능 4가지를 쓰시오.

정답

01 신체 기능과 구조, 활동의 제한, 참여 제약

02 지적장애, 시각장애, 지체장애 등

03 ① 정의적 영역   ② 심동적 영역
③ 인지적 영역

04 과제 목표의 확인 → 선택 → 조작 → 지도

05 ① 관리 도구   ② 점검 도구
③ 의사소통 수단   ④ 평가 도구

06 다운 증후군의 대표적 유형 3가지를 쓰시오.

07 시각장애의 원인을 쓰시오.

08 '장애인복지법'에 의한 청각장애인의 정의는 두 귀의 청력 손실이 각각 몇 데시벨(dB) 이상인 사람인지 쓰시오.

09 다발성 경화증과 근이영양증에 대해 기술하시오.

10 뇌병변장애 종류를 쓰시오.

정답

06 ① 삼염색체성   ② 전위형
     ③ 모자이크형

07 굴절 이상, 각막 질환, 수정체 질환, 시신경 질환, 망막 질환

08 60 데시벨

09 ① 다발성 경화증 : 몸의 여러 곳에 동시 다발적으로 염증이 발생하여 근육이 굳어지며 전반적인 무력감이 나타난다.
     ② 근이영양증 : 여러 근육군의 퇴화가 서서히 진행되는 유전성 질환으로 호흡 장애와 심장질환 등의 합병증을 유발한다.

10 뇌성마비, 외상성 뇌손상, 뇌졸중

PART

09

유아체육론

CHAPTER 01 유아체육의 이해

CHAPTER 02 유아기 운동 발달 프로그램의 구성

CHAPTER 03 유아체육 프로그램 교수-학습법

유아체육의 이해

01 유아기의 특징

1 유아와 유소년의 개념 2020, 2022, 2025

유아의 개념	① 생후 1년부터 6세까지의 어린이를 말함 ② 「유아교육법」에서는 유아를 3세부터 초등학교 취학 이전의 어린이로 규정
유소년의 개념	3세~12세 초등학생까지의 유아와 소년을 의미함
유소년 스포츠지도사의 정의	유소년 스포츠지도사란, 유소년(만 3세부터 중학교 취학 전까지)의 행동 양식과 신체 발달에 대한 지식을 갖추고 해당 자격 종목에 대하여 유소년을 대상으로 체육을 지도하는 사람

2025년 기출문제

국민체육진흥법 제2조의9 '유소년 스포츠지도사' 정의

'유소년스포츠지도사'란 유소년의 (㉠ 행동양식), (㉡ 신체발달) 등에 대한 지식을 갖추고 제9조의6에 따른 자격 종목에 대하여 유소년을 대상으로 체육을 지도하는 사람을 말한다.

2 영유아의 특징

(1) 영아기 반사 개념과 종류 2015, 2016, 2017, 2019, 2020, 2021, 2022, 2023, 2024, 2025

반사 개념		① 영아기는 대뇌 기능 발달이 이루어지지 않아서 대부분 반사적 행동을 보이는 시기 ② 반사적 행동은 신경계 하부 영역에서 관장하고, 연령이 높아지면 뇌의 고등 영역이 발달하여 반사 행동은 의식적인 운동으로 바뀌거나 사라지는 과정이 발생함
반사 종류	원시적 반사	영아가 영양분을 얻고 보호 본능을 얻는 것과 연관되어 태아기부터 생후 1년 정도까지 유지(목 경직 반사[비대칭성 목 경직 반사, 대칭 목 경직 반사], 모로 반사, 빨기[흡입] 반사, 포유[찾기] 반사, 손바닥 잡기 반사, 발바닥 파악 반사, 바빈스키 반사)
	자세 반사	환경에 적합한 직립 자세 준비를 위한 과정(낙하산 반사, 당김 반사, 목 자세 반사, 몸통 자세 반사, 지지 반사, 직립 반사)
	이동 반사	아기가 걷기 위해 일반적으로 생후 첫 6주 정도 나타났다가 5개월쯤 되면 사라져 수의적 행동 발달을 추측하게 함(기기 반사, 걷기 반사, 수영 반사)

(2) 반사적 움직임 단계의 세부적 특징

	비대칭성 목 경직 반사	누운 자세에서 옆으로 머리를 돌리면 돌린 쪽의 팔과 다리가 비대칭적으로 신전되는 반사
원시적 반사	대칭 목 경직 반사	머리를 앞으로 구부리면 팔은 굴곡되고, 다리가 펴짐. 머리를 뒤로 하면 팔은 펴지고 다리는 구부러지는 반사
	모로 반사	소음이나 갑작스러운 머리 위치의 변화에 팔을 밖으로 펼치며 무언가를 잡으려고 팔을 감싸안는 반사
	빨기(흡입) 반사	입 주위를 자극하면 빨기 행동을 보이는 반사
	포유(찾기) 반사	입 주위를 자극하면 그 방향으로 고개를 돌리려는 반사
	손바닥 파악 반사	아기의 손바닥을 건드리는 대상 주변으로 손가락을 구부리는 반사
	발바닥 파악 반사	발가락 주변을 자극하면 발가락을 오므리는 반사
	바빈스키 반사	발바닥을 자극하면 발가락을 활짝 피는 반사

	낙하산 반사	아이를 들어 올리고 있다가 갑작스럽게 몸을 앞으로 기울이면 팔과 다리가 신장되는 반사
자세 반사	당김 반사	눕거나 앉은 상태에서 손을 잡아주면 팔을 구부리며 당기려는 움직임 반사
	목 자세 반사	눕거나 엎드린 상태에서 머리를 한 방향으로 돌리면 목 부분을 그 방향으로 돌리려는 반사(1~6개월 사이)
	몸통 자세 반사	눕거나 엎드린 상태에서 머리를 한 방향으로 돌리면 목 아랫부분을 그 방향으로 돌리려는 반사(6~12개월 사이)
	지지 반사	몸통을 좌우로 움직이면 그 자세를 그대로 유지하려 팔과 다리가 움직이는 반사
	직립 반사	몸을 잡고 움직여주면 머리를 직립으로 유지하려는 반사
이동 반사	기기 반사	바닥에 배로 대고 엎드린 자세에서 한쪽 혹은 양 발바닥을 좌우 교대로 밀어주면 양손과 양발로 기는 동작 반사
	걷기 반사	겨드랑이를 잡고 평평한 곳에 발을 닿게 하면 걷는 것처럼 다리를 한 발 한 발 차례로 들어 올리는 행동 반사
	수영 반사	물속에서 몸이 잠기도록 하면 팔과 다리가 활발한 움직임을 보이며, 몸이 뜨도록 불수의적으로 호흡을 멈추는 행동(생존 본능)을 보이는 반사

2024년 기출문제

반사 움직임 시기(정보 부호화 단계 예시)
• 태아기를 거쳐 생후 약 4개월까지 관찰될 수 있는 불수의적 움직임의 특징을 보인다.
• 뇌 중추는 다양한 강도와 지속 시간을 가진 여러 자극에 대해 불수의적 반응을 유발할 수 있다.
• 뇌하부 중추는 운동 피질보다 더 많이 발달하며 태아와 신생아의 움직임을 제어하는 데 필수적이다.

(3) 시기에 따른 특징 `2015, 2023`

시기	기간	특징
신생아기	미성숙 단계로 출생 후 2~4주	머리가 신체의 1/4을 차지하고, 뼈가 유연한 것이 특징
영아기	출생 후 4주~3세	체중과 신체가 급성장하고, 6개월까지 두뇌가 급격히 발달하며, 12개월 정도가 되면 걸음마 시작
유아기	3~6세	성장 속도가 줄어드는 기간으로, 신체의 움직임을 발달시키며 정교히 만듦. 이 시기 운동은 안전성, 이동, 조작 운동으로 구분됨
아동기	6~12세	꾸준히 성장하는 시기이며, 체육 실기 기술이 발달하는 시기

(4) 유아기 인지적·정서적 특징

인지적 특징	① 사고와 생각을 말로 표현하는 능력이 점점 좋아짐 ② 상상력이 풍부한 시기로, 정확성과 사건들의 적절한 순서에는 크게 관심이 없음 ③ 개인적으로 연관이 있는 새로운 상징들에 대해서 지속적으로 조사하고 발견함 ④ 활동적인 놀이를 통해서 어떻게(방법), 왜(이유) 활동하는지 학습함 ⑤ 발달의 전조작기로, 자기만족에서 기본적인 사회적 행동으로 전환하는 발달의 전 단계
정서적 특징	① 비교적 자기중심적이고, 모든 사람이 자기와 같은 방식으로 판단한다고 생각함 ② 종종 상황에 대해 두려움과 부끄러움을 나타내며, 자의식이 강하고 친숙한 사람 곁을 떠나지 않으려고 함 ③ 옳고 그름을 구분하는 것을 배우며, 의식이 발달하기 시작함 ④ 자아 개념이 급격히 발달하여 이 시기 아이들에게 성공 지향적인 경험과 긍정성 강화를 제공하면 유아의 자신감을 확립하는 데 도움이 됨 ⑤ 유아기의 정서 유형에는 공포, 분노, 애정, 질투, 기쁨, 호기심 등이 있음

1 유아기 인지, 정서 및 사회성 발달 `2016, 2017, 2018, 2019, 2020, 2024, 2025`

유아기의 인지 발달	① 유아기는 인지 발달에 아주 중요하며 다양한 방법으로 인지 능력을 향상시키는 시기로, 부모가 적극적으로 개입하여 사고와 개념 형성, 인지 기능을 발달시킴 ② 자신만의 관점으로 사고하고 보이는 대로 믿는 경향이 있음		
피아제(J. Piaget) 인지 발달 이론	인지 발달은 평형화, 동화, 조절의 발달 과정을 거침(각 단계는 독립적이나 전체적으로는 상호의존적)		
	단계		특징
	1단계 감각 운동기	0~2세	① 자기(self)와 타인(other)에 대한 원시적 감각을 획득함 ② 시야에서 벗어나도 계속 존재함을 아는 능력이 생김
	2단계 전조작기	2~7세	① 놀이 활동에서 상상력이 풍부해짐 ② 직관적인 사고를 보이며, 자기중심적인 태도를 보임
	3단계 구체적 조작기	7~11세	① 사물과 여러 가치 사이의 관계를 이해함 ② 타인의 행동 관찰을 통해 추론하는 데 능숙해지며, 자아중심적 사고에서 벗어나는 시기
	4단계 형식적 조작기	11세 이후	① 논리적인 추론이 가능하며, 추상적인(자유, 정의 등) 원리와 이상을 이해함 ② 체계적인 연역적 사고와 조절이 가능함
정서 발달	출생		모든 일차적 정서가 나타남
	6개월		정적 정서(주의가 넓어지는) 표출이 장려되는 시기로, 보다 일반적 정서가 향상됨
	7~12개월		분노·공포·슬픔 같은 일차적 정서가 보다 분명해지고, 정서적 자기조절이 향상됨
	1~3세		정서 조절이 향상되어 걸음마기의 아동은 자신을 짜증 나게 만드는 자극들로부터 스스로 거리를 두거나 조절하려는 시도를 함
	3~6세		정서 조절을 위한 인지적 책략이 등장하고 세련화가 발생함
	6~12세		표출 규칙과의 일치 정도가 향상되고, 자기조절 방법은 보다 다양하고 복잡해짐
사회성 발달	영아기		생후 첫 1년은 자기중심적이고 사회화가 이루어지지 않는 시기로, 사회적 관계가 급격히 증가해도 사회적인 상호작용이 매우 제한적
	유아·아동기		영아기보다 큰 사회적 영향을 받는 시기로, 사회성의 발달과 더불어 운동 발달에도 많은 변화가 나타남
	아동·청소년기		또래 집단이 사회성 발달에 큰 영향을 주는 시기로, 특히 유치원이나 학교의 또래집단은 아동 및 청소년의 복장이나 행동, 어휘 등에 큰 영향을 주고 신체활동의 참여 여부와 같은 행동을 결정하는 데도 영향을 미침

2024년 기출문제

유아기 인지 발달 주요 이론 개념 예시

이론	발달 단계	주요 개념	인지 발달의 방향
인지 발달 단계 이론	감각 운동기 전조작기 구체적 조작기 [ⓒ 형식적 조작기]	[ⓒ 평형화] 동화 조절	내부 → 외부
[㉠ 사회문화적 이론]	연속적 발달 단계	내면화 [ⓔ 근접 발달 영역] 비계 설정	외부 → 내부

2 유아기 운동 발달 2015, 2016, 2018, 2019, 2020, 2023, 2025

운동 발달의 특징	① 유아기에는 골격이나 근육의 발달과 더불어 신경과 근육이 증대되어 운동능력이 발달함 ② 개인 차이는 있으나 성장은 유아기를 거쳐 순차적이고 예상할 수 있는 순서로 일어나는 양적인 변화 과정 ③ 유아기의 운동 발달은 다른 영역의 발달에도 영향을 주며 신장, 체중, 신경조직, 근육이 꾸준히 증가함	
성장 단계 운동 발달	1세	걷기 시작
	2세	신체 움직임이 발달하기 시작
	3세	중심을 잡고 한 발로 서서 균형을 잡을 수 있음
	4세	낮은 높이의 장애물을 뛰어넘고, 앞으로 구르며, 물체를 던질 수 있음
	5세	전신 운동이 가능해지고, 방향 전환 등의 균형 감각이 형성됨
	6세	달리는 속도가 빨라지고, 점차 각 신체 기능의 협응력이 좋아짐
운동 기술의 발달	① 기술과 관련된 동작이 특정한 목적을 가지며, 수의적인 운동이어야 함 ② 운동 기술은 행동의 목적을 달성하기 위하여 신체 및 사지의 움직임이 있어야 함	

2025년 기출문제

유소년기 발달 검사 도구 예시
- BOTMP-2(Bruininks-Oseretsky Test of Motor Proficiency-2) : 다양한 발달 문제의 진단 및 선별, 대근·소근운동 발달 검사
- PDMS-2(Peabody Developmental Motor Scale-2) : 유아기 기본 운동 기술의 훈련 또는 개선 검사
- K-DST(Korean Denver Development Screening) : 발달에 문제가 있는 영유아를 선별하기 위한 부모 보고식 검사

2024년 기출문제

유아 지각-운동 발달 예시
- 유아기는 지각-운동 발달의 최적기이다.
- 지각-운동 발달은 아동의 운동능력을 나타내는 중요 요소 중 하나이다.
- 유아기의 지각-운동 학습경험이 많을수록 다양한 운동 상황에 반응하는 적응력이 발달된다.

3 발달과 관련된 이론

(1) 갤러휴(D. Gallahue)의 유아기 운동 발달의 기본 움직임 단계 2025

움직임 단계	1단계	반사 운동 단계(출생~1세)
	2단계	초보 운동 단계(1~2세)
	3단계	기본 운동 단계(2~7세)
	4단계	전문 운동 단계(7~14세)

2025년 기출문제

초보 움직임 시기 - 반사 억제 단계 예시
- 운동 피질의 발달과 특정 환경적 억제 요인의 감소 현상이 일어난다.
- 반사 억제 수준에서 수의적 움직임의 분화와 통합은 낮은 수준을 보인다.
- 이 단계에 발생하는 수의적인 움직임들은 대부분 제어가 힘들고 정교함이 떨어진다.

갤러휴의 운동 2차원 모델 개념 예시

운동 발달 단계	움직임 과제의 의도된 기능		
	안정성	이동	조작
반사 움직임 단계	직립 반사	걷기 반사	[ⓒ 손바닥 파악 반사]
초보 움직임 단계	[⊙ 머리와 목 제어]	포복하기	잡기
기본 움직임 단계	한발로 균형잡기	걷기	던지기
전문화 움직임 단계	축구 패널티킥 막기	[ⓒ 육상 허들 넘기]	야구 공치기

(2) 게셀(A. Gesell)의 성숙주의 이론 `2019, 2020`

성숙주의 이론	① 발달 과정에서 방향을 결정하는 가장 중요한 것은 내적인 힘에 의해 이루어지는 성숙이라는 이론 ② 교육 또는 연습은 성숙의 정도를 고려해야 하기 때문에 발달 과정보다 앞서서 가르치려는 노력은 필요 없다는 주장 ③ 인간은 유아기의 타고난 유전 요인에 의하여 성장과 발달이 결정된다는 이론 ④ 유아가 준비되었을 경우 성인의 개입은 자제하고, 자신의 발달 수준에 적절한 활동을 스스로 선택하고 활동하게 해야 한다는 이론

(3) 에릭슨(E. Erikson)의 심리 사회 발달 이론 `2018, 2019, 2020, 2023, 2025`

의미	인간의 성격 발달은 인생에 걸쳐서 사회관계 속에서 형성된다는 이론(인간관계 상호작용)		
발달 8단계	1단계 (0~1.5세)	신뢰와 불신	신체적, 심리적 요구 충족에 따라 신뢰하거나 불신함
	2단계 (1.5~3세)	자율과 수치	스스로 활동하며 자율성이 발달하는 시기로 지나친 통제와 과잉보호 등은 수치심 유발
	3단계 (3~6세)	주도성과 죄책감	자신의 목표, 실천 욕구와 또래의 판단 사이에서 갈등하는 시기
	4단계 (6~12세)	근면성과 열등감	칭찬과 격려가 근면성을 발달시키고, 활동 제한과 비판은 열등감을 유발함
	5단계 (12~18세)	정체성과 역할 혼돈	정서적 안정과 심리 발달이 잘 이루어지면 정체성이 확립되지만, 그렇지 않으면 정체성 혼돈을 겪음
	6단계 (성인 초기)	친밀감과 고독	자신과 타인의 정체성 공유로 친밀감 형성의 시기로, 친밀한 인간관계 형성이 부족하면 고독을 경험함
	7단계 (성인기)	생산성과 정체	자녀 양육과 직업에 초점을 맞추는 시기여서 사회적 생산활동에 참여하지만, 그렇지 못하면 생산성 결핍으로 침체를 경험함
	8단계 (노년기)	자아 주체성과 절망	삶을 돌아보며 죽음을 맞이하는 시기로, 자아 통합을 실패하면 후회와 절망을 경험함

(4) 콜버그(L. Kohlberg)의 도덕성 발달 이론

의미	① 시간이 지남에 따라 도덕성이 어떻게 변화하는지 관찰함 ② 도덕적 사고를 3개 수준과 6단계로 구성		
3수준 6단계	0~10세	내적 기준이 부족하여 자기중심적 도덕 추론하는 단계	1단계 처벌과 복종 지향
			2단계 개인적 욕구 지향

	10~20세	사회 관습에 따라 도덕 추론하는 단계	3단계	대인 관계 조화 지향
			4단계	법과 질서 지향
	20세 이후	자신의 추상적 원리로 도덕 추론하는 단계	5단계	사회 계약 지향
			6단계	보편적 도덕 지향

(5) 파튼(M. Parten) 사회적 놀이 발달 유형 `2020`

비참여 행동	목적 없는 움직임
방관자적 행동	다른 사람의 놀이를 바라보며 대화는 하지만 참여하지 않음
단독 놀이	혼자 놀이에 몰두함
병행 놀이	다른 사람과 장난감을 함께 사용하며 흉내도 내지만 실제로는 혼자 놀이하며 거의 상호작용하지 않음
연합 놀이	자연스럽게 함께 놀거나 우발적으로 함께 놀이하기
협동 놀이	연합놀이와의 차이는 사전 계획이나 협의가 있다는 점. 놀이를 주도하는 리더가 존재함(역할 분담과 상호작용)

(6) 반두라(A. Bandura)의 사회 학습 이론 `2018, 2025`

의미	직접 행동이 아니어도 사회적 상황에서 타인의 행동을 관찰하며 학습이 가능하다. 유아 주변의 인물, 특히 부모의 언어 형태, 성역할, 사회적 행동을 모방한다.	
관찰 학습 4단계	1단계 주의 과정	어떠한 대상에 집중하기 위한 선택 지각 단계
	2단계 파지 과정	관찰한 행동을 오랫동안 기억하는 과정(파지 부족은 행동 모방에 어려움)
	3단계 운동 재생 과정	관찰한 행동을 재생하는 과정(신체적 성장과 연습 필요)
	4단계 동기 유발 과정	모델을 관찰하여 새로운 지식을 얻기 위해서는 보상과 강화의 동기 유발 필요

(7) 프로이트(S. Freud)의 정신 분석 이론 `2019`

의미	인간의 마음은 원초아(본능)·자아(현실)·초자아(도덕) 3가지 구조로 이루어져 있으며, 행동은 이 3가지 구조의 상호작용으로 지배된다는 이론	
심리 성적 발달 5단계	1단계 구강기 (0~1세)	깨물고, 빠는 등 입으로 쾌감 추구
	2단계 항문기 (1~3세)	배변 훈련을 통한 쾌감 단계
	3단계 남근기 (3~6세)	성기를 자극하는 등 성적인 관심 단계
	4단계 잠복기 (6~12세)	성적 충동이 억압(감퇴)되는 단계
	5단계 생식기 (12세 이상)	잠복되어 있던 성적 에너지가 활성화되는 단계

(8) 비고스키(L. Vygotsky)의 상호작용 이론

상호작용 이론	① 다양한 사람들과의 상호작용과 협동 학습의 중요성 강조 ② 인간의 학습과 사고 과정의 이해가 필요하고, 이해를 위해서는 전체적인 상호작용 과정의 이해가 필요함 ③ 상호작용은 발생적 접근 방법, 도구와 기호, 근접 발달 영역으로 설명 가능

PART 09

(9) 하비거스트(R. Havighurst)의 발달 과제 이론 `2025`

의미	하비거스트는 인간은 출생부터 노년에 이르기까지 6단계의 주요 과정을 거친다고 보았다. 하비거스트는 모든 인간은 세 가지 주요 발달적 과업을 가진다고 주장하였다. 첫째, 걷기, 말하기, 배변훈련, 반대 성을 수용할 수 있는 행동, 폐경 적응 등의 신체적 성장과업. 둘째, 직업선택, 철학적 관점 이해 등의 개인적 가치관 발달. 셋째, 읽기 습득, 책임감 있는 시민으로의 성장 등의 사회적 압력에 대응하는 힘 기르기가 그것이다. 하비거스트의 발달과업모델은 연령을 기반으로 하는 실용적 기능을 제공하고 있다.	
발달 과제 6단계	1단계	출생부터 6세까지의 유아 및 초기 아동기
	2단계	7~12세까지의 중기 아동기
	3단계	13~18세까지의 청소년기
	4단계	19~30세까지의 초기 성인기
	5단계	30~60세까지의 중년기
	6단계	60세 이후의 노년기

2024년 기출문제

유아기 성장-발달-성숙 개념 예시

성장	• 일정 시기가 되면 자연히 발생되는 양적인 변화 과정 • 신장, 체중, 신경조직, 세포증식의 확대에 의한 증가를 뜻함
발달	• 신체, 운동, 심리적 측면에서 전 생애에 걸쳐 일어나는 체계적이고 연속적인 변화를 뜻함 • 변화하는 속도에는 개인차가 있으며, 상승적 변화뿐 아니라 하강적 변화도 포함됨
성숙	• 기능을 더 높은 수준으로 발전할 수 있도록 하는 질적 변화를 뜻함 • 신체적, 생리적 변화뿐 아니라 행동 변화까지 포함

2024년 기출문제

기본 움직임 과제(기술 내 발달 순서 개념 예시)
• 기본 움직임 패턴에서 신체 부위들의 발달 속도는 서로 다를 수 있다.
• 기본 움직임 기술의 습득 및 성숙은 과제 · 개인 · 환경 요인들에 영향을 받는다.
• 갤러휴와 클렐랜드(F. Cleland)는 운동 기술의 발달 순서에 대해 시작, 초보, 성숙으로 분류했다.

---

03 유아기의 건강과 운동

1 유아기 건강과 신체 건강 요인

유아기의 건강		① 유아기는 모체로부터 받은 면역체가 소실되는 시기로 질병에 쉽게 감염될 수 있음 ② 건강관리를 위하여 충분한 영양 섭취와 휴식과 수면, 청결한 위생과 정서적 안정, 전염병 예방과 병력 조사가 이루어져야 함. 그 외 질병의 조기 진단 및 치료, 정기적 건강 검진과 치아 관리, 간단한 응급처치 등을 해주어야 함
신체 건강 요인	영양	성장기 영양 섭취는 신체 건강과 관계가 깊어 부모의 영양 지도가 중요하고, 편식 등 부정적 영향이 없도록 주의가 필요함
	수면	수면 부족은 성장 장애와 건강에 악영향을 줄 수 있으므로 최소 6시간 이상의 수면을 확보하고, 밤 10시 이전에 잠자리에 들어야 함(20시~02시에 많은 성장 호르몬 분비). 하루 1회 정도의 낮잠도 필요함
	운동	적절한 신체활동은 깊은 수면 · 정서적 안정 · 피부 및 신체에 저항력을 높여 면역 기능을 강화하고, 균형감 있는 신체를 만들어 줌

2 유아기 신체 기능 2020, 2021, 2022, 2023, 2024

(1) 유아기 신체 기능의 종류

신경 기능	① 5세 때 유아는 성인의 85% 정도로 발육하나, 그 기능도 85%까지 발달했다고 볼 수는 없음 ② 대뇌의 기능이 활발하지 않기 때문에 기본적인 운동(걷기, 달리기, 뛰기 등)만 가능하며, 운동의 질이 높다고 볼 수는 없음
순환 호흡 기능	① 맥박수는 100~120회/분 정도(성인 60~80회/분) ② 1회 박출량이 적을 때는 박출 횟수 증가로 보완함
호흡 기능	① 호흡수는 25~40회/분(성인 12~20회/분) ② 유아의 경우 호흡 수를 증가시킬 여유가 적음(호흡 한계 50~60회/분)
근 기능	① 근 기능을 보려면 근력의 발달을 보는 방법이 간단함. 하지만 유아의 경우 근력을 측정하기 어려운 면이 있어서 세밀하게 알아보기 어려움 ② 2세에서 3세로 넘어가는 시기의 신체 조절 능력을 보면 근 기능은 작지만 빠르게 성장한다고 예상할 수 있음

(2) 기관별 유아기 및 청소년기의 신체활동 촉진을 위한 지도지침

기관	지도지침
미국 스포츠 · 체육교육협회 (NASPE)	① 매일 60분 혹은 그 이상의 구조화된 신체활동 실행 ② 매일 60분 혹은 그 이상의 비구조화된 신체활동 실행 ③ 매일 60분 혹은 그 이상의 신체활동에 근육과 뼈를 강화시키는 신체활동 실행 ④ 수면 시간을 제외하고 60분 이상 눕거나 앉아 있지 않도록 지도 ⑤ 권장 안전 기준에 적합한 실내외 공간에서 대근육 활동 실행 ⑥ 개인 신체활동의 중요성을 인식하고, 운동 기술을 가능하게 함
국립중앙의료원 (2010)	① 어린이 및 청소년은 매일 1시간 이상의 운동 권장 ② 일주일에 3일 이상 유산소 운동, 근육 강화 운동, 뼈 강화 운동 권장 ③ 인터넷, TV나 비디오 시청, 게임 등 앉아서 보내는 시간은 하루 2시간 이내로 제한함
세계보건기구 (WHO)	① 5~17세 어린이와 청소년의 신체활동에는 가정, 학교 및 지역사회에서의 놀이, 게임, 스포츠, 이동, 여가, 체육수업 또는 계획된 운동 등이 포함됨 ② 심폐 체력 및 근력 · 뼈 건강 · 심혈관 및 대사적 건강의 생물학적 지표를 개선하고, 불안 및 우울증 증상을 감소시키기 위해 다음과 같이 권장함 • 5~17세 어린이와 청소년은 매일 적어도 합계 60분의 중등도 혹은 격렬한 강도의 신체활동을 해야 함 • 매일 하는 신체활동 운동의 대부분은 유산소 활동 운동이어야 하며, 뼈와 근육을 강화하는 격렬한 강도의 활동을 적어도 주 3회 이상 실시

2024년 기출문제

미국 스포츠의학회(ACSM, 2022)의 어린이와 청소년을 위한 FITT(빈도, 강도, 시간, 형태) 권고사항

구분	유산소 운동	저항 운동	뼈 강화 운동
형태	여러 가지 스포츠를 포함한 즐겁고 [성장발달]에 적절한 활동	신체활동은 [구조화]되지 않은 활동이나 [구조화]되고 적절하게 감독할 수 있는 활동으로 구성	달리기, 줄넘기, 농구, 테니스 등과 같은 활동
시간	하루 [60분] 이상의 운동시간이 포함되도록 함		

CHAPTER 02 유아기 운동 발달 프로그램의 구성

01 유아기 운동 발달 프로그램의 기본 원리 2015, 2016, 2017, 2018, 2019, 2020, 2021, 2024, 2025

적합성의 원리	① 유아기는 발달 단계에 따라 가장 많은 영향을 받는 '민감기'로, 이를 고려한 적절한 운동이 적용되면 효과적이고 긍정적인 운동 발달을 유도할 수 있음 ② 발달 상태, 움직임의 경험, 기술, 수준, 체력, 연령 등에 따라 적합하게 적용할 수 있음 ③ 연령에 따른 적합한 프로그램 구성의 예(출처 : 한국스포츠정책과학원)

적합성의 원리		
	2~3세	부모와 함께 하는 손발 협응 향상 프로그램 구성
	3~4세	혼자 하는 활동 위주의 기본 운동. 협력 향상 프로그램 구성
	4~6세	또래(파트너/그룹)와 함께 지각 능력 향상 프로그램 구성
	6~8세	또래(파트너/그룹)와 함께 인지 능력 향상 프로그램 구성

방향성의 원리	① 성장과 발달은 일련의 방향성을 가지고 발달한다는 원리(대근육에서 소근육으로 발달 순서를 보임) ② 머리-발가락, 중심-말초 원리로 설명 가능함
특이성의 원리	유아기 운동 발달 프로그램을 구성할 때는 공통적이고 일반화된 특성과 개개인의 유전과 환경 요인 등 개인의 차이를 고려해야 함
안전성의 원리	유아기는 호기심이 강하고 주의력과 조심성이 부족하여 위험에 대한 인식과 적응이 어려움. 지도자는 안전에 관심을 기울이고 충분히 안전이 확보된 공간에서 활동이 이루어지도록 주의해야 하며, 안전 프로그램 숙지 및 안전 지도에 최선을 다해야 함
연계성의 원리	연령 및 성별과 신체 발달 프로그램 특성의 변화와 순서를 조직적으로 연계하며, 신체 발달과 정서적·사회적 발달을 위한 교육 프로그램의 연계성이 필요함
다양성의 원리	개인의 기술 능력 차이에 따른 생각과 지도 방법을 의미함. 프로그램은 재미있고, 다양한 경험을 제공하며, 지속적이고 체계적이어야 함

2025년 기출문제

연계성의 원리 예시
- 유소년의 연령, 성별, 신체 특성의 변화와 순서를 고려해야 함.
- 유소년의 발달 단계를 고려하여 운동 프로그램을 계획하는 것이 중요함.
- 간단한 동작에서 복잡한 동작으로, 쉬운 활동에서 어려운 활동으로 지도해야 함.

2024년 기출문제

유아체육 프로그램의 구성 원리 예시
- 연계성 : 차기의 개념 학습 후, 정지된 공에서 빠르게 움직이는 공의 순으로 수업을 설계한다.
- 방향성 : 대근육 운동에서 소근육 운동으로 확장된 움직임 수업을 설계한다.
- 적합성 : 발달 단계에 따른 민감기를 고려한 움직임 수업을 설계한다.

2024년 기출문제

유소년 운동 프로그램의 구성 기본 원리 예시
- 가역성의 원리 : 운동을 중단하면 운동의 효과가 없어지므로 꾸준히 지속하는 것이 중요하다.
- 과부하의 원리 : 운동 강도가 일상적인 활동보다 높아야 체력이 증진된다.
- 전면성의 원리 : 신체의 특정 부위에 치중하지 않고, 전신 운동을 통해 신체를 균형 있게 발달시킨다.

- 점진성의 원리 : 운동을 부상 없이 효과적으로 수행하기 위해서는 운동 강도 및 운동량을 점차적으로 증가시켜야 한다.
- 의식성의 원리 : 운동의 집중력을 높이기 위해 프로그램을 잘 이해하고 진행한다.
- 반복성의 원리 : 운동을 반복적으로 실시해야 효과가 있다.
- 개별성의 원리 : 개개인의 특성을 고려하여 운동 프로그램을 계획하고 실행한다.
- 모형성의 원리 : 모범이 되는 선수나 지도자를 모형(모방) 삼아 프로그램을 실시한다.

02 유아기 운동 프로그램의 구성 요소

1 기초 운동 및 프로그램 구성 `2020, 2021, 2022, 2024`

운동 프로그램 구성의 개념	움직임의 범위	안전성 운동, 이동 운동, 물체 조작 운동, 복합 움직임
	프로그램의 내용	게임, 무용, 체조
	인지의 개념	움직임 개념 중심, 활동 개념 중심, 기술 개념 중심
	발달 단계	기본 움직임, 전문화된 움직임
	기술 수준	초급, 중급, 고급
	체력 요소	건강 관련, 기술 관련
	교수 방법	직접 교수법, 간접 교수법, 혼합 교수법
유아기 운동 프로그램 구성 시 고려사항	① 연령과 발달에 따른 개인 차와 신체적·정서적·사회적·인지적 균형 발달을 고려해야 함 ② 팀과 개인 운동의 배합이 적절해야 하고, 활동적이며 흥미롭게 구성해야 함 ③ 평가와 피드백이 있어야 함	

2024년 기출문제

퍼셀(M. Purcell)의 동작 기본 요소 예시
- [신체 인식] : 전신의 움직임, 신체 부분의 움직임
- [공간 인식] : 수준, 방향, 범위, 경로
- [노력] : 시간, 힘
- 관계 : 파트너/그룹, 기구·교수 자료

2 유아기 운동의 형태

기초운동 `2016, 2017, 2019, 2020 2021, 2022, 2023`		① 일상생활에서 이루어지는 대근육 기술로 아동기 때 숙달됨 ② 아동이 스스로 걷고 환경에서 자유롭게 움직일 수 있는 시점에서 발달함	
지각 운동	개념	① 지각과 운동능력은 상호의존적 관계이며, 발달을 위해서는 정신과 신체의 조절 능력을 강화하고 결합하는 것이 중요함 ② 다양한 감각 체계로부터 자극 정보를 단순히 획득하는 것부터 획득된 자극을 뇌로 전달하여 그 정보의 의미를 해석하고 통합하는 능동적인 과정을 의미함	
	과정	감각 정보 입력	감각 양식(시각, 청각, 촉각, 운동 감각)을 통하여 자극을 수용함
		감각 통합	수용된 감각 자극을 조직화하고 기존 기억 정보와 통합함
		운동 해석	현재 정보와 기억 정보를 바탕으로 내적 운동 의사가 결정됨
		움직임 활성화	움직임이 실행됨
		피드백	다양한 감각 양식에 대한 움직임 평가를 통한 새로운 주기가 시작됨

	신체 지각	신체 명칭, 신체 모양, 신체 표현
지각 운동 발달 프로그램 구성 요소 2016, 2017, 2018, 2019, 2020, 2021, 2023, 2025	공간 지각	장소, 높이, 방향, 범위, 바닥 모양
	방향 지각	방향(앞, 뒤, 옆, 위, 아래, 좌, 우, 비스듬히)
	시간 지각	속도, 리듬
	관계 지각	신체 간의 관계, 사람과의 관계, 물체와의 관계
	움직임의 질	균형, 시간, 힘, 흐름

합격Tip 기초 운동 발달 프로그램 구성을 위한 요소 **2025**

안전성 운동		이동 운동		조작 운동	
축 이용 기술	정적·동적 운동	기초 운동	복합 운동	추진 운동	흡수 운동
• 굽히기 • 늘리기 • 비틀기 • 돌기 • 흔들기	• 직립 균형 • 거꾸로 균형(물구 나무서기) • 구르기 • 시작하기 • 멈추기 • 재빨리 피하기	• 걷기 • 달리기 • 뛰어넘기 • 한 발 뛰기 • 두 발 뛰기	• 기어오르기 • 말 뛰기 • 미끄러지기 • 번갈아 뛰기	• 공 굴리기 • 공 던지기 • 치기 • 차기 • 튀기기 • 되받아치기	• 받기 • 잡기 • 볼 멈추기

(출처 : 한국스포츠정책과학원)

2025년 기출문제

얼릭(D. Ulrich)의 대근운동발달 시기와 단계 예시

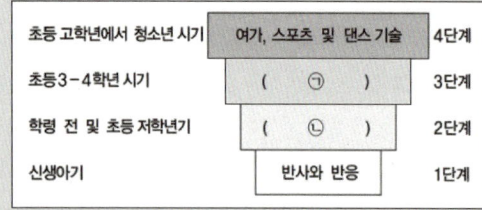

㉠ 리드-업(lead-up) 게임과 기술
㉡ 기본 대근운동 기술과 양식(patterns)

2024년 기출문제

기초 운동(대근운동 발달검사 예시)

구분	영역	세부 검사항목
대근운동 기술	이동 기술	달리기, 제자리멀리뛰기, 외발뛰기, [갤롭], 립, 슬라이드
	[물체 조작] 기술	공 던지기, 공 받기, 공 치기, 공 차기, 공 굴리기, 공 튕기기

동작 성숙단계 발달 지도 방법 예시

시작 단계의 드리블 동작
- 두 발을 벌리고, 내민 발의 반대편 손을 앞으로 내밀어 드리블하도록 지도한다.
- 허리 높이에서 몸통을 약간 앞으로 기울여 드리블하도록 지도한다.
- 공을 튀길 때 손목 스냅을 이용하여 공을 바닥 쪽으로 밀어내도록 지도한다.

3 체력 운동의 개념

체력 발달 프로그램	① 체력은 일상활동뿐만 아니라 직업활동 및 여가활동을 보다 활기차게 수행할 수 있는 신체적 능력을 의미함 ② 유아 운동 시 유아들이 운동에 바람직하게 참여할 수 있도록 체력 수준, 건강 상태, 남녀 개인의 특성 등을 고려해야 함 ③ 체력은 건강 체력과 수행(기술) 체력으로 구분할 수 있음	
체력 요소 2020, 2021, 2022, 2023, 2025	건강 체력	① 신체 구성 : 몸의 구성 비율 ② 근력 : 근육의 수축으로 발생하는 힘 ③ 근지구력 : 근력을 일정하고 지속적으로 발휘하는 힘 ④ 유연성 : 관절의 가동 범위 ⑤ 심폐 지구력 : 근육으로 산소를 운반하는 능력
	수행(기술) 체력	① 평형성 : 신체의 안전성을 유지하는 능력 ② 순발력 : 짧은 시간 최대의 힘을 발휘하는 능력 ③ 민첩성 : 방향 전환 능력 ④ 협응성 : 운동 조정 능력 ⑤ 스피드 : 재빠르게 움직이는 능력 ⑥ 반응 시간 : 순간적으로 반응하는 능력
체력 측정 종목 (국민 체력 100 유아기 체력 측정) 2020, 2021, 2024	① 유연성 : 앉아서 윗몸 굽히기(cm) ② 순발력 : 제자리 멀리뛰기(cm) ③ 민첩성 : 5m × 4회 왕복 달리기(초) ④ 협응성 : 공 던지기, 공 차기, 버튼 누르기 ⑤ 평형성 : 한 발로 중심 잡기(초) ⑥ 근력 : 악력 측정(kg) ⑦ 근지구력 : 윗몸 말아 올리기(회) ⑧ 심폐지구력 : 10m 왕복 오래달리기(회) ⑨ 성장상태 : 키, 체중, 체질량 지수	

인간행동(역학적 요인 예시)
- 안정성 요인 : 중력 중심, 중력선, [지지면]
- 힘을 가하는 요인 : 관성, [가속도], 작용/반작용
- 힘을 받는 요인 : 표면적, [거리]

03 유아체육 프로그램 교수-학습법

01 유아체육 지도 방법과 원리

1 유아체육 지도 방법 2019, 2020, 2021, 2025

지도 방법	① 일상생활에서 자신의 신체에 대하여 자연스럽게 인식하도록 신체 놀이를 계획함 ② 교육적으로 풍부한 실내외의 물리적 환경을 준비하여 유아의 활발한 활동을 지원함 ③ 신체활동을 하면서 공간, 시간, 힘, 흐름 등 동작의 기본 요소를 반영함 ④ 유아의 안전에 세심한 주의를 기울이고, 놀이 규칙을 이해해야 함 ⑤ 일과 중 다양한 신체활동이 이루어지도록 충분하고 규칙적인 시간을 계획할 것 ⑥ 유아의 신체 발달 및 운동능력을 정확히 파악하고, 개인차를 고려해야 함 ⑦ 다양한 영역 활동이 통합적으로 다루어지도록 구성해야 함 ⑧ 유아의 신체활동만큼 휴식도 중요하므로 적당한 휴식 계획도 필요함 ⑨ 유아의 건강 상태가 신체활동을 하기에 건강한지 사전에 파악하고, 계획 시부터 고려해야 함

2025년 기출문제

모스턴, 애쉬워드 교수 학습 전략 – 스테이션 교수 예시
- 수업 시 공간과 장비의 제약을 보완해 줄 수 있다.
- 학습자들이 서로 다른 과제들을 동시에 익히도록 하는 데 효과적이다.
- 학습자들이 이미 배운 적이 있는 기술을 실행하거나 자신을 평가할 때 효과적이다.

2025년 기출문제

교수-학습 방법 예시
- 탐색적 방법 : 지도자가 다양한 동작 과제나 질문을 학습자에게 제시하고, 지도자는 학습자가 제안한 해결 방법이 무엇이든 인정하고 받아들인다. 학습의 결과가 아니라 학습 과정 그 자체에 우선적인 초점을 둔다.
- 안내-발견적 방법 : 학습자의 구체적인 동작 경험을 위해 지도자나 또래의 활동을 관찰할 수 있는 기회를 제공하고, 학습자가 여러 가지 방법을 사용할 수 있는 충분한 시간을 제공해야 한다. 지도자는 계속해서 더 구체적인 질문을 하여 원하는 반응이 나오도록 유도한다.

2024년 기출문제

유아체육 지도자의 교수 전략 예시
- 각 유아에게 적합한 수준에서 연습할 수 있도록 개별화된 학습경험을 제공해야 한다.
- 유아의 실제 학습시간을 증가시킬 수 있는 환경을 조성해야 한다.
- 유아의 능력 수준을 고려한 학습과제를 제공하고, 연습 시간을 최대한 확보해준다.

2 유아체육 지도 방법의 종류 2015, 2017, 2019, 2022, 2024

직접-교사 주도적 지도 방법	① 유아 교육 기관에서 체육활동을 지도할 때 쓰인 전통적 지도 방법 ② 유아가 언제, 무엇을, 어떻게 할지 교사가 결정하는 방법 ③ 지시적 방법(시범, 연습하기 등)과 과제 제시 방법(어느 정도 유아 의사 허용)으로 나뉨
간접-유아 주도적 지도 방법	① 유아에게 주도권을 주고 유아가 학습의 중심이 되는 지도 방법 ② 문제 해결 능력, 실험, 자기 계발과 같은 유아 개인의 차이를 인정하여 유아 스스로 활동을 수행해 나가는 데 초점을 두고 결과보다 과정에 중점을 두는 방법

유아-교사 상호주도적 통합적 지도 방법	① 유아의 적극적인(흥미) 참여와 교사의 체계적인 접근의 지도 방법 ② 유아에게 적절한 과제를 주어 다양한 학습의 기회 제공 ③ 구성 : 도입 단계 → 동작 습득 단계 → 창의적 표현 단계 → 평가 단계

3 유아체육 지도 원리 `2015, 2018, 2019`

놀이 중심의 원리	유아의 흥미를 고려한 체육활동이 지속될 수 있도록 함
생활 중심의 원리	일상생활에서 신체활동 경험을 바탕으로 체육활동 참여
개별화의 원리	유아 개인의 운동 능력과 발달 속도에 맞추어 체육활동 참여
탐구학습의 원리	유아가 스스로 움직임을 탐색하고 학습하도록 유도
반복학습의 원리	유아체육은 안정, 이동, 조작 운동의 3가지 기초운동 반복 학습
융통성의 원리	유아가 신체활동 시간을 스스로 결정하도록 융통성 제공
통합의 원리	유아 대근육 운동 중 기초 운동(안정, 이동), 운동 능력(협응, 균형, 힘, 속도), 지각 운동 능력(공간, 신체, 방향, 시간)이 통합적으로 발달

02 유아 운동 발달 프로그램

프로그램 목표 `2017`	① 다양한 신체활동과 감각 경험을 통해 자기 신체와 주변을 인식하는 기초 능력 향상 ② 기본적인 운동 능력을 기르고, 기초 체력을 증진하며 자기감정을 표현할 기회 제공 ③ 지각과 동작의 협응 과정을 통하여 지각 운동 기술 발전 ④ 체육활동에 참여하여 즐겁고 건강한 정신을 유도하며, 안전한 생활 습관 지도		
프로그램 계획 `2022`	단계별 지도 내용	도입 단계	활동 목표 제시 및 참여 방법 안내, 질서 및 안전 강조
		준비 단계	신체 이상을 확인하고, 적절한 준비 운동 실시
		전개 단계	안전하고 질서 있게 전개되도록 조성. 개인 차를 고려한 활동 영역과 영역별 활동 목표를 인식하며 흥미를 지속적으로 갖도록 유도
		정리 단계	적절한 정리 운동과 생활 지도 및 운동 시 상해의 유무 확인
	평가의 필요성	① 유아를 평가하는 이유는 수업의 질 향상, 유아의 발달, 문제를 가진 유아의 변화를 위해 중요한 부분임 ② 효과적인 수업을 운영하기 위한 좋은 자료가 됨	

03 유아 운동 프로그램 지도

1 유아 운동 지도 교사의 자질 `2024, 2025`

지도 교사의 개인적 자질과 전문적 자질	개인적 자질	① 신체적·정신적 건강 ② 온정적인 성품 ③ 인간과 생명에 대한 존엄성 ④ 성실하고 열정적인 태도
	전문적 자질	① 전문적 지식 ② 교수 기술(시범) ③ 올바른 교육관과 직업윤리

유아 운동 지도자의 역할 2018, 2019, 2021, 2024	① 열정을 가지고 긍정적인 모습을 보여줌
	② 유아들의 반응에 관심을 가지며 유머 감각을 길러 활용함
	③ 수업 내용 및 진도에 대한 지식을 수립함
	④ 유아가 어려움을 느끼면 단계를 낮추는 등 수업 방법을 다양화 함
	⑤ 교육을 위하여 좋은 음악을 선택하거나 충분한 시간을 제공함
	⑥ 교육의 효율성을 위하여 운동 대형과 계절 등을 고려하여 지도함
	⑦ 과도한 경쟁의식을 갖지 않도록 지도하고, 긍정적인 아이가 되도록 칭찬을 자주 함

2024년 기출문제

지도자의 적합한 시범 예시
- 시범은 추가적 학습 단서와 함께 제공될 때 더 효과적이다.
- 다양한 각도에서 이루어진 시범을 통해 정확한 정보를 제공한다.
- 자주 실수하는 동작에 대해 반복적인 시범을 보여준다.

2024년 기출문제

유아 신체활동의 내적 참여동기 증진을 위한 교수전략 예시
- 유아의 능력과 과제 난이도를 고려한 프로그램을 제공하여 몰입을 돕는다.
- 학습 과제 범위 내에서 유아에게 자율적 선택권을 부여한다.
- 활동적으로 참여하는 유아를 격려하고 칭찬한다.

2 유아체육 프로그램 운영

(1) 유아체육 프로그램 운영 지침 2017, 2022, 2024, 2025

프로그램 운영 지침	① 유아의 일상생활이 반영된 다양한 체육 프로그램 개발 및 운영
	② 기초 운동 기술은 스포츠와 관련된 체육활동에 앞서 가르치며, 학기 초에 질서 놀이 등을 통해 규칙을 가르침
	③ 모든 체육활동은 시작 전 준비 운동으로 심박수를 높이고, 혈액 순환과 호흡 속도를 원활히 하여 준비함
	④ 체육 기능 훈련뿐만 아니라 다양성과 통합성도 함께 지도함
	⑤ 각 체육활동에서 2~3가지 새로운 활동을 제시하며, 이전 체육활동과 연계하여 지도함
	⑥ 기본적인 운동 형태를 모르는 유아에게 개별 학습의 기회를 주되, 체육활동의 목표가 달성되도록 강요하지는 않음
	⑦ 지도 교사는 유아가 도움을 필요로 할 때 즉시 인지해야 함
	⑧ 각 체육활동에서 유아 개인, 소집단, 대집단으로 나누어 다양한 체육활동 진행
	⑨ 체육 교육 매체를 활용한 교육에서는 매체의 활용을 위한 활동을 우선시 함
	⑩ 유아의 체육 능력이 향상되고, 유아의 전인 발달을 도모할 수 있다는 확신으로 지도함
	⑪ 체육활동 후 긍정적인 자아 개념을 갖도록 도우며 참여 시간을 늘려감

2025년 기출문제

계획적인 유아체육 프로그램 고려사항 예시
- 유아의 참여가 어려운 게임은 되도록 배제한다.
- 프로그램 사전 계획 시 대상자 연령, 인원, 장소, 도구 등을 미리 파악한다.
- 다양한 교보재와 활동 지시문을 활용해 유아가 스스로 순환하면서 활동하도록 유도한다.

체육과 교육과정(신체활동 역량 예시)
• 움직임 수행 역량 : 운동, 스포츠, 표현 활동 과정에서 동작에 필요한 지식, 기능, 태도를 다양한 상황에 적용하며 발달시킨다.
• 건강관리 역량 : 체육과 내용 영역에서 학습한 신체활동을 일상생활에서 실천하며 함양한다.
• 신체활동 문화 향유 역량 : 각 신체활동 형식의 특성을 이해하고, 인류가 축적한 문화적 소양을 내면화하여 공동체 속에서 실천하면서 길러진다.

(2) 유아체육 프로그램 운영 시 유의점

내용	체육 내용이 고르게 포함된 조화로운 프로그램을 진행해야 함
실행	개별적으로 기본적 신체 욕구를 충족시키고, 체육활동을 일정한 순서대로 일관성 있게 계획하여 정서적 안정감과 만족감을 줌
연령	3~4세의 경우 호기심이나 어떤 사물에 대한 관심이 행동에 영향을 미치는 시기이므로 교사는 활동 안내, 안전 보호자, 집단별 중재자 역할을 해야 함
소집단 구성	리더 역할을 할 유아가 필요하고, 산만한 유아를 선정하여 일정 권한을 주고 스스로 책임지게 하면 도움이 됨
가정환경	유아의 가정에서 도움을 받아 함께 교육하면 좋으며, 가정통신문 등을 통하여 유아의 특성을 파악한 후 체육 프로그램을 구성함

(3) 유아체육 참여 증진 전략 `2010, 2017, 2018, 2020, 2021`

즐거운 수업 만들기	활동의 흐름이 좋고, 흥미(음악, 다양한 도구 등) 있는 신체활동 수업은 유아를 움직이도록 자극함
신체활동 시간을 증가시키는 전략	① 움직임을 관찰하고, 충분한 신체활동이 이루어지지 않으면 변화가 필요함 ② 유아가 제외되거나 참여하기 어려운 활동과 게임은 하지 않음 ③ 지시는 간결하고 명료하게 함 ④ 활동에 참여하는 것에 대해 긍정적인 피드백을 제공함 ⑤ 비과제 참여 유아들을 재감독하고, 훈련이 필요하면 효율적으로 짧게 진행함 ⑥ 유아의 대기 시간을 줄임

04 안전한 운동 프로그램 지도를 위한 환경

1 유아기 안전 지도 및 환경

유아기 안전	유아의 신체적 발달	신경계의 기능이 미숙하고, 경험과 학습의 부족으로 힘이나 속도를 제어하는 능력이 부족함. 발달 단계에 따라 신체활동이 변화하여 사고의 종류와 부상 빈도, 손상 정도가 달라짐
	유아의 심리적 발달	판단 능력 부족으로 현실과 공상을 혼동하여 위험한 행동을 흉내내기도 함
	유아 안전사고	주로 추락·충돌·넘어짐이며, 상해의 종류는 좌상·타박상·골절·출혈 등임. 유아 스스로 안전을 보장할 수 없으므로 안전 관리가 필요함
유아체육 안전 지도 및 환경 `2020, 2021, 2023`		① 인간의 두뇌는 8세 이전에 우뇌가 발달하고 이후에 좌뇌가 발달하므로, 유아기 우뇌 발달을 위해서는 에너지를 발산할 수 있는 대근육 활동 환경이 필요함 ② 유아체육 지도 환경은 안전성, 경제성, 흥미성, 효율성을 고려해야 함 ③ 실외 놀이와 운동 기구 사용 시 안전을 고려하여 재질과 시설의 점검이 필요함 ④ 지도 교사는 수업 실시 전에 안전 사항을 점검하고, 수업 중 안전사고에 항상 유의해야 함

2 교재와 교구

중요성	① 교육의 내용과 질을 결정함 ② 유소년의 신체활동을 유발시키고 자극함 ③ 유소년의 신체활동을 심화, 확대시킴 ④ 언어를 발달시킴 ⑤ 신체 및 감각 능력을 발달시키고, 감각 욕구를 충족시킴 ⑥ 협동심, 이해력, 양보, 사회성을 발달시킴 ⑦ 표현 활동에 교재·교구를 활용함으로써 창의성, 예술성, 표현 능력을 기를 수 있음
보관 시 고려사항	① 독립된 방을 마련하여 교재와 교구를 보관해야 함 ② 보관할 수 있는 여러 형태의 교재와 교구장을 비치해야 함 ③ 분류 기준을 정하여 기호나 색깔 등으로 표시해야 함 ④ 교재와 교구 활용이 끝난 후 정리를 잘해야 함 ⑤ 교재와 교구의 목록을 작성하여 활용해야 함

3 유아 운동 기구 배치 및 응급처치 2015, 2022, 2023, 2024

운동 기구 배치	① 기구들이 서로 간섭받지 않아야 하며, 유아들의 시각을 고려하여 안전에 중점을 두고 배치해야 함 ② 운동 기구의 배치 유형은 병렬식·순환식이 있으며 시각적 효과를 고려해야 함 ③ 운동 기구는 안전과 계절에 따라 철저히 관리해야 함
유아 응급처치	① 유아기는 위험 인지와 이해가 부족해서 일생 중 사고 발생 위험이 가장 높은 시기 ② 영유아는 호기심으로 인한 안전사고 및 신체활동 시 부주의로 인하여 일어나는 사고가 많음. 　　특히 타박상, 골절, 화상, 중독, 열사병 등에 노출될 수 있으므로 주의 필요 ③ 영유아는 응급 의료기관의 도움을 받기 전까지 일반적인 응급처치가 반드시 필요한 시기 ④ 유소년 스포츠지도자는 영유아 심폐소생술과 기도 폐쇄 응급처치 방법을 숙지해야 함

유아체육론

※ 다음은 유아체육론을 학습한 후, 얼마나 이해하고 있는지 확인하는 주관식 문제입니다.
기본내용으로 구성된 주관식 문제로 최소 6개 이상 맞추지 못하면 이론을 1~2회 다시 학습한 후 다음 단계인
기출문제 풀이로 넘어가길 바랍니다.

01 유소년 스포츠지도사란 유소년(　　)의 행동 양식, 신체 발달에 대한 지식을 갖추고 해당 자격 종목에 대하여
유소년을 대상으로 체육을 지도하는 사람이다.

02 영아기 반사 종류 3가지를 쓰시오.

03 이동 반사 종류를 쓰시오.

04 출생 후 4주~3세에 해당하는 (　　)에는 체중과 신체가 급성장하고, 6개월까지 두뇌가 급격히 발달하며, 12개월
정도가 되면 걸음마를 시작하는 특징이 있다.

05 파튼(M. Parten)의 사회적 놀이 발달 유형 6가지를 쓰시오.

정답

01 만 3세부터 중학교 취학 전까지

02 ① 원시적 반사　　② 자세 반사
③ 이동 반사

03 ① 기기 반사　　② 걷기 반사
③ 수영 반사

04 영아기

05 ① 비참여 행동　　② 방관자적 행동
③ 단독 놀이　　④ 병행 놀이
⑤ 연합 놀이　　⑥ 협동 놀이

06 유아기 운동 프로그램 구성의 개념 7가지를 쓰시오.

07 (　　)의 원리는 유아기 발달단계에 따라 가장 많은 영향을 받는 '민감기'로, 이를 고려한 적절한 운동이 적용되면 효과적이고 긍정적인 운동 발달을 유도할 수 있다.

08 수행(기술) 체력 요소 6가지를 쓰시오.

09 유아체육 지도 원리 7가지를 쓰시오.

10 유아체육 프로그램 운영 시 유의점을 쓰시오.

성공은 결코 우연이 아니다. 성공은 노력, 인내, 학습, 공부, 희생,
그리고 무엇보다도 자신이 하고 있거나 배우고 있는 일에 대한 사랑이다.
(Success is no accident. It is hard work, perseverance, learning, studying, sacrifice and most of all,
love of what you are doing or learning to do.)

펠레(Pele)

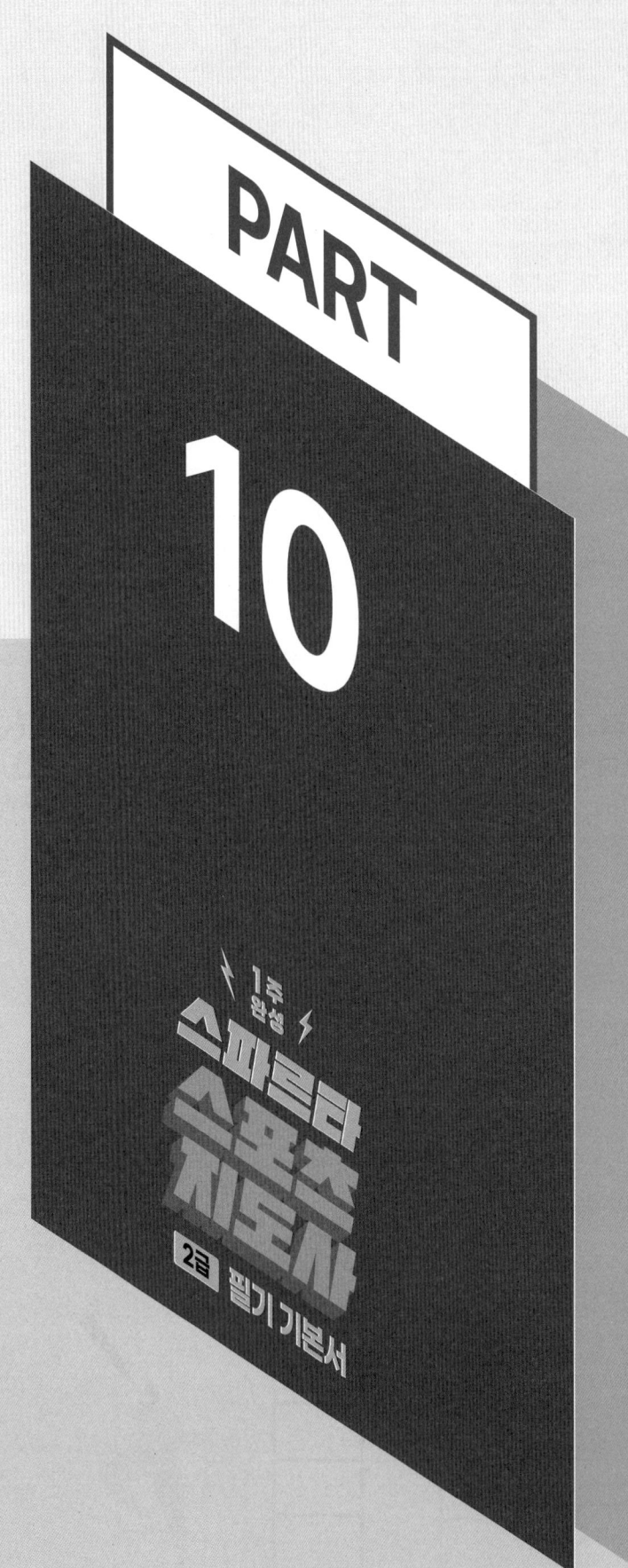
PART

10

노인체육론

CHAPTER 01 노화의 특성

CHAPTER 02 노인의 운동 효과

CHAPTER 03 노인 운동 프로그램 설계

CHAPTER 04 질환별 운동 프로그램 설계

CHAPTER 05 지도자의 효과적인 지도

노화의 특성

01 노화의 개념

1 노화의 정의 2019

노화	나이가 들어가면서 발생하는 정상적인 변화
노인	생물학적 연령 기준 65세 이상

2 노화의 분류 2020, 2022

	연소 노인 (65~74세)	사회에서 일을 하고 있으며, 삶의 절정기에 놓여 있는 노인
역연령(생활연령)에 따른 분류	중고령 노인 (75~84세)	퇴직한 사람이 대부분이며, 건강 상태가 양호하고 취미생활을 할 풍부한 시간을 갖고 있는 노인
	고령 노인 (85~99세)	신체적으로 노쇠하여 더 이상 일을 하기 어렵고, 질병에 걸린 경우가 많음. 가장 고단 하고 외로우며 약한 노인
	초고령 노인 (100세 이상)	신체의 움직임이 없고, 인체의 기관 및 조직이 더 이상 기능을 하지 않는 노인
기능적(신체연령) 연령에 따른 분류		나이와 성별을 기준으로 한 기능적 체력에 따라 노인을 규정하는 연령

3 고령화 사회의 분류

고령화 사회	65세 이상의 노인 인구가 7% 이상에서 14% 미만의 비중 차지
고령 사회	65세 이상의 노인 인구가 14% 이상에서 20% 미만의 비중 차지
초고령 사회	65세 이상의 노인 인구가 20% 이상의 비중 차지

4 노화의 변화 2020, 2021, 2022, 2024, 2025

심혈관계 변화	중추적 변화	① 최대 심박출량 감소 ② 최대 1회 박출량 감소 ③ 최대 심박수 감소 ④ 심장 근육의 수축 시간 연장 ⑤ 수축기 혈압의 점진적 증가 ⑥ 운동 중 분비된 카테콜아민에 대한 심장근육 반응의 감소
	말초적 변화	① 운동하는 근육으로의 혈액 흐름 감소 ② 동정맥 산소 차이 감소 ③ 근육의 산화 능력 감소 ④ 근육 미토콘드리아의 숫자와 밀도 감소
근육의 변화		① 근육·근력·근력 파워·근지구력 감소 ② 근육 미토콘드리아의 유산소 효소 활성 감소
호흡계 변화		① 잔기량의 증가, 1회 호흡량의 감소 ② 폐의 탄력성 감소 ③ 흉곽의 경직성 증가 ④ 호흡기의 근력 감소
신경계 변화		① 기억·주의력·지능 정보 처리 속도·인지 기능 저하 ② 단순 반응 시간·선택 반응 시간·신경 전도 속도 감소 ③ 체성 감각·고유 수용 감각·전정계 기능 감소

1 생물학적 노화 이론 `2015, 2017, 2019, 2021, 2024, 2025`

유전적 이론	인체 내의 노화 속도를 결정하는 데 있어 유전적인 역할에 초점을 둠
손상 이론	세포 손상의 누적은 세포의 기능 장애와 괴사의 핵심적인 결정 요소임
점진적 불균형 이론	인체 기관이 각기 다른 속도로 노화하면서 생물적 기능, 특히 중추 신경계와 내분비계에 불균형을 초래함
사용-마모 이론 (wear-and-tear theory)	노인의 과사용(과로·무리한 활동)이 건강에 부정적 영향을 줄 수 있음을 설명하는 기초 틀 제공

2024년 기출문제

교차 결합 이론(cross-linkage theory) 예시
- 나이가 들면서 결합 조직의 커다란 분자들이 교차 결합하여 폐, 신장, 혈관, 소화계, 근육, 인대, 건의 탄력성이 감소된다.
- 분자의 교차 결합은 분자들이 서로 엉키도록 만들어 세포 내부의 영양소와 화학적 전달 물질의 수송을 방해한다.

2 심리학적 노화 이론 `2017, 2019, 2021, 2022, 2023, 2025`

매슬로(Maslow)의 욕구 단계 이론	생리적 욕구 → 안전의 욕구 → 애정과 소속의 욕구 → 존경의 욕구 → 자아실현의 욕구 하위 단계의 욕구 충족이 상위 단계 욕구의 발현을 위한 조건임. 자신의 기본적 욕구가 충족되었을 때 성공적인 노화 과정을 경험하게 됨	
에릭슨(Erikson)의 심리 사회적 단계 이론 (자아 통합 단계 이론) `2024`	1단계	신뢰 대 불신(0~1세)
	2단계	자율 대 수치와 회의(1~3세)
	3단계	주도 대 죄책감(3~5세)
	4단계	역량 대 열등감(6~12세)
	5단계	독자성 대 역할 혼돈(13~18세)
	6단계	친분 대 고독(젊은 성인)
	7단계	생산적 대 정체(중년 성인)
	8단계	자아 주체성 대 절망(노년기)
발터스(Paul B. Baltes)의 선택적 적정화 이론 `2025`	성공적인 노화는 나이 듦에 따른 신체적·정신적·사회적 문제를 조정하고 대처하는 노인의 적응력과 관련되며, 기능적 독립성 유지를 위한 선택에 초점을 둠	
	선택	삶의 최우선 영역에 초점
	적정화	삶을 풍요롭게 하고 삶의 질을 향상시키는 데 도움
	보상	자신 또는 다른 사람의 다양한 개인적 전략과 기술적 자산을 사용하면서 신체적·정신적 손실 보상

3 사회학적 노화 이론 `2016, 2018, 2022, 2024, 2025`

활동 이론	일상생활에서 정신적·신체적 활동을 지속하는 사람은 건강하고 행복하게 늙는다는 이론
연속성 이론	가장 성공적으로 늙는 사람은 긍정적인 건강습관·선택·생활방식이 있고, 인간관계를 중년부터 노년까지 지속하는 사람이라고 제시한 이론
분리 이론	노년기를 부정적으로 보지 않고, 오히려 삶 속의 분리에 대해 좀 더 깊게 성찰하여 노후생활에 만족하는 과정을 의미한다는 이론
하위문화 이론	공통된 특성을 가진 노인들이 집단을 형성하고 빈번한 상호작용을 통해 특유의 행동 양식을 만든다는 이론

노화에 따른 변화

신체적 특성 2018, 2019, 2022, 2025	신체 구조 및 기능의 저하	피부와 지방 조직의 감소, 세포의 감소, 뼈대와 수의근의 약화, 치아의 감소, 심장 비대와 심장 박동의 약화
	외면상의 신체 변화	흰 머리카락의 증가, 머리카락의 감소, 주름살의 증가, 얼룩 반점의 증가, 신장의 감소
	만성질환 유병률의 증가	퇴행성 관절염, 골다공증, 동맥 경화증, 고혈압, 당뇨병, 심장병, 신장병 등
심리적 특성 2021	① 우울증 경향과 소극적인 성향이 증가함 ② 의존성이 증가하고 조심성이 많아짐 ③ 과거 지향적인 성향을 갖게 되고 감정의 기복이 심해짐 ④ 소외감과 고독감이 증가하고, 이해력이 낮아짐	

2024년 기출문제

생물학적 노화의 특성 예시
- 보편성(universal)
- 내인성(intrinsic)
- 쇠퇴성(deleterious)
- 점진성(progressive)

02 노인의 운동 효과

01 운동의 개념과 역할

1 운동의 정의 2017, 2021

운동	① 체력, 운동수행력, 건강 또는 사회적 관계를 개선하기 위한 구체적인 목표를 가지고 레크리에이션과 여가에 참여하는 계획된 신체활동 ② 체력의 구성요소를 향상 또는 유지하기 위하여 수행된 계획적이고 구조화된 반복적인 신체 움직임

2 체력 2022

방위 체력		외부 스트레스에 대해 적극적으로 신체활동을 방어하며 유지하는 능력
행동 체력		적극적으로 활동하는 의지 행동을 포함한 신체적 작업 능력
행동 체력의 구성 요소	전신 지구력	긴 시간 동안 지속적으로 전신 활동을 수행할 수 있는 능력
	근지구력	동일한 근수축 운동을 반복적으로 수행할 수 있는 능력
	근력	근의 길이를 바꾸지 않고, 발휘하는 최대 장력으로 나타내는 근육의 힘
	순발력	순간적으로 근육을 수축시키며 동작을 만들어내는 힘
	민첩성	신체를 신속히 조작하는 능력
	평형성	신체를 일정한 자세로 유지하는 능력
	협응성	신체를 신속하고 능률적으로 조정하고 통제할 수 있는 능력
	유연성	하나 이상의 관절이 움직일 수 있는 범위

02 운동의 효과

1 운동의 신체적(생리적) 효과 2018, 2019, 2020, 2021, 2022

심장 혈관 계통과 호흡 계통	심장 및 혈관의 기능 향상, 유산소 능력 향상 및 유지, 최대 산소 섭취량 증가, 심박수 감소, 1회 박출량 증가, 혈액의 산소 운반 능력 증가, 분당 환기량 증가, 안정 시 호흡 수 감소, 폐활량 증가 등
근육 및 골격 계통	근력 향상, 뼈의 질량 증가, 근육층의 발달, 지방층의 감소, 뼈대 및 관절 강화 등
내분비 계통	인슐린 감수성 증가, 인슐린 저항성 감소, 대사증후군 유병률 감소, 당뇨병 예방 및 개선, 상처 치유 속도 향상, 콜레스테롤 감소 등
신경 계통	반응 시간 단축, 신경 전달 기능 향상, 신체 제어 능력 및 협응력 향상, 수면 상태 호전, 기억력 향상, 치매 발생 감소 등
운동 기술 습득	기존 운동 능력 유지, 새로운 운동 기술 습득 등

2 운동의 심리적 효과 2019, 2022, 2024

긴장 이완	적절한 신체활동을 통해 긴장을 이완시킴
스트레스와 불안 감소	규칙적인 활동을 통하여 스트레스와 불안 감소
기분 상태의 개선	신체활동은 건강의 저하를 방지하고 장기적 고독의 부정적인 결과를 대처하는 데 도움
정신 건강의 향상	규칙적인 운동은 우울증, 불안, 신경증을 포함한 여러 가지 정신적 질병 치료에 중요한 역할을 제공하여 정신 건강 향상에 기여

03 노인 운동 프로그램 설계

01 운동의 개념과 역할

1 운동 프로그램의 구성 요소 `2017, 2022, 2023, 2025`

운동 형태	신체 조성 및 질병 여부에 따른 복합적인 운동 프로그램 구성
운동 강도	① 운동 프로그램의 목표, 연령, 선호도를 통해 심폐계와 근골격계를 자극할 강도 설정 ② 목표 심박수 = (최대 심박수 - 안정 시 심박수) × 운동 강도(%) + 안정 시 심박수 ③ 운동 자각도(RPE)를 이용 ④ MET(Metabolic Equivalent Task)와 RM(Repetition Maximum) ⑤ 1RM : 1회에 들어 올릴 수 있는 최대 중량(처음 시작 시 1RM 40~50%, 세트당 8~12회가 적절)
운동 시간	① 중강도 신체활동은 1주에 150분, 높은 강도의 신체활동은 1주에 75분이 적당함 ② 유산소 운동은 한 번에 적어도 10분 이상 지속해야 하며, 저항 운동은 2~3세트 실시가 적당함
운동 빈도	① 유산소 운동은 1주에 3~5회 실시함 ② 근력 운동은 1주에 3회 정도 실시함(다음 근력 운동까지 48시간의 휴식) ③ 낙상 방지를 위해 평형성 운동은 1주에 2~3회 실시함 ④ 유연성 운동은 동작마다 10~30초 동안 자세를 유지하고 3~4회 반복함

2 운동 프로그램의 기본 원리 `2018, 2019, 2020, 2023`

특정성의 원리	운동 트레이닝에 대한 신체의 생리적·대사적 반응과 적응이 운동 형태와 사용된 근육군에 특정적임
과부하의 원리	평소보다 더 높은 수준의 신체활동을 통해 신체의 생리적 시스템을 자극해야 함
점진성의 원리	트레이닝의 양을 점진적으로 증가시켜야 함
개별성의 원리	개인의 신체적 특성에 따라 운동 프로그램을 설계해야 함
특수성의 원리	종목과 개인의 특성에 맞는 프로그램을 설계해야 함
가역성의 원리	운동이 중지되었을 경우 운동 능력이 빠르게 감소되는 원리

02 지속적인 참여를 위한 동기 유발

1 행동 변화 이론 `2018, 2020, 2021, 2022, 2023`

행동주의 학습 이론	인간 행동의 변화에 초점을 두며, 그 변화를 촉진하는 자극이나 강화를 정밀하게 계획한 결과로 행동의 변화가 나타난다는 이론
건강 신념 모형	신념이 건강을 추구하는 행동에 중요한 역할을 한다는 이론. 건강 추구 행동을 예측하기 위해서는 개연성과 심각성, 이익과 장애, 행동의 계기와 자기 효능감의 6가지 요소가 요구됨
범이론적 모형	행동 변화에 대한 일반적이고 광범위한 이론적 모델. 새로운 건강행동에 대한 개인의 준비 상태를 평가하고, 개인을 지도하기 위한 전략 또는 변화 과정을 제공하는 통합 요법 이론
합리적 행위 이론	인간은 어떤 행동을 하기 전에 관련된 정보를 합리적이고 체계적으로 사용하며, 행동의 결과에 대해 신중히 고려한 후 비로소 행동한다는 이론
사회 인지 이론 (상호 결정론)	인간의 행동은 개인의 내적 요인(인지적 능력, 신체적 특성, 신념과 태도), 행동 요인(운동 반응, 정서적 반응, 사회적 상호작용), 환경 요인(물리적 환경, 사회적 환경, 가족과 친구)의 상호작용에 의해서 변화가 생긴다는 이론

계획된 행동 이론	합리적 행위 이론에 지각된 행동 통제력이라는 변인을 추가하여 행동 의도와 행동을 예측하는 이론. 행동에 대한 태도와 주관적 규범, 지각된 행동 통제력이 영향을 미쳐 발생함

03 운동 권고 지침 및 운동 방법

1 미국스포츠의학회(ACSM) 권고 지침 `2020, 2021, 2022, 2025`

구분		내용
심폐 지구력 운동	빈도	주당 150~300분 정도 실행. 고강도 운동일 경우 주당 75~150분 정도 실행
	강도	운동 자각도(0~10)에 따라 중강도는 5~6 사이이며, 고강도는 7~8 사이
	시간	10분 이상의 중강도 운동일 경우 최소 30분, 고강도 운동일 경우 최소 20분 유지
	종류	걷기가 가장 일반적이며, 체중 부하에 자유롭지 못한 경우에는 수중 운동과 좌식 자전거 운동 적합
근력 운동	빈도	근육 부위를 분할하여 48시간의 간격을 두고 주 2~3회 실시
	강도	운동 자각도에 따라 중강도는 5~6 사이, 고강도는 7~8 사이로 8~12회 실시
	시간	한 세트에 8~12회로 2~3세트를 목표로 하고 점차 세트를 늘려감
	종류	덤벨이나 기구, 탄력 밴드나 튜브를 이용한 점진적 웨이트 리프트 트레이닝
평형성 운동	빈도	주 2~3회 실시 또는 개인의 체력 및 요구에 따라 원하는 만큼 실시
	강도	평형성 운동의 강도에 관한 세부적 지침은 없음
	종류	지면의 지지를 점차 줄일 수 있는 동작, 역동적 동작, 근육에 스트레스를 줄 수 있는 동작, 감각 입력을 줄일 수 있는 다양한 동작 등
	유의 사항	자신에게 알맞은 도전 수준을 인지하여 모니터링하고, 이와 동시에 낮은 단계의 균형성 능력 숙달 후 고난이도 균형성 운동 실시
유연성 운동	빈도	주 2~3회 이상
	강도	운동 자각도(0~10)에 따라 중강도는 5~6 사이
	시간	15~60초 정도 유지하는 정적 스트레칭을 4세트 정도 실시
	종류	주요 근육군이 자극될 수 있는 정적 동작으로 유연성을 유지하거나 증가시킴

2024년 기출문제

고령자를 위한 기능 체력 검사(SFT)의 검사 항목 예시
- 신체 질량 지수 및 비만도 평가(체성분)
- 신체 질량 지수(근육량)
- 30초 동안 앉았다 일어서기(하지 근지구력)
- 30초 덤벨 횟수(상지 근지구력)
- 2분 제자리 걷기(전신 지구력)
- 의자에 앉아 체전굴(하체 유연성)
- 등 뒤로 손잡기(상체 유연성)
- 2.44m 왕복 걷기(민첩성)
- 눈 감고 외발 서기(평형성)

질환별 운동 프로그램 설계

01 호흡·순환계 질환 운동 프로그램

1 관상 동맥성 심장질환 2020

정의		관상 동맥 중 하나 이상이 죽상 경화증이나 혈관 경련으로 인하여 좁아진 상태
증상		가슴 통증, 현기증, 부정맥, 호흡 곤란 등
운동 프로그램	운동 형태	걷기 또는 자전거 타기 등 권장
	운동 시간	운동 지속 시간은 20~30분 정도
	운동 강도	여유 심박수의 50%를 목표 심박수로 설정한 후 강도 선정
	운동 빈도	주 3회

2 고혈압 2018, 2020, 2021

정의		최고/최저 혈압이 평균치(수축기 140mmHg/이완기 90mmHg)보다 높은 경우
운동 프로그램	운동 형태	가벼운 걷기나 매우 약한 저항 또는 저항이 없는 실내 자전거 타기 등
	운동 시간	운동 지속 시간은 1회에 30~60분 적당
	운동 강도	심폐 지구력 운동(40~60% VO_2max), 근력 운동(40~60% 1RM)
	운동 빈도	운동 횟수는 주 2~3회에서 점차 늘리기 권장

3 당뇨병 2018, 2020, 2024, 2025

정의		인슐린의 분비량이 부족하거나, 정상적인 기능이 이루어지지 않는 대사 질환의 일종
원인	I형 당뇨병	신체의 인슐린을 생성하는 췌장 세포의 파괴
	II형 당뇨병	결함이 있는 인슐린 분비와 함께 나타나는 인슐린 저항성
운동 프로그램	운동 형태	걷기, 조깅, 자전거 타기, 수영, 계단 오르기, 등산 등
	운동 시간	식사 후 30~60분에 운동 시작
	운동 강도	유산소 운동(40~60% VO_2max), 근력 운동(30~50% 1RM)
	운동 빈도	주 3회 이상
	주의사항	혈당이 100mg/dL 이하이면 간단한 음식 섭취, 250mg/dL 이상이면 운동을 연기하고 소변 케톤 검사를 해야 함

4 비만 2019, 2020

정의		에너지의 공급과 소비의 불균형으로 체내 지방량이 비정상적으로 증가하는 질환
원인		유전적 요인, 환경적 요인(잘못된 식습관, 운동 부족, 스트레스)
운동 프로그램	운동 형태	유산소성 운동(걷기, 달리기, 등산, 계단, 수영, 자전거) 권장
	운동 시간	운동 지속 시간은 30~60분 정도
	운동 강도	낮은 강도 운동으로 시작하여 점차적으로 강도를 높임
	운동 빈도	주 3~5회

5 고지질혈증(이상지질혈증, 고지혈증) 2020

정의	혈액의 응고에 변화를 일으켜 혈액 점도를 상승시키고, 혈관 염증에 의한 말초 순환 장애를 일으키는 상태. 동맥에 죽상 경화를 발생시켜 뇌경색 또는 심근경색의 직접적인 원인이 됨	
원인	유전적 요인, 환경적 요인(비만, 술, 당뇨병 등)	
운동 프로그램	운동 형태	유산소 운동(걷기, 달리기, 수영, 자전거 등) 및 저항 운동
	운동 시간	30~60분
	운동 강도	50~60% VO_2max
	운동 빈도	주 3~6회

2024년 기출문제

말초동맥질환 예시
- 상하지 동맥, 하행대동맥 및 장골동맥에 발생하는 죽상 동맥경화성 질환이다.
- 주로 하지동맥에 발병하는 빈도가 대다수이기 때문에 말초동맥질환을 하지 말초동맥질환으로 명명할 수 있다.
- 주원인은 이상지질혈증으로 인한 죽상 동맥경화증이다.

02 근골계 질환 운동 프로그램

1 골다공증 2018, 2020, 2022, 2024

정의	낮은 골밀도와 뼈 조직의 미세 구조 변화에 따라 나타나는 골격계 질환	
원인	유전적 요인, 폐경, 약물, 뼈 조직에 대한 부하량 감소 등	
운동 프로그램	운동 형태	체중 부하 운동이나 균형감을 증진시키는 운동 권장
	운동 시간	운동 지속 시간은 30분 이상
	운동 강도	유산소 운동(60~80% VO_2max), 근력 운동(60~80% 1RM)
	운동 빈도	유산소 운동(주 3~5회), 근력 운동(주 3회)

2 관절염 2018, 2020, 2022, 2024, 2025

분류	골관절염과 류머티스성 관절염으로 구분	
운동 프로그램	운동 형태	가벼운 유산소 운동과 근력 운동 권장
	운동 시간	운동한 후 쉬었다가 다시 운동하는 인터벌 트레이닝 권장
	운동 강도	유산소 운동(40~60% VO_2max), 근력 운동(40~60% 1RM)
	운동 빈도	주 3회 이상이 적당하고, 총 운동 시간은 주당 150분 정도가 적정함

03 신경계 질환 운동 프로그램

1 알츠하이머병 2020, 2024

정의	신경 장애로 정신적인 기능을 약화시키는 결과를 가져오며, 노인 치매를 유발하는 가장 흔한 요인이 되는 뇌질환
증상	기억력, 일상적인 일 수행, 시간 및 공간을 판단하는 일, 언어와 의사소통 기술, 추상적 사고 능력에 돌이킬 수 없는 감퇴가 나타남. 성격이 바뀌며, 판단력에 손상을 입음

운동 프로그램	운동 형태	걷기, 조깅, 자전거 타기, 수영 등과 같은 유산소 운동
	운동 시간	운동 지속 시간은 30분 이상
	운동 강도	옆 사람과 이야기하면서 운동할 수 있을 정도의 '약간 가볍다' 수준
	운동 빈도	주 4회 이상

2 뇌졸중(Stroke) 2025

정의		뇌졸중은 뇌혈관이 막히거나(허혈성) 터져서(출혈성) 뇌에 혈액 공급이 중단되어 발생하는 신경계 질환으로, 노인에게서 가장 흔한 신경질환 중 하나이다. 운동 기능 장애, 감각 이상, 언어·인지 기능 장애를 동반한다.
주요 증상		편마비(신체 한쪽의 근력 약화 또는 마비), 운동조절 장애(보행, 균형, 협응 저하), 언어·인지 장애(실어증, 주의 집중력 저하), 기타(삼킴 장애, 피로, 우울감)
운동 프로그램	운동 형태	유산소(고정식 자전거, 수중 보행) 및 근력/균형 운동
	운동 시간	20~40분
	운동 강도	40~60% 최대심박수(HRmax), 30~50% 1RM
	운동 빈도	주 3~5회(유산소), 주 2~3회(저항성)

2024년 기출문제

치매 환자의 운동 효과 예시
- 수면의 질 향상
- 변비 증상의 완화
- 움직임 능력의 향상
- 기억 능력 향상
- 사회적 기술과 소통 능력의 향상
- 근력 향상으로 낙상 예방
- 스트레스와 우울, 불안의 감소
- 정신 능력의 저하와 관련된 질병의 감소
- 치매 관련 행동의 감소

05 지도자의 효과적인 지도

01 의사소통 기술

1 노인 스포츠지도자의 지도 요소 `2019, 2020, 2021, 2022, 2023, 2024, 2025`

노인 스포츠지도자의 지도 기법	① 수업 장소에 일찍 도착해서 새로운 참가자들을 파악하고, 기존 참가자들과 상호교류할 수 있는 시간적 여유 제공하기 ② 운동 프로그램 시작하기 전에 분위기 조성하기 ③ 운동 명칭은 시범과 함께 언어적・시각적 단서 제공하기 ④ 특정 운동을 왜 해야 하는지 이해할 수 있도록 운동의 목적 설명하기 ⑤ 신체 인식을 발달시킬 수 있도록 도움 주기 ⑥ 참가자 중심의 접근 방법으로 인간 지향적인 관점에서 접근하기 ⑦ 지도 시 신중한 단어 선택하기 ⑧ 사교적인 관계 조성하기 ⑨ 편안한 분위기 유지하기 ⑩ 우호적인 운동 환경 조성하기
지도자의 의사소통 기술 및 원칙 `2020`	① 효과적인 의사소통에는 언어적, 비언어적, 자기 주장 기술 등이 있음 ② 내용은 명확하고 간결하게 전달하기 ③ 전문 용어나 어려운 단어 사용하지 않기 ④ 참여자와 자주 눈을 마주치고 정면에서 쳐다보기 ⑤ 참여자의 말에 공감하며 경청하기 ⑥ 시각적 도구는 쉽게 읽을 수 있게 제작하기
노인 운동 지도 시 주의사항 `2020`	① 규칙적인 메디컬 체크 실시하기 ② 개개인에 대한 철저한 운동 처방하기 ③ 부담감이 낮은 운동 선택하기 ④ 탈수 증상에 미리 대비하여 수분 섭취 권장하기 ⑤ 상해 예방을 위한 적절한 운동복 및 신발 착용 권장하기 ⑥ 너무 춥거나 더운 환경 피하기 ⑦ 지속적인 컨디션 조절 확인하기 ⑧ 추운 환경에서는 준비 운동을 평소보다 오래 진행하기

1 위기관리 계획 `2022, 2023, 2024, 2025`

미국스포츠의학회 (ACSM)의 건강/체력 시설 기준 및 지침		① 어떠한 응급 상황에서도 신속하게 반응할 수 있어야 함. 모든 직원에게 응급 대처 계획을 게시해 놓고, 정기적인 응급 대처 훈련 실시 ② 프로그램의 안전을 위해 신체활동 전에 각 참가자들 선별 ③ 유효한 심폐 소생술(CPR) 및 응급 처치 자격증을 포함해서 지도자가 전문 능력을 갖추고 있는지 증명 ④ 장비를 어떻게 사용하는지에 대한 설명을 게시 또는 장비 사용과 관련된 위험에 대한 경고 게시 ⑤ 모든 관련된 법률과 규정 및 알려져 있는 규범 준수
노인 응급처치의 순서 및 실시	응급처치 순서	① 응급 상황 인식 ② 도움 여부 결정 ③ 응급 의료 서비스 기관 119 호출 ④ 심폐소생술(CPR) 실시 ⑤ 자동 심장 충격기 사용 ⑥ 응급 의료 서비스 종사자 도착까지 반복 실시
	응급처치 실시	① 의식과 호흡이 없는 경우 심폐소생술 실시 ② 완전 기도 폐쇄 시 복부 밀쳐 올리기 실시 ③ 골절이 의심되는 경우 움직이지 않고 안정을 취함 ④ 급성 손상 시 PRICES(Protection : 보호, Rest : 휴식 및 안정, Ice : 냉각, Compression : 압박, Elevation : 거상, Stabilization : 고정) 처치 실시

노인체육론

※ 다음은 노인체육론을 학습한 후, 얼마나 이해하고 있는지 확인하는 주관식 문제입니다.
기본내용으로 구성된 주관식 문제로 최소 6개 이상 맞추지 못하면 이론을 1~2회 다시 학습한 후 다음 단계인 기출문제 풀이로 넘어가길 바랍니다.

01 노화는 시간에 흐름에 따라 생체 (   )와 (   )이 쇠퇴하는 현상을 의미한다.

02 생물학적 노화의 특성 4가지를 쓰시오.

03 운동 프로그램의 구성요소 4가지를 쓰시오.

04 자기 효능감과 자기 효능감의 형성요인에 대해 쓰시오.

05 노인 운동의 목표설정 4가지를 쓰시오.

정답

01 구조, 기능

02 ① 보편성　　　　② 쇠퇴성
　　③ 내인성　　　　④ 점진성

03 ① 운동 형태　　　② 운동 빈도
　　③ 운동 강도　　　④ 운동 시간

04 자기효능감 : 자신이 어떤 일을 잘 해낼 수 있다는 개인적인 신념
　　형성요인 : 성취경험, 대리경험, 언어적 설득, 정서적 각성

05 ① 측정가능성　　② 구체성
　　③ 현실성　　　　④ 행동성

06 행동변화 이론 중 행동주의 학습 이론에 대해 설명하시오.

07 관상 동맥 심장질환의 정의와 운동 프로그램에 대해 기술하시오.

08 알츠하이머병의 정의와 운동 프로그램에 대해 기술하시오.

09 지도자의 운동학습 원리에 대해 쓰시오.

10 미국스포츠의학회(ACSM)의 건강·체력 시설 기준 및 지침에 대해 서술하시오.

정답

06 인간 행동의 변화에 초점을 두며, 그 변화를 촉진시키는 자극이나 강화를 정밀하게 계획한 결과로 행동의 변화가 나타난다는
   이론

07 ① 정의 : 관상 동맥 중 하나 이상이 죽상 경화증이나 혈관 경련으로 인하여 좁아진 상태
   ② 운동 프로그램
      ㉠ 운동 형태 : 걷기 또는 자전거 타기 등을 권장
      ㉡ 운동 시간 : 운동 지속 시간은 20~30분 정도
      ㉢ 운동 강도 : 여유 심박수의 50%를 목표 심박수로 설정한 후 강도 선정
      ㉣ 운동 빈도 : 주 3회

08 ① 정의 : 신경 장애로서 정신적인 기능을 약화시키는 결과를 가져오며, 노인 치매를 유발하는 가장 흔한 요인이 되는 뇌질환
   ② 운동 프로그램
      ㉠ 운동 형태 : 걷기, 조깅, 자전거 타기, 수영 등과 같은 유산소 운동
      ㉡ 운동 시간 : 운동 지속 시간은 30분 이상
      ㉢ 운동 강도 : 옆 사람과 이야기하면서 운동할 수 있을 정도로 '약간 가볍다' 수준
      ㉣ 운동 빈도 : 주 4회 이상

09 시범, 언어적 지도, 언어적 암시, 보강 피드백, 연습 환경 구축

10 ① 어떠한 응급 상황에서도 신속하게 반응할 수 있어야 하며, 모든 직원에게 응급 대처 계획을 게시해 놓고, 정기적인 응급 대처
      훈련을 실시
   ② 프로그램의 안전을 위해 신체활동 시작 이전에 각 참가자들을 선별
   ③ 유효한 심폐 소생술(CPR) 및 응급 처치 자격증을 포함해서 지도자가 전문 능력을 갖추고 있는지 증명
   ④ 장비를 어떻게 사용하는지에 대한 설명을 게시 또는 장비 사용과 관련된 위험에 대한 경고를 게시
   ⑤ 모든 관련된 법률, 규정, 알려져 있는 규범을 준수

MEMO

MEMO

성공의 커다란 비결은
결코 지치지 않는 인간으로 인생을 살아가는 것이다.
(A great secret of success is to go through life as a man who never gets used up.)

알버트 슈바이처(Albert Schweitzer)

| 2판발행 | 2026. 1. 15 |
| 2판발행 | 2026. 1. 20 |

저 자 와 의
협 의 하 에
인 지 생 략

편 저 자	유동균, 윤동현
발 행 인	박 용
출판총괄	김현실
개발책임	이성준
편집개발	김태희, 김소영
마 케 팅	김치환, 최지희

발 행 처	㈜ 박문각출판
출판등록	등록번호 제2019-000137호
주 소	06654 서울시 서초구 효령로 283 서경B/D 4층
전 화	(02) 6466-7202
팩 스	(02) 584-2927
홈페이지	www.pmgbooks.co.kr

| ISBN | 979-11-7519-265-2 |
| 정 가 | 32,000원 |